Erich Wiedemann

Unser Mann in Timbuktu

ERICH WIEDEMANN

Unser Mann in Timbuktu

Die sieben Leben
eines *Spiegel*-Reporters

OSBURG VERLAG

Alle Abbildungen sind aus dem Privatbesitz
von Herrn Erich Wiedemann.

www.osburgverlag.de
Lektorat: Uta Rüenauver
Herstellung: Prill Partners producing, Berlin
Umschlaggestaltung: sans serif, Berlin
Druck und Bindung: GGP Media GmbH, Pößneck
Printed in Germany
ISBN 978-3-940731-11-1

Für Beatrice, Robert und Max-Julian

Einleitung

Die Gesamtheit meiner sieben Leben ist unteilbar wie eine Primzahl. Meistens war das eine Leben noch nicht zu Ende, wenn ich ein neues begann. Manchmal lebte ich zwei oder drei Leben eine Weile lang parallel. Das afrikanische habe ich immer wieder gelebt. Es war das Hauptleben.

Die Inventur meiner biografischen Module zeigt, dass ich keine Mühe hätte, mich einer Vielseitigkeitsprüfung zu stellen, wenn ich dazu aufgefordert würde. Ich war Fotograf, Afrika-Korrespondent, Desk-Redakteur, News-Reporter, Führungskraft, Verlagsscout, investigativer Reporter. Sachbuchautor und Kommunalpolitiker zähle ich nicht mit.

Ich habe nicht in allen Disziplinen gleichermaßen sichtbare Spuren hinterlassen. Als Chef brachte ich es nur bis in den Mittelbau. Ich glaube, als stellvertretender Leiter der *Spiegel*-Auslandsredaktion habe ich mich am weitesten von meinem Naturell entfernt. Ich hätte es vorher wissen können. Denn ich hatte schon als Gruppenführer bei der Bundeswehr erfahren, dass ich mich nicht dazu eignete, anderen zu sagen, was sie tun sollten. Einfach weil ich, gegen alle Erfahrungen, an die angeborene Autonomie des Individuums glaube.

Zwei Jahre lang war ich auch Kaufmann. Ich hatte im Hamburger Antik-Center einen Laden für afrikanische Kunst. Ein Kollektiv junger Künstler in Daressalam lieferte mir Makonde-Skulpturen.

Weil ich aber ständig unterwegs war, hatte ich das Geschäft nie unter Kontrolle. Irgendwann machte ich den Laden dicht. Ich fragte meinen Steuerberater, wie viel ich damit verdient hätte. Er sagte: »Nix.« »Und wie viel habe ich zugesetzt?« »Auch nix.« Für ein Greenhorn wie mich war das kein schlechtes Ergebnis. Außerdem redete ich mir ein, ich sei ein Mäzen gewesen. Das war besser als Reibach.

Beinahe wäre ich auch Romancier geworden. Ich schrieb einen Roman von 450 Seiten mit dem Titel *Mord in Wackelsbeck*. Darin habe ich das Leben eines neurotischen Neurologen namens Artur Ypsilon geschildert. Ypsilon soll den russischen Präsidenten vom Locked-in-Syndrom befreien und Russland für die Zivilisation retten. Doch mordbereite Finsterlinge wollen das Rettungswerk verhindern. Ein Profikiller verwechselt im Suff die handelnden Personen und schießt statt dem deutschen Doktor dem Bürgermeister von Wackelsbeck die Schädeldecke weg.

Der *Mord in Wackelsbeck* blieb ungedruckt. Journalisten sind nicht wirklich literaturfähig. Sie wollen immer etwas Neues beschreiben. Literatur ist aber vorwiegend statisch oder rückwärtsgewandt. Sie befasst sich am liebsten mit Bestehendem.

Romane wie Sachbücher werden aus Wörtern gemacht. Aber Romanautor ist ein anderer Beruf als Sachbuchautor. Vielleicht krankte Artur Ypsilon daran, dass ich ihn als postmodernen intellektuellen Skeptiker aufgebaut habe. Die Helden in den erfolgreichen Romanen der Weltliteratur sind häufig keine Intellektuellen: Gatsby, Captain Ahab, Effi Briest. Sie besitzen auch mentale Leerräume, die es dem Leser gestatten, sie mit eigenen Vorstellungen zu besetzen. Ich glaube, mein Ypsilon war nicht unvollendet genug.

1997 sollte ich in Warschau für den *Spiegel* die Gründung eines polnischen Nachrichtenmagazins vorbereiten. Die halbe Mannschaft hatte ich schon ausgesucht. Es wurde nichts draus, weil die

Spiegel-Verlagsleitung den Kapitalbedarf des Objekts für zu hoch befand.

Andere deutsche Zeitungsverlage haben sich in Polen goldene Geldzähldaumen verdient. Das polnische Nachrichtenmagazin hat dann statt des *Spiegel*-Verlags der Axel Springer Verlag gemacht. Es wurde ein Riesenerfolg. Nach dem Fehlschlag hatte ich keine Lust auf einen zweiten Versuch.

Fotograf war ich immer mit Leidenschaft, immer wieder, aber immer nur nebenberuflich. Ich wollte Bilder einfangen, die mir der Alltag zuspielte. Genau zielen, schnell schießen, Leben schockgefrieren. Meine Bilder waren selten arrangiert. Sie lebten, wenn sie gut waren, von der Ästhetik des Augenblicks. Glück, Liebe, Trauer, Verzweiflung, das ist alles flüchtig. Das kann man nicht glaubwürdig arrangieren.

Bevor ich als Redakteur zum *Spiegel* nach Hamburg ging, hatte ich mich der Fotoagentur Magnum angedient. Ich erschien mit einer großen Fotomappe und hohen Erwartungen im Magnum-Büro in der Rue Christine in Paris. Nach Begutachtung meines Œuvres und meiner Person zogen sich der Geschäftsführer und zwei Beisitzer zur Beratung zurück. Zehn Minuten später tauchte der Geschäftsführer wieder auf und erklärte mir väterlich: »Mon cher, Sie sind noch jung und entwicklungsfähig. Schauen Sie in drei, vier Jahren noch mal rein.« Die Vorstellung, meine Bilder hätten es mit denen der Göttlichen von Magnum – Seymour, Capa, Cartier-Bresson – aufnehmen können, war wohl auch etwas vermessen gewesen.

Das achte Leben war nur eine theoretische Option. *Spiegel*-Kollege Olaf Ihlau und ich hatten Markus Wolf, den ehemaligen DDR-Spionagechef, in Moskau aufgespürt, wohin er sich nach dem Untergang der ostdeutschen Schrottrepublik zurückgezogen hatte. Jahrzehntelang hatten sich die westlichen Geheimdienste an Wolf die Zähne ausgebissen. Sie wussten noch nicht mal, wie er aussah.

Und nun saß er tatsächlich vor uns, im Restaurant des Penta Hotels am Moskauer Olympia-Gelände, um über sein Leben auszupacken.

Mischa, wie er von seinen Freunden genannt wurde, wusste, wie man Leute einseift. Ich hatte versucht, ihn dezent auszuhorchen. Aber er ließ mich auflaufen. Er klopfte mir nur jovial auf die Schulter und sagte: »Geben Sie sich keine Mühe, junger Mann, der Schalter ist geschlossen.« Und dann zu Olaf Ihlau: »Er hat investigatives Talent, so einer hätte bei mir was werden können. Chapeau.« Ich erlag aber nicht der Versuchung, das als schmeichelhaft zu empfinden. Ein Leben als Spion ausgerechnet für den kommunistischen deutschen Unterdrückerstaat, ja, schönen Dank.

Der besseren Lesbarkeit wegen habe ich mein Curriculum Vitae nicht chronologisch geordnet. Ich schildere es als Abfolge von Momentaufnahmen. Die Momente sind unterschiedlich lang. Einige Kapitel spannen sich über ein paar Stunden, andere über einige Wochen. Das Buch ist ein Flickenteppich von Ereignissen und Erkenntnissen. Aber auch das Leben ist ungeordnet. Es folgt keiner dramaturgischen Vorgabe.

Ich bin nicht mit dem Öl des Analytikers gesalbt. Es war mein Beruf, Erlebtes so professionell zu erzählen, dass sich daraus die Exegese von selbst ergab. Dabei war ich bemüht, mich aus dem, was ich beschrieb, selbst herauszuhalten.

Reporter sollen im Hintergrund bleiben und in den Geschichten, die sie erzählen, nicht in Erscheinung treten. Ich habe mich immer an dieses Gebot gehalten. Dies Buch ist seit meinem Aufsatz »Meine Eindrücke am Wandertag im Rumbachtal« in der Untersekunda meine erste Geschichte in der Ich-Form.

Reporter sind von Berufs wegen der Neugier verpflichtet. Warum öffnen sie gern Türen, auf denen »Zutritt verboten« steht, warum blicken sie in der U-Bahn statt in die eigene Zeitung in die des Nachbarn? Egon Erwin Kisch, der Urvater der Reporter, hat es uns gesagt: Neugier ist Wahrheitssuche. Er schrieb: »Ich gaffe in fremde Fenster, ich lese die Wohnungsschilder in dem Haus, in dem ich zu Besuch bin, ich durchforsche Friedhöfe nach vertrauten Namen.« Um nichts als der Wahrheit willen.

Viele Reporter glauben, dass sie Literatur schaffen, wenn sie Zeitungsgeschichten schreiben. Dem ist nicht so. Von Ex-*Spiegel*-Verlagsleiter Hans-Detlef Becker ist der Ausspruch überliefert, eine Zeitung sei ein Nachrichtenträger und kein Lunapark. Er wollte damit sagen: Die Schönheit der Sätze ist erwünscht, aber sie darf nicht das Faktische dominieren. Ein guter Reporter muss beschreiben können, wie eine Spülmaschine oder ein Atomkraftwerk funktioniert. Wobei nicht jeder, der das kann, schon ein guter Reporter ist.

Früher mussten sich Zeitungsvolontäre einen Zettel mit den berühmten sechs Ws unter die Glasplatte auf ihrem Schreibtisch legen: Wer, Was, Wann, Wo, Wie, Warum. Kein nachrichtlicher Bericht ging ins Blatt, in dem diese sechs Fragen nicht beantwortet wurden. Und zwar nach Möglichkeit in der oben genannten Reihenfolge. Heute wird das Gott sei Dank nicht mehr so eng gesehen.

Meine interessantesten Geschichten waren nicht die erfolgreichsten. Und umgekehrt. Die zwei Jahrhundertschurken Idi Amin und Josef Mengele, die ich suchte, habe ich nicht gefunden. Das Bernsteinzimmer, dem ich monatelang nachspürte, auch nicht. Die Geschichten, wie ich mein Ziel nicht erreichte, fanden trotzdem ihr Publikum.

Das Copyright auf den Titel dieses Buches haben eigentlich die damaligen Kollegen der Hamburger *Spiegel*-Auslandsredaktion. Sie nannten mich »Unser Mann in Timbuktu«, obwohl ich nur zweimal dort gewesen war.

Timbuktu, die legendäre Oasenstadt in Mali am Südrand der Sahara, steht für die Wunder und Mysterien des schwarzen Kontinents. Sie ist nicht typisch für Afrika. Denn dazu ist sie zu schön.

Der Stadtkern besteht aus 5000 Würfeln, die aus Lehm gebrannt sind. Vom 14. bis zum 16. Jahrhundert war diese Lehmagglomeration nach Kairo das zweitwichtigste Zentrum der islamischen Kultur in Afrika.

In der Bibliothek und in der Universität von Timbuktu lagern tausend Jahre alte Handschriften und Episteln. Norwegische und französische Bibliothekare kämpfen gegen deren Verfall. Doch der größte Teil der Bestände ist nicht zu retten.

Irgendwann wird die Sahara Timbuktu begraben. Von Norden her arbeitet sich die Wüste immer tiefer in die Stadt hinein. Ganze Straßenzüge sind bereits versandet. Weil Timbuktu wirtschaftlich keine Zukunft hat, ziehen die Menschen weg, und nur noch Sand wird zurückbleiben.

Bei meinen zweiten Besuch anlässlich des Festival au desert, das jährlich im Herbst in Timbuktu stattfindet, war ich zu einem Leseabend ins Haus eines Archivars von der Sankoré-Bibliothek eingeladen. Eine junge Frau las aus Schriften des arabischen Reisenden Ibn Batuta aus dem 14. Jahrhundert. Ich bekam die Verführungskraft der arabischen Poesie zu spüren. Obwohl ich kein Wort verstand, war ich verzaubert, allein von der Melodie der Wörter.

Ich hätte gern einmal einen *Spiegel*-Artikel über die schöne Stadt geschrieben. Aber in all den Jahren ist es mir nie gelungen, eine Timbuktu-Geschichte ins Blatt zu kriegen. Kein Sex, kein Elend, kein Krieg, kein Doping – wer will eine Geschichte über eine Stadt lesen, die nur schön ist?

Ich hatte viele gute Jahre beim *Spiegel*, obwohl in dem grauen Betonhaus am Hamburger Sandtorkai gewöhnlich im Team gearbeitet wird und ich immer ein notorischer Solist war. Deshalb singe ich aber keine Oden an die Freude, beim *Spiegel* gearbeitet zu haben. Er und ich, wir sind einander nichts schuldig. Er hat mich ordentlich bezahlt, und ich habe ihm ordentliche Geschichten dafür geliefert. Die Arbeitsbedingungen waren gut. Doch unsere Beziehung war nicht das, was man eine Herzensangelegenheit nennt.

Ich wollte das auch gar nicht. Nestwärme kann leicht beklemmend werden. Weil viele das so ähnlich empfinden, schließen *Spiegel*-Redakteure auch nicht so schnell Freundschaft miteinander. Wirklich freundschaftlich verbunden war ich in all den Jahren nur dreien. Rudolf Augstein hat gelehrt: »Ein Journalist kann keine dauerhaften Freundschaften haben.« Keine Freunde, hätte ich nicht gesagt, aber nicht viele.

Als ich 25 Jahre beim *Spiegel* war, erschien Personalchef Eike Mahlstedt mit einem teuren Blumenstrauß in meinem Büro. Ich bedankte mich, und dann fragte er: »Wie lange wollen Sie denn eigentlich noch bleiben?« Für mich hörte es sich so an wie: »Merken Sie eigentlich nicht, dass Sie hier eine Planstelle blockieren? Machen Sie doch endlich Platz.« Ich antwortete: »Sehen Sie in meiner Personalakte nach. Da steht es drin, wie lange ich bleibe.« Nämlich bis zum »Ende des Monats, in dem Sie das 65. Lebensjahr erreichen«. Und so ist es geschehen.

Der Herausgeber der *Frankfurter Allgemeinen Zeitung* Frank Schirrmacher schrieb in seinem Buch *Das Methusalem-Komplott*: »Man wird vernehmbar über unsere Überzähligkeit diskutieren, über Euthanasie, über die letzten teuren Wochen in den Krankenhäusern.« Paniktäume eines Angstpredigers? Ich glaube, dass die düsteren Prophezeiungen nicht übertrieben sind.

Im Umgang von Alten und Jungen gilt auch beim *Spiegel* das altersdarwinistische Grundmuster: Ein Reporter, der sich in den letzten fünf Jahren vor seiner Pensionierung noch um den Nachweis bemüht, dass er sein Geld wert ist, zeigt dadurch, dass er dem Altersstarrsinn verfallen ist. Widerspruch unterstreicht den Eindruck der Uneinsichtigkeit. Es ist so wie mit dem Teufel im Mittelalter. Wer ihn leugnete, bewies dadurch, dass er von ihm besessen war.

Die Gerontologen predigen den Mut zur Endlichkeit. In meinem Heimatort in der Lüneburger Heide haben wir einen praktischen Arzt, der mit Ende siebzig noch gebrochene Knochen schient und EKGs erstellt. Und in der Woche, nachdem sie mich relegiert hatten, wurden in Stockholm die Namen der Nobelpreisträger 2007 bekannt gegeben. Sieben der zehn Preisträger waren älter als ich, einer sogar 25 Jahre. Es gibt fast nichts, was ich in Amerika für besser halte als in Europa. Aber dass es dort ein Gesetz gegen Altersdiskriminierung gibt, das finde ich gut.

Anderen erging es nicht besser als mir. Einer hatte immer ein handschriftliches Vermächtnis von Rudolf Augstein in der Brieftasche. Darauf stand: »Der Redakteur Soundso darf so lange beim *Spiegel* arbeiten, wie er will.«

Mein Abschied nach 32 Jahren vollzog sich ohne Beigabe von rituellem Zierat. Ich verzichtete auf die übliche Feier, überwies stattdessen 500 Euro an Amnesty International und heftete die Quittung ans schwarze Brett.

Von den Kollegen erhielt der Verrentete trotzdem das obligate Abschiedsgeschenk: ein *Spiegel*-Cover mit einem Foto-Cluster und einer passenden Schlagzeile. Meine lautete: »Wiedemann – drei Jahrzehnte auf der Suche nach der Wahrheit«. Auf einem Bild lag der Laureat hinter einem schweren MG in der Wüste von Nevada, das zweite zeigte ihn untertage in England mit Streikbrechern. Auf dem dritten stand er breitbeinig und mit verschränkten Armen vor dem Haupteingang der Moskauer *Prawda*. Für den, der es nicht weiß: »Prawda« ist russisch und heißt »Wahrheit«.

Als ich in den Ruhestand ging, ließ ich im Stehsatz vier Reportagen zurück, die nicht mehr gedruckt wurden, obwohl sie bei meinem Abgang alle nicht älter als drei Monate waren. Für die teuerste davon, eine Reportage über die Elefantenschwemme im südlichen Afrika, hatte der *Spiegel* rund 5000 Euro für Spesen ausgegeben.

Samstag, der 29. September 2007. Meinen letzten Arbeitstag verbrachte ich in Oslo. Es war ein goldener Herbsttag. Die Sonne schien in Strömen, die Frauen trugen luftige Jungmädchenkleider. Zu schön für Ultimo. Meine Stimmung war schlecht. Fast alles, was ich an diesem Tag tat, tat ich zum letzten Mal.

Vormittags um zehn führte ich ein Interview mit zwei exilburmesischen Radioaktivisten, die beim Aufstand der Mönche in Rangun per Internet eine Nachrichtenbrücke von Burma zum Rest der Welt geschlagen hatten. Danach ging ich mit dem Fotografen, der mich begleitete, in dessen Wohnung und schrieb meinen Text auf seinem Apple. Um zwei war die Geschichte fertig, meine letzte *Spiegel*-Geschichte in 32 Jahren. Dann ging ich zu McDonald's und kaufte mir einen Double Cheeseburger und eine Cola. Das Menü war so teuer wie ein Mittagessen mit drei Gängen und einem Glas Riesling im Block House in Hamburg. Während ich den Burger mampfte, rief die Dokumentation auf meinem Mobiltelefon an und teilte mir mit, dass ich den Namen des Ministerpräsidenten falsch geschrieben hätte und dass es nicht »birmanisch«, sondern »burmesisch« heiße. Ich war mit den Korrekturen einverstanden.

Wegen einer Buchungspanne war ich von der Passagierliste der SAS-Nachmittagsmaschine nach Hamburg gestrichen worden. Ich konnte deshalb erst um 22 Uhr mit der Lufthansa zurückfliegen. Es war ein Canadair-Jet. Ich hatte den Sitzplatz 4A in der Business-Klasse. Zum Dinner gab es Hühnerbeinchen mit scharfer Soße an pikantem Kohlsalat. Dazu trank ich ein Viertel roten Bordeaux.

In Fuhlsbüttel wartete mein Taxifahrer aus Jesteburg. »Schicht?«, fragte er, weil er wusste, dass es mein letzter Tag war. »Jau«, sagte ich.

Am nächsten Vormittag fuhr ich mit zwei Hartschalenkoffern nach Hamburg. Noch ein stummer Gruß an den rostigen Stahlblechwolf, der im Atrium vor der Drehtür bezeugte, dass der *Spiegel* mit der modernen Kunst versöhnt war. Dann im Edelstahlaufzug rauf in den achten Stock. Schreibtisch aufräumen, Bilder abhängen, einpacken, ein warmer Händedruck für den Pförtner, kein Blick zurück.

Im neuen *Spiegel*, der am Sonntagmorgen im Briefkasten steckte, war ich schon aus dem Impressum gestrichen. Ich riss die Seite raus, um sie abzuheften. Zum ersten Mal seit 32 Jahren kein Wiedemann im Impressum. As time goes by.

Als ich am Montagmorgen mein Auto in der Tiefgarage parken wollte, war das elektronische Sesam-öffne-dich-Kärtchen schon gesperrt. Die *Spiegel*-Verwaltung ist wirklich ein perfekt organisiertes Universum. Es funktioniert einfach alles.

In den ersten zehn Jahren hatte ich gar nicht bemerkt, dass sich die Sanduhr langsam leerte. Dann rieselte der Sand immer schneller. Die letzten fünf Jahre verstrichen im Zeitraffer. Zeit ist relativ, aber anders, als Einstein gedacht hat.

Nachmittags hatte ich Holländisch-Unterricht. Kanzler Bismarck, der Eiserne, hatte gelehrt, die Kenntnis von Fremdsprachen sei »das Talent der Oberkellner«. Nun würde ich sie ja nicht mehr so dringend benötigen. Trotzdem wollte ich – außer Englisch und Französisch – wenigstens eine etwas abgelegenere Sprache sprechen. Volkhard Windfuhr, der Korrespondent in Kairo, war mein Vorbild. Er sprach ein halbes Dutzend arabische Dialekte akzentfrei, außerdem Farsi, Türkisch und die gängigen westeuropäischen Sprachen.

Dem babylonischen Charme der *Spiegel*-Auslandsredaktion konnten sich auch welterfahrene Besucher nur schwer widersetzen. Weil die Türen fast immer geöffnet waren, konnte man zuweilen sieben, acht verschiedene Sprachen aus den Büros hören, wenn man den Flur im achten Stock entlangschlurfte: Englisch, Französisch, Kroatisch, Rumänisch, Spanisch, Russisch, Polnisch. Stefan Simons sprach Mandarinchinesisch, Wulf Küster Japanisch. In all den Jahren hatten wir nur einen Auslandsredakteur, der gar keine Fremdsprache konnte. Er schrieb aber sehr gebildete Artikel.

Das Leben ist bekanntlich eine lebenslange Universität. Der *Spiegel* war für mich auch eine Art weiterführende, höhere Lehranstalt. Meinen letzten Erkenntnisschub empfing ich bei der Recherche über die verheerenden Brände in Griechenland von der Sängerin Vicky Leandros, die gerade als Kandidatin bei den Parlamentswahlen in ihrem Wahlkreis Piräus durchgefallen war.

Zugegeben, ich hatte von Frau Vicky eine eher negative Vorstellung: Ein Trällerchen im Babydoll, und dann war sie auch noch mit einem deutschen Adligen verheiratet. Eine Frau, aus der man Blondinenwitze macht. Wer braucht denn so was in der Politik?

Wie man sich täuschen kann. Die Dame wusste bestens Bescheid über die Athener Szene. Sie konnte spannend und kenntnisreich erzählen, wie die Flammen des Jahrhundertfeuers auf den Wahlkampf übergegriffen hatten, und sie prangerte die Inkompetenz und Korrumpierbarkeit der Behörden sowie die Machenschaften von kriminellen Spekulanten an, die Brände gelegt hatten, um aus Grünfläche Bauland zu machen. Ergo: Propere Sängerinnen sind nicht per se Dummchen. Das hatte ich vorher nicht gewusst. Diese Lektion erhielt ich eine Woche nach meiner Pensionierung, als ich schon nicht mehr dazugehörte. Die Geschichte über Vicky Leandros und die griechischen Brände war mein Requiem.

Und wie fing es an? Wie kam ich zum *Spiegel*?

Auslandschef Dieter Wild hatte mir 1963 erklärt, der Biss (kann auch sein, dass er »Verbissenheit« sagte) beim Recherchieren meiner Geschichte über den sozial abgestürzten älteren Bruder von Österreichs Bundeskanzler Bruno Kreisky, die ich dem *Spiegel* verkauft hatte, habe ihm gefallen. Er meinte auch, den Eindruck gewonnen zu haben, dass ich sogar eines gewissen deutschen Ausdrucks fähig sei.

Der ältere Kreisky, ein Heiliger von der traurigen Gestalt, lebte allein, fromm und verbittert in einer Zwei-Zimmer-Wohnung am

Stadtrand von Jerusalem. Er war enttäuscht von Israel und empört über seinen prominenten Bruder, weil der sich mit der westlichen Lebensart arrangiert hatte und das orthodoxe Judentum verspottete. Zweimal hatte er mich rausgeschmissen, beim dritten Besuch bekam ich dann mein Interview. Es war mein erster *Spiegel*-Beitrag. Der erste von knapp tausend, wenn man die Panorama-Meldungen und Zulieferungen dazuzählt.

In den ersten viereinhalb *Spiegel*-Jahren war Nairobi (Kenia) meine Operationsbasis. Nairobi war damals noch ein erfreulicher Ort – sicher, komfortabel, gut klimatisiert, nicht zu regnerisch und nicht zu teuer. Ich war zunächst ein schlecht bezahlter »fester Freier«, wie es im Redaktionsbuchhalterjargon heißt. Als Dienstfahrzeug hatte ich ein 125er Yamaha-Zweitaktmotorrad. Und als Fixum bekam ich monatlich tausend Mark, dazu Spesen und Zeilenhonorar.

Der *Spiegel* zahlte auch die Reisen für die Geschichten, die er selbst nicht druckte und die dann in meinem Zeitungspool erschienen. Ich bediente sechzehn regionale Blätter, darunter die *Kieler Nachrichten*, die *Hannoversche Allgemeine*, den *Tagesspiegel* in Berlin, die *Westdeutsche Allgemeine Zeitung* in Essen, die *Kölnische Rundschau*, die *Badischen Neuesten Nachrichten* und den *Südkurier* in Konstanz, außerdem die Schweizer *Weltwoche*, die damals führende Wochenzeitschrift der Eidgenossenschaft.

1978 erhielt ich den Ruf nach Hamburg. Hans Hielscher, der im Haus das Afrika-Ressort verwaltete, gestand mir viel später, dass er alles versucht habe, um meine Festeinstellung zu verhindern. Er fand, dass ein konservativer Knochen wie ich nicht in das hochprogressive *Spiegel*-Auslandsressort passte.

Nachdem er sich im Laufe der folgenden Jahre davon überzeugt hatte, dass der ständige Dissens zwischen mir und dem Rest der Crew auch ein belebendes Element war, wurden Hans und ich Freunde. Ganz langsam. Auf Reisen habe man mich als »warmherzigen Kumpel« erleben können, schrieb er zu meinem Abschied in den verlagsinternen Hausmitteilungen.

Ich glaube, es hat in all den Jahren beim *Spiegel* keine so intakte Freundschaft zwischen zwei Mitarbeitern so unterschiedlicher Denkart gegeben wie die zwischen Hans Hielscher und mir. Manchmal riss er meine Bürotür auf, warf die Hände in die Höhe und rief: »Da Mensch!«, und dann musste ich ebenso laut schreien: »Iss a Sau!« Das war unser immer wiederkehrendes Fraternisierungsritual. Unser Doppelschrei drückte die gemeinsame Überzeugung aus, dass ein Teil der Menschheit schlecht und unverbesserlich sei. Wobei Hans Hielscher einen anderen Teil meinte als ich.

In den ersten zehn Jahren residierte ich in einem kleinen Büro im achten Stock mit Blick auf die backsteinfarbenen Hafenspeicher am Sandtorkai. In meinen zwei Chefjahren hatte ich ein doppelt so großes Büro auf derselben Seite. Dann zog ich um nach gegenüber an die Ost-West-Straße, die heute Willy-Brandt-Straße heißt.

Erst war ich Redakteur für afrikanische und nahöstliche Angelegenheiten, später dann Auslandsreporter vorwiegend für Unheil aller Art, ein Vertreter der Gattung »3-D-Reporter«, wie es im amerikanischen Tabloid-Jargon heißt. »3 D« steht für Death, Disaster, Destruction.

Der Job des lonesome riders war streckenweise unkommod. Krieg, Erdbeben, Hochwasser, Ebola. Aber ich war gern Frontschwein. Die Chefs ließen mich meistens in Ruhe, und ich brauchte mich beim Schreiben auch nicht dem Zwang der *Spiegel*-Masche zu unterwerfen.

Journalisten hängen sich gern Weltkarten mit farbigen Pinnnadeln über den Schreibtisch. Die Nadeln markieren die Orte ihres Wirkens. Ich hatte nie eine solche Karte. Wenn ich eine besessen hätte, wäre sie schön bunt gewesen. Ich habe mal überschlagen: Von 53 afrikanischen Staaten habe ich 42 besucht, viele davon mehrfach, außerdem Nordamerika kreuz und quer, auch die Arktis und die Antarktis. In Europa habe ich alle Hauptstädte erlebt, mit Ausnahme von Minsk und Vilnius. Nur in Asien und Lateinamerika hätte meine Pinnkarte ein paar große weiße Flecken gehabt.

Der Mond und der Orbit fehlen mir auch in meiner Erlebnissammlung. Ich habe 1985 versucht, die Lücke zu schließen, und bei der NASA einen Antrag auf Teilnahme an einem Trip ins All gestellt. Die Antwort der NASA-Presseabteilung war unverbindlich. Man sehe keine Möglichkeit, mir meinen Wunsch zu erfüllen, jedenfalls »for the time being«. Man werde es mich wissen lassen, wann es so weit sei. Es wurde nichts draus, obwohl ich in Abständen von zwei bis drei Jahren nachhakte. Und irgendwann war ich auch zu alt für die Raumfahrt. Ich glaube, der *Spiegel* hätte das Unternehmen sowieso nicht bezahlen können.

Die summarische Aufzählung der besuchten Orte sagt natürlich nichts über den Horizont des Reisenden. Deshalb soll sie hier auch nicht vertieft werden. Alte Flugkapitäne und Stewardessen sind mehr herumgekommen als ich. Trotzdem sind sie vermutlich in Geografie auch nicht besser.

Warum reist der Mensch?

Auch ohne berufliche Verpflichtung wäre ich nie der Sesshaftigkeit erlegen. Es ging mir wie Ismael in Melvilles *Moby Dick*. Er hat seinen Reisetrieb so erklärt: »Immer wenn ich merke, dass ich um den Mund herum grimmig werde, immer wenn in meiner Seele nasser, nieseliger November herrscht, ist es höchste Zeit für mich, sobald ich kann, auf See zu kommen.« Ich brauchte, um aufzubrechen, noch nicht mal den nassen November.

Manchmal musste ich meine Zielkoordinaten im Flug ändern. Oder im Taxi. Wie nach dem Ausbruch der Ebola-Seuche in Zaire. Ich war auf dem Weg zum Hamburger Flughafen, um nach Zürich zu fliegen und eine Geschichte über heroinabhängige Banker und

Broker zu recherchieren. Unterwegs rief das Auslandssekretariat im Taxi an. Ich solle nach Brüssel und von da nach Kinshasa fliegen, um die Ebola-Szene zu covern. Das Visum für Zaire sei in Brüssel hinterlegt. Am nächsten Morgen um sechs landete ich in Kinshasa.

Natürlich lässt mit den Jahren die Lust am Vagabundieren nach. Erst war für mich das Reisen »der Mai, der alles neu macht«, wie Thomas Mann schrieb. Zum Schluss war es nur noch schöner Eskapismus. Trotzdem genieße ich die Zigeunerei noch heute.

Peter Scholl-Latour reiste im Alter von 83 Jahren noch nach Ost-Timor. Er hatte den Ehrgeiz, auf seiner Pinnkarte alle Länder der Erde zu besetzen. Ost-Timor war das einzige Land, das er noch nicht besucht hatte.

Damit kein Missverständnis entsteht, ich habe mit diesem Buch keine Memoiren geschrieben, ich habe nur meine Erinnerungen aufgeschrieben. Memoiren werden im Allgemeinen von bedeutenden Personen der Zeitgeschichte verfasst, deren Bücher sich nicht durch Lust- oder Wissensgewinn bei den Lesern legitimieren müssen. Dies Buch soll Spaß machen. Es soll auch einen Eindruck davon vermitteln, wie Europas größtes und erfolgreichstes Nachrichtenmagazin und seine Crew ticken. Wer daraus lernen will, der mag es versuchen.

Mein Gedächtnis ist wie ein Sieb. Es lässt die kleinen Gedanken durchfallen und hält die großen zurück. Was freilich keine Gewähr dafür ist, dass nicht auch mal etwas Kleingeistiges darin hängen bleibt.

Es war nicht allzu schwer, das Material für dieses Buch zu beschaffen. Ich hatte gute Quellen, die mir dabei halfen, meine Vergangenheit zu entblättern. Die drei besten waren mein Gedächtnis, die *Spiegel*-Dokumentation, in der alle meine Geschichten archiviert sind, und der Schuhkarton im Heizungskeller, in dem ich die alten Notizblöcke und Terminkalender verwahre.

Aus diesem Buch lernt man nicht, wie man ein guter Journalist wird. Denn dafür gibt es keine Regeln. Denen, die es interessiert, gebe ich hilfsweise einen Tipp: Am besten, man macht es wie Lutz Mükke aus Leipzig. Er kam im Frühjahr 2003 in mein Büro und sagte, er habe in Leipzig bei Professor Michael Haller Journalismus studiert und müsse jetzt für seinen Abschluss eine selbst recherchierte und geschriebene große Geschichte abliefern, sein Meisterstück sozusagen.

Mein Freund Christoph Maria Fröhder, Beisitzer der Interessenvereinigung Netzwerk-Recherche e.V. und grauer Terrier vom Dienst beim ARD-Fernsehen, hatte Lutz geraten, mich zu besuchen. Ich sei des Schreibens und des Zeitungmachens nicht ganz unkundig und würde ihm sicher gern mit Rat zur Seite stehen, wenn er das für nützlich hielte.

Lutz Mükke hatte sich ein verwegenes Thema ausgesucht. Er wollte darüber berichten, dass Äthiopien ein entwicklungspolitischer Trümmerhaufen sei und dort im großen Stil westliche Steuergelder verschwendet würden, weil es den flächendeckenden Hunger, von dem uns das Fernsehen und Karlheinz Böhm erzählten, in dieser Weise gar nicht gebe.

Ich war erschüttert über so viel jugendlichen Unverstand. »Ja, wo wollen Sie die Story denn verkaufen?«, habe ich ihn gefragt. »Das ist doch für den deutschen Zeitgeist ein Tritt in die Magengrube, das druckt doch keiner.« Lutz lächelte das Lächeln des Wissenden und verabschiedete sich.

Sechs Wochen lang habe ich von Lutz Mükke nichts gehört. Dann erschien in der *Zeit* ein sechsseitiges Dossier über Äthiopien: »Der inszenierte Hunger – von Lutz Mükke«. Eine tolle Geschichte.

Ich habe gleich in Leipzig angerufen: »Glückwunsch, Bruder«, habe ich gesagt. »Ich wollte Ihnen nur noch einen guten Rat nachreichen: Nehmen Sie die Ratschläge der alten Säcke nicht so ernst.«

»Feldmarschall Idi Amin, wie ich vermute«

»Finden Sie Idi Amin«, sagte *Spiegel*-Auslandsressortleiter Dieter Wild. Er holte einen Apfel aus seinem Pfeffer-und-Salz-Jackett, biss hinein und lächelte.

Ich lächelte zurück. Wild sollte nicht merken, dass ich weiche Knie hatte. Aber natürlich merkte er es doch. Er war ein gescheiter Kerl und ließ sich nicht täuschen.

Wild erklärte, er weise mich mit großem Ernst darauf hin, dass das Unternehmen auf der Basis absoluter Freiwilligkeit zu erfolgen habe. »Wir nehmen es Ihnen nicht übel, wenn es Ihnen zu gefährlich ist.« Schon die Formulierung war ein Stich in mein Pfadfinderherz. Ich und Angst. Er konnte sich darauf verlassen, dass ich den Auftrag nicht zurückweisen würde. Außerdem hatte ich ja selbst die Idee gehabt, den gestrauchelten Revolverpotentaten Idi Amin Dada aus Uganda im Exil in Tripolis zu suchen.

Warum lässt sich ein Journalist auf solche delikaten Extratouren ein?

Ich war meiner Reputation verpflichtet. Weil ich ein paarmal in Amins Residenz auf dem Kololo-Berg in Uganda zu Gast gewesen war und auch weil ich ein Buch über ihn geschrieben hatte, das sich ganz gut verkauft hatte, war ich beim *Spiegel* der Amin-Experte.

BBC hatte gemeldet, Big Daddy, wie er bei seinen Fans genannt wurde, sei nach seinem Sturz mit dem größeren Teil seiner Familie von Uganda nach Libyen geflüchtet, um sich dort unter den Schutz von Revolutionsführer Muammar al-Gaddafi zu begeben. Es war nicht mehr als eine Vermutung. Keiner hatte ihn gesehen. Doch der bewohnbare Teil von Libyen ist nicht besonders groß. Wenn er wirklich da war, musste man mit ein bisschen Glück seine Spur aufnehmen können. Und im Übrigen war es auch dann eine gute Geschichte, wenn ich ihn nicht fand.

Gaddafi hatte sich mit seinen Rankünen, Komplotten und Extravaganzen in der Welt nicht beliebt gemacht. Und er wurde nicht beliebter dadurch, dass er Afrikas entthrontem Blutsäufer Nummer eins Asyl gewährte. Wer Amin in Libyen aufspürte und damit die libysche Volksrepublik bloßstellte, musste damit rechnen, Gaddafis Unwillen auf sich zu ziehen. Und das nahm selten ein gutes Ende.

Den ersten Satz für die Geschichte hatte ich schon fertig: »Field marshall Idi Amin, I presume, Feldmarschall Idi Amin, wie ich vermute.« Analog zu der berühmten Floskel, mit der der schottische Journalist und Abenteurer Henry Morton Stanley 1871 dem verschollenen Missionar und Forscher David Livingstone in Ujiji am Tanganjika-See entgegengetreten war. Sie war natürlich nur passend, wenn ich ihn fand.

In dem BBC-Bericht hatte es geheißen, der Amin-Clan habe vermutlich im Hotel Schati Andalus, zwanzig Kilometer westlich von Tripolis, Quartier bezogen. Der Einfachheit checkte ich auch im Schati Andalus ein.

Weil angeblich sonst im Haus nichts frei war, bot mir der Rezeptionist an, ein Zimmer mit einem jungen Italiener namens Giancarlo zu teilen, der im Flugzeug von Rom nach Tripolis neben mir gesessen und den es merkwürdigerweise auch ins Schati Andalus verschlagen hatte. Ich nahm den Vorschlag an. Das war keine gute Idee. Doch als mir Zweifel daran kamen, dass Giancarlo wirklich ein harmloser Brunnenbauer sei, wie er mir erzählt hatte, war es zu spät.

Ich hatte die Amins schnell geortet, obwohl sie versuchten, sich unauffällig im Hotelbetrieb zu bewegen: zwei Ehefrauen und um die zwanzig Kinder. Sie bewohnten drei Apartments. Morgens um acht Uhr strömten sie zum Frühstück durch eine Hintertür ins Restaurant. Mittag- und Abendessen nahmen sie in ihren Zimmern ein. Tagsüber sah man sie nicht.

Die Geheimniskrämerei war überflüssig. Alle Gäste wussten, wer sich da im hinteren Trakt des Hotels versteckte. Die Kinder plapperten laut auf Kisuaheli miteinander. Und auf der Leine vor einem der Apartmentfenster hingen neben weißen Tennissocken und Damen- und Kinderunterwäsche auch T-Shirts mit dem Aufdruck »Uganda National Parks«.

Big Daddys Unterwäsche hing nicht auf der Leine. Ich hätte sie sofort erkannt. Mein Freund Klaus Meyer-Andersen vom *stern* hatte ein halbes Jahr vorher aus Amins leerstehender Villa in Kololo einen Schlüpfer als Souvenir mitgenommen. Er hing seit ein paar Monaten in einem vergoldeten Bilderrahmen über dem Sofa in Meyer-Andersens Wohnzimmer in Hamburg-Eppendorf. Es war eine Unterhose, in der man leicht einen halben Zentner Kartoffeln hätte transportieren können, wenn man die Beine zugebunden hätte. So etwas Kolossales wäre hier aufgefallen.

Das Hotelgelände war zur Landseite hin durch eine große Mauer abgeschirmt. Zur See hin war es offen. Weil sich die libysche Regierung offenbar Sorgen machte, durfte Idi Amin nur ausnahmsweise im Schati Andalus übernachten. Er wechselte häufig sein Quartier. Ich habe ihn in Tripolis jedenfalls nie gesehen.

Die Sorgen der Libyer waren nicht unbegründet. Israel hatte noch eine Rechnung mit Amin offen. Es wäre für ihn gefährlich gewesen, in einem Hotel direkt am Mittelmeerstrand zu logieren, das sich so gut für ein Kommandounternehmen eignete. Der israelische Geheimdienst Mossad hatte mehr als einmal Palästinenser direkt aus

Beirut heraus gekidnappt. Er hätte sicher kein Problem damit gehabt, Amin aus Tripolis zu entführen, wenn er ihn geortet hätte.

Die Rechnung stammte vom Juli 1976. In der »Operation Thunderbolt« hatte eine israelische Kommandotruppe nachts auf dem Flughafen von Entebbe im Handstreich hundert gefangene Passagiere und Besatzungsmitglieder aus einem entführten Air-France-Flugzeug befreit. Eine der Geiseln, die 75-jährige Witwe Dora Bloch aus Tel Aviv, war – angeblich auf Amins Befehl – ermordet worden.

Weil es im Speisesaal des Schati Andalus zu dunkel zum Fotografieren war, musste ich zwei Tage lang mit meiner Leica am Fenster meines Zimmers warten, bevor ich zum Schuss kam. Morgens, kurz vor neun, fuhr ein kleiner Autobus vor dem Empfangsgebäude vor. Fünf Minuten später taperte die ganze Amin-Sippe über den Rasen und bestieg den Bus. Ich verschoss fast einen ganzen Film.

Im Shooting-Fieber war ich wohl etwas unvorsichtig gewesen. Ich sah durchs geöffnete Fenster, wie einer der Türsteher zum Telefon rannte und aufgeregt in den Hörer zu palavern begann. Grund genug für mich, einen schnellen Standortwechsel vorzunehmen. Ich hatte zwar nichts Böses geplant oder getan. Aber es war schon klar, dass mein Verhalten auf Nichteingeweihte einen konspirativen Eindruck machen musste und deshalb böse Folgen haben konnte.

So schnell hatte ich noch nie den Koffer gepackt. Ab ins Auto damit und dann nichts wie weg. Die Rechnung wollte ich später von Deutschland aus bezahlen.

Meine Hektik war unsinnig. Denn ich war längst geortet worden. Darüber bin ich mir heute im Klaren. Ich bin sicher, dass Giancarlo mich die ganze Zeit observiert hatte. Am Vortag hatte ich ihn dabei erwischt, wie er meinen Koffer durchwühlte. Er hatte gesagt, er wolle sich meine Zahnpasta ausleihen. Dabei stand die Tube Pepsodent im Zahnputzbecher auf dem Regal im Bad. Ich glaube, dass er mich von Anfang an beschattet hat.

Aber wie hatten sie von dem Unternehmen überhaupt erfahren? Außerhalb der *Spiegel*-Redaktion wusste niemand von der Operation.

Es wäre nicht das erste Mal gewesen, dass *Spiegel*-Interna bei radikalen Arabern gelandet waren. Im Jahr zuvor hatte uns ein Konfident von der Palästinensischen Befreiungsorganisation (PLO) gesteckt, in seinen Kreisen werde die Behauptung verbreitet, mein Kollege Wolf-Dieter Steinbauer und ich seien Mossad-Agenten. Einmal, als Steinbauer schon die Koffer für einen Trip nach Jordanien gepackt hatte, bekam er einen Tipp aus Amman: Er solle die Reise absagen, weil er nicht lebend zurückkehren würde. Ein Killerkommando solle ihn hinrichten, als Warnung für alle Feinde der palästinensischen Sache.

Es war absurd. Ausgerechnet Steinbauer. Er hatte sich immer für die Rechte der Palästinenser eingesetzt und das Engagement – zum Ärger der israelischen Botschaft in Bonn – auch in seine Nahost-Geschichten einfließen lassen. Aber er nahm den Rat an und blieb zu Hause. Das war sicher gut so.

Nach dem Rückzug aus dem Schati Andalus kroch ich erst mal in der deutschen Botschaft unter. Ich muss bei der Ankunft wohl einen ziemlich gehetzten Eindruck gemacht haben. Denn der Attaché fragte, ob er einen Arzt rufen solle. »Nein«, sagte ich, »es wird schon besser.« »Machen Sie sich mal keinen Kopf«, antwortete der Attaché. Dann ließ er von seiner Sekretärin für 18 Uhr einen Business-Platz für den Lufthansa-Flug nach Frankfurt buchen.

Ich gab zu bedenken, dass die Geheimpolizei sicher Zugriff auf die Passagierlisten der Fluglinien habe. Man solle doch lieber anonym einen Platz buchen. Doch der Attaché winkte ab: »Wir sind hier nicht im Kongo. Der Chargé d'Affaires bringt Sie zum Flughafen. Im Mercedes des Herrn Botschafter und mit Stander. Da traut sich keiner ran.«

Der Chargé d'Affaires überwachte erst das Einchecken meines Gepäcks und geleitete mich dann bis vor die Transithalle. Dann wollte er sich auf die Flughafenterrasse begeben, um mit eigenen Augen zu sehen, dass meine Maschine auch wirklich startete, und dies dann nach Bonn melden.

Die Lufthansa-Maschine hob pünktlich ab. Nur, ich war nicht drin. Eine halbe Stunde vor dem Start war ein Herr in blauem Anzug an mich herangetreten und hatte mich gefragt: »Are you Mister Erich, Sir?« In der naiven Annahme, das Schicksal sei damit noch zu wenden, erwiderte ich: »No, I am not Mister Erich. That is not my name.«

Der Mann verschwand. Zehn Minuten später war er wieder da. »But are you Mister Wiedemann?« Ich sah ihm traurig in die Augen. Aus, vorbei, inschallah. Sie brachten mich erst in ein Kabäuschen neben der Eingangshalle. Dann legten sie mir Handschellen an. Ich musste zwei Stunden warten, dann stopften sie mich in einen alten Mercedes und brachten mich in ein zweistöckiges Gebäude, nicht weit von der deutschen Botschaft.

Ich erkannte das Haus gleich wieder. Es war der Kabusch, ein Betonkäfig mit vergitterten Fenstern, in dem die Geheimpolizei ihre unerledigten Fälle verwahrte. Ein Taxifahrer hatte mir erzählt, wozu er diente, als wir zwei Tage zuvor daran vorbeifuhren.

Verhaftet zu werden ist ein brutaler Schock, fast so schlimm, wie wenn einem das Genick gebrochen wird, glaube ich. Von einer Sekunde auf die nächste ist man nicht mehr sein eigener Herr. Der Gedanke, völlig fremdbestimmt zu sein, und die Aussicht, es lange zu bleiben, legten sich mir wie Würgeeisen um den Hals. Es war ein Sturmtief der Gefühle, und ich hatte Mühe, meinen Schließmuskel unter Kontrolle zu halten. Die Seele ist ein sehr verletzliches Organ.

Sie sperrten mich wortlos ein. Das Licht blieb an. Meine Zelle war zweimal zweieinhalb Meter groß. Sie hatte einen Fußboden aus Kacheln mit Zwiebelmuster und gekalkte Wände. In der Zelle stand nachts ein eisernes Bettgestell, das morgens entfernt und abends wieder zurückgebracht wurde.

An den Wänden hatten frühere Häftlingsgenerationen ihre Spuren hinterlassen, in die Wand eingeritzte Figuren, Hieroglyphen und Piktogramme. Es waren auch Sprüche in lateinischer Schrift dabei. Der kürzeste: »Merde.«

Im Vergleich zu den anderen fünf Zellen hatte meine den Vorteil, dass man mit ein bisschen Übung erkennen konnte, ob es Tag oder Nacht war. Wenn man einen Klimmzug an der Luke über der Zellentür machte, sah man tagsüber in der entferntesten Ecke des überdachten Vorhofes einen Schimmer Tageslicht. Für die Insassen der benachbarten Zellen, die nicht in den Hof blicken konnten, war es Tag, wenn der Wärter das Licht anknipste, und Nacht, wenn er es wieder ausknipste.

Nachts meinte ich, Kindergeschrei zu hören. Dann Orgelmusik, Bach oder Buxtehude, das konnte ich nicht unterscheiden. Es waren Halluzinationen.

Am Abend nach meiner Festnahme und auch am folgenden Tag gab es nichts zu essen. Das war keine Schikane. Es wurde irgendein Jahrestag gefeiert. »Tag der Vertreibung der Italiener«, glaube ich. Deshalb war die Küche geschlossen. Es störte mich nicht, weil ich sowieso keinen Appetit hatte. Zu trinken gab es nur Wasser. Am dritten Tag wurde ein Blechteller mit zwei Marmeladenbroten durch die Klappe in der eisernen Tür geschoben. Ich mümmelte ein wenig an den Broten herum und schob sie nach einer halben Stunde durch die Klappe zurück.

Danach wurde täglich zweimal Hühnchen mit gemischtem Salat oder Fleisch mit Brot gereicht. Alles durchaus appetitlich angerichtet. Doch der Magen verweigerte die Annahme. Angst macht satt.

Nachts träumte ich, dass ich in einem libyschen Gefängnis war. Am nächsten Morgen, als ich erwachte, stellte ich fest, dass es kein Traum war. Ich fiel in Panik, stand eine Weile zitternd und würgend in der Mitte der Zelle. Bis einer der Wärter durch die Klappe in der Tür rief: »Mister, take it easy!«

Ich versuchte, mit den Wärtern ins Gespräch zu kommen. Aber sie waren wortkarg. Sie konnten auch nur ein paar englische Floskeln: »What's your name? Where do you come from? You like football?« Und ich konnte auf Arabisch nur grüßen, zählen und ein bisschen fluchen.

Am dritten Tag fingen die Kapos an, mich zu schikanieren. Wenn ich schlafen wollte, drehten sie vor der Tür ein Transistorradio auf. Dann war es wieder eine Stunde ganz still, bis plötzlich die eiserne Klappe in der Tür aufflog. Vielleicht hatten sie den Auftrag, mich mit Psychoterror weich fürs Verhör zu klopfen.

Einmal wurde ich für anderthalb Stunden mit den Händen an das vergitterte Fenster in der Zellentür gekettet. Es war nicht schmerzhaft. Aber ich hatte noch niemals vorher einen derartigen Totalverlust meiner Autonomie erlebt. Ich hing an der Kette, die Knie gegen die Zellentür gepresst, und konnte mir nicht mal den Schweiß von der Stirn wischen. Hinterher war ich nicht mehr derselbe.

Die Jungs, die mich bewachten, waren keine Sadisten. Ich hatte den Eindruck, dass ihnen die Quälerei selbst zuwider war. Einer hauchte sogar einmal »Sorry« durch die Luke, nachdem er mich mit seinem Geschrei geweckt hatte.

Ich wurde in der ganzen Zeit nie körperlich misshandelt. Was mich verwunderte, weil Libyen auf den schwarzen Listen von Amnesty International als harter Folterstaat geführt wurde.

Am Vormittag des dritten Tages wurde ich zum Verhör gebracht. Auf dem Weg dorthin musste ich eine lederne Gesichtsmaske tragen. Ich hörte die Kakophonie des Verkehrs, einen Muezzin, ein landendes Flugzeug. Welchen Vorteil brachte es den Schergen, wenn der Gefangene nichts sehen konnte? Es nützte ihm doch nichts, wenn er wahrnahm, wo er war und wohin er gebracht wurde. Er konnte ja ohnehin nicht weglaufen.

Es war das uralte Repressionsritual, das Panik und Verunsicherung generieren sollte. Auch die gefangenen Iraker in Abu Ghraib müssen Gesichtsmasken tragen, wenn sie zum Verhör abgeholt werden. Wer nichts sehen kann, der ist dem Sehenden untertan.

Isolation, Schlafentzug, die Erniedrigung, die erzwungene Untätigkeit sind wirksame Foltermethoden. Die Zellenwand begann sich nach ein paar Tagen mit psychedelischen Bildern zu beleben. Nachts geisterten Stimmen durch den Raum. Ich versuchte, mir auszurechnen, wie lange es dauern würde, mit der Büroklammer, die ich am Flughafen geklaut hatte, die Zellentür aus den Fugen zu kratzen. Depersonalisierung nennt das der Fachmann. Wenig später war ich reif für die Inquisition. Am fünften Tag hörten die Schikanen ebenso plötzlich auf, wie sie begonnen hatten.

Es war meine zweite Knasterfahrung. Die erste hatte ich 1964 in Südafrika gemacht. Ich war in der Hauptstadt Pretoria im Haus indischer Freunde verhaftet worden. Unter Kommunismusverdacht, wie es hieß. Der »suppression of communism act« war ein Allerweltsparagraph. Er umfasste sonderbare Delikte, unter anderem auch die »Fraternisierung mit rassisch Andersartigen«. Ich hatte unter dem Dach eines »Gujarati-Kaffers« genächtigt, wie die Inder genannt wurden. Das war hier schon Rassenschande.

Bei der Durchsuchung meines Zimmers im Haus meiner Gastgeber beging ich die Dummheit, einen Zeitungsartikel, den ich für die *Neue Ruhr Zeitung* in Essen geschrieben hatte, aus der Schreibmaschine zu ziehen, um ihn aufzuessen. Der Kommissar, der die Veranstaltung leitete, warf sich auf mich und riss mir das Manuskript aus dem Mund, bevor ich es runterwürgen konnte.

Es stand gar nichts Gefährliches darin. Dass die Schwarzen unterdrückt und sich die Ungerechtigkeiten irgendwann rächen würden, das konnte man in vielen Artikeln in der westlichen Presse lesen. Aber der Kommissar wertete meinen Text als Beweis dafür, dass ich Südafrika kommunistisch hatte unterwandern wollen.

Die Haft und die Verhöre brachten mich seelisch auf null. Die zwei Polizisten spielten mit mir das uralte Inquisitionsspiel Good-cop-bad-cop. Manchmal stundenlang. Einmal knallte mir der Böse einen Hanfstrick auf den Tisch und schrie mich an: »Häng dich selbst auf, du baumelst sowieso.«

Der Kulturattaché der westdeutschen Botschaft, der am nächsten Tag zu Besuch kam, beruhigte mich. »So schnell hängen sie hier keinen und ein Greenhorn wie Sie schon gar nicht.« Es dauerte dann noch vier Tage, bis der Staatsanwalt begriffen hatte, dass ich tatsächlich ein harmloser Ignorant war. Am fünften Tag ordnete er meine Freilassung und sofortige Ausweisung an.

Tags drauf saß ich in einer viermotorigen Constellation von Trek Airways. Der Flug dauerte vier Tage. Erste Etappe Johannesburg – Entebbe, zweite Etappe Entebbe – Kairo, dritte Etappe Kairo – Malta, vierte Etappe Malta – Luxemburg.

Ich habe die Geschichte später in ideologischen Standortdebatten beim *Spiegel* gern ausgeschlachtet. Wenn mich die Kollegen wegen antikommunistischer Tendenzen in meiner Berichterstattung schalten, trumpfte ich mit meiner Knasterfahrung auf: »Ich und Antikommunist? Ich bin der einzige *Spiegel*-Redakteur außer Werner Detsch, der schon mal als Kommunist im Gefängnis saß.«

Werner Detsch war Leserbriefredakteur. Mitte der fünfziger Jahre war er Mitglied der Kommunistischen Partei gewesen und mit Adenauers KPD-Verbot in Konflikt geraten. Ein paar Wochen saß er in U-Haft, dann wurde er, soviel ich weiß, ohne Verfahren entlassen.

Tripolis schien mir gefährlicher als Pretoria. Der Mann, der mich verhörte, wollte wissen, wer meine Auftraggeber waren. Dass mich der *Spiegel* geschickt hatte, glaubte er nicht. Er war nervös, wenn auch korrekt. Kein Gebrüll, kein scharfes Wort. Er drehte ständig einen Bleistift in seinen Fingern. Manchmal klopfte er damit wie mit einem Trommelstock auf die Tischplatte.

Der Mann hatte es offenbar mit den Bronchien. Er spuckte in einer Stunde ein halbes Paket Papiertaschentücher mit gelbem Schleim voll. Seine pedantische Feindseligkeit gab mir Hoffnung. Solange sie noch die Anstrengung unternahmen, mir Aussagen und Geständnisse zu entlocken, beabsichtigten sie offenbar, mir den Prozess zu machen. Und so lange würden sie mich nicht kurzerhand erschießen und im Wüstensand verscharren. Bildete ich mir ein.

Neun Monate zuvor war Imam Moussa Sadr, der Führer der libanesischen Schiiten, der wegen seiner liberalen Haltung Gaddafis Missfallen erregt hatte, in Tripolis auf dem Weg vom Flughafen in sein Hotel verschwunden und nie wieder aufgetaucht. Ich fürchtete, mir könnte das gleiche Schicksal drohen. Ich hatte Idi Amin zwar persönlich nicht gesehen. Aber wo der Clan war, da konnte der Clan-Chef nicht weit sein. Und ich konnte mit meinen Fotos den Nachweis führen, dass seine Familie in Tripolis Asyl genoss. Das Regime hatte ein starkes Interesse daran, das zu verhindern.

Mein ganzes Denken war auf ein einziges Ziel gerichtet: überleben. Sollte ich mir eine Verletzung zufügen, um ins Krankenhaus zu kommen, weil da die Aussicht vermutlich größer war, Kontakt nach draußen aufnehmen zu können? Es war klar, dass ich in Deutschland vermisst wurde. Der *Spiegel* würde etwas unternehmen, um mich zu finden und rauszuholen. Aber das würde dauern. Ich musste Zeit gewinnen.

Der Plan zur Selbstverstümmelung scheiterte daran, dass ich an kein passendes Werkzeug kam. Sie hatten mir alles abgenommen, und die Zelle war leer. Die Spiralen in der Matratze, die man vielleicht dazu hätte gebrauchen können, waren so fest vernäht, dass ich sie mit den Fingern nicht herauspulen konnte.

Überlebenswille reduziert den Menschen, wenn es schlimm kommt, auf sein animalisches Minimum. Wenn man an der letzten Schwelle zu stehen meint, macht er alle anderen Regungen und Werte platt: Moral, Ehre, Ekel, Scham. Mir kam der Gedanke, in der Toilette Fäkalien zu fressen, um krank zu werden. In den zwei Klos neben dem Zellentrakt war die Spülung kaputt, deshalb häufte sich darin der Kot. Es war zwar nicht auszuschließen, dass sie keinen Arzt holen und mich einfach verrecken lassen würden. Aber besser kämpfend und voll fremder Scheiße untergehen, als mit einem Genickschuss in der Wüste verrecken.

Ich kann die bulgarische Krankenschwester Kristiana Valcheva verstehen, die acht Jahre lang unschuldig in einem Gefängnis in Tripolis gefangen war und nach ihrer Freilassung 2007 sagte, sie habe keine Scham mehr empfunden, sondern nur noch Angst und Schmerzen, als Polizisten sie auszogen und dann mit einem Elektrostab folterten.

Heute bin ich nicht mehr so sicher, dass mein Plan funktioniert hätte. Der menschliche Körper ist ein robustes Behältnis. Meine alte Cousine, die als Gerichtsmedizinerin in der Sache einen gewissen Durchblick hatte, sagte mir später, außer ein bisschen Kotzen hätte es vermutlich nichts gebracht.

Außerdem wäre die Ausführung schon daran gescheitert, dass beim Defäkieren des Gefangenen die Klotür offenzubleiben hatte und einer der Wärter stets auf Tuchfühlung neben mir stand. Und ehrlich gesagt, ich bin mir auch nicht sicher, dass ich meine Ekelschwelle tatsächlich überwunden hätte. Ich ekelte mich ja sogar schon davor, mir meinen Hintern ohne Papier mit den Händen zu säubern.

Das seelische Fegefeuer setzte mir hart zu. Am sechsten Tag hätte ich vermutlich gestanden, dass ich in der Absicht gekommen sei, den drei Zentner schweren Idi Amin im Koffer zu entführen.

Ich bestritt auch gar nicht, dass ich hinter Amin her gewesen war. Aber ich hatte ja nur mit ihm sprechen wollen. Auch nach libyscher Rechtslage konnte das nicht strafbar sein.

Aus der Nazi-Zeit sind Geschichten von Häftlingen überliefert, die die Ungewissheit fast umgebracht hat und die in der Nacht, nachdem ihnen das Todesurteil vorgelesen worden war, wieder gut schliefen. Sie beweisen, dass drohendes Unheil in dem Moment an Schrecken verliert, in dem es eintritt. Denn der Mensch fürchtet den Tod nicht so sehr wie die Angst vor dem Tod.

Zwei-, dreimal gaben sie mir eine Beruhigungsspritze, obwohl ich mich widersetzte, weil ich Angst hatte, dass die Injektionsnadel dreckig war. Aber sie half nicht. In aller Frühe, noch bevor der Morgen graute, wurde ich immer wach. Dann tobten mir bizarre und sentimentale Gedanken durch den Kopf. Ich musste Mutter sagen, dass ich sie gern habe, wenn ich hier raus kam. Ich hatte sie einen Tag vor meiner Abreise nach Tripolis am Telefon herablassend behandelt. Ob Marion an mich dachte? Wo war der Pfennig mit unseren eingestanzten Initialen, den wir als Souvenir vom Hamburger Dom mitgebracht hatten? Ich trug ihn normalerweise in der Brieftasche. Ich musste aufpassen, dass ich ihn zurückbekam, wenn sie mich entließen.

Bei der Registrierung am Tag der Inhaftierung hatte mir der Wachhabende des Gefängnisses ein Blatt Papier und einen Bleistiftstummel mitgegeben. Ich sollte meine Personalien und ein Geständnis daraufschreiben. Das habe ich nicht getan. Später sprach auch niemand mehr davon. Der Bleistift und das Blatt Papier wurden vergessen. In meinem ganzen Leben habe ich nie wieder so viel Besitzerglück empfunden.

Ein Din-A4-Blatt ist eine unglaublich große Fläche. Ich hatte es sechsmal gefaltet, so dass ich es im Hosenbeinumschlag verstecken konnte. Nach meiner Rechnung konnte man, so, wie ich es nutzte, darauf vorn und hinten 80 000 Buchstaben unterbringen. Das waren fast so viele wie zwei *Spiegel*-Titelgeschichten Anschläge haben.

Das Papier und der Bleistiftstummel waren meine wichtigsten Waffen gegen den Wahnsinn. Am ersten Tag schrieb ich auf einem schmalen Streifen oben am Kopf des Blattes die US-Bundesstaaten auf, an deren Namen ich mich erinnerte. Ganz langsam und mit vielen Pausen. Ich kam mir hinterher selbst sehr gebildet vor, weil mir 47 von 50 Staaten eingefallen waren. Mir fehlten nur Delaware, Rhode Island und New Hampshire.

Ein paar Jahre danach habe ich den Test zu Hause noch mal gemacht. Diesmal fehlten mir sechs Namen. Ich glaube, heute wären es noch mehr. Woraus zu schließen ist, dass sich die Konzentrationsfähigkeit im Gefängnis leichter entfaltet als an einem Schreibtisch in Jesteburg in der Nordheide.

Am nächsten Tag hatte ich Poesie auf dem Zettel. Ich schrieb ein langes Gedicht von Dieter Hildebrandt über den Mann im Kabarett, der erst begeistert Beifall klatscht und dann, als er sich einen angetüttelt hat, alles beschissen findet. Ich hatte es mal in einer Sendung der Lach- und Schießgesellschaft gehört, mir das Manuskript schicken lassen und es dann auswendig gelernt, weil es mir so gut gefallen hatte. Die Gedächtnisübungen hielten die grauen Zellen beieinander, und sie halfen dabei, die Gegenwart ein bisschen zu verdrängen.

Und dann Schillers »Glocke«, allerdings mit großen Lücken. Ich habe auch noch die Primzahlen aufgeschrieben, die ich kannte. Aber damit kam ich nicht weit. Ich konnte gut rechnen, hatte aber immer Probleme mit der höheren Mathematik.

Den Zettel habe ich nicht mehr vollgekriegt. Irgendwann nachmittags wurde ich freigelassen. Ich glaube, nach sechs Tagen. Für mich waren sie wie sechs Wochen gewesen. Ein Mann in dunklem Anzug trat in meine Zelle, entfaltete ein Schreiben und sagte auf Englisch: »Sie sind frei. Die libysche Regierung hat entschieden, dass Sie sofort das Land zu verlassen haben.« Keine weitere Erklärung. Meinerseits Jauchzen in der Magengrube. Sie luden mich in den Mercedes, mit dem sie mich hergebracht hatten, lieferten mich bei der deutschen Botschaft ab und ließen sich vom Portier schriftlich den Empfang bestätigen.

Weil die letzte Maschine nach Europa weg war und weil ich mich in einem Hotel nicht sicher gefühlt hätte, bot mir der deutsche Botschafter für die Nacht ein Bett in seiner Residenz an. Ich habe abends zum ersten Mal nach gut einer Woche wieder richtig gegessen. Es gab Leipziger Allerlei mit fetten Bratkartoffeln. Dazu wurde Sauerländer Bier in geeisten Gläsern gereicht. Es war herrlich. Ich habe zweimal Nachschlag genommen. Die Kalorien spielten keine Rolle, nachdem ich in knapp einer Woche vier Kilo verloren hatte.

Nach dem Dinner knipste der Botschafter das Licht aus. Dann zog er die Vorhänge zurück. Draußen vor dem Tor standen zwei Männer in dunklen Mänteln. »Die Herren vom Geheimdienst, die passen auf, dass Sie nicht geklaut werden«, sagte er. Herrje, was habe ich gelacht. Was wollten die Kerle denn noch?

Tags drauf auf dem Lufthansa-Flug nach Frankfurt zählte ich bange die ersten Minuten. Ich war erst beruhigt, als über der linken Flügelspitze die tunesische Insel Djerba auftauchte und ich sicher sein konnte, dass die Maschine den libyschen Luftraum verlassen hatte. Ich ließ mir einen Bourbon bringen, holte das Din-A-4-Blatt mit den Namen der US-Bundesstaaten und dem Gedicht von der Lach- und Schießgesellschaft raus und las. Aber ich las nicht lange, dann knüllte ich das Blatt zusammen und stopfte es in die Sitztasche vor mir. Ich hatte Angst vor der Erinnerung.

Nach der Rückkehr aus Libyen musste ich in der Chefredaktion rapportieren. Erich Böhme erzählte mir, wie sie mich rausgeholt haben. Zum Schluss sagte er beiläufig, ich möge die Personalabteilung anrufen und ihr sagen, sie solle mir die Tage, an denen ich im Knast gesessen und nicht gearbeitet hatte, vom Urlaub abziehen. Ich sah ihn ratlos an und wollte etwas Infantiles sagen. Als Böhme bemerkte, dass ich für frivole Scherze noch nicht wieder ganz empfänglich war, klopfte er mir jovial auf die Schulter und sagte nur: »Döskopp«.

Das dritte Knasterlebnis hatte ich 1987 in Bangkok. Diesmal allerdings nicht als Häftling. Für eine Gefängnisreportage war ich pro forma einer Hilfsgruppe der deutschen evangelischen Pfarrgemeinde in Bangkok beigetreten. Sie betreute deutsche Strafgefangene, die im Bang-Kwang-Gefängnis langjährige Haftstrafen wegen Drogenschmuggels verbüßten.

Um mich als mildtätiger Bruder zu legitimieren, hatte ich mir eine Staude Bananen auf die Schulter packen lassen. Die Häftlinge bekamen einmal im Monat Obst, weil sie unter Vitaminmangel litten.

Schon der Weg in die Schattenwelt von Bang Kwang war ein bedrückendes Erlebnis. Schlüsselklirren, Gebrüll, lautes Zuschlagen stählerner Türen. Das Gebrüll war überall, man konnte auch nicht sagen, woher es kam, weil man die brüllenden Wärter nicht sah. Meine Begleiterinnen von der Knasthilfe und ich folgten dem Kapo, der uns als Betreuer zugeteilt worden war, und nahmen vor einem geräumigen Käfig Platz.

Der erste deutsche Häftling, den sie uns vorführten, war ein hagerer, fast glatzköpfiger Junge mit einem von Verzweiflung ausgehöhlten Blick. Er war vielleicht neunzehn Jahre alt. An den Füßen hatte er Ketten, an denen schwere eiserne Gewichte hingen. Er hatte zwei Jahre hinter sich und noch achtzehn vor sich. Seine Haut war gelblich fahl und von Pickeln übersät. Leberschaden, tuschelte eine der barmherzigen Damen, die mich hier hereingeschmuggelt hatten. Er war eine gepeinigte, erniedrigte Kreatur fast ohne menschliches Antlitz.

Der Junge im Käfig erzählte stockend seine Geschichte. Eine Hure habe ihm ein Päckchen Heroin in den Koffer gesteckt und ihn dann bei der Polizei angeschwärzt. Er hätte von Anfang an keine Chance gehabt. Der Anwalt ließ ihn hängen, weil er nicht zahlen konnte. Das Gericht glaubte ihm kein Wort. Was er zu seiner Verteidigung vortrug, war die Standardgeschichte aller ertappten Drogenschmuggler.

Die ersten vier Monate bis zur Verurteilung hatten sie ihn im Untersuchungsgefängnis an die Zellenwand geschmiedet. Danach wurde er in eine Gemeinschaftszelle in Bang Kwang verlegt. Die Zustände waren animalisch, die Korruption der Wärter, der ständige Lärm, die unwürdige Hygiene. »Alles ist dreckig, überall Kot, überall Jauche.« Exkremente von 7500 Mann und keine Kläranlage.

Die Gefängnisverwaltung ließ die Jauche auf die Blumenfelder zwischen den Blocks schütten. Deshalb waren die freien Flächen zwischen den Gebäuden von Bang Kwang ein buntes Blumenmeer. So viel liebliche Natur neben so viel Grauen.

Ich bin davon überzeugt, dass es keine Schuld gibt, die eine irdische Instanz legitimiert, aus einem menschlichen Wesen einen Zombie zu machen. Kein Terrorist, kein Kindermörder, kein Nazi-Verbrecher hat das verdient.

Irrsinn stand in den Augen des Jungen, als wir gingen. Drogenschmuggel ist kein Kavaliersdelikt. Aber was bringt es der Gesellschaft, dem Verursacher das Leid, das er anderen zugefügt hat, mit dem gleichen Leid zu vergelten? Die Statistik widerlegt die These von der Abschreckungskraft solcher Quälereien. Sie können ja auch gar nicht abschrecken, weil die abzuschreckende Öffentlichkeit sie gar nicht wahrnimmt.

Damals habe ich verstanden, warum der Jurist und Schriftsteller Kurt Tucholsky in den zwanziger Jahren eine Revision der Ausbildungsrichtlinien für deutsche Richter und Staatsanwälte gefordert hatte. Sie müssten ihre Prüfungsarbeit hinter Gittern schreiben, damit sie wüssten, was sie in der Seele eines Menschen anrichteten, den sie ins Gefängnis schickten, schrieb er. Zu viel Entmündigung ist Mord an der Identität. Wer Zweifel hat, soll Walter Kempowski lesen: *Im Block*. 310 Seiten lang, man kann das Buch aufschlagen, wo man will, es ist überall gleich grauenhaft. Und Bangkok ist nicht besser als Bautzen. Ich bin, seit ich den *Block* gelesen habe, ein treuer Anhänger von Amnesty International.

Nach dem Jungen führten sie uns noch drei weitere deutsche Häftlinge vor. Der jüngste war Mitte zwanzig, der älteste Mitte dreißig. Sie saßen alle schon vier, fünf Jahre. Ihre Gesichter waren stumpf. Die Haft in Bang Kwang töte die Persönlichkeit langsam ab, sagte eine meiner Begleiterinnen. Wenn sie ganz erloschen sei, könne man das Leid leichter ertragen. Die drei Männer waren maulfaul, sie gaben kaum Antwort auf unsere Fragen. Sie nahmen die Liebesgaben, die wir mitgebracht hatten, und schlurften nach ein paar Minuten klirrend und wortlos davon.

Nein, so grausam wie die verurteilten Heroin-Kuriere in Bangkok war ich in dem tripolitanischen Betonloch nicht behandelt worden. Trotzdem brauchte ich zwei, drei Jahre, um das Trauma zu verarbeiten.

Ich sprach zu niemandem darüber, weil ich mir des selbst gestrickten Wahns bewusst war. Jedes Mal, bevor ich in einen Flieger stieg, musterte ich die anderen Passagiere auf verdächtige Äußerlichkeiten. Natürlich war immer einer dabei, der aussah wie ein

Kidnapper. Jeder Flug war für mich eine Tortur. Verfolgungswahn in Reinkultur.

Ein paarmal buchte ich im letzten Moment auf eine andere Maschine um, weil ich mich verfolgt fühlte. Einmal ließ ich auf der Rückreise von Kamerun nach Hamburg in Paris-Orly die letzte Maschine fliegen und nahm mir einen Mietwagen. Morgens gegen vier kam ich dann völlig übernächtigt, aber entspannt in Jesteburg an.

Es gab ein paar Einsätze, die mich leicht das Leben hätten kosten können. Aber keiner hat mich dermaßen seelisch lädiert wie das Knasterlebnis in Tripolis. Ich habe gelernt, überlebende KZ-Insassen zu verstehen, die noch ein halbes Jahrhundert nach ihrem Martyrium von dem Selektionskapo an der Rampe träumten.

Ein Dreivierteljahr lang konnte ich nur fliegen, wenn ich vorher eine Valium genommen hatte. Irgendwann, nach drei, vier Jahren, wurden die Ängste schwächer. Dann sah es so aus, als sei es vorbei. Und irgendwann dann war alles plötzlich wieder da: die Panik, die ich durchlebt hatte, als sie mich in den Betonkubus stießen, das Radiogeplärr vor meiner Zellentür, die vollgeschissenen Klos, der ekelhafte Kerl mit dem vollgeseiberten Taschentuch. Es kommt vor, dass mir Tränen in die Augen schießen wegen eines Anlasses, der dreißig Jahre zurückliegt.

Der Mensch hat einen seelischen Selbstschutzmechanismus. Die Steuerungszentrale im Gehirn schirmt im Moment des Erlebens das Bewusstsein gegen den Stress ab. Aber das Trauma ist nur verkapselt. Im Alter wird das hemmende Netzwerk löchrig. Die Kapsel bricht auf. Man wird mental um Jahrzehnte zurückgeworfen. Ich frage mich, was da noch an posttraumatischem Stress auf mich zukommt. Denn Tripolis ist nicht der einzige Stress-Cluster in meinem Unterbewusstsein.

Ich bin der *Spiegel*-Reisestelle heute noch zu Dank verpflichtet, weil sie meine teuren Extravaganzen kommentarlos hinnahm. Wenn Wiedemann lieber sieben Stunden Auto fährt, als eine Stunde zu fliegen, wird er wohl seine Gründe haben, hat sich die Kollegin sicherlich gedacht.

In Kolumbien hätte ich Grund zur Angst vor Kidnappern gehabt. Aber da war ich furchtlos – weil ich die Gefahr nicht erkannte. Ich war den Tag über durch die Slums von Bogotá gezogen, um für eine Geschichte über Zwangsprostitution mit Nutten zu sprechen. Die Damen in den kleinen Hütten, die so aussahen wie früher die Bergmannshäuser in meiner Ruhrpottheimat, waren ziemlich wortkarg. Die Recherche war nicht besonders erfolgreich, weil ich meinen Dolmetscher verpasst hatte. Die Damen verstanden nur wenig Englisch, und ich verstand nur wenig Spanisch.

Mädchenhandel und Bordellgewerbe sind in Kolumbien in der Hand der Kartelle, die auch den Drogenhandel und das organisierte Kidnapping kontrollieren. In Bogotá wurden damals 500 Entführungen im Jahr gemeldet.

Am nächsten Tag war ich zum Antrittsbesuch in der deutschen Botschaft. Der Presseattaché sagte in nur einem Satz, wie er mich einschätzte, als ich ihm von meinen Spaziergängen in den Slums erzählte: »Sie sind ein Kamikaze oder ein Trottel.«

In Deutschland war ich vorsichtiger als in Kolumbien. Dass ich in Deutschland nie im Gefängnis war, habe ich meinem angeborenen Misstrauen zu verdanken.

Ich war in den siebziger Jahren in eine Fluchthilfe-Affäre hineingezogen worden. Ich wollte live über eine Fluchtaktion berichten. Ein gewisser Pfitzmann von der Berliner Fluchthilfefirma Freedom International hatte mir versprochen, mir Bescheid zu geben, wenn sie den nächsten Kunden im Kofferraum in den Westen schafften. Der Tipp kam, ich wartete nachts vier Stunden lang am Zonengrenzübergang in Lauenburg, aber die Flüchtlinge kamen nicht. Irgendwas hätte nicht geklappt, sagte mir Pfitzmann am Telefon. Er würde sich wieder melden. Dann hörte ich nichts mehr von ihm.

Zwei Wochen später stand in einer Berliner Zeitung, am Grenzübergang in Helmstedt seien ein professioneller Fluchthelfer von Freedom International und zwei im Auto versteckte DDR-Bürger festgenommen worden. Die Flüchtlinge hätten ausgesagt, die Firma arbeite eng mit einem Mann aus Hamburg zusammen. Es war klar, Pfitzmann hatte den Flüchtlingen vorgelogen, ich sei sein Kontaktmann im Westen. Und die Flüchtlinge hatten das natürlich im Verhör bei der Stasi weitererzählt.

Bis zur Wende hatte ich Angst, mit dem Auto durch die DDR zu fahren. Und das war gut so. Obwohl der damalige DDR-Korrespondent des *Spiegel* sich über meine Bangbüxigkeit lustig machte, reiste ich immer nur per Flugzeug nach Berlin. Ich wäre unweigerlich wegen Menschenhandels vor Gericht gekommen, wenn die Vopo mich gegriffen hätte. Darauf standen acht bis zehn Jahre Bautzen.

Die DDR ließ politische Häftlinge nach der Verurteilung immer erst zwei, drei Jahre schmoren. Dann wurden sie an die Bundesrepublik verkauft. Es waren halbseidene Geschäfte, die nicht mit dem Grundgesetz und mit den Richtlinien des Bundesrechungshofes in Einklang gebracht werden konnten. Aber die Regelbrüche waren die einzige Hoffnung der gequälten Kreaturen, die der Stasi in die Fänge geraten waren. Ohne die Intervention der Bonner Regierung wäre mein libysches Abenteuer wohl auch nicht so gut ausgegangen.

Das Auswärtige Amt hatte von meinem Missgeschick erfahren, weil der libysche Innenminister am Tag nach meiner Verhaftung mit Bonn telefoniert und seinen Kollegen Gerhart Baum gefragt hatte: »Habt ihr uns diesen Kerl auf den Hals geschickt, der hinter Amin herschnüffelt?« Um Gottes Willen, hatte Baum gesagt. Niemals.

Es kostete Baum einen Anruf bei der Botschaft in Tripolis, um den Gefangenen zu identifizieren. Dann rief er die *Spiegel*-Chefredaktion an: Ob sie das Indianerspielen nicht lassen können? Das Verhältnis zu den Arabern sei kompliziert genug.

Meine Befreiung war das Resultat einer konzertierten Aktion von Gerhart Baum und seinem libyschen Kollegen gewesen. Sie hatten sich über eine Affäre kennengelernt, die die politisch nicht ganz korrekte Ausbildung von libyschen Polizisten beim Bundeskriminalamt in Wiesbaden ausgelöst hatte.

Baum hatte, wie erst viel später bekannt wurde, Gaddafi sogar heimlich in Tripolis besucht, um mit ihm über die Einstellung der libyschen Hilfe für europäische »Befreiungsbewegungen« zu verhandeln. Der Kontakt, so sagte er im April 2008 der *FAZ*, sei sehr eng geblieben. Die bundesdeutsche und die libysche Regierung hatten jahrzehntelang Beziehungen, von denen die westdeutsche Öffentlichkeit nichts wusste. Es sei »ein Geben und Nehmen« gewesen, sagte Gerhart Baum. Unter die Rubrik »Nehmen« fiel meine Freilassung.

Gerhart Baum hatte, wie die meisten hochrangigen Liberalen, ein gutes Verhältnis zu Rudolf Augstein. Davon habe ich profitiert. Die FDP wurde zwar vom *Spiegel* gelegentlich geprügelt, aber Augstein hat sie zeitlebens gehätschelt, mit finanziellen Zuwendungen und mit freundlichen *Spiegel*-Geschichten, die sie nicht immer verdient hatte. Zum Dank war bei größeren Festen im *Spiegel*-Haus immer ein prominenter Liberaler anwesend, meistens Hans-Dietrich Genscher im gelben Pullunder.

Bei Gerhart Baum habe ich mich mit einem artigen Brief für die freundliche Hilfe bedankt. Ich würde mich revanchieren, wenn sich eine Gelegenheit böte, schrieb ich. Und ich wäre im Grunde meines Herzens auch ein Liberaler. Er antwortete sinngemäß: »Gern geschehen. Wenn Sie was Gutes tun wollen und wenn Sie wirklich ein Liberaler sind, dann treten Sie in die FDP ein. Wir brauchen Mitglieder.«

Das habe ich getan. Es war der Start einer bescheidenen Kommunalpolitikerkarriere. 27 Jahre lang war ich Ratsherr im Gemeinderat von Jesteburg und zehn Jahre lang stellvertretender Vorsitzender der liberalen Kreistagsfraktion im Landkreis Harburg, einmal auch FDP-Bundestagskandidat (mit schlechtem Listenplatz und mäßigem Ergebnis) und zwei Jahre lang Vizebürgermeister von Jesteburg. Die Bürde meiner Würden wäre geringer gewesen, wenn die Heidjer Liberalen nicht so knapp an Talenten gewesen wären, dass sie einen verbiesterten Ikonoklasten wie mich immer wieder in die Arena schicken mussten.

Die Kommunalpolitik war ein gutes Kontrastprogramm zu meinem *Spiegel*-Job. Einmal kam ich um kurz vor sechs Uhr abends aus Afghanistan in Hamburg-Fuhlsbüttel an und saß dann um kurz nach sieben im Jesteburger Gemeinderat, um über Bebauungspläne und die Anschaffung eines Rasenkantenmähers für den Bauhof zu beraten.

Die FDP hat mir nicht viel zu verdanken und ich ihr auch nicht. Mein Vorbild war FDP-Mitglied Rudolf Augstein. Er war im Gegensatz zu mir immerhin in den Bundestag gewählt worden. Nur dass er die Epauletten schon ein paar Wochen danach wieder abgab, weil er begriffen hatte, dass man nicht mit einem Bein im Lager der dritten und mit dem anderen im Lager der vierten Gewalt stehen kann.

Die Jesteburger Kommunalpolitik barg für mich keine Interessenkonflikte, weil die kleine Welt der Nordheide keine Berührungspunkte zu meiner beruflichen Welt hatte. Im Jesteburger Gemeinderat habe ich mich zu morganatischen Allianzen hinreißen lassen. Von gelegentlichen Ausnahmen abgesehen, waren stets die Roten und die Grünen meine Verbündeten im Kampf gegen die schwarzen Grundstückschacherer. Solche Bündnisse wären mir im *Spiegel* nicht zugestoßen – wenn es da Schwarze gegeben hätte.

Idi Amin, dem ich in Tripolis nachgestiegen war, bin ich nie wieder begegnet. Ende 1989 habe ich ein paar Minuten lang mit ihm telefoniert. Er wohnte im Sands Hotel in der saudi-arabischen Hafenstadt Dschidda. Drei Monate zuvor war er aus seinem Asyl ausgebrochen und nach Kinshasa geflogen, um seinen alten Freund Mobutu Sese Seko, den Diktator von Zaire, dazu zu bewegen, ihm Geld und Waffen für die Rückeroberung Ugandas zu geben. Aber Mobutu wollte von dem Abenteuer nichts wissen und schickte Amin mit seinem Privatjet zurück nach Saudi-Arabien.

Ich hatte Amins Telefonnummer damals von einem britischen Kollegen bekommen, der ihn nach seinem Ausflug nach Zaire interviewt hatte. Big Daddy war unwirsch. »Ich gebe keine Interviews mehr.«

Ich sagte, dass ich Träger der ugandischen »Medal for distinguished Service to the State« sei. Das war ein Orden dritter Klasse, den mir Amins Informationsminister, Juma Oris, anlässlich eines Hintergrundgesprächs in Kampala mal als Souvenir ans Revers geheftet hatte. Er trug auf der Vorderseite Big Daddys Porträt.

Das schien Amin zu gefallen. Er wurde zutraulich. »Wissen Sie, dass selbst solche historischen Männer wie ich manchmal große Probleme haben?«

»Welche Probleme haben Sie, Sir?«

»Die Saudis wollen nicht, dass ich Kontakt zu Journalisten habe. Sie haben gedroht, dass sie mich rausschmeißen, wenn ich noch mal ein Interview gebe.«

Ich sagte ihm, ich sei der »Kiigermani«, der Deutsche, der ein Buch über ihn geschrieben hatte.

»Ja, ich habe es mir damals aus Nairobi kommen lassen. Aber es war auf Deutsch geschrieben. Ihr Botschafter hat mir gesagt, es sei noch viel größerer Bullshit als das Buch von David Martin.«

Amin-Biograf David Martin war damals Afrika-Korrespondent des Londoner *Observer* und der Lieblingsfeind Amins. Im Makindye-Gefängnis in Kampala sei für ihn immer eine Zelle reserviert, hatte Big Daddy gedroht. Aber er hatte ihn nie gekriegt.

Ich sagte: »O nein, Sir, es war ein sehr objektives Buch. Der Titel müsste Ihnen gefallen haben. Es hieß: *Idi Amin, ein Held von Afrika.*« Das Fragezeichen hinter dem Buchtitel habe ich unterschlagen.

Amin wollte sich nicht dazu äußern. Er hängte einfach ein. Ich rief in den Wochen danach noch ein paarmal im Sands an, wurde aber nicht mehr durchgestellt.

Idi Amin ging es blendend in Dschiddah. Er bewohnte wechselweise eine kleine, weiße Villa am Meer und eine Suite im Sands. Die Saudis zahlten ihm eine ordentliche Apanage, er hatte immer einen Amischlitten neuester Bauart in der Garage und konnte sich ziemlich frei bewegen. Das sei der Dank dafür, dass er sich als Staatschef in Uganda für die Ausbreitung des Islam eingesetzt habe, sagte mir ein Mitarbeiter der deutschen Botschaft in Riad.

Ich weiß, mit welchen Mitteln der Kreuzzug geführt worden war: Amin hatte für jeden Ugander, der zum Islam konvertierte, auf Kosten der saudischen Botschaft in Kampala eine halbe Kiste Bier spendiert. Es war ein Riesenerfolg. Nur, als das Bier alle war, kehrten die Bekehrten fast alle zum Christentum und zum Animismus zurück.

Amins Exilidylle wurde nie durch eine rächende oder strafverfolgende Instanz gestört. Er hatte politische Gegner lebend an Krokodile verfüttert und das Blut politischer Gegner gesoffen. Er hatte mindestens 100 000 Menschenleben auf dem Gewissen. Der serbische Popanz Slobodan Milošević war im Vergleich zu ihm beinahe ein Philanthrop. Die Amerikaner hätten Amin haben können, wenn sie seine Auslieferung von den Saudis gefordert hätten. Sie haben es aber nie versucht. Sein Fall zeigt, wie relativ Gerechtigkeit auf Erden ist.

Mein erstes Treffen hatte ich mit dem »Bezwinger des Britischen Empire«, wie Amin sich gern nannte, während einer Gipfelkonferenz der Organisation Afrikanischer Einheit (OAU) im Hilton in der äthiopischen Hauptstadt Addis Abeba. Das Hotel war für die Zeit der Gipfelkonferenz fürs Publikum gesperrt. Weil ich den Manager gut kannte, hatte ich trotzdem ein Zimmer bekommen.

Im Hilton hatte ich ständig relativ leichten Zugang zu den dreißig Staatschefs, die zur Gipfelkonferenz erschienen waren. Man brauchte sich nur zu ihnen an den Frühstückstisch zu setzen oder sich abends an die Theke zu stellen und ein Gespräch anzufangen. Die meisten waren immer zu einem Schnack bereit. Sie fragten auch nicht, was denn der »Muzungu«, der Weiße, unter all den schwarzen Nobilitäten tat. Deshalb war ich eine Woche lang der mutmaßlich bestinformierte Journalist von Afrika. Mit zwei, drei Frankophonen habe ich auch Brüderschaft getrunken.

Am Nachmittag, nachdem er in einer launigen Plenarrede das Präsidentenpublikum zu Lachstürmen hingerissen hatte, traf ich Idi Amin in der Pool-Bar. Er trug eine frivole Dreiecksbadehose von der Sorte, wie sie in deutschen Badeanstalten in den fünfziger Jahren aus Sittlichkeitsgründen verboten gewesen war. »Eh«, rief er, »komm her, wir machen ein Match.« Er wollte mit mir wettschwimmen.

»Sorry, Sir«, sagte ich, »aber ich kann nicht schwimmen.« Das war nur ein bisschen gelogen. Ich schaffte zwei, drei Längs-Takes im Freistil durchs Becken, und dann war Schluss. Amin dagegen war ein gefürchteter Butterfly-Virtuose. Er hatte einen ganzen Schrank voll Pokale, die er bei Wettschwimmen als Soldat der Queen's African Rifles in Kenia und später als Stabsoffizier in

Uganda gewonnen hatte. Die Blamage, haushoch gegen ihn zu verlieren, wollte ich mir nicht antun.

Amin schäumte vor Verachtung. »Du traust dich nicht, du Schlappschwanz, weil du weißt, dass du gegen einen Meisterschwimmer wie den starken Idi Amin Dada keine Chance hast.« Leider hatte er Recht. Er wandte sich zu einem schwedischen Kollegen, der wohl auch gute Beziehungen zum Hotelmanagement hatte und deshalb hier wohnen durfte: »Dann komm du ins Wasser!«

Der Kollege parierte – und wurde von Amin prompt nach Strich und Faden abgewatscht. Ein Dutzend afrikanischer Staatspräsidenten hat herzhaft gelacht und geklatscht.

Es war mein viertes und letztes Jahr als Korrespondent in Nairobi. Ich flog alle zwei, drei Monate rüber nach Uganda. Manchmal aus dienstlichen, manchmal aus privaten Gründen. Wobei beide Anlässe zuweilen ineinanderflossen.

Der private Anlass hieß Dana. Ich hatte sie im Speke Hotel in Kampala kennengelernt. Wir hatten einen schönen Abend unter einem zauberhaften Äquatormond gehabt. Ein Bier, zwei Bier, drei Bier, nach dem fünften Bier waren wir sicher, dass es Liebe war.

Dana war eine hochgewachsene Tutsi, Angehörige des Staatsvolkes im benachbarten Ruanda, das etliche Jahre später Opfer eines grausamen Massakers werden sollte. Sie war eine schöne Frau mit Witz, Esprit und einer Haut wie schwarzer Alabaster. Ich nannte sie »Danchen« und sie mich »my little klabauterman«, weil ich nach Tutsi-Maßstäben eher zu den kleinen Kerlen zählte. Keine Ahnung, woher sie das Wort »Klabautermann« kannte, aus ihrem Mund klang es erotisch.

Am nächsten Vormittag beim Auschecken beugte sich der fette Rezeptionist weit über die Theke und stellte hämische Fragen. Ich sagte, er solle sich da raushalten, weil ich meinte, dass ihn meine

Privatgeschichten einen Haufen feuchten Elefantenmist angingen. »Wie Sie wünschen«, sagte er, »aber der Chef könnte sich auch dafür interessieren, und den geht es bestimmt was an.«

Mit dem Chef meinte der Rezeptionist Big Daddy Amin. Was ich nicht gewusst hatte: Dana war die Sekretärin und angeblich eine ehemalige Konkubine von Feldmarschall Dr. Idi Amin, wie sie ihn hier nennen mussten. Amin war ein stadtbekannter Wüstling. Er hatte vier Frauen und eine Schar von ständig wechselnden Gespielinnen. Es hieß, er greife sich jede Frau, die nicht schnell genug auf die Palme kam. Dana war angeblich eine davon gewesen. Einer Frau, der sich Big Daddy balzend näherte, blieb keine Wahl, als sich ihm zu ergeben.

Ich sah ein, dass es besser war, die Beziehung zu Dana zu beenden, und gelobte mir selbst, schnell Schluss mit ihr zu machen. Zur Sicherheit für uns beide. Aber ich habe das Versprechen mehrfach gebrochen. Obwohl ich wusste, dass Amin nachtragend und besitzergreifend war, behalf ich mir mit der selbstbetrügerischen Ausrede, dass Danas Affäre mit ihm vorbei sei und er deshalb keinen Grund habe, auf mich eifersüchtig zu sein.

Idi Amin tickte nicht so. Wer seinen Mannesstolz verletzte, auch durch eine Beziehung mit einer Ehemaligen, der musste sich in Sicherheit bringen. Und die Ehemalige auch. Die Leiche von Kay Adroa, einer seiner vier Ehefrauen, die er einer Beziehung mit einem Minister verdächtigte, war im August 1974 tot im Auto ihres Frauenarztes gefunden worden. Der entstellte Thorax war in Plastikfolie eingeschlagen, die abgehackten Arme und Beine lagen lose in einem Karton. Kay Adroa hatte angeblich die anderen drei Frauen dazu aufhetzen wollen, in einen Lysistrata-Streik gegen ihren Gebieter zu treten.

Amin ordnete eine Obduktion an – und verkündete schon vorher das Ergebnis: Der Frauenarzt habe eine verbotene Abtreibung vorgenommen. Dabei sei ihm ein fataler Kunstfehler unterlaufen. Er sagte aber nicht, warum seiner Ansicht nach die Leiche in fünf Teile zerhackt worden war.

Der Rachsucht Amins fiel auch Oberstleutnant Michael Ondoga zum Opfer, ursprünglich einer seiner engsten Berater. Er war so tollkühn gewesen, mit Prinzessin Elizabeth Bagaaya anzubändeln, der Tochter des Königs von Toro in Süduganda, auf die auch der Staatschef ein Auge geworfen hatte. Nachdem unbekannte Männer Ondoga drei Tage zuvor aus seiner Wohnung entführt hatten, wurde seine Leiche angenagt von Krokodilen bei Jinja am Ufer des Viktoriasees gefunden.

Die schöne Königstochter wurde von dem labilen Ego des mörderischen Clowns Ende 1974 in eine tiefe Krise gestürzt. Offensichtlich um ihre Gunst zu erringen, hatte Amin sie Anfang des Jahres zur Außenministerin ernannt. Sie machte eine gute Figur auf dem internationalen Parkett. Neben Amin wirkte sie wie eine Gazelle neben einem Elefantenbullen.

Amin muss ihre Distanz wohl bemerkt haben. Ihre pompösen Auftritte, die ständige Schäkerei mit den weißen Kerlen, die ihr die Hand küssten, machten ihn eifersüchtig. Ende 1974 ließ er sie von einer Dienstreise aus Europa zurückkommen, nachdem die Kundschafter, die ihr ständig auf den Fersen waren, ihm eine »schwere Verfehlung« gemeldet hatten, wie er sagte. Noch bevor sie in Entebbe gelandet war, verkündete er ihre Absetzung.

In einer Kabinettssitzung machte Amin seine Vorwürfe öffentlich. Die Prinzessin sei auf einer Toilette des Pariser Flughafens Orly von seinen Agenten in flagranti dabei ertappt worden, wie sie sich einem »unbekannten Europäer« hingegeben habe. Einen Europäer als Lover, das fand er fast noch kompromittierender als den Vorgang an sich. Die Quelle seiner Informationen nannte er nicht. Natürlich war alles frei erfunden.

Die Pariser Flughafengesellschaft konterte die Vorwürfe mit einer minuziösen und hämischen Darstellung des Aufenthalts der Prinzessin in Orly. Erstens seien die Toiletten wegen ihrer räumlichen Abmessungen nicht für Begattungsakte geeignet. Zweitens habe die Zeit gar nicht gereicht, weil die Maschine der Uganda Airlines bereits knapp eine Stunde nach der Landung wieder gestartet sei. Und drittens sei die Dame in der ganzen Zeit von einem Schwarm Diplomaten und Journalisten umgeben gewesen.

Trotzdem wurde Prinzessin Bagaaya gleich nach ihrer Rückkehr unter Hausarrest gestellt. Vor den Kameras von Uganda TV musste sie live ihren Turban abnehmen und den Zuschauern zeigen, dass ihr von Amin keineswegs der Schädel geschoren worden war, wie die westliche Presse behauptete.

Bundesaußenminister Walter Scheel hat damals gegenüber seinen europäischen Amtskollegen die Möglichkeit erörtert, der Prinzessin mit einer gemeinsamen Demarche zur Hilfe zu kommen. Nach gründlicher Überlegung entschied er dann: »Wir lassen es besser, sonst kommen wir noch in falschen Verdacht.«

Drei Tage nach Bagaayas Absetzung flog ich nach Uganda, um die Prinzessin zu der angeblichen Sex-Affäre zu befragen. Ich kam nur bis in den Hausflur, dann schmiss mich der Butler raus. Einmal telefonierte ich noch mit ihr. Sie sagte, sie habe augenblicklich keine Zeit und würde mich zurückrufen, sobald sie ihre Angelegenheiten geregelt habe. Ein paar Tage später gelang ihr die Flucht nach Nairobi. Sie hat aber nicht angerufen.

Im Jahr darauf hatte ich noch einmal Kontakt zu Prinzessin Bagaaya. Sie hatte ihren Hamburger Anwalt beauftragt, die Berichterstattung über ihre Absetzung schadensersatzmäßig aufzuarbeiten. Mehrere große deutsche Blätter mussten blechen. Ich hing wegen meines Amin-Buches mit drin. Es war eine unerfreuliche und kostspielige Affäre. Ein nicht unbeträchtlicher Teil des Buchhonorars ging dafür drauf.

Die Auslandsausgaben meines Amin-Buches waren gut fürs Ego, aber sonst waren sie für beinahe gar nichts gut. Mein französischer Verlag, die Editions Charles Denue aus Savoi, hatten mich für eine Fernsehsendung von Nairobi nach Paris einfliegen lassen. Ich war stolz, als ich beim Buchladen in der Halle des Flughafens Orly eine Art Schubkarre stehen sah, die der Buchhändler mit meinen Büchern vollgeladen hatte.

Gleich am zweiten Abend trat ich in einer Talkshow im Fernsehen auf. Es war kein guter Auftritt. Mein schlechtes Französisch brachte Charles Denue zur Verzweiflung. Trotzdem ging die Buchauflage ab wie eine Rakete. Es brachte mir aber nichts, weil Denues Verlag vier Wochen vor der Abrechnung pleite ging. Die koreanische Ausgabe brachte auch nichts, weil Südkorea das internationale Copyright-Abkommen nicht ratifiziert hatte und deshalb nicht zahlen musste. Außer der deutschen verkaufte sich nur die dänische Ausgabe gut. Aber weil die Dänen ein kleines Volk sind, bringen Bestseller in Dänemark nicht viel ein. Immerhin war unter der Fanpost, die mich erreichte, auch ein Brief aus dem dänischsprachigen Grönland, was mich mit dem mageren Saldo ein wenig versöhnte.

Ein Vierteljahr nach dem Wirbel um Prinzessin Bagaaya war ich zusammen mit Kollege Siegfried Kogelfranz aus Hamburg wieder in Kampala, um mit Amin ein *Spiegel*-Gespräch zu führen. Als wir beim State House anklingelten, war nur Informationsminister Juma Oris da. Er sagte, der Chef sei im benachbarten Ausland unterwegs. Wir sollten in drei Tagen wiederkommen.

Wir verbrachten die Nacht im Kampala International, dem ersten Haus am Platze. Früher hatte es den Namen Apollo getragen. Es war nach dem ersten ugandischen Staatspräsidenten, Milton Apollo Obote, benannt worden, den Amin aus dem Amt gejagt hatte.

Nach dem Dinner gingen wir noch was trinken. Die Bar war rappelvoll mit lärmenden Soldaten und »Parrot Girls«, Papagei-Mädchen, wie in Uganda die Prostituierten genannt werden. Mir war es zu laut. Außerdem bekam ich Kastrationsängste, wenn ich sah, wie eine korpulente Dame im Babydoll mit ihren mächtigen Hauern den Kronkorken von der Flasche biss und ihn auf den Boden spuckte.

Am Montagfrüh um neun Uhr sollten wir uns bei Minister Juma Oris im State House melden. Er wollte uns dann einen Interview-Termin geben. Kurz nach acht holte ich mir am Kiosk neben der Rezeption eine Zeitung. Was ich las, traf mich wie ein Schlag mit der Wichsbürste.

Auf der ersten Seite stand eine Geschichte über zwei namentlich nicht genannte deutsche Spione aus Hamburg und Nairobi, die es auf die innere Sicherheit von Uganda abgesehen hätten. Sie seien als Journalisten eingereist, aber der State Security Service habe sie rechtzeitig als Saboteure entlarven können, um Schaden von Uganda abzuwenden. Man werde sie fassen und der Gerechtigkeit überantworten. Die deutsche Botschaft sei über das Treiben der zwei Konspirateure ebenfalls empört.

In Kampala gab es außer uns nicht mehr viele Ausländer. Im International jedenfalls waren Kogelfranz und ich die einzigen Weißen. Es war ganz klar, dass nur wir gemeint sein konnten. Eine halbe Stunde später jagten wir in unserem Mietwagen Richtung Jinja und von dort weiter nach Kenia.

Unsere Vorsicht war von Erfahrung unterfüttert. Der britische Universitätsdozent Denis Hills, der letzte Weiße, den die Amin-Administration als Staatsfeind vorgeführt hatte, war dem Galgen nur deshalb entgangen, weil Amin gerade keine Affäre gebrauchen konnte. Er wollte auf der bevorstehenden Gipfelkonferenz der Staatschefs zum »Präsidenten von Afrika« gewählt werden, wie er es nannte. Nach der Nominierung hätte er Hills hängen lassen können, doch dann bemühte sich der britische Premierminister James Callaghan persönlich nach Uganda, um sein Leben zu retten.

Der dicke Depp hatte ein Gedächtnis wie ein Elefant. Er pflegte eine ganz spezielle Wut gegen die Briten, weil die Erinnerung an die Demütigungen nie erloschen war, die er als Soldat der Queen's African Rifles hatte erdulden müssen.

Ich hatte mich bis dahin in Uganda immer sicher gefühlt. Gegen die Deutschen hatte Amin grundsätzlich nichts einzuwenden. Nach einem Besuch in der Bundesrepublik hatte er sich zwar verstört darüber gezeigt, dass sie einem so großen Sohn wie Adolf Hitler keine Denkmäler errichtet hatten. Aber er verehrte sie trotzdem. Vor allem wegen ihrer großartigen militärischen Leistungen im Zweiten Weltkrieg, wie er sagte.

Amins primitive Germanophilie war für Deutsche schwer zu ertragen. Ein deutscher Grenzschützer war dabei gewesen, als Amin auf einer Party im Kreise von Lakaien bemerkte: »The Germans are very efficient. They have burnt a hundred thousand Jews on the soil of Germany.«

Botschafter Richard Ellerkman und mich verband ein in zweieinhalb Jahre gewachsenes Verhältnis, das man in Diplomatenkreisen als sachlich bezeichnet. Er war zur Gratulationscour bei Amin angetreten, als der sich selbst die Feldmarschallsepauletten auf die Schultern applizierte.

In einem nicht unwichtigen Punkt hatte Ellerkmann mit seiner Diplomatie gegenüber Idi Amin Recht: Die Greuelstatistiken, die in den westlichen Zeitungen verbreitet wurden, waren übertrieben. In Uganda wurde nicht eine halbe Million Angehörige von Minderheiten mit Hackmessern massakriert wie in Ruanda. Aber die bestialische Routine, mit der Menschen wie Ungeziefer getilgt wurden, hat Amin einen sicheren Platz im Gesamtklassement der afrikanischen Massenmörder gesichert.

Gut möglich, dass der nach Ellerkmanns Ansicht verbogene Geschmack von Siegfried Kogelfranz seinen Teil zu unserem schlechten Standing beigetragen hat. Am Tag nach unserer Einreise hatten wir der Botschaft einen Höflichkeitsbesuch abgestattet. Dabei trug Kogel seine schrillen Stiefeletten, die auch meiner Geschmacksempfindung nach eine Beleidigung für das männliche Geschlecht waren: gesteppte durchfallgelbe Treter mit pinkfarbenen Druckknöpfen. Ellerkmanns angewiderter Blick zeigte deutlich, dass er die hässlichen Klotschen eines *Spiegel*-Redakteurs für unwürdig hielt. Und so wurden wir auch behandelt. Es gab nicht mal einen Kaffee.

Auf der rund tausend Kilometer langen Fahrt nach Nairobi wurden Kogel und ich nicht behelligt. Vielleicht waren wir überängstlich gewesen. Aber ich hatte gerade eben die Dokumentation des Volksschullehrers gelesen, der im Makindye-Gefängnis in Kampala inhaftiert gewesen war. Allein das Wort »Makindye« löste Urängste in mir aus. Ich war mal besuchsweise eine Stunde drin gewesen. Es war schon in der Vor-Amin-Zeit ein Alptraum.

In dem Bericht des Lehrers hieß es: »Wir hatten Hunger, wir waren alle sehr erregt, und wir haben uns so geschämt. Aber da waren die Gewehre. Da mussten wir es tun. Einer der Soldaten kam und sagte, das Essen sei schon aufgetragen.« Und dann haben sie es getan. Sie haben einen ermordeten Mitgefangenen aufgefressen.

Der Lehrer hat auch berichtet, wie er und einige seiner Kameraden gezwungen worden waren, 27 halbverhungerten und von schweren Folterungen gezeichneten Gefangenen mit Schmiedehämmern die Schädel einzuschlagen. Er sagte unter Tränen: »Ich selbst habe drei umgebracht und ich schäme mich deswegen.« Der Befehl für die Hammermetzelei sei direkt vom Präsidenten gekommen.

Ich habe mich gefragt, warum das Problem Amin nicht einfach

von einem Mietkiller gelöst wurde. Moralische Bedenken können der Liquidierung eines solchen Ungeheuers doch nicht entgegengestanden haben. Politischer Mord ist auch nach den Maßstäben der westlichen Wertegemeinschaft unter Umständen dispensfähig. Warum hat die CIA nicht eine von ihren fabelhaften Killerpillen oder ihre präparierte Hühnersuppe eingesetzt, mit denen ihre Agenten Fidel Castro so zugesetzt hatten. Es kann nur daran gelegen haben, dass CIA-Agenten nur dann gewalttätig wurden, wenn es ihnen politisch opportun erschien, aber nicht, wenn das Gesetz der Menschlichkeit es erfordert hätte.

Keine Frage, dass der Mörder Amins das gleiche Recht für sich hätte in Anspruch nehmen können wie Stauffenberg. Und Idi Amin umzubringen, das wäre kein so schwieriger Job gewesen. Er bewegte sich vollkommen ungezwungen und kaum geschützt in der Öffentlichkeit. Ich war ihm mehrfach so nah, dass ich es auch hätte tun können, zwei-, dreimal sogar ziemlich risikolos. Und ich müsste erst über die Antwort nachdenken, wenn mich jemand fragen würde, warum ich es nicht getan habe.

Ich habe auch das bessere Uganda kennengelernt – in Gestalt des späteren Staatspräsidenten Yoweri Museveni. Und zwar im D-Zug zwischen Osnabrück und Hamburg-Hauptbahnhof. Museveni war als Gast der Konrad-Adenauer-Stiftung in Deutschland zu Besuch. Er war damals für Uneingeweihte ein Nobody. Ich musste heftig in die Saiten greifen, um *Spiegel*-Auslandschef Dieter Wild ein Museveni-Interview zu verkaufen.

Museveni hatte auch einen Termin beim Afrika-Verein in Hamburg. Weil er schon am nächsten Tag nach Berlin weiterfahren sollte, musste ich ihm per Bahn entgegenfahren, um ihn zu sprechen. Das Gespräch war fruchtbar, weniger für den *Spiegel* als für mein persönliches Afrikabild. Museveni war einer der gescheitesten Afrikaner, die ich in vielen Jahren getroffen hatte. Irgendwo auf der Höhe von Rotenburg an der Wümme ergriff er meine Hand und sagte: »Schreiben Sie was Gutes über mich und mein Volk. Vielleicht hilft es mir dabei, Präsident von Uganda zu werden. Das ugandische Volk wird es Ihnen danken.«

Zwei Jahre danach war er tatsächlich Präsident. Doch Uganda brauchte noch etliche Jahre, um sich von den Folgen der Diktatur zu erholen. So, wie sich Museveni dann politisch entwickelte, hätte das Volk von Uganda auch immer weniger Anlass gehabt, mir dankbar zu sein, wenn ich denn wirklich Einfluss auf die Entwicklung gehabt hätte.

Meine Villa Kunterbunt in Afrika

Wie fühlt sich jemand, wenn er einem Kannibalen die Hand drückt und ihm gutes Gelingen wünscht? Das habe ich mich anlässlich der Krönung von Jean-Bédel Bokassa, dem Herrscher von Zentralafrika, gefragt. Obwohl sie wussten, dass er ein grausamer Diktator war, obwohl er Gefangene auf offener Straße hatte totprügeln lassen und obwohl er politische Gegner buchstäblich aufgefressen hatte, standen westliche Diplomaten im Stresemann Schlange, um Majestät zur Beförderung zu gratulieren. Sein Freund Valéry Giscard d'Estaing, der Präsident der Französischen Republik, hatte dreißig Millionen US-Dollar aus der französischen Staatskasse zugeschossen, damit sich Majestät in feierlichem Rahmen den Hermelin umlegen konnten.

Es war eine würdelose Show, die mein Vorurteil bestätigte, dass die westliche Diplomatie keine Beziehung zu den Leiden der Afrikaner und zu der Schuld der dafür verantwortlichen Potentaten hatte. Ich konnte den großen Tag am Ort des Geschehens nicht miterleben, weil mein Visaantrag von der zentralafrikanischen Botschaft in Nairobi abgelehnt worden war. Eitel, wie ich bin, bilde ich mir ein, dass der Presseattaché sich für seinen Kaiser in spe von meiner Anwesenheit keinen Vorteil versprach. Man kannte sich ja aus der Foreign Correspondent's Association.

Diplomaten fand ich auch ohne solche Würdelosigkeiten fragwürdig genug. Wozu braucht man im Zeitalter der totalen und weltweiten Kommunikation überhaupt noch Briefträger im Ministerialdirigentenrang?

Ich hatte in meiner afrikanischen Ära ein gebrochenes Verhältnis zu diesem aufgedonnerten Gewerbe. Für mich war die ganze Gilde der überbezahlten Juchtenledermänner, von denen sich die Bonner Republik im Ausland vertreten ließ, ein einziger Skandal. Das habe ich, wenn man mich ließ, auch immer wieder geschrieben.

Die Repräsentier- und Intrigierwirtschaft der deutschen Diplomatie in der Dritten Welt war in den fünfziger und sechziger Jahren des letzten Jahrhunderts durch den Alleinvertretungsanspruch zu erklären gewesen, der die Bonner Exzellenzen bis in die Knochen korrumpierte, indem er sie zwang, gute Beziehungen zu Regimen zu unterhalten, die normalerweise kein Umgang für gestandene Demokratien waren. Das Ende der DDR hat heilsam auf die Selbstdarstellung der deutschen Diplomaten gewirkt. Jedoch, in dem alten Klüngel ist noch Glut.

Der einzige deutsche Diplomat, mit dem ich ein gutes, ja, sogar freundschaftliches Verhältnis hatte, war Martin Florin, der Mitte der siebziger Jahre Dienst als Botschafter in Daressalam (Tansania) tat. Er gehörte zu den wenigen deutschen Missionschefs, denen man die Besoldungsstufe 2b nicht schon am Gesichtsausdruck ansah. Er hatte ein gütiges und gleichzeitig pfiffiges Gesicht. So war er auch.

Ich hatte Martin Florin kennengelernt, weil in Daressalam ein Ministerrat sozialistischer Staaten tagte und deshalb alle Hotels bis hinunter zur Zwei-Sterne-Kategorie ausgebucht waren. Er bot mir an, im Gästezimmer der Botschafterresidenz an der Oyster Bay zu logieren. Weil er selbst gerade auf Dienstreise gehen wollte und weil nachts außer dem Wachmann am Tor kein Personal auf dem Grundstück war, überließ er mir sogar einen Hausschlüssel.

Das war eine klare Kompetenzüberschreitung. Ich glaube nicht, dass das Auswärtige Amt erfreut gewesen wäre, wenn ihm bekanntgeworden wäre, dass Florin einem fremden Menschen den Schlüssel der Botschafterresidenz anvertraute, noch dazu einem Journalisten, der im AA als Exzellenzenfresser beleumundet war.

Gleich am ersten Abend kam ich viel später in mein Quartier, als es beabsichtigt gewesen war. Ich hatte mich frühmorgens auf eine Bahnreise in Richtung Ifakara begeben, um über den Betrieb der Tanzania Zambia Railways zu berichten. Die Tazara, wie sie die Einheimischen nannten, hatte die Volksrepublik China in den sechziger Jahren gebaut, um Tansania und Sambia ins chinesische Lager zu holen. Sie war Rotchinas größtes Entwicklungsprojekt in Afrika. Sie sollte die sambischen Kupfergruben mit dem Hafen Daressalam verbinden und damit aus der wirtschaftlichen und politischen Abhängigkeit von dem Apartheidstaat Südafrika befreien.

Das Konzept war richtig, aber die Rechnung ging nicht auf, weil die tansanischen Hafenanlagen den Anforderungen der Eisenbahn nicht gewachsen waren. Deshalb verkam die Tazara schnell zur Provinzbahn. Sie wäre unbemerkt pleite gegangen, wenn die Europäer sie nicht gerettet hätten. Unter anderem durch die kostenlose Lieferung von sechs gebrauchten Krupp-Lokomotiven aus Deutschland, die die inzwischen abgewrackten China-Loks ersetzten.

Es war eine schöne Bahnfahrt. Durchs Abteilfenster konnte man Gruppen von Elefanten und Giraffen sehen. Der Speisewagen hatte gut vorgesorgt – jedenfalls für die Passagiere der ersten Klasse. Es gab Lobster und Maiskolben, dazu Riesling aus Dodoma, der einzigen Weinbaustadt zwischen der Sahara und dem Sambesi-Fluss. Dodoma-Wein war nichts für Genießer. Aber wenn man ihn zusammen mit einer guten Magentablette zu sich nahm, war er ganz bekömmlich.

Ungefähr hundert Kilometer östlich von Ifakara wurde der Zug langsamer. Ich beugte mich weit aus dem Fenster. Von Westen her stampfte der Gegenzug heran. Als die Lokomotiven auf derselben

Höhe waren, blieben sie stehen. Die Lokführer stiegen aus, tauschten irgendwelche Pakete aus und hielten einen kleinen Schnack.

Ich nutzte die Gelegenheit, um ebenfalls auszusteigen und in den anderen Zug zu klettern. Denn ich hatte genug vom Eisenbahnfahren. Wenn es keine Verzögerungen gab, würde ich abends wieder in Daressalam sein und in einem richtigen Bett schlafen können. Bevor ich einstieg, machte ich ein paar Fotos von den zwei Loks, die gemütlich schnaufend nebeneinander standen.

Eine Viertelstunde nach dem Rückstart in Richtung Daressalam erschienen zwei schwarze Männer in Zivil in meinem Abteil. Der eine sagte auf Kisuaheli: »Kupita tafadali, Bwana. Ihre Papiere bitte, Sir.«

Ich wunderte mich, dass die zwei Kontrolleure keine Uniform trugen. Trotzdem reichte ich ihnen kommentarlos meinen Pass und mein Ticket.

Sie wollten aber nur den Pass sehen. Danach ging es auf Englisch weiter. »Sie haben Fotos von den Zügen gemacht«, sagte der Größere von beiden.

»Was geht Sie das an?«

»Wir sind von der Staatspolizei. Sie müssen uns in Daressalam zur Wache begleiten.« Es entspann sich ein kurzer Disput über die mutmaßliche Rechtslage, der aber zu keiner Einigung führte. Die zwei Herren nahmen links und rechts von mir Platz, ohne mich eines weiteren Wortes zu würdigen.

Es wurde eine strapaziöse Rückfahrt. Fünf Stunden Schweigen. Dazu qualmten die zwei Geheimpolizisten große Mengen Sportsman-Zigaretten, die die Luft im Abteil unerträglich verdickten, weil das Fenster sich nicht öffnen ließ.

In Daressalam wartete ein Polizeiwagen auf uns. »Steigen Sie ein«, sagte einer meiner Begleiter. »Wo wohnen Sie?«

»Im Haus des Botschafters der Bundesrepublik Deutschland.«

Die Herren sahen sich irritiert an, gaben aber dem Fahrer Anweisung, die Botschafterresidenz an der Oyster Bay anzusteuern.

Es war gegen zehn Uhr abends. Der Wachmann am Tor öffnete und salutierte. Wir fuhren bis vors Portal. Dort stieg ich aus, holte meinen Schlüssel aus der Hosentasche und schloss auf. Ich versuchte, dabei ganz gelassen zu erscheinen.

Nicht ohne Erfolg. Die zwei Herren flüsterten miteinander, dann nahmen sie Haltung an, wollten eine Erklärung abgeben, entschieden sich aber dafür, die Sache auf sich beruhen zu lassen. Der Ältere sagte: »Ich glaube, es war ein Irrtum, Sir. Wir wünschen Ihnen eine gute Nacht. Kwaheri.«

An diesem Abend hätte ich zum ersten Mal mit mir darüber reden lassen, ob diplomatisches Personal nicht doch einen gewissen Respekt verdient.

Ich habe Martin Florin bei diesem Besuch in Daressalam nicht mehr gesehen, weil sich seine Rückkehr verspätete. Er rief mich später in Nairobi an und erzählte mir, er habe nach der Landung irgendwo im Busch ein Problem mit dem Bugrad gehabt.

Florin war noch flugbesessener als ich. Er hatte seine Privatmaschine selbst von Deutschland über Ägypten, den Sudan, Uganda und Kenia nach Tansania überführt. Ich konnte nur ein Dutzend Solostunden nachweisen, die ich vorwiegend in einer zweisitzigen Cessna 150 über Nairobi und Umgebung absolviert hatte.

Eine Cessna 150 ist, abgesehen von Motorseglern, der kleinstdenkbare motorisierte Apparat, mit dem sich der Mensch in die Lüfte erheben kann. Sie ist noch kleiner als die fliegende Nuckelpinne, mit der Mathias Rust in Moskau vor dem Kreml landete. Ich habe es erlebt, dass die Cessna 150 bei stürmischem Wetter auf der Stelle stehenblieb, weil der Vortrieb, den der Propeller erzeugte, vom Gegenwind neutralisiert wurde. Es ging nur deshalb gut, weil mein Fluglehrer mit an Bord war. Allein hätte ich die Kiste nicht heil runtergebracht.

Die Fluglehrer am Wilson Airport in Nairobi waren ziemlich lässige, man kann auch sagen, nachlässige Pädagogen. Sie setzten bei den Flugschülern bisweilen mehr Talent und Instinkt voraus, als es deren Ausbildungsstand rechtfertigte. Einmal hätte ich die Cessna fast in die Steppe gebohrt, weil Perkins, mein schottischer Fluglehrer, nicht auf die Flughöhe achtete, als ich mit meinen Stall-Übungen begann.

Stalling ist Nervensache. Man zieht die Maschine steil hoch, bis sie abkippt, weil der Auftrieb nicht mehr reicht. Dann muss der Pilot die trudelnde Kiste auffangen, bis sie wieder in Normallage ist. Es hört sich gefährlicher an, als es ist. Denn ein kleines Flugzeug hat die Neigung, sich von selbst wieder in Normallage zu begeben, wenn der Pilot es aus dem Lot gebracht hat. Hauptsache, man hat immer genug Luft unter der Tragfläche. Stall-Übungen sind aus Sicherheitsgründen nur oberhalb der 7000-Fuß-Grenze erlaubt. Wir waren aber nur auf 4000 Fuß Höhe gewesen.

Perkins war der Fehler nicht aufgefallen, weil er während des Fluges Bilder in einem Sexmagazin anschaute. Ich ging in den Steilflug, dann begann die Stall-Warnung schrill zu fiepen, die sich immer einschaltet, wenn der Auftrieb abreißt. Und dann raste die Maschine wie ein besoffener Geier erdwärts. Ich levelte aus, wie ich es gelernt hatte, sah mit stockendem Atem den Boden immer näher kommen, und dann kriegte die Maschine endlich die Kurve in die Waagerechte – in etwas mehr als doppelter Baumwipfelhöhe.

Perkins war ebenso erschrocken wie ich, aber er sagte nichts, weil er seine Aufsichtspflicht vernachlässigt hatte. Hinterher haben wir im Dambuster's Club im Wilson Airport zwei Pints auf den überstandenen Schrecken genommen.

Weil ich keinen Navigationsschein hatte, durfte ich mich allein mit dem kleinen Flugzeug nur im Großraum Nairobi bewegen. »So weit, wie du den Kenyatta-Turm sehen kannst«, hatte mir Perkins gesagt.

Wenn ich solo im Cockpit saß, flog ich auch ein bisschen weiter, als es die Vorschrift erlaubte. Am liebsten in Richtung Ngong-Berge, die kaum zehn Flugminuten vom Wilson Airport entfernt waren. Dahinter breitete sich die Massai-Steppe aus. Es war jedes Mal ein großes Erlebnis. Der Anblick einer Regenfront im Abendlicht vor der grünen Bergkette am afrikanischen Grabenbruch ruft einen Sinnenrausch hervor, dem sich kein Irdischer entziehen kann.

Am Fuße der Ngong-Berge lag die Kaffeefarm, die Baronin Karen Christence von Blixen-Finecke, genannt Karen Blixen, in ihrem Buch *Jenseits von Afrika* so hymnisch beschrieben hat. Sie war genau so elysisch wie in dem Film, den Sidney Pollack nach dem Buch gedreht hatte.

Anfangs spürte ich ein dumpfes Sägen im Rückgrat, wenn ich über das Farmhaus flog. Später, nachdem ich *Out of Africa* gesehen hatte, ist es vorgekommen, dass ich, wenn meine Stimmung danach war, die Filmmusik, Mozarts *Rondo a la turca*, durch den Motorenlärm zu hören meinte. Man konnte dem Mythos dieser tapferen Frau aus Dänemark, die sich so heldenhaft gegen die Arroganz des britischen Imperialismus und gegen die Zumutungen von seiten ihres untugendhaften Ehemannes durchgesetzt hatte, nicht widerstehen.

Das Afrika, das Karen Blixen beschrieben hat, gibt es nicht mehr. Afrika ist ein heruntergekommenes, aber immer noch erotisches Fabelwesen, das trotz seiner Defizite und seiner Unberechenbarkeit keinen loslässt, der einmal in seine Fänge geraten ist. Ich war kein Romantiker, aber auch niemals resistent gegen schwärmerische Mythen. Die großen, klangvollen Namen brachten in mir etwas zum Schwingen. Kongo, Sansibar, Serengeti, Timbuktu, Sidi Bel Abes – das klang nach Abenteuer und Heia Safari. Meine Liebe ging so weit, dass ich mir eine Heino-Platte kaufte. Nicht, weil ich blonde Recken mit Hühnerbrust und Sonnenbrille mochte, sondern weil Heino der einzige Sänger war, der »Heia Safari« im Programm hatte. Und – bei aller Einfalt und Volkstümelei – er hat auch eine gute Stimme.

Afrika hatte mich schon eingefangen, als ich nach damaligem Recht noch nicht volljährig war. Zusammen mit meinem Freund Klaus Meyer-Andersen vom *stern* war ich 1962 und 1963 ein Jahr lang in einem mausgrauen VW-Standard (unsynchronisiert und mit Seilzugbremse) von Kairo nach Kapstadt getuckert. Die meisten afrikanischen Staaten waren damals noch Kolonien.

In der Welt des Kolonialismus war das Reisen unkomplizierter als in unserer heutigen Welt. Der Schriftsteller Stefan Zweig hat berichtet, er sei vor 1914 nach Indien und Amerika gereist, ohne einen Pass zu besitzen. Das ging uns in Afrika ähnlich. Die Visa, die für die Strecke Kairo – Kapstadt benötigt wurden, konnte man sich alle bei der Britischen Botschaft in Kairo holen. Wir hatten noch ein paar zusätzliche Visa gebraucht, weil wir nicht den direkten Weg nahmen.

Reisen in Afrika war noch in den sechziger Jahren des letzten Jahrhunderts eine vorwiegend sinnliche Sache. An einem Vollmondabend im Winter saßen Klaus Meyer-Andersen und ich in einem Kral am Fuße der Mondberge, aßen Fufu mit Pilipili, tranken Bananenbier dazu, und der Kral-Älteste sagte: »Ihr versteht die Afrikaner, weil ihr Stiefkinder von Mutter Afrika seid. Ihr werdet immer wiederkommen.« Wir haben das genossen.

Für mich hat die Prognose gestimmt. Ich war danach noch oft in Afrika. Meine Reisen haben mir Afrika erschlossen, aber nicht die afrikanische Mentalität. Ich habe die »Négritude« niemals verstanden. Damit meine ich nicht die »Négritude«, um die der senegalesische Philosoph Léopold Sédar Senghor die philosophische Literatur bereicherte, sondern diejenige, die das alltägliche Verhalten der Afrikaner steuert. Afrikas Unausdeutbarkeit stand mir ein halbes Leben lang im Weg.

Ich habe mich bemüht, in meinen Reportagen das handelsübliche Entsetzen über das alltägliche Elend und die routinierte Abscheu vor der Grausamkeit zu begrenzen, weil sie mutlos machen und weil sie auch die Sicht auf Wesentlicheres verstellen. Es bleibt einem nichts anderes übrig, als Exotik und Anomalität als normal zu akzeptieren, wenn man verständlich beschreiben will, was in dieser fernen Welt passiert.

Die Wunden, die das letzte halbe Jahrhundert dem Kontinent meiner Träume zugefügt hat, kann man aus der Luft am besten sehen. Wenn man früher von Westen her nach Embakasi, dem Flughafen von Nairobi, einschwebte, sah man bis zum Horizont sattgrüne Hügel, die sich im Dunst am Horizont verloren. Heute haben die Hügel Glatzen. Davor dehnt sich ein graubrauner Siedlungsbrei, über dem tausend dünne Rauchsäulen stehen. Die Müllberge dazwischen sind aus 500 Metern Höhe deutlich zu erkennen. Seit meinen Jahren in Nairobi hat sich die Bevölkerung von Kenia verdoppelt.

Die großen Agglomerationen sind alle keine Schmuckstücke. Neun der zehn dreckigsten Städte der Welt liegen nach dem Ranking des US-Wirtschaftsmagazins *Fortune* in Schwarzafrika. Nairobi ist noch nicht mal dabei.

Nach meinem Umzug von Nairobi nach Hamburg war mein Flugschein verfallen. Immerhin kamen die Kenntnisse, die ich am Himmel von Kenia erworben hatte, noch einmal zum Tragen: 1998, als ich zusammen mit zwei Kollegen von BBC TV in einer gecharterten Zweimotorigen spätabends Wilson Airport ansteuerte.

Wir waren in einem Lager an der Grenze zwischen Ruanda und dem Kongo gewesen, in dem 50 000 Kriegsflüchtlinge Schutz vor den kongolesischen Todesschwadronen gesucht hatten. Weil der Land Cruiser der BBC-Kollegen im Schlamm stecken geblieben war, konnten wir erst abends um acht Uhr starten, als sich schon die Dämmerung über die Savanne gelegt hatte. Bis Nairobi waren es zwei Flugstunden. Doch über dem Nordwesten von Tansania tobten schwere Gewitter. Deshalb mussten wir auch noch einen großen Bogen über Kisumu im nordwestlichen Kenia fliegen. Es war eine halbe Stunde vor Mitternacht, als wir von Thika aus nach Nairobi einflogen.

Dann kam mein Einsatz. Unser Pilot, ein Junge aus Lahore, war ganz neu in Afrika. Er war bis dahin fast nur auf innerpakistanischen Routen geflogen. Ich nahm irritiert zur Kenntnis, wie er die Flaps ausfuhr und die Maschine mitten ins Lichtermeer von Nairobi hineinsteuerte. »Eh, Boy, wo willst du hin, du fliegst verkehrt«, rief ich.

»You better let me do the flying.«

»Aber du hast den falschen Kurs drauf«, schrie ich. Und dann war mir auch klar, wohin er flog: zum Luftwaffenflugplatz im Norden der Stadt, Wilson Airport lag aber im Süden. Mitten in der Nacht unangemeldet in einer militärischen Sperrzone landen – das hätte Komplikationen gegeben. Der Captain ließ sich zum Glück von mir überzeugen. Zehn Minuten später landeten wir heil in Wilson, obwohl die Lichter beiderseits der Landebahn schon ausgeschaltet waren. Der Pilot klopfte mir anerkennend auf die Schulter. Ich war stolz wie Erik der Rote nach der Landung in Grönland.

Ich bin nicht unerfahren in Afrika. Trotzdem war Afrika für mich immer das Unkalkulierbare und das Irreguläre. Der Mensch liebt es, sich an der Normabweichung zu messen. Sie vermittelt die Illusion von Freiheit und Individualität und von der Chance zur Selbstfindung, wie es auf Psychoanalytisch heißt. Ich wusste: Es war ein großes Privileg, dass ich meinen Lebensunterhalt damit verdienen durfte, diesen aufregenden Kontinent zu durchstreifen und seine Poesie auf der Haut zu spüren. Ich verließ ihn nach jedem Besuch schweren Herzens und erleichtert.

Mein kleines afrikanisches Glück war am mächtigsten, wenn ich – was nur zweimal geschah – nachts unter einem schmerzhaft klaren Sternenhimmel zwischen den sandumspülten alten Mauern von Timbuktu herumschlurfte oder – was öfter geschah – auf der Terrasse des Restaurants Lord Delamare in Nairobi Tusker Bier trank und dazu scharfe vegetarische Somosas aß oder wenn ich bei einem befreundeten Tierarzt in der Serengeti den Spieß mit den Steaks vom Wasserbüffel drehte, während eine Giraffenherde in die untergehende Sonne stakste. Oder als ich abends im Gästehaus des Hospitals von Lambarene bei Hagebuttentee in Originalaufzeichnungen von Albert Schweitzer blättern und dazu von ihm selbst gespielte Orgelmusik von einer Schellack-Schallplatte hören durfte.

In dem Album stand auch Schweitzers Credo: »Das einzig Wichtige im Leben sind die Spuren der Liebe, die wir hinterlassen, wenn wir gehen.« Das hat mich beeindruckt. Ich habe eine Antenne für Aphorismen, die romantisch und wahr zugleich sind.

Deshalb liebe ich auch Karen Blixens *Jenseits von Afrika*. Es ist das poetischste Buch, das je über Afrika geschrieben wurde. Der erste Satz lautet: »Ich hatte eine Farm in Afrika am Fuße der Ngong-Berge.« Ein schöner Einstieg für ein Buch, in dem so sinnlich die Harmonie zwischen Natur und Kultur, zwischen Seele und Landschaft, Geschichte und Mythos beschrieben wird. Für Ernest Hemingway war das Buch der Katalysator seiner Liebe zu dem »dunkel lockenden Kontinent«, wie er Afrika nannte. Für mich ist es ein grandioser Hype, das einzige Buch, dessen Romantik ein unromantischer Berufsskeptiker ohne Reue verkosten darf.

Ich hatte keine Farm in Afrika. Mein erstes Heim in Nairobi war ein Zimmer im Westlands Hotel an der Chiromo Road. Der Wirt hieß John. Den Nachnamen habe ich vergessen. John war ein alkoholkranker Engländer aus Suffolk, der abends um sechs im Gin-Rausch zuweilen auf dem Mast eines miniaturisierten Union Jack über die Hotelterrasse ritt und dazu auf einer kleinen zwischen die Zähne geklemmten Mundharmonika den *March No.1* von Edward Elgar blies.

John mochte die Deutschen nicht, weil sie, wie er sagte, im Kriegsgefangenenlager im Hunsrück seinen Offiziersdienstgrad nicht respektiert hätten. Er sang gern »We are hanging our washing on the Siegfried line«. Dazu brachte er im Takt der Melodie den Hitlergruß aus. Dann rief er mir gewöhnlich zu: »Eric, go write it in der Speidschel *(Spiegel)*, that the Krauts are a lousy lot.« Wenn ich Patriot gewesen wäre, hätte ich ihm eins in die Fresse hauen müssen. Ich bin es aber nicht.

Vom Westlands Hotel zog ich nach einem Vierteljahr um in die Garage einer Sekretärin der protestantischen Entwicklungshilfeorganisation Dienste in Übersee. Es war ein finsteres und zugiges Quartier, hatte aber den Vorteil, dass ich dafür keine Miete zu zahlen brauchte und von germanophoben Engländern verschont blieb. Den Familiennamen der milden Schwester habe ich vergessen. Ich weiß nur noch, dass sie mit Vornamen so hieß wie meine Schreibmaschine, die in der Garage auf einer Apfelsinenkiste stand: Erika.

Danach leistete ich mir eine richtige Residenz. Sie lag draußen vor der Stadt, an der Farasi Lane, einer kurzen ungepflasterten Straße, die von der Chaussee zwischen Nairobi und Limuru abzweigte. Das Haus hatte ein hübsches, rotgelb angestrichenes Spitzdach mit hölzernen Schindeln und mit Fenstern, wie sie ganz alte englische Landhäuser häufig besitzen. Auch die Einrichtung war typisch englisch. Ein paar hundert Meter weiter lag ein Kikuyu-

Dorf, wo ich mein Gemüse kaufte und manchmal im Kreis der Ältesten ein Sonntagnachmittagsbier trank.

Meine Villa Kunterbunt hatte nur zwei Räume und ein winziges Badezimmer. Auf meinem Schreibtisch war Platz für die Erika und für ein großes Kurzwellenradio vom Typ Grundig Satellit, das zur Grundausstattung jedes Afrika-Korrespondenten gehörte, weil man damit am besten BBC empfangen konnte. BBC Africa News war die wichtigste Nachrichtenquelle der westlichen Korrespondenten in Nairobi.

Meine Fotos vergrößerte ich im Bad. Es eignete sich gut als Labor, weil es kein Fenster hatte und deshalb nicht verdunkelt werden musste.

Ich habe in Afrika viel fotografiert. Mein Afrika-Bildarchiv umfasst knapp 25 000 Schwarzweiß-Negative. Dreiviertel davon habe ich mit der Leica aufgenommen, ein Viertel mit einer Rolleiflex und einer Hasselblad. Farbfotos fand ich kitschig. So sehe ich es noch heute.

Das ganze Haus an der Farasi Lane war kleiner als heute das Wohnzimmer in meinem Heidehaus. Nebenan war das Quartier für meine zwei Angestellten, für Charles, der das Haus, und Owino, der den Garten versorgte. Zu Owinos Pflichten gehörte es auch, die Schlangen von meinem Grundstück zu verjagen. Einmal hat er eine fast vier Meter lange Python entdeckt. Er wollte sie fangen und braten. Aber sie war zu schnell.

Den Objektschutz besorgten Kip, der Schäferhund, und Nappy, der Dackel. Kip war ein großer, gefleckter Schlaffi, gutmütig und zu faul zum Bellen. Er musste öfter von Nappy an seine Wachpflichten erinnert werden. Der Kleine sprang den Großen dann knurrend von unten an und biss ihm in den Bauch oder auch mal in die Testikel. »He, Alter, gib Laut«, sollte das heißen.

Auf dem ganzen Gelände standen runzelige, dicke Bäume mit

verschlungenen Luftwurzeln. Rings um die Bäume wuchsen flammende Magnolien und Orchideen. Auf Gartenpartys dienten uns die Bäume als Slalompfosten für Hindernisfahrten. Auf dem platten Kühler meines Mini Moke wurde ein Pint Bier gestellt. Dann musste man mit Tempo den Parcours zwischen den Bäumen hindurch abfahren, ohne dass das Glas in den Kurven vom Kühler fiel.

Der Mini Moke war ein ganz kleines englisches Auto mit Stoffverdeck und mit Rädern, die nicht viel größer waren als Suppenteller. Er war so klein, dass man ihn in meinem winzigen Wohnzimmer platzieren konnte, ohne dass dies ganz ausgefüllt wurde. Ich weiß das ganz genau, weil meine Freunde das im Suff ausprobiert hatten, als ich nicht zu Hause war. Dummerweise nahm einer von ihnen danach den Autoschlüssel mit. Mit dem Resultat, dass mir Charles drei Tage das Frühstück auf dem Mini-Moke-Kühler servieren musste.

Das Hindernisrennen mit dem Bierglas war ein bisschen dekadent. Ganz Nairobi war irgendwie dekadent. Kenia hatte zu Kolonialzeiten als »first class country for second class people« gegolten. Daran hatte sich nach der Unabhängigkeit nicht viel geändert.

Kenia war ein Gute-Laune-Land. Man lebte gut, komfortabel und billig. Auch die Korrespondenten, die für die fortschrittlichen Zeitungen schrieben und ständig den neokolonialen Habitus der weißen Expatriates beklagten, wohnten hier. Sie reisten wie ich immer nur mit Drei-Monate-Visa ein. Das ging ganz unkompliziert. Es brachte Steuervorteile und, weil man kein Ausreisevisum benötigte, weniger Bürokratie beim Reisen und dadurch mehr Freizügigkeit.

Ich hatte in Nairobi nur einmal Schwierigkeiten bei der Einreise: Als ich, nicht mehr ganz nüchtern, auf dem Einreiseformular in die Rubrik »Sex« schrieb: »Why not?« Der Grenzbeamte fühlte sich veräppelt und hätte mich beinahe nach Daressalam zurückgeschickt.

In Nairobi waren die Flug- und Telefonverbindungen exzellent. Die Temperatur fiel tagsüber nicht unter zwanzig und stieg auch nie über 25 Grad. Wir hatten einen deutschen Schlachter, eine deutsche Bäckerei und für den Business Lunch den Red Bull, der einem Gastronomen namens Schmidt gehörte und in dem der Vizepräsident und spätere Staatschef Daniel Arap Moi Stammgast war.

Kenia hatte auch als Urlaubsland einen guten Ruf. Gediegener Komfort zu maßvollen Preisen, wenig Kriminalität, freundliche Menschen. Auf den Werbepostern thronte über allem meist der schneebedeckte Kilimandjaro. Die Pointe war allerdings geklaut. Der Kibo, wie ihn die Einheimischen nennen, liegt gar nicht in Kenia, sondern im benachbarten Tansania. Nur weil die tansanische Seite meist von einem dichten Wolkenschleier verhangen ist, kann man ihn von Kenia aus besser sehen und fotografieren. Das nicht afrikakundige Publikum assoziiert den Kilimandjaro deshalb immer mit Kenia.

In den progressiven deutschen Rundfunk- und Zeitungsredaktionen hatte Nairobi einen schlechten Ruf. Werner Holzer, der afrikaerfahrene Chefredakteur der *Frankfurter Rundschau*, für die ich als »fester Freier« berichtete, schrieb mir 1975, er müsse leider die Zusammenarbeit aufkündigen. Die Kollegen in seiner Redaktion nähmen Anstoß daran, dass ich die Afrikaner zu sehr durch die Nairobi-Brille sähe.

Trotzdem war ich auch zweimal im Jahr jeweils für drei, vier Wochen nebenberuflich Korrespondent für den sonst eher linksgewirkten Westdeutschen Rundfunk. Nämlich immer dann, wenn WDR-Radiokorrespondent Peter Laudan Urlaub machte.

Schwarzafrika ist traditionsgemäß WDR-Terrain. Der Korrespondent beliefert alle ARD-Sender und hat deshalb ein riesiges Publikum. Das WDR-Studio beim State House, der Residenz Jomo

Kenyattas, war mit der feinsten Technik ausgestattet. Außerdem hatte Peter Laudan einen gut sortierten Weinkeller, der mir zur Verfügung stand, wenn ich ihn vertrat.

Peter Laudan war ein harter Linker, aber er war kein Dogmatiker. Gegen den Wunsch seiner Kölner Chefs und zum Unverständnis seiner Kollegen meldete er mich immer wieder für die Urlaubsvertretung an. Mit einem simplen Argument: »Der Wiedemann ist ein Reaktionär, aber er ist ein guter Journalist, der in Afrika Bescheid weiß.« So stand es jedenfalls in der Kopie der Telex-Nachricht, die mir der Bürobote einmal versehentlich ins Fach legte.

In Peter Laudans Studio kam ich auch zu der Einsicht, dass ich nie ein brauchbarer Radiojournalist werden würde. Wenn beim Sender ein Band mitlief, hatte ich keine Probleme, weil ich jeden Versprecher korrigieren konnte. Aber es ist mir in Live-Sendungen nie gelungen, nur drei Minuten zu reden, ohne mich einmal zu verhaspeln. Ich kann mir gut vorstellen, dass deutsche Rundfunkhörer von meinen Beiträgen gelegentlich irritiert waren.

Meine Helden waren nicht die Helden von Peter Laudan. Ich habe niemals Julius Nyerere, Kwame Nkrumah und Patrice Lumumba verehrt, die Helden der Drittweltgruppen und Teestubenseminare. Meine Lieblingsafrikaner waren der senegalesische Denker und Staatschef Léopold Sédar Senghor und in Maßen Kenias Präsident Jomo Kenyatta. Sie kultivierten einen für meine Vorstellungen gesunden Idealismus, der sich deutlich von dem utopischen Chorgeheul seiner Umgebung abhob. Kenyatta war dafür verantwortlich, dass Kenia zwanzig Jahre lang zu den wenigen Hoffnungsträgern des Kontinents zählte.

Wie gut der »Mzee«, der Alte, wie wir ihn nannten, war, das hat sich uns erst nach seinem Tod erschlossen. Er war ungerecht und selbstgefällig gewesen. Wenn er das Rift Valley bereiste, musste sein Stellvertreter, Daniel Arap Moi, im Sportflugzeug von Stadt zu Stadt vorausfliegen und ihn jeweils am Ortseingang für die Fernsehkameras per Handschlag begrüßen.

Aber den Kenianern ging es gut unter Jomo Kenyattas Herrschaft, weil ihm ganz im Gegensatz zu den meisten seiner Präsidentenkollegen außer seinem eigenen auch das Wohlergehen seiner Mitbürger am Herzen lag. Und weil jeder nach seiner Fasson leben konnte. In Kenia gab es Ungleichheiten, aber keine rassische Unterdrückung wie in Nigeria, Äthiopien, Südafrika, im Kongo und an der Elfenbeinküste.

Den Wert bürgerlicher Freiheiten in Kenia wussten vor allem die Massai zu schätzen, die langen wilden Kerle, deren Stammesgebiet von der kenianisch-tansanischen Grenze durchschnitten wird. »Wir Massai fühlen uns erst dann frei, wenn wir selbst entscheiden können, ob wir Hosen tragen oder nicht«, sagte mein Freund Raphael aus Narok. Ein eigenwilliges Kriterium, aber für die Massai hatte es fast Gundrechtscharakter.

Hosen gelten bei den alten Massai noch heute als widernatürlich und traditionsfeindlich. Ein freier Mann muss seinen Hintern nicht bedecken. In Kenia scherte sich die Regierung nie um die Hinterteile ihrer Bürger. Aber die Regierung von Tansania war stets sehr besorgt über den angeblich schlechten Eindruck, den die Sansculotten im Ausland hinterließen. Sie stellte das Tragen von Shukas, wie die roten Gewänder genannt werden, sogar unter Strafe. Den Massai wurde auch verboten, sich aus kosmetischen Gründen Kuhfladen ins Haar zu schmieren.

Natürlich ließen sich die tansanischen Massai auch nicht in die sozialistischen »Ujamaa-Dörfer« stecken, in die die Regierung den größeren Teil des Volkes einquartiert hatte. Sie waren die einzigen Tansanier, die von Präsident Julius Nyereres katastrophalem sozialistischem Experiment verschont blieben. Natürlich ließen sie sich auch nicht von den Hosenerlassen beeindrucken.

Für meinen Freund Oloisitip Raphael stellte sich die Frage nach Hose oder Nichthose schon lange nicht mehr. Er stammte aus Tansania, lebte damals aber schon einige Jahre lang ein gutbürgerliches Leben in Nairobi. Er besaß einen Fernseher und ein Pikipiki, ein kleinkalibriges Motorrad, mit dem er werktags ins Büro und am Sonntagvormittag mit Frau und Tochter in die Kirche fuhr. Er sprach fließend Englisch und Kisuaheli, sang sonntags im Kirchenchor der anglikanischen Kathedrale und trug selbstverständlich Hosen. Nur an seinen Ohren konnte man noch sehen, dass er in einer traditionellen Stammesgemeinschaft groß geworden war. Seine Ohrenfransen reichten ihm bis zu den Schultern, weil er in seiner Jugend Bleigewichte daran getragen hatte. Lange Ohren gelten bei den Massai als elegant.

Ich war zwei-, dreimal mit Raphael draußen in der Manyatta, in der seine Mutter lebte. Einmal stach die Dorfgemeinschaft zu meinen Ehren eine Kuh an. Das war für einen Olimego, wie dort die Fremden heißen, eine große Ehre. Einer von Raphaels Brüdern schoss der Kuh einen kleinen Pfeil in die Halsschlagader, ein anderer hielt eine Kalebasse unter das Einschussloch und fing das heraussickernde Blut auf. Anschließend wurde die Wunde mit feuchtem Lehm verschlossen. Das dampfende, warme Rinderblut wurde mit Milch vermischt, tüchtig durchgeschüttelt und dann getrunken.

Ich hatte schon allerlei afrikanische Genüsse hinter mich gebracht. Aber der Blutmilch-Cocktail bei Raphaels Mutter war die Krönung. Es war Akkulturation in ihrer mühseligsten Form. Er schmeckte wie Bouillon mit Hustensaft. Ich habe die Augen geschlossen und eisern geschluckt, weil ich die Gastgeber nicht beleidigen wollte. Aber es war erträglich.

Blut saufen ist ja auch im deutschen Kulturraum nicht unbekannt. In der Artillerie-Ausbildungskompanie III/I bei der Bundeswehr in Wuppertal hatten wir einen Metzgergesellen, der sich dazu bekannte, dass ihm beim Bund sein Schlachterfrühstück fehle. Ein Schlachterfrühstück bestand aus einem Blechpott voll warmem Schweineblut, das mit Pfeffer und Salz gewürzt war, einem Kanten Schwarzbrot und einem doppelten Doppelkorn. Viele Metzger, vor allem die in den Schlachthöfen, hatten damals die Angewohnheit, Schweineblut zum Frühstück zu trinken. Es soll ja sogar gesund sein.

In Reisebeschreibungen figurieren die Massai in ihren leuchtend roten Umhängen als »rote Ritter der Steppe«. Im Alltag sind sie aber nicht besonders ritterlich. Sie sind arrogant, behandeln ihre Frauen wie Leibeigene und klauen anderen Stämmen das Vieh.

Gottvater Enkai, so geht die Sage bei den Massai, habe einst alle Rinder dieser Welt seinen liebsten Kindern, den Massai, geschenkt. Seither sei kein anderer Stamm befugt, eigenes Vieh zu halten. Wer trotzdem welches hat, muss es unrechtmäßig erworben haben und darf daher enteignet werden.

Von diesem Vorrecht machen die Massai auch reichlich Gebrauch. Für sie zerfällt die Menschheit in zwei Kategorien: die Unfreien und Unreinen, die Furchen in die Erde graben und Körner hineinstreuen, und die Massai, die Vieh halten dürfen, weil sie Enkais auserwähltes Volk sind. Die zweite Gruppe zerfällt in zwei Untergruppen: die männlichen Herrenmenschen und die dienenden Weiber, die zum Kinderkriegen und Feuermachen benötigt werden, sonst aber wertlos sind.

Ich wäre gern mal bei einem Initiationsritual der Massai dabei gewesen. Die Moran, wie die jungen Nachwuchskrieger heißen, müssen zum Nachweis ihrer Mannbarkeit einen Löwen mit dem Speer erlegen. Aber Löwen töten war in Kenia damals schon verboten. Die Massai taten es trotzdem. Nur ließen sie zu solchen Ritualen sicherheitshalber keine Fremden zu.

Ich habe 1978 im *Playboy* eine Reportage über die Massai veröffentlicht. Der Chefredakteur war der Ansicht, dass die Macho-Allüren der schwarzen, langen Kerls dem Rollenverständnis ihrer Leser entgegenkam. Ich weiß nicht, ob es so war. Der *Spiegel* hat jedenfalls nie eine Massai-Geschichte von mir gedruckt.

Ich habe für den *Spiegel* auch sonst nicht viel aus Kenia berichtet. Die Länder, denen es gutgeht, sind meist ziemlich langweilig. Bad news are good news.

Inzwischen hat Kenia eine Menge schlechte Nachrichten produziert. In meinen Jahren in Nairobi gab es nur eine einzige ganz schlechte Nachricht, und da war ich auf Dienstreise in Äthiopien. Es war am 20. November 1974, als eine Boeing 747 der Lufthansa kurz nach dem Start vom Embakasi Airport abstürzte, weil der Captain vergessen hatte, die Vorflügelklappen auszufahren. Es war der schlimmste Unfall in der Geschichte der Airline mit dem Kranich: ein Jumbo-Totalschaden, 59 Tote.

Ich erfuhr von der Katastrophe mit vier Tagen Verspätung. Als ich von Addis Abeba aus in Hamburg anrief, erzählte mir Ressortleiter Dieter Wild, Herausgeber Rudolf Augstein hätte am Tag des Absturzes in der Chefkonferenz auf mich geschimpft: »Da haben wir einen teuren Korrespondenten extra für Schwarzafrika, und wenn dann da mal was los ist, dann ist er nicht da.« Wild hatte widersprochen: »Der ist nicht teuer.« Da hatte er Recht. Meine erste Monatspauschale beim *Spiegel* betrug tausend Mark. Ich sagte ihm, das wäre doch mal ein Anlass, über meine Zuwendungen nachzudenken. Der Appell stieß bei Dieter Wild aber auf taube Ohren.

Tempora mutantur. Daniel Arap Moi war ungerechter und viel korrupter als sein Vorgänger Jomo Kenyatta. Außerdem war er eitel und von beschränktem Verstand. Als Grüßaugust für Jomo Kenyatta war er zu gebrauchen gewesen, aber nicht als Staatspräsident. Seine Herrschaft stürzte Kenia in große Kalamitäten.

Kenia hat über die Jahre abgebaut. Ebenso wie andere Hoffnungsträger: Namiba, Südafrika, die Elfenbeinküste. Das Dornröschen-Afrika der sechziger Jahre gibt es nicht mehr. Und das neue Afrika ist noch nicht geboren. Keiner weiß, ob und wann es kommen wird. Die Wechseljahre dauern nun schon fast ein halbes Jahrhundert.

Afrika, der Chaos-Kontinent. Es ist ein jämmerliches Klischee, aber es stimmt. Ich habe insgesamt knapp sechs Jahre permanent in Afrika verbracht und, unabhängig davon, Afrika dreißig-, vierzigmal besucht. Und fast bei jedem Besuch fand ich es ein bisschen trostloser.

Ich war auch im Kigali Memorial Center in Ruanda. Dort sind Zeugnisse des großen Mordens vom Frühsommer 1994 ausgestellt. Die Bevölkerungsmehrheit der Hutu hatte in einem Vierteljahr mehrere hunderttausend Angehörige des mit ihnen verfeindeten Tutsi-Stammes umgebracht – zerhackt, gehäutet, in Jauchegruben ersäuft. »Die Straßen waren mit Körpern übersät. Hunde fraßen das Fleisch verwesender Leichen. Ruanda war tot«, heißt es auf einer Tafel am Ausgang.

In dem Museum sind Gebeine von Ermordeten und kleine Hinterlassenschaften wie Ringe, Uhren, Taschentücher zu sehen. Einzelne Exponate übersteigen das Maß des Erträglichen. Ich sah ein belgisches Ehepaar, das sich bei den Händen gefasst hatte und weinte. In der Woche danach konnte ich keinem Ruander mehr die Hand drücken. An dem Massaker waren breite Bevölkerungsschichten beteiligt gewesen. Die Nachbarn, die Mitschüler, die Arbeitskollegen, alle waren sie willige Vollstrecker gewesen.

Ein kleiner Teil der Verbrechen wurde vom Internationalen Gerichtshof in der tansanischen Stadt Arusha aufgearbeitet. Die meisten Morde blieben ungesühnt, auch solche, bei denen die Täter bekannt waren. Das Bedürfnis nach Gerechtigkeit war begrenzt. Die westlichen Kommentare konzentrierten sich auf die

Mitschuld der anderen – der Belgier, Franzosen und Amerikaner und des UNO-Generalsekretärs Kofi Annan. Immerhin, die Ruander seien auch schuld gewesen, stand in einer führenden deutschen Zeitung. Auch schuld!

Das gesunde Volksempfinden in Europa war nicht dazu zu bewegen, von seiner Unschuldsvermutung abzurücken und Bestien zu Bestien zu erklären. Es ist wahr, die Europäer haben es schuldhaft unterlassen, das Morden zu stoppen. Dadurch wurden sie mitschuldig. Aber gemordet haben die Ruander selbst.

Afrika war nie Arkadien. Aber seit den Kongo-Gräueln Anfang der sechziger Jahre hat sich die afrikanische Zivilisation permanent abwärts entwickelt. Ruanda war der Tiefpunkt dieser Entwicklung.

Das gewaltlose Ende des Apartheid-Systems in Südafrika gab Anlass zu neuer Hoffnung. Der Kap-Staat wäre die Lokomotive, die Afrika aus dem Sumpf ziehen könnte, politisch und wirtschaftlich. Davon war ich überzeugt.

Ich habe mich getäuscht. Südafrika scheint den gleichen Weg zu gehen, den die anderen unabhängigen Staaten Afrikas gegangen sind. Terror, Korruption, Anarchie, alles wie gehabt.

Die triste Entwicklung war schon abzusehen gewesen, noch bevor Südafrika den Weg in Richtung Demokratie einschlug. Die Nacht vom 13. auf den 14. Mai 1991 hat entscheidend dazu beigetragen, meine Hoffnungen zu zerstören.

Es war drei Jahre vor den ersten freien Wahlen. Die Rassengesetze waren schon außer Kraft. Die Schwarzen waren praktisch gleichberechtigt. Ich verbrachte für eine Reportage die Nacht in der Unfallstation des Baragwanath-Hospitals, des größten Krankenhauses von Schwarzafrika am Rande von Johannesburg. Afrika war himmlisch und barbarisch. Das hatte ich auf vielen Reisen erfahren. Nie zuvor hatte ich aber die Barbarei so unmittelbar und vielfältig erlebt wie hier.

Der erste Patient war ein Arbeiter um die vierzig. Sein Gesicht sah aus, als wäre er mit dem Kopf in eine Dreschmaschine geraten. Es war blutverschmiert, und auf dem Blut klebten Dreck und Laub. Er erzählte, er habe mit einem Freund zusammengesessen und Umqombothi aus einem Eimer getrunken. Umqombothi ist ein graugelbes Gesöff, das aus Maisbrei gebraut wird. Es ist nicht hochprozentig, aber wenn man es eimerweise säuft, trotzdem gefährlich.

Danach hatten sie Zuckerrohrschnaps getrunken. Irgendwann hatten sie beide auf ein Stichwort hin jeder eine Flasche auf dem Tisch zerschlagen und sie sich gegenseitig ins Gesicht gestoßen. »Mein Freund ist auch hier«, strahlte der Mann mit glasigen Augen, »aber ich habe gewonnen.«

Der Umqombothi-Patient musste erst mal warten. In Baragwanath kamen nur kritische Fälle sofort auf den OP-Tisch. Die Schwester klebte ihnen einen Sticker mit der Aufschrift »urgent« auf die Stirn. Sie gingen aber sparsam mit den Aufklebern um. Dringend waren nur die wirklich lebensgefährlichen Fälle.

Die Verletzten stammten fast alle aus Soweto. Das bedeutet in Langschrift »South Western Township«. Soweto war immer schon ein heißes Pflaster gewesen. Doch als die Apartheid fiel, schossen die Mordraten in die Höhe, weil es keine Instanz mehr gab, die sich den marodierenden Xhosa- und Zulu-Banden in den Weg stellte. Anfang der neunziger Jahre wurden in Soweto mehr Menschen ermordet als in der viermal so großen Mördermetropole Rio de Janeiro.

An der Wand am Haupteingang zur Notaufnahme hing ein Schild mit den Namen der Neuzugänge: »Messa Ramula, Schusswunde; Jabu Seane, Messerstiche; Moses Nkagane, Speer Abdomen …« Neunzehn Eintragungen bis neunzehn Uhr, aber noch kein Toter.

Ein Jahr zuvor hatten neun von zehn Patienten, die hier eingeliefert wurden, Stichwunden gehabt. Jetzt hatte die Hälfte Kugeln im Leib.

Kurz vor zwanzig Uhr kam der erste Tote, ein neunzehnjähriger Xhosa-Junge aus Meadowlands. Er hatte mit Freunden im Wohnzimmer seiner Eltern gesessen und Karten gespielt, als ein fremder Mann eintrat und mit einer Kalaschnikow auf sie feuerte. Der Junge war auf dem Weg ins Krankenhaus gestorben. Niemand kannte den Mörder und sein Motiv.

Um 21 Uhr 15 flogen krachend die Flügeltüren auf. Zwei weiße Feuerwehrleute trugen im Eilschritt einen Schwarzen herein, der sich schreiend auf der Trage wälzte. Der Mann hatte ein großes Loch in der Nierengegend. Daraus sickerte dunkelrotes Blut. Irgendjemand hatte ihm einen Speer quer durch den Leib gestoßen. Der Mann bekam sofort seinen »urgent«-Aufkleber. Ich weiß nicht, ob er überlebt hat.

Die Schwestern erzählten erstaunliche Geschichten über die Fähigkeit ihrer Patienten, Schmerzen stumm zu ertragen. Ein Mann mit Hut sei mittags zu Fuß erschienen und habe gesagt, er habe eine Wunde am Kopf. Als er die Kopfbedeckung abnahm, sahen Sie, dass ein Messer mit abgebrochenem Stiel in seinem Schädel steckte.

Einen hatten sie gehabt, der saß anderthalb Stunden schweigend in eine Wolldecke gehüllt und wartete darauf, dass er aufgerufen wurde. Als er an der Reihe war, schlug er die Decke zurück und legte mit der rechten Hand den fast abgetrennten linken Arm auf den Tisch und sagte: »Können Sie mir den wieder dranmachen, Doktor?«

Ein Jahr nach dem Besuch im Baragwanath-Krankenhaus war ich wieder in Südafrika. Am 17. Juni 1992 hatten Zulu-Wanderarbeiter in Boipatong im Vaal-Gebiet mit Haumessern und Knüppeln 46 Angehörige anderer Stämme umgebracht.

Ich landete am 19. Juni gegen zehn Uhr vormittags auf dem Jan-Smuts-Flughafen bei Johannesburg. Weil der Nachtflug von Frankfurt turbulent gewesen war und ich deshalb kaum geschlafen hatte, fuhr ich vom Flughafen ins Hotel, um erst mal einen Hut voll Schlaf zu nehmen. Aber der Rezeptionist rief mich zur Ordnung: »Am Tatort ist in zwei Stunden eine Trauerfeier mit Massendemonstration, da geht's rund«, sagte er. »Wenn sie ein guter Reporter sind, müssen sie dahin.«

Natürlich war ich ein guter Reporter. Ich stellte mein Gepäck im Zimmer ab und nahm eine Dusche. Dann fuhr ich im Mietwagen nach Boipatong. Schon drei Kilometer vor dem Ortskern war kein Durchkommen mehr. Ich parkte den Wagen auf der Wiese hinter einer Tankstelle und machte mich zu Fuß auf den Weg zum Friedhof, wo die Trauerfeier stattfinden sollte.

Die Stimmung war aggressiv. Ich war weit und breit der einzige Europäer. Erst wurde ich nur neugierig gemustert. Dann stieg ein Mann vom African National Congress (ANC), der Partei Nelson Mandelas, auf ein Podest und hielt eine ätzende Rede gegen Frederik Willem de Klerk, den Premierminister von der weißen National Party, der das Massaker nicht verhindert hatte. Er schrie: »Die Weißen sind schuld an dem ganzen Mist, sie müssen büßen für das Unrecht, das sie uns angetan haben.«

Das Volk schrie: »Amandla, amandla, amandla!« Das hieß so viel wie: »Wir wollen Macht.« Es sei höchste Zeit für die Schwarzen, sie zu übernehmen, rief der Redner. 50 000 aufgeputschte Schwarze, und ich mittendrin. Ich konnte mich nicht vor- noch zurückbewegen. Einige der Demonstranten zerrten an meinen Klamotten. Einer schrie: »Give him the necklace!«

Das Wort fuhr mir wie ein Messerstich ins Gedärm. »Necklacing« ist eine grauenhafte Todesart, der damals in Johannesburg und Kapstadt fast täglich Menschen zum Opfer fielen. Man hängte dem Delinquenten einen mit Benzin gefüllten Autoreifen um den Hals und steckte ihn in Brand. Das Opfer starb unter schrecklichen Qualen.

Soweit ich weiß, ist niemals ein Weißer durch »Necklacing« ums Leben gekommen. Aber es kam auch selten vor, dass sich ein Weißer so weit ins Getümmel verirrte.

Früher hatte man sich immer auf den Muzungu-Bonus verlassen können, wie wir es in Kenia nannten. Hellhäutige Menschen (Muzungu) wurden selten angetastet. Im MauMau-Aufstand gegen die britischen Kolonialisten Ende der fünfziger Jahre hatten die Rebellen in Kenia über 35 000 schwarze Landsleute umgebracht, aber nur vierzig Weiße. Doch die Sitten hatten sich geändert.

Ich fühlte mich wie ein Wurstbrot im Ameisenhaufen, aber ich hatte Glück. Ein alter Mann in der Uniform eines Sanitäters griff nach meiner Hand und zerrte mich weg. Ich hatte mir ein paar blaue Flecken geholt, aber sonst war ich unverletzt. Der Mann, der mich da rausgeholt hatte, hieß Jeremiah. Mehr weiß ich nicht von ihm. Plötzlich war er verschwunden. Abends in der Hotelbar habe ich einen Pint auf ihn getrunken und dabei mit großem Ernst gesagt: »Cheers, Jeremiah, du sollst leben.«

Das Gemetzel, das der Unabhängigkeit Südafrikas vorausging, kostete viele tausend Menschenleben. Dabei war der Freiheitskampf schon gewonnen. Die Weißen hatten wenig Interesse daran, das Morden zu unterbinden. Sie hatten jahrzehntelang den Widerstand gegen die Rassentrennung und die Unterdrückung erbarmungslos niedergeknüppelt. Sie hätten auch die massakrierenden Xhosa- und Zulu-Horden leicht in Schach halten können. Aber sie wollten aller Welt zeigen, was passierte, wenn man die Schwarzen sich selbst überließ.

Weil die weiße Polizei Dienst nach Vorschrift machte, versuchte der ANC die Anarchie auf eigene Faust einzudämmen. Vor allem mit Hilfe von Standgerichten, die mit animalischer Härte gegen Unruhestifter vorgingen. Die »Känguru-Gerichte«, die so hießen, weil sie von Gerichtsort zu Gerichtsort sprangen, straften mit der

Sjambok, der Nilpferdpeitsche, mit der früher die weiße Polizei die Schwarzen zur Demut erzogen hatte. Sie waren auch ermächtigt, Finger abzuhacken und Kniescheiben zu zerschießen. »Necklacing« war zwar verboten, aber es kam vor.

Am gefürchtetsten war das »Russengeschwader«. Seine Mitglieder trugen bunte Hosen und Wolldecken statt Jacken und benutzten als Peacemaker überwiegend Kwakas, zweischneidige Äxte, wie sie die Wikinger auf ihren Raubzügen verwendet hatten. »Russen« nannten sie sich in Anlehnung an die kommunistische Opposition, die einzige Widerstandsgruppe, vor der die Apartheid-Regierung Angst gehabt hatte.

Ich war zeitweilig befreundet mit Robert Magwaza, einem Polizeireporter des *Sowetan*. Er wohnte in Orlando West, dem gefährlichsten Teil von Soweto. Zwei-, dreimal nahm er mich mit auf Streife, wie er das nannte. Dabei habe ich viel über die Seelenlage der Afrikaner und über den alltäglichen Darwinismus in den Townships von Transvaal gelernt.

Ich bin mit Robert auch nachts durch die Shebeens gezogen, die kleinen Kneipen, die erst schließen, wenn der letzte Gast gegangen ist. Wir haben gemeinsam ein Interview mit einer Gruppe von »Russen« geführt. Sie haben uns die Kunst des »Spiking« erklärt. Das ist die Fertigkeit, einen Gegner oder Delinquenten buchstäblich zu lähmen, indem man ihm eine angespitzte Fahrradspeiche zielsicher vom Nacken aus ins Rückgrat stößt. Sie sagten, sie würden es uns mal am lebenden Objekt vorführen, wenn wir wollten. Wir wollten aber nicht.

Robert Magwaza hatte zwei Monate bevor ich ihn kennenlernte, geheiratet. Zu seiner Hochzeit waren ungebeten auch zehn mit Hackmessern bewaffnete junge Hooligans erschienen. Sie plünderten die Gäste aus, nahmen ein paar Flaschen Wein und Schnaps mit und verschwanden. »Wir haben weitergefeiert«, sagte Robert.

»Herrje, auch das ist das Leben.« Er selbst hatte schon als Zehnjähriger in der Schule immer ein Messer im Strumpf gehabt. Er sagte, es sei Zufall gewesen, dass er Journalist und nicht Hooligan geworden sei.

Robert Magwaza lebte gefährlicher als ein Kriegsreporter. Er schloss nicht aus, dass ihm mal ein paar wilde Kerle mit Hackmessern und einem Fünf-Liter-Kanister Benzin vor seinem Haus auflauern würden. Aber deshalb hier wegziehen? Nein, wenn sie wollten, würden sie ihn auch woanders finden. »In Soweto ist es schön und niemals langweilig«, sagte er. Schön spannend, bei 2500 Morden im Jahr.

Meine Story über die »Zornigen Kinder von Soweto« schaffte es 1977 in den Kreis der vom *stern* ausgewählten »besten Reportagen des Jahres«. Es war eine Art Kisch-Trostpreis. Der große Walter Jens erklärte in einer Feierstunde im Hamburger Hotel Atlantic, was er bei der Lektüre meiner Soweto-Geschichte empfunden hatte. Er sei tief bewegt gewesen von der Kraft meiner Darstellung, die so pointiert das Elend der Schwarzen in Südafrika schildere. Ach, mein Gott, war ich stolz.

»*Africa nigra*, verfluchter, verlorener Kontinent. Schwarzes Unheil«, schreibt *Zeit*-Kolumnist Bartholomäus Grill zerknirscht in seinem sehr lesenswerten Buch *Ach, Afrika*. Er referiert darin auch über das »Geraune der Untergangspropheten«, die immer nur das Schlechte sähen. Als wenn Afrika früher ein Land der Begegnungen gewesen wäre, in dem glückliche Wilde sich bei Sonnenschein und guter Gesundheit in Nächstenliebe übten. Tatsächlich war Afrika schon Mitte des 19. Jahrhunderts, als die weißen Kolonialisten kamen, ein vorwiegend finsterer Ort voll Mordlust, Sklaverei und Tyrannei. So ähnlich wie Teile Europas ein paar hundert Jahre zuvor und dann wieder hundert Jahre danach.

Im 19. Jahrhundert war auch Kannibalismus in West- und Zentralafrika weit verbreitet. Es gab Völker im Kongo-Becken, die Kriege ausschließlich zu dem Zweck führten, die Fleischtöpfe ihrer Könige und Häuptlinge mit Menschenfutter zu füllen.

Wie schrieb die in Somalia geborene niederländische Bürgerrechtskämpferin Ayan Hirsi Ali, die den Kampf gegen den militanten Islamismus zu ihrer Lebensaufgabe gemacht hat? »Kolonialismus und Sklaverei haben im Westen ein Gefühl der Schuld hinterlassen, das dazu verführt, andere Kulturen einfach immer ganz wunderbar zu finden.«

Hirsi Ali wurde für derlei Äußerungen des Rassismus gescholten. Und in der Tat hat sie mit ihren Ausfällen gegen den Islam der Völkerfreundschaft keinen Dienst erwiesen. Was ich ihr bei einem Interview in Den Haag auch vorgeworfen habe. Aber wo sie Recht hat, hat sie Recht. Zum Beispiel mit ihrer Bewertung des Kolonialismus und seiner mentalen Folgen bei den Verursachern.

Die europäischen Kolonialisten, so sagen die Kritiker, hätten Afrika gespalten. Sie hätten zusammengefügt, was nicht zusammengehörte, und homogene Einheiten auseinandergerissen. Das ist sachlich richtig. Doch die Grenzziehung mit dem Lineal war nicht die Ursache für Afrikas Elend. Warum herrschte denn in den neunziger Jahren das wüsteste Chaos ausgerechnet in der Rückwandererrepublik Liberia, die vom Kolonialismus vollkommen unberührt geblieben war? Und warum herrscht es noch immer in der Nomadenrepublik Somalia, die keinerlei ethnische Spaltung kennt, weil ihre Bevölkerung fast ausschließlich aus Somalis besteht? Und warum ist Äthiopien eines der rückständigsten Länder des Kontinents, obwohl es – abgesehen von vier, fünf Jahren Teilbesatzung durch ein italienisches Expeditionskorps – nie kolonisiert war?

Tatsache ist: Die Europäer haben für Afrikas Einheit mehr getan als für Afrikas Teilung. In Nigeria beispielsweise schlossen die Briten 250 Stämme und Völker zu einem Staatenverbund zusammen, die einander jahrhundertelang befehdet und massakriert hatten. Dass ihr Staat auseinanderbrechen könnte, ist immer noch die größte Sorge der Nigerianer. Bloß nicht wieder die vorkolonialen Zustände.

Der Kolonialismus war, wie der deutsch-britische Doppelpatriot Sebastian Haffner meinte, stets eine Mischung aus Gutem und Bösem gewesen. Und es komme darauf an, ob das Gute das Böse aufwiege. Anders als in Asien und Lateinamerika war der Kolonialismus in Afrika für die Kolonialherren auch kein gutes Geschäft, die Belgier ausgenommen, die die Reichtümer des Kongo mit einer barbarischen Rücksichtslosigkeit plünderten, wie es sie selbst während der spanischen Conquista nicht gegeben hatte.

Die Deutschen hatten Glück. Sie mussten ihre Kolonien nach dem Ersten Weltkrieg an die Sieger abtreten. Deshalb blieben ihnen viele Querelen erspart. Und deshalb haben die Kaiserlichen in Afrika auch heute noch einen guten Namen. Sogar in Namibia, wo das Herero-Volk von der »Schutztruppe« stark dezimiert wurde.

Ich habe 1973 in Tanga im Norden von Tansania ein paar Kaisertreue kennengelernt. Es war herzergreifend. Sie waren alle über 75 Jahre alt. Die meisten hatten in der Armee von General Paul von Lettow-Vorbeck gegen die Engländer gekämpft. Es waren auch einige ehemalige Verwaltungsangestellte dabei. Einmal im Jahr, am Volkstrauertag, marschierten sie auf dem Friedhof von Tanga zu Ehren der toten Kameraden auf und sangen »Heil dir im Siegerkranz« – die meisten auf Kisuaheli, zwei oder drei auf Deutsch.

Kurz vor Weihnachten wurde bei Margarethe Scheel, Honorarkonsulin der Bundesrepublik Deutschland in Tansania, Ehrensold gefasst, damals siebzig Schilling (23 Mark). Ein Drittel davon stammte aus den Spenden von Veteranenvereinen und Unteroffiziersklubs in der Bundesrepublik, der Rest kam von der deutschen Botschaft in Daressalam. Empfänger waren Veteranen des Deutschen Afrikakorps, die im Ersten Weltkrieg gegen die Engländer gekämpft hatten.

Das Auswärtige Amt in Bonn hatte 1962 eigens einen Regierungsbeauftragten nach Tansania entsandt, der die Kandidaten für den Ehrensold aussuchen sollte. Kein leichter Job, denn kaum einer von den Kandidaten hatte noch seine Entlassungspapiere aus dem Korps. Der Veteranenscout bediente sich eines einfachen Verfahrens, um die Anträge zu bewerten. Er ließ alle 300 Kandidaten zum Beweis probeexerzieren. Jeder musste einen Besen in die Faust nehmen und nach deutschen Kommandos Griffe kloppen.

Keiner fiel durch, nur ein gichtkranker Exkorporal konnte nicht zum Exerzieren antreten. Er gab ersatzweise auf Kisuaheli eine Art eidesstattliche Versicherung ab: »Mimi ni askari mdaichi. Ich bin ein deutscher Soldat.«

Wir haben zu acht – Mama Scheel, sechs schwarze Askaris und ich – den Friedhof von Tanga besucht und dann im Scheel'schen Garten die deutsche Flagge gehisst. Anschließend gab es Gulasch mit Gemüse und Kartoffelbrei. Wir aßen alle mit den Fingern. Dazu bekam jeder eine Flasche Kilimandjaro-Bier.

Im ganzen Land lebten damals noch zwei Dutzend Askaris. Ungefähr die Hälfte von ihnen hatte Kontakt zu Konsulin Scheel. Unter ihnen der 78-jährige ehemalige Postmeister Hamisi Hamissi. Er erzählte mir, wie es damals bei der Inspektion des Postamtes in seinem Dorf auf halber Strecke zwischen Tanga und Daressalam zugegangen war: »Wenn Herr Inspektor Ehrenfried Kühlwein kommst in mein Station, er schreibt in mein Stationsbuch: ›Der Hamisi Hamissi kann schon gut Deutsch sprechen. Jedoch, Stationsordnung …‹« Und dann brach Hamisi in ein wieherndes Gelächter aus. Nein, diese Deutschen mit ihrem Ordnungstick, zu komisch.

Hamisi Hamissi konnte auch auf Deutsch singen. Er hatte einen schönen klaren Bariton: »Heute sind wir hier zu Haus – morgen geht's zun Tor hinaus – und wir missen wandern – von einen Ort zun andern.« Ich habe jahrelang die Tonbandkassette in dem Kästchen auf dem Vertiko verwahrt. Irgendwann war sie weg. Schade.

Der Kolonialismus hatte natürlich auch weniger heitere Seiten. Aber man kann ihn nicht für alle afrikanischen Übel verantwortlich machen, wie es viele Afrikaner tun. Die Grenzen, die er hinterlassen hat, sind allgemein akzeptiert. Den folgenschwersten Fall von Separatismus in Afrika habe ich als Zeitzeuge hautnah miterlebt, als ich noch nicht beim *Spiegel* war: die Sezession von Biafra. Hier zeigte sich zum ersten Mal die Entschlossenheit der Afrikaner, die von den Kolonialisten gezogenen Grenzen unter allen Umständen beizubehalten, die sie immer als Übel angeprangert hatten.

Der Multimillionär und Armeegeneral Chukwuemeka Ojukwu hatte 1967 das Niger-Delta und die umliegenden Regionen im Südosten Nigerias für unabhängig erklärt und dadurch einen Bürgerkrieg provoziert. In der Anfangsphase des Krieges waren seine Truppen erfolgreich. Sie vertrieben die nigerianische Armee aus den östlichen Landesteilen, und der schwedische Abenteurer Carl Gustav von Rosen zerbombte in Ojukwus Auftrag mit Kleinflugzeugen Nigerias Ölindustrie. Langfristig konnten die Biafraner aber der gegnerischen Übermacht nicht standhalten. Nigeria legte einen eisernen Ring um die Rebellenprovinz, die schließlich nur noch aus der Luft versorgt werden konnte. Danach brach der Widerstand schnell zusammen.

Ich bin von der Insel São Tomé, die damals noch portugiesisch war, zweimal nachts nach Uli Airport im Kessel von Biafra geflogen. Einmal in einer uralten Constellation und einmal in einer nicht viel jüngeren DC 6, die für wenig Geld von der isländischen Bedarfsfluggesellschaft Transavia gechartert worden waren.

Uli Airport war kein richtiger Flughafen, sondern eine verbreiterte Landstraße mit zwei Reihen von Lichtern zur Linken und zur

Rechten. Zwei Minuten vor der Landung gab der Captain eine Positionsmeldung an die Bodenstation durch. Eine Minute danach knipste der Airportmanager die Landebahnbefeuerung an. Sobald die Maschine aufgesetzt hatte, ging das Licht wieder aus, damit sie dem nigerianischen Mig-Jäger, der nachts über Uli kreiste, kein Ziel bot.

Noch während die Maschine rollte, wurden die Luken geöffnet und die ersten Mehlsäcke und Stockfischballen hinausgeworfen. Wenn sie an der Lagerbaracke am oberen Ende der Rollbahn ankam, war sie schon halb leer. Dann sprangen Arbeiter hinein und erledigten den Rest.

Die Mig-Flieger, einige davon Piloten der DDR-Luftwaffe, waren nicht sehr treffsicher. In zweieinhalb Jahren haben sie nur zwei von den Stockfischbombern erwischt.

Der erste meiner beiden Biafra-Trips war der schlimmere. Unsere DC 6 hob im letzten Licht des Tages von São Tomé ab. Planmäßige Ankunft in Biafra: neun Uhr abends. Der Flugplan war so kalkuliert, dass die Maschine im tropischen Winter pro Nacht drei Shuttles schaffen konnte, wenn alles nach Plan lief.

Das Flugzeug war randvoll mit Trockenfisch. Die ersten siebzig Minuten waren friedlich. Weil es außer im Cockpit keine Sitze an Bord gab, hockte ich auf der hölzernen Postkiste. Dann türmten sich, zwanzig Flugminuten vor der Hafenstadt Port Harcourt, Wolkengebirge über dem Golf von Guinea auf, erst graue, dann schwarze, dann zuckten Blitze. Die Gewitterwolken nahmen langsam Tempo auf und fegten schließlich vor uns wie eine Kavalkade von apokalyptischen Reitern über den Horizont.

Es war romantisch und beängstigend. Die DC 6 begann zu wackeln. Erst leicht, dann heftiger, und zuletzt machte sie Bocksprünge, so dass ich mich mit beiden Armen am Rücksitz des Copiloten festklammern musste, um nicht abzuheben. 3000 Fuß höher wäre es ruhiger gewesen. Aber die Maschine konnte nicht weiter steigen, weil sie überladen war.

Dann setzte auch noch ein Platzregen ein. Die dicken Tropfen knallten mit 500 km/h gegen die Windschutzscheibe. Es war, als flögen wir gegen eine Batterie von Maschinengewehren, die aus vollen Rohren auf uns feuerten. Und dann fiel auch noch irgendein Instrument aus. Es muss etwas Wichtiges gewesen sein. Denn die drei Männer im Cockpit begannen, sich gegenseitig entnervt anzuschreien. Ich glaube, sie hatten Angst. Und wenn drei so hartgesottene Haudegen sich ängstigten, dann musste es einen Grund dafür geben.

Über Port Harcourt war fast schlagartig wieder Ruhe. Die Maschine gewann etwas an Höhe und brummte dann unter einem sternklaren Himmel gemütlich übers Niger-Delta. Nach der Landung klopfte ich dem Captain freundschaftlich auf die Schulter und fragte ihn, warum er und seine Kameraden so unbeherrscht gewesen seien. »Stop bullshitting around«, knurrte er ruppig, »we are professionals, we never panic.« Es sei nichts gewesen. Kein Wort habe ich ihm geglaubt. Ich schwor: Nie wieder mit Transavia nach Uli.

Aber Journalisten sind triebhaft, sie lernen nicht aus Erfahrungen, wenn der Trieb dagegensteht. Sechs Wochen später saß ich in einer Constellation von São Tomé nach Uli Airport. Es war der zweite Shuttle in dieser Nacht. Als wir die nigerianische Küste überflogen, war es kurz vor zwei Uhr. Das Wetter war gut. Leichter Nordwest, klare Sicht.

Dann der Knall. Über Calabar zerplatzte auf der linken Seite unterhalb der Maschine plötzlich ein greller Blitz. »Sie schießen auf uns«, lachte der Captain. Die Nigerianer hatten am Südrand des Kessels von Biafra Luftabwehr-Artillerie positioniert. Die Geschütze hatten aber noch nie eine Hilfsmaschine getroffen, einfach weil sie nur nach Gehör in die Finsternis ballerten. Aber manchmal gingen die Geschosse doch unangenehm dicht am Ziel vorbei. Ich registrierte noch zwei weitere Blitze, diesmal etwas weiter weg, dann waren wir durch.

Seit meinem letzten Besuch war Biafra ein paar tausend Quadratkilometer kleiner geworden. Die Nigerianer drückten von allen Seiten auf den Kessel. Kurz vorher war die Hauptstadt Enugu gefallen. Die Regierung hatte sich nach Owerri zurückgezogen. Wenige Tage vor Weihnachten war klar: Es ging zu Ende.

Am Heiligabend, kurz vor Mittag, kreiste eine nigerianische Mig über der Stadt. Sie feuerte aus zwei Bord-MGs. Am südlichen und nördlichen Stadtrand von Owerri standen Flakbatterien. Aber die Mig kam von Westen. Die Leute stoben auseinander. Einige suchten unter Strohdächern Schutz. Ich verkroch mich unter einer steinernen Treppe vor dem provisorischen Amt für Öffentlichkeitsarbeit.

Die Attacke dauerte nur fünf Minuten. Das Resultat: Sieben Menschen waren tot, alle Zivilisten, darunter zwei Kinder. Ein alter Mann, der auf einem Holzkohlefeuer unter einem Palmenschirm sein Weihnachtsmenü gekocht hatte, war in die Brust getroffen worden. Ich hatte am Nachmittag mit ihm gesprochen. Er hatte mir erzählt, dass seine ganze Familie bei den Kämpfen um die Hauptstadt Enugu getötet worden sei. Er habe Glück gehabt. »Wer weiß, wie lange?«

Am Abend des zweiten Weihnachtstages flog ich – nun wieder mit einer DC 6 – zurück nach São Tomé. In derselben Nacht verließen noch zwei weitere Flugzeuge den Kessel von Biafra. Dann war Schluss.

Bei der Landung unserer Maschine löste sich die Tür aus der Ladeluke. Sie kippte erst nach innen und rutschte dann durch die Luke hinaus. Gott sei Dank geriet sie nicht unter die Räder der Maschine. Während des Fluges hatte der Überdruck sie festgehalten.

Als er nachließ, fiel sie einfach raus. Das sei nicht weiter gefährlich gewesen, sagte der Captain. »Das kommt vor in Afrika.«

So etwas kommt auch heute noch vor. Deshalb tragen Flugzeuge, die im innerafrikanischen Charter- und Linienverkehr unterwegs sind, statistisch gesehen ein zwanzigmal so hohes Absturzrisiko wie Maschinen in Europa und Amerika.

Ich habe immer Glück gehabt beim Fliegen in Afrika. Nur einmal war ich meinem ganz persönlichen Armageddon ganz nahe. Ich saß mit Eamon, der als Tierarzt in der Serengeti arbeitete und vor gerade drei Monaten seinen Flugschein gemacht hatte, in einer sehr kleinen Cessna. Unter uns tobte eine große, gemischte Zebra- und Gnu-Herde dahin. Mindestens 10 000 Tiere. Eamon wollte ihr ein bisschen Bange machen und mir wohl auch. Er ging im Sturzflug auf die Herde runter, um die Maschine dann dicht über ihren Köpfen wieder hochzuziehen.

Eamon hatte dabei aber die Macht der Fliehkraft unterschätzt. Ein Flugzeug, das mit Tempo 300 in einem Winkel von 45 Grad auf den Boden zurast und fünfzig Meter über Ground Level hochgerissen wird, bewegt sich noch dreißig, vierzig Meter weiter abwärts, bis es wieder aufsteigt. Ich glaube, wir hatten keine fünf Meter Luft mehr unter dem Rumpf, als die Cessna die Kurve kriegte. Eamon hätte einen Arschvoll verdient gehabt. Aber niemand hatte seine Kamikaze-Faxen beobachtet.

Ich bin in einem großen Flugzeug nie in einer wirklich lebensgefährlichen Situation gewesen. Auch nicht, als ich an Bord eines Frachtjets der US Air Force auf der winzigen Piste von Johnston Island auf halber Strecke zwischen Tokio und Honolulu landete, wo die amerikanische Armee ihre ausrangierten Chemiewaffen verbrannte. Es blieb nur das unübertrefflich marode Gefühl, mitten in ein Giftdepot hineinzusteuern, mit dem man die Menschheit dreimal skelettieren könnte.

Bei der Korkenzieher-Landung in Kabul, ein paar Tage nach dem Einmarsch der Sowjets, hatte ich ein ähnlich mulmiges Gefühl. »Corkscrew landings« seien ungefährlich, behauptete die Cockpit-Crew. Ich konnte das nicht überprüfen. Man nennt es so, weil sich das Flugzeug im Landeanflug spiralförmig auf den Flugplatz zubewegt und so von Boden-Luft-Raketen nur schwer getroffen werden kann. Die Methode hat sich in vielen Kriegen bewährt.

Andere *Spiegel*-Kollegen haben in fliegenden Kisten Schlimmeres durchgemacht als ich. Afrika-Korrespondent Thilo Thielke musste in einer alten Boeing eine Stunde lang über Addis Abeba kreisen, während die rotbraune Kerosinsuppe aus einem Leck im Tank waagerecht am Rumpf des Flugzeugs entlanglief. Jochen Hoelzgen fiel in Kambodscha in einem russischen Hubschrauber zwanzig Meter tief vom Himmel und ist seitdem gehbehindert.

Asien-Korrespondent Tiziano Terzani ist 1993 ein ganzes Jahr lang nicht geflogen und stattdessen nur mit dem Auto und mit der Bahn gereist, nachdem ihm ein chinesischer Wahrsager prophezeit hatte, er werde in diesem Jahr mit einem Flugzeug abstürzen, wenn er nicht aufs Fliegen verzichte. Auf den Reisen, die er 1993 machte, hat er seine besten Reportagen geschrieben. Er war nämlich den Menschen, über die er berichtete, noch nie so lange so nahe gewesen.

Wer Terzanis Buch *Fliegen ohne Flügel* gelesen hat, weiß, dass der Gebrauch von bodengestützten Fortbewegungsmitteln die Sensibilität und den Durchblick des Chronisten enorm beflügeln. Es ist ein fantastisches Buch. Es schildert Asien, wie man es nicht im *Apa Guide* findet. Als das Karenzjahr vorbei war, sagte Terzani, er habe den Luxus der Langsamkeit genossen wie einen wunderbaren Traum. Am liebsten hätte er so weitergemacht.

In Afrika hätte Terzani mit dieser Methode keine Chance gehabt. Die Fernstraßen, die die Kolonialisten zurückgelassen haben, sind weitgehend verfallen. Ebenso die Eisenbahnnetze. Deshalb bleibt zum Reisen über größere Strecken nur das Flugzeug.

Weil die großen schwarzafrikanischen Fluglinien über die Jahre alle Pleite gemacht haben, muss man häufig in Flugzeugen reisen, für die in Europa nur noch eine Destination zulässig wäre: die Schrottpresse. Statt der Boeings und Airbusse tummeln sich jetzt alte russische Antonows, Tupolews, Jakowlews und Iljuschins, in denen sich der Mensch bisweilen vorkommt wie ein Projektil, am Himmel über Afrika.

In Afrika passieren Unfälle, wie sie nirgendwo sonst jemals passiert sind. Über der kongolesischen Hauptstadt Kinshasa rutschten im Mai 2003 in 2200 Meter Höhe 150 Fluggäste aus einer ukrainischen Iljuschin, als sich im Steigflug die Heckklappe öffnete.

Nachdem ich im Herbst 2006 für eine Reportage über Flieger aus dem Osten an südlichen Himmeln unterwegs gewesen war, habe ich eine Weile nicht mehr über verspätete City-Hopper und schnippische Stewardessen genörgelt. Ich hatte gelernt: Ein solider Sicherheitsstandard ist ein höheres Gut als Pünktlichkeit und Höflichkeit.

In Russland wurden in den neunziger Jahren Tausende von großen Flugzeugen ausgemustert. Einige davon konnte man schon für 20 000 bis 50 000 US-Dollar kaufen. Viele Piloten machten sich selbständig und flogen nach Afrika. So ein rüstiger Brummer flog, wenn es gut ging, den Kaufpreis in einem halben Jahr wieder ein.

Doch die meisten der fliegenden Natschalniki aus dem Osten waren arme Schlucker. Sie arbeiteten im Ausland, weil es daheim keine Jobs mehr gab und Piloten in Russland und in der Ukraine noch viel schlechter bezahlt wurden als in Afrika und im Nahen Osten.

In Angola und im Kongo wird im Funkverkehr zwischen Cockpit und Tower heute mehr Russisch als Englisch gesprochen. In Angola hatten sie einen russischen Piloten, der mit einer zweimotorigen Tupolew einen Shuttle-Service betrieb, obwohl er seine Flugerfahrungen in einem Doppeldecker-Sprühflugzeug in Kasachstan gesammelt hatte.

Russen und Ukrainer fliegen rentabler als Westler. Sie heben erst ab, wenn das Flugzeug bis auf den letzten Platz besetzt ist. Auch ein Flugzeug ist in Afrika nicht dann voll, wenn das zulässige Gesamtgewicht erreicht ist, sondern erst, wenn gar nichts mehr reingeht.

Auf der Bettkante in einem Zwei-Sterne-Hotel in den Vereinigten Arabischen Emiraten hat mir Grigori Vanajew die Geschichte seiner Laufbahn als Buschflieger erzählt. Grigori war drei Jahre lang Frachtflieger in Zentralafrika. Morgens Post, Bier und Petroleum von Bukavu nach Mbuji-Mayi, von dort nachmittags Diamanten und Edelmetall nach Entebbe. Am nächsten Tag Rohkaffee und Missionare nach Mombasa. Es war wirklich ein abwechslungsreicher Job.

Ja doch, bisweilen flogen sie auch Waffen für die Nasen- und Ohrenabschneider der Lord's Resistance Army in Norduganda und für kongolesische Rebellen. Darauf war Grigori nicht stolz. Er sagte, er hätte nie gern was mit Waffen zu tun gehabt, aber manchmal gehe das Leben nicht ohne Kompromisse. Für Kriegsmaterial werden hohe Risikozuschläge gezahlt.

Grigori Vanajews Fluggesellschaft hatte die ganzen Jahre über gut im Wettbewerb gelegen, vor allem weil sie niedrige Wartungs- und Personalkosten hatte. Grigori war sein eigener Akquisiteur und sein eigener Mechaniker. Die Buchhaltung erledigte der Lademeister. Er schmierte auch die Stullen für unterwegs, wenn sie Passagiere hatten.

Grigoris Erfolgssträhne war abgerissen, als er beim Start in Burao in der somalischen Wüste einen Unfall mit Totalschaden baute. Weil plötzlich zwei der vier Motoren aussetzten, kam die Maschine nicht vom Boden hoch. Zum Bremsen war es zu spät. Das Flugzeug torkelte in Schlangenlinien über das Ende der Piste hinaus, prallte gegen einen Termitenhügel und überschlug sich.

Grigori vermutete, dass die Zündkerzen schuld gewesen waren. Er hatte sie aus einer kannibalisierten Antonow in Kisangani herausgeschraubt. Es wäre wohl besser gewesen, wenn er sie gesäubert hätte, bevor er sie in seine Motoren einbaute. Nun suchte er in Sharjah nach einem Investor, der ihm das Geld für eine neue Maschine vorstreckte.

In Schwarzafrika gelten grundsätzlich die gleichen Sicherheitsbestimmungen wie in anderen Weltgegenden. Aber es gibt keinen Flieger-TÜV, der sie kontrolliert. Ölleckagen, abgefahrene Reifen, rissige Windschutzscheiben, betrunkene Crews – alles ist tolerierbar, wenn der Bakschisch stimmt.

Nicht, dass Ost-Flugzeuge weniger robust wären. Im Gegenteil. Sie können auch mal eine Knall-und-Fall-Landung verkraften, die ein Boeing-Fahrwerk übelnehmen würde. Aber jeder Mechanismus neigt zu Ausfällen, wenn man ihn nicht regelmäßig auf seine Funktionsfähigkeit überprüft. Und Wartung ist überall in Afrika ein Fremdwort.

Es wäre schon viel damit gewonnen, wenn die afrikanischen Regierungen die Überfluggebühren auch tatsächlich in die Luftraumüberwachung stecken würden, für die sie erhoben werden. Aber eine Flugsicherheitskontrolle findet nur im Norden und im Süden des Kontinents statt.

Das Gebiet zwischen Südägypten und Simbabwe liegt praktisch im Düstern. Ich durfte mal ein längeres Stück im Cockpit mitfliegen. Dabei habe ich erlebt, wie unser Airbus auf dem Flug nach Johannesburg stundenlang ohne Funkkontakt zum Boden war.

In den Langstrecken-Maschinen der großen europäischen Fluggesellschaften sind zwar hochmoderne TCAS-Kollisionswarngeräte installiert. Sie funktionieren aber nur, wenn das Flugzeug, das ihnen in die Quere kommt, ebenfalls damit ausgerüstet ist. Die meisten

Maschinen, die den Regionalverkehr besorgen, haben aber die Technik der sechziger und siebziger Jahre in sich. Tagsüber fliegen sie nach Sicht. Nachts versuchen sie, per Sprechfunk Kontakt mit den Maschinen aufzunehmen, die ihnen entgegenkommen oder ihren Weg kreuzen.

Viele wollen auch gar nicht gehört und gesehen werden. Sie schalten Funkgerät und Positionslichter einfach aus, damit sie keine Überfluggebühren zu zahlen brauchen.

Wer Kosten spart, kann seinen Service günstiger anbieten als die Mitbewerber, die sich an die Gebührenordnung halten. Von Nairobi nach Hamburg flog ich in den siebziger Jahren meist mit einer Billig-Airline. Vor dem Einchecken zwischen Mitternacht und Morgengrauen musste ich aber immer eine Beruhigungspille nehmen. Die Maschine war nie pünktlich. Wirklich niemals. Sie war auch immer um mindestens dreißig Passagiere überbucht. Und deshalb war sie auch immer zu hundert Prozent ausgelastet.

In der letzten Stunde vor dem Abheben, wenn also klar war, wer definitiv mitfliegen durfte und wer zurückbleiben musste, herrschte am Schalter jedes Mal ein Inferno wie beim Winterschlussverkauf bei C&A. Lautes Gebrüll, manchmal Keilereien, körperliche und seelische Kollapse auf beiden Seiten des Counters.

Ich habe es auch nicht erlebt, dass die gute alte Boeing 707 auf der Rollbahn nicht noch mal umkehren musste, weil irgendwas kaputt war oder vergessen worden war. Das Bier war warm und das Abendessen kalt. Einmal musste die Mannschaft bei der Zwischenlandung in Kairo die Vordertür mit einem Suppenlöffel öffnen, weil das Türschloss klemmte. Und ich habe mich immer wieder angstvoll gefragt, warum ausgerechnet das Fliegen klappen sollte. Aber es ist nie etwas passiert.

Ich flog mal in einer Weltkriegs-Dakota der Fluggesellschaft Basco Brothers Air Services von Addis Abeba in Äthiopien über Assab in Eritrea nach Sanaa im Jemen. In Assab stiegen zwei Passagiere aus, und ein alter Mann in einer langen weißen Galabeia stieg zu. An Gepäck hatte er nur einen Kasten aus geflochtenem Schilf, in dem zwei lebende Hühner steckten. Weil kein Sitz mehr frei war, nahm er mit dem Hühnerkasten auf dem Fußboden Platz.

Der Copilot, der in Personalunion das Amt des Stewards wahrnahm, eilte sogleich herbei, um den Regelverstoß zu beenden. Auf dem Boden sitzen war verboten. Nicht nur, weil sich der Passagier bei Turbulenzen nicht anschnallen konnte, sondern auch, weil die Dakota kein Bugrad hatte und sich deshalb der Rumpf beim Starten nicht waagerecht über die Rollbahn bewegte, sondern in einem Anstellwinkel von etwa 45 Grad, und daher ein am Boden hockender Fluggast haltlos den Erschütterungen des Flugapparates ausgesetzt war.

Mein Küchenarabisch reichte nicht aus, um den Dialog zu verstehen. Deshalb bat ich meinen Sitznachbarn zu übersetzen.

»Sie dürfen hier nicht sitzen«, sagte der Copilot.

»Warum nicht, hier ist doch Platz«, sagte der alte Mann.

»Der Boden ist kein Sitzplatz.«

»Zu Hause sitzen wir auch auf dem Boden.«

Der Copilot brach das Gespräch ab und ging nach vorn ins Cockpit. Eine Minute später kam er mit dem Captain zurück. Sie packten den Mann und schleppten ihn zum Ausgang. Dort redete der Copilot noch einmal auf ihn ein. Als das nichts half, stießen sie ihn aus der Tür.

Das war nicht ungefährlich. Denn in Assab gab es keine Gangway, man bestieg und verließ das Flugzeug über eine hölzerne Leiter. Der alte Mann schien aber den Sturz aus anderthalb Meter Höhe unbeschadet überstanden zu haben. Während er sich aufrappelte, nahm der Captain den Schilfkasten mit den Hühnern und warf ihn hinterher.

Delikate Erlebnisse mit Flugmaschinen hatte ich nicht nur in Afrika. Der Flug mit der Hercules der argentinischen Luftwaffe von Ushuaia auf Feuerland, wo ich fünf Tage in einer Kaserne auf den Start hatte warten müssen, zur Base Evita in der Antarktis war auch erlebnisreich.

Ich sollte die Geophysiker in Evita besuchen. Ihr Stützpunkt war geografisch schwer zu bestimmen. Er lag auf einer riesigen Eisscholle im Weddell-Meer, ungefähr tausend Kilometer südlich der Südlichen Orkney-Inseln.

Der Flug ins Eis dauerte drei Stunden. Erst war das Wetter ganz passabel. Die Maschine flog tief. Auf der rechten Seite an der Küste der Antarktischen Halbinsel schauten Berggipfel aus der Wolkendecke heraus. Einmal sahen wir eine Kolonie von mindestens 30 000 Pinguinen. Eine ganze Bucht war von den watscheligen schwarz-weißen Leibern gefüllt. Es war ein starkes Stück Fauna.

Links trieben Pulks von riesigen blau schimmernden Eisbergen im Meer. Das Wasser, das sie umgab, war hellgrün. Es war gesprenkelt von kleinen, weißen Punkten. Das waren Eisbrocken, die aus der Luft aussahen wie geraspelte Kokosnuss, die aber jeder ein Volumen hatte wie ein Vierfamilienhaus. Die Majestät der Eisberge regte meine Fantasie an. Ich hörte die *Fidelio*-Ouvertüre.

Auf der Höhe des New Bedford Inlet kam Sturm auf. Unten sahen wir einen Kreuzfahrer. Ich fand die Vorstellung, auf einem stählernen Ponton in dieser eisigen Wasserwüste zu treiben, beunruhigend. Dabei war es da unten an Bord sicher gemütlicher als hier oben in der eiskalten, bockenden Hercules.

Hinterher erzählten mir Kollegen, Rudolf Augstein habe bei der Themenankündigung auf der Montagskonferenz gefragt: »Antarktis? Was ist denn da los? Das ist doch bestimmt teuer.«

Chefredakteur Johannes K. Engel habe mit einem giftigen Seitenblick auf Auslandschef Dieter Wild, der die Reise genehmigt hatte, geantwortet: »Da ist gar nichts los. Aber Wiedemann war da noch nicht.«

Engel kannte natürlich den Wetterbericht des nördlichen Weddell-Meeres nicht. Auf den letzten 800 Kilometern blies vom Südpol her ein infernalischer Sturm, der Bäume hätte ausreißen können, wenn es da welche gegeben hätte. Wir hatten nur noch fünfzig Meter Sicht. Die Hercules flog dreimal an, bis sie schließlich auf der gut zwei Kilometer langen Eisscholle aufsetzte.

Ich hatte befürchtet, dass die Maschine rutschen würde. Das tat sie aber nicht. Kaum hatte sie Bodenberührung, rollte sie spurgenau auf der von leeren Benzintonnen markierten Piste bis etwa 300 Meter vor die Kante der Scholle übers Eis. Sie war bis zur Kapazitätsgrenze vollgeladen. Weil sie so schwer war, hielt sie die Spur.

Natürlich war es kein Flug ins Blaue, wie Johannes K. Engel suggerieren wollte. Ein Informant aus London hatte uns einen Tipp gegeben. Die Argentinier beabsichtigten, in der Antarktis eine Luftwaffenbasis für ein neues Falkland-Abenteuer zu bauen. Ich sollte nachsehen, was man davon orten konnte. Engel wusste das aber offenbar nicht.

Die Temperaturen waren für antarktische Verhältnisse geradezu lieblich: 15 Grad minus, zuzüglich vier Grad »Wind chill Factor«, also jenes merkwürdige Phänomen, das dem Reisenden Kältegrade vorgaukelt, die es in Wirklichkeit nicht gibt. Auf der russischen Antarktis-Station Vostok in der östlichen Antarktis waren ein Jahr zuvor minus 88,2 Grad Celsius gemessen worden. Vostok ist der Kältepol der Erde.

In der Wetterstation der Luftwaffe erzählten uns die Meteorologen über ihre Arbeit, während die Luftwaffen-Crew die Post und die Verpflegung für die Kameraden auslud. Dann gab's Mittagessen: Steak mit Pommes frites und schwarzen Bohnen, hinterher Pflaumenpüree mit Sahne aus der Spraydose.

Die Wetterfrösche hier wohnten längst nicht so komfortabel wie die deutschen Antarktiker auf der Station Georg-von-Neumayer. Die Argentinier leisteten sich nur eine kleine Kolonie von wellblechgedeckten Hütten mit einem Meer aus Antennen und meteorologischem Gerät darüber.

Von Kriegsvorbereitungen bemerkte ich nichts. Eigentlich war das zu erwarten gewesen. Denn wenn das Gerücht wahr gewesen wäre, hätte die argentinische Luftwaffe sicher keinen ausländischen Journalisten in die Antarktis geflogen. Ich hatte beinahe ein schlechtes Gewissen. Augstein hatte Recht, die Geschichte war teuer. Allein die Anreise von Hamburg über Madrid und Buenos Aires und das Standby in der patagonischen Einöde hatten über eine Woche gedauert.

Die Ingenieure zeigten uns bereitwillig ihre Station und alle ihre Geräte. Einer hielt einen langen Vortrag über die antarktische Großwetterlage. Von der Erderwärmung war damals noch nicht die Rede. Im Gegenteil, die mittelfristigen Prognosen standen auf Erkältung.

Zwei Chefredakteure wie ein altes Ehepaar

Dies Kapitel fängt fast genauso an wie das erste. Aber die Handlungsstränge verlaufen ganz anders. Geografisch und chronologisch. »Finden Sie Josef Mengele«, sagte *Spiegel*-Auslandschef Dieter Wild. Dann rief er nach nebenan: »Kann ich mal Washington haben? Und dann Zoller in Tel Aviv. Und dann Moskau.« Er war ein ungeheuer internationaler Mensch. Außerdem wollte er signalisieren, dass ich keine Rückfragen stellen sollte, weil er keine Zeit hatte.

Dieter Wild hatte nie Zeit. Er war der rasende Zeitungsmacher, den man aus amerikanischen Spielfilmen der fünziger Jahre kennt. Bis hin zur Krawatte, die auf halbmast hing, wenn er denn eine trug.

Also: Josef Mengele, von Person bekannt: Mediziner und Anthropologe, Sohn des Günzburger Industriellen Karl Mengele und dessen Frau Walburga, von 1943 bis 1945 Lagerarzt im Vernichtungslager Auschwitz-Birkenau, in die Geschichte eingegangen unter dem Namen »Todesengel von Auschwitz«, weil er Häftlinge in grausamen Menschenversuchen totgequält hatte. Mengele war Ende der vierziger Jahre unter dem Namen Helmuth Gregor auf der »Rattenlinie« nach Südamerika geflüchtet. Danach war er verschollen. Und nun sollte ich ihn suchen.

Auf Mengeles Kopf war die bis damals höchste Belohnung aller Zeiten ausgesetzt worden: sieben Millionen Mark. Die Fahndung konzentrierte sich auf Paraguay, wo er jahrelang unter seinem richtigen Namen gelebt hatte. Also fuhr ich nach Paraguay.

Ex-KZ-Häftling Simon Wiesenthal, der sich mit dem Kampfnamen »Nazijäger« schmückte, sagte mir am Telefon, Paraguay sei goldrichtig. Einer seiner Mitarbeiter habe Mengele noch vor zwei Monaten in einem paraguayischen Waldhotel nahe der brasilianischen Grenze gesehen. Vor zwei Monaten. Das sah aus wie eine ganz heiße Spur. Obwohl ich mich natürlich hätte fragen müssen, wieso Wiesenthal den Gesuchten nicht hatte verhaften lassen, wenn er wirklich so genau wusste, wo er war.

Bei der deutschen Botschaft in Buenos Aires empfahl man mir, mit den Recherchen bei Wilfred von Oven zu beginnen. Der Name sagte mir nichts. Der Presseattaché klärte mich auf: Von Oven war Privatsekretär von Reichspropagandaminister Joseph Goebbels gewesen. Er hatte nach dem Krieg zunächst in Schleswig-Holstein gelebt und sich dann, ebenfalls über die »Rattenlinie«, nach Lateinamerika abgesetzt. Jetzt wohnte er in einer kleinen Stadt nicht weit von Buenos Aires. Er musste etwas wissen. Die alten Nazis, von denen eine ganze Menge in Argentinien untergekrochen war, hielten guten Kontakt zueinander.

Ich hatte Glück. Von Oven war zu Hause, als ich anklopfte. Er ließ mich bereitwillig ein, obwohl er sich vorstellen konnte, dass ein *Spiegel*-Reporter nicht als Freund kam. Er wirkte ein wenig verhutzelt, aber sonst noch ganz wach und proper. Er sah aus wie ein englischer Landedelmann: Harris-Tweed-Jacket mit Lederflicken, Breitcord-Hosen, Flanellhemd, gesteppte halbhohe Schuhe mit dicken Profilsohlen. Er erzählte frisch von der Leber weg, wie es damals gewesen war in der schweren Zeit, als deutsche Patrioten vor den Entnazifizierern wegtauchen mussten, weil die alten Kameraden die Seiten gewechselt hatten. Gottlob sei das nun ja vorbei.

Nachdem er eine Viertelstunde lang munter drauflosschwadroniert hatte, sagte von Oven plötzlich ohne Anlass: »Haben Sie einen Presseausweis?«

In meinem Job brauchte ich normalerweise keine besondere Legitimation. Aber ich hatte den Ausweis bei mir. Von Oven betrachtete ihn mit dünnem Lächeln und sagte: »Der sieht genauso aus wie meiner.«

»Wie meinen Sie?«, fragte ich.

Von Oven ging ans Vertiko, zog eine Schublade auf und holte einen Presseausweis heraus. Er sah tatsächlich meinem Ausweis zum Verwechseln ähnlich: blassgelber Grund mit zwei dicken roten Rändern oben und unten. Hinten war der gleiche diagonale Balken drauf, vorn sein Foto. Der Ausweis war abgestempelt im Dezember 1951 von der *Spiegel*-Chefredaktion.

Und dann erzählte mir Wilfred von Oven die ganze Geschichte: Nach Kriegsende hatte er sich zunächst in Schleswig-Holstein vor den britischen Besatzern versteckt. Als ihm der Boden zu heiß wurde, wanderte er nach Argentinien aus. Dort setzte er die mit dem Krieg unterbrochene Arbeit als Journalist und Publizist fort. In dem gleichen Stil wie in der Zeit, als Joseph Goebbels sein Chef gewesen war. Er schrieb Bücher, die von deutschen Emigranten in Argentinien begeistert aufgenommen wurden, aber auch in Deutschland und Österreich Absatz fanden: *Mit Goebbels bis zum Ende* und *Mit ruhig festem Schritt*, ein Titel, den er dem Horst-Wessel-Lied entnommen hatte.

Von Oven arbeitete anfangs auch für den *Spiegel*, nicht exklusiv, aber immerhin versehen mit einem Presseausweis, den Herausgeber Rudolf Augstein persönlich unterschrieben hatte. Er erzählte auch, er sei von Augstein in dessen Haus empfangen worden und habe mit ihm die ganze Nacht lang beim Bier geklönt. Augstein habe ihm dann angeboten, für den *Spiegel* zu arbeiten.

Es war für mich wie ein Schlag mit dem Hammer auf den Kopf. Ein alter Kampfnazi als ehemaliger *Spiegel*-Kollege.

Der frühere *Spiegel*-Medienkolumnist Otto Köhler hat sich später in seiner Augstein Biografie gefragt, ob sein ehemaliger Chef wohl die Reportage zu lesen bekommen habe, die von Oven Ende 1939 als Augenzeuge einer Polenerschießung geschrieben hatte. Vom Altenteil herab verschoss Köhler tüchtig Breitseiten gegen den Citizen Kane in Rudolf Augstein. Seine Quintessenz: Der frühe *Spiegel* sei stellenweise braunstichig und der Herausgeber sei schuld daran gewesen. Ich habe seine Augstein-Biografie als unfair empfunden. Nicht weil ein beleidigter Wadenbeißer Augstein kritisierte, sondern weil er Wahrheiten durch vergiftete Polemik anspitzte.

Köhler hat seinen Herausgeber mindestens so gut gekannt wie ich. Vermutlich besser. Es kann ihm nicht verborgen geblieben sei, dass Augstein ein Humanist und Demokrat durch und durch war. In seinem Buch schreibt er, dass er Augstein nichts nachzutragen habe. Warum tat er es dann so penetrant?

Köhler beschwerte sich darüber, dass der *Spiegel* ihn nahezu fünf Jahre lang regelmäßig gedruckt und Verlagsleiter Hans-Detlev Becker ihn dann zu Weihnachten 1971 mit der Begründung gefeuert habe, über seine Kolumne habe »zu keiner Zeit eine tragfähige Übereinstimmung« bestanden.

In Beckers Behauptung steckte in der Tat ein heuchlerischer Kern. Warum sollte die Chefreaktion die Köhler-Kolumnen jahrelang gedruckt haben, wenn sie sie nicht für gut hielt. Andererseits hatte der *Spiegel* 1971 fast zwanzig Prozent seiner Anzeigenseiten verloren, und das hatte gewiss auch mit den Kolumnen von Otto Köhler zu tun.

Wie liberal der *Spiegel* wirklich war, wenn er es einem Medienkolumnisten über Jahre erlaubte, Vitriol über jener Zielgruppe auszuschütten, von deren Anzeigen das Unternehmen lebte, das hat Köhler bis heute nicht begriffen. Dabei hatte er doch selbst erklärt, dass er Schwierigkeiten hatte, zwischen der Springer- und der Goebbels-Presse zu unterscheiden, und auch in seiner Augstein-Biografie gestanden, dass einige seiner Kolumnen von der Art gewesen seien, die man »getrost als wirtschaftsfeindlich bezeichnen konnte«.

Ich muss gestehen, dass mir diese Phase der *Spiegel*-Geschichte nicht bekannt gewesen war. Ich wollte mehr darüber erfahren. Es gab aber bei denen, die ich darauf ansprach, keinen ernsthaften Gesprächsbedarf. *Spiegel*-Chefredakteur Johannes K. Engel war verschnupft, als er hörte, wie ich im Kollegenkreis über meine Begegnung mit Winfred von Oven erzählte. »Fallen Ihnen keine besseren Geschichten ein als diese ollen Kamellen? Die kennt doch schon jeder.«

Rudolf Augstein hat mal erklärt, er habe erst lange nach dem Abgang der alten Nazis im *Spiegel* von deren Vergangenheit erfahren. Den nächtlichen Klönschnack mit dem emeritierten Goebbels-Epigonen von Oven hat er auch bestritten. Da steht Aussage gegen Aussage. Ich bin subjektiv genug, Rudolf Augstein mehr zu glauben als einem alten Nazi-Funktionär.

Wie verzerrt Köhlers Augstein-Bild war, wird besonders deutlich in seiner gehässig aufgeladenen Analyse von Augsteins Votum gegen die Errichtung des Berliner Holocaust-Mahnmals. »Nun soll in der Mitte der wiedergewonnenen Hauptstadt Berlin ein Mahnmal an unsere fortwährende Schande erinnern«, hatte Augstein geschrieben. Er meinte, dass das Mahnmal für das Gedeihen des »sich neu formierenden Deutschland« nicht förderlich sei. Er hielt es im Gegenteil für kontraproduktiv: »Man würde untauglichen Boden mit Antisemitismus düngen«, sagte er, »wenn den Deutschen ein steinernes Brandmal aufgezwungen wird.«

Das musste man nicht so sehen, aber man musste es so sehen dürfen, ohne sich zu kompromittieren. Die Deutschen haben auch keinen Anlass zu dem Verdacht gegeben, dass sie sich der Auseinandersetzung mit ihrer braunen Vergangenheit verweigerten.

Die Bundesrepublik hatte sich alle Mühe gegeben, die deutsche Schuld aufzuarbeiten, so gut es ging. Sie hatte die von Hitlers Krieg geschaffenen Fakten akzeptiert und die Kriegsverbrecher konsequent vor Gericht gestellt. Die alliierten Sieger hatten alle ihre Verbrechen ebenso konsequent unter den Teppich gekehrt. Vor allem die Sowjetunion. Rudolf Augstein fand das inakzeptabel.

Der *Spiegel* hat sich Verdienste bei der Ausleuchtung aller Ecken der braunen deutschen Vergangenheit und deren Bewältigung erworben. *Spiegel*-Leser wussten stets mehr über Hitlers Denke, Görings Drogen, Goebbels' Affären, über die KZ-Gräuel und über die großdeutschen Atombombenpläne.

Seine alten jüdischen und israelischen Freunde wussten, dass der Antisemitismus-Verdacht gegen Rudolf Augstein absurd war. Der älteste und wichtigste war Uri Avnery, vormals Helmut Ostermann, der mit ihm die Kaiserin-Auguste-Viktoria-Schule in Hannover besucht hatte. Avnery war nach dem Umzug seiner Familie nach Israel zu einem geachteten Oppositionellen aufgestiegen. Er war sich mit Augstein darin einig, dass die israelische Regierung durch die Demütigungen, mit denen sie die Palästinenser drangsalierte, die eigene Legitimität untergrub.

Augstein ließ keinen Zweifel daran, dass sein Herz für die Palästinenser schlug. Diese Sympathie wurde ihm angekreidet. Vorwiegend von Israels Lobby in Deutschland.

In die aktuelle Nahost-Berichterstattung des *Spiegel* hat sich Rudolf Augstein nie eingemischt. Was ihn nicht daran hinderte, maßvoll auf seine Redaktion einzuwirken, wenn Israel durch rabiate politische und militärische Akte Anlass zu israelkritischen Reflexen gab. Zum Beispiel nach dem Massenmord an Palästinensern in den Flüchtlingslagern Sabra und Schatila in Beirut, für die der spätere Premier Ariel Scharon mitverantwortlich war.

Am 14. September 1982 hatten israelische Militärs das Stadtviertel abgeriegelt. In der Nacht vom 16. auf den 17. September wurden 150 libanesische Phalangisten mit dem Auftrag in die Lager geschickt, die palästinensischen Kämpfer zu entwaffnen, die sich darin verschanzt hatten.

Die Phalange beließ es nicht bei der Entwaffnung. Es folgte eines der brutalsten Massaker in der an Brutalität nicht armen neueren Geschichte des Nahen Ostens. Einen ganzen Tag lang zogen die phalangistischen Kataeb-Milizen mordend und vergewaltigend durch die Gassen. 460 Menschen starben, einige wurden lebendig begraben, anderen wurden Arme und Beine abgehackt.

Die Welt bebte vor Empörung. Im *Spiegel* bereiteten wir einen scharfen Titel gegen die israelische Besatzungspolitik im Libanon vor. Da erschien Rudolf Augstein im Auslandsressort im achten Stock. Er ließ sich über den Stand der Titelproduktion berichten. Dann sagte er sehr lapidar, aber mehr bittend als fordernd: »Schreibt mir mein Israel nicht kaputt!« Das stand nicht in Otto Köhlers Augstein-Biografie.

Den Joseph Mengele habe ich – um zum Kapitelanfang zurückzukommen – nicht gefunden. In den deutschen Dörfern an der brasilianischen Grenze, wo Simon Wiesenthals Kundschafter ihn angeblich gesehen hatten, kannte man ihn nur aus den Geschichtsbüchern und aus der Zeitung.

Tatsächlich war Mengele schon am 7. Februar 1979 in Brasilien an einem Schlaganfall gestorben. Er wurde unter falschem Namen in Embu, südlich von São Paulo, beerdigt. 1985 wurde sein Grab von deutschen, amerikanischen und israelischen Ermittlern entdeckt. Spätestens seit einem DNA-Test im Jahr 1992 gilt der Fall als aufgeklärt.

So viel ist sicher: Simon Wiesenthal wusste nicht, wo Mengele untergetaucht war. Wiesenthal habe »in allen großen Nazi-Fällen der Nachkriegsära – Bormann, Barbie, Mengele, Eichmann – versagt«, behauptete der Chef der Abteilung NS-Verfolgung im US-Justizministerium, Eli Rosenbaum. Und: Er sei »inkompetent, egomanisch, ein Verbreiter falscher Informationen, eine tragische Figur«. Statt der angegebenen 1200 Kriegsverbrecher habe er »vielleicht weniger als zehn« überführt.

Simon Wiesenthal hat auch die Entdeckung des SS-Obersturmbannführers Adolf Eichmann, der 1960 vom israelischen Geheimdienst Mossad aus Argentinien entführt und zwei Jahre später in Israel hingerichtet worden war, als seinen Erfolg gefeiert. Sehr zur Empörung des früheren Mossad-Chefs Isser Harel, der mit seinen Leuten Eichmann in Buenos Aires aufgespürt hatte. Er bezeichnete Wiesenthals Rolle bei der Ergreifung Eichmanns als Mythos. Wiesenthal habe mit der ganzen Operation überhaupt nichts zu tun gehabt. Trotzdem erschien ein Jahr vor der Hinrichtung des Endlösers ein Wiesenthal-Buch mit dem Titel *Ich jagte Eichmann.*

Allerdings, ohne Wiesenthal hätte es die Jagd auf Eichmann vermutlich nie gegeben. Er verhinderte immerhin, dass Eichmanns Ehefrau Vera ihren Mann für tot erklären lassen konnte. Das ist verbürgt, und das ist auch unbestreitbar Wiesenthals Verdienst.

Simon Wiesenthal selbst führte die israelische Kritik an seiner Arbeit darauf zurück, dass er sich stets geweigert hatte, den österreichischen Bundespräsidenten Kurt Waldheim, mit dem er befreundet war, als Kriegsverbrecher zu verurteilen. Die US-Juden hätten ihm das übelgenommen. Das war eine realistische Selbsteinschätzung. Aber es hatte nichts mit der israelischen Wiesenthal-Schelte zu tun.

Im Fall Waldheim hatte Wiesenthal Recht. Er lag mit seiner Wertung dichter bei der Realität als die Enthüller, die Waldheim für einen Kriegsverbrecher hielten.

Waldheim wurde später von einer Historikerkommission halbherzig rehabilitiert. Er hatte vertuscht, verfälscht und vieles verschwiegen. Die Historikerkommission fand sein Vergessen, wie es in ihrem Schlussbericht hieß, »so grundsätzlich, (...) dass sie keine klärenden Hinweise für ihre Arbeit von Waldheim erhalten konnte«. Nur, so viel war sicher: Ein Nazi-Verbrecher war er nicht.

Vergaloppiert hat sich mit seiner Geschichte über Waldheims angebliche Verstrickungen auch der Vorarlberger *Spiegel*-Redakteur Hans-Peter Martin. Er verfasste Anfang 1988 einen Artikel, in dem behauptet wurde: »Erstmals weist ein Dokument den österreichischen Bundespräsidenten Kurt Waldheim als Mittäter bei Kriegsverbrechen aus.«

Als Beweis, wie er es nannte, diente Martin ein fotokopiertes Blatt Papier mit einer nicht verifizierbaren Unterschrift, das ihm ein serbischer Informant verkauft hatte.

Nachdem die Waldheim-Bombe geplatzt war, schickte mich Dieter Wild nach Belgrad mit dem Auftrag, den Sachverhalt aufzuklären. Das war nicht so schwer, weil der Nachrichtenhändler sich gar nicht versteckte. Als ich ihn in der Redaktion der Zeitung *Politika* zur Rede stellte, trug er den teuren schweinsledernen Mantel, den er sich bei einem Herrenausstatter am Hamburger Rathausmarkt gekauft hatte. Er räumte auch gleich ein, dass er es bei der Bewertung des Beweisstücks vielleicht ein wenig an gebotener Besonnenheit habe fehlen lassen. Er könne durchaus die Zweifel an der Echtheit des Dokuments verstehen, sei aber bereit, gegen Zahlung eines namhaften Betrags den nunmehr endgültigen Beweis zu liefern. Das Gespräch endete im Eklat, weil ich meine Wut über so viel Chuzpe nicht unter dem Deckel halten konnte.

Dieter Wild, der in der Vorwoche im Auslandsressort nicht die Geschäfte geführt hatte, formell aber Mitverantwortung trug, war nicht erfreut über das Ergebnis meiner Recherche. Er hätte es aber wohl geschluckt, wenn ich es nicht in einem beinahe triumphalen Tonfall vorgetragen hätte. Wild war ein feinnerviger Intellektueller, der selten seine Stimme erhob. Doch meine Erklärung, es sei alles ein großer Flop, brachte ihn in Rage. Das wechselseitige Geschrei, das meinem Vortrag folgte, war fast ebenso laut und ungezügelt wie der Meinungsaustausch mit Martins Waldheim-Konfidenten in der *Politika*-Redaktion. Mein Glück, dass am Tag darauf auf Seite 3 der *Süddeutschen Zeitung* eine große Reportage erschien, in der Kollege Olaf Ihlau meine Darstellung voll bestätigte. Ohne Ihlaus Geschichte wäre ich vermutlich geflogen.

2004 machte Martin sich als unabhängiger Europaabgeordneter um die politische Hygiene des Straßburger Parlamentes verdient, indem er im dortigen Spesen- und Tagegeldsumpf herumstocherte. Danach reüssierte er in Österreich als Vorsitzender der »Liste Dr. Hans-Peter Martin«. Bei der Europawahl holte er 2004 mit seiner Partei sensationelle 14 Prozent.

Kurz vor den Nationalratswahlen gab Martin 2004 ein Interview, in dem er auf seine Waldheim-Affäre zu sprechen kam. Waldheim selbst, so sagte er, habe das Belgrader Papier zunächst für echt gehalten. Der Betrug sei dann vom Bundesnachrichtendienst (BND) aufgedeckt worden.

Nein, deutsche Behörden hatten nichts mit der Angelegenheit zu tun. Und dass sich Waldheim selbst für schuldig gehalten haben soll, war abenteuerlich. Selbst wenn er das geglaubt hätte, wäre Hans-Peter Martin der Letzte gewesen, dem er es erzählt hätte. Das Martin-Interview war ziemlich decouvrierend. In den Wahlen ging er mit 2,8 Prozent baden.

Für die alten *Spiegel*-Kollegen blieb Hans-Peter Martin »Herr Dr. Hose«, wegen seiner aufgepumpten Beinkleider aus schwarzgrauem Kattun. Immerhin ist er, soviel ich weiß, der einzige *Spiegel*-Redakteur, der sich in der Politik als Alphatier profilieren konnte.

Merkwürdig, dass es aus einem Pool mit so viel politischer Kompetenz sonst nie einer bis in die vordersten Ränge der Politik geschafft hat. Selbst Rudolf Augstein brachte es bei seinem Gastspiel in der FDP-Bundestagsfraktion nur zum Hinterbänkler.

Die Waldheim-Affäre hat dem *Spiegel* nicht nachhaltig geschadet, weil er gegenüber seinen Lesern ehrlich war und alles schonungslos offengelegt hat. Ich bin sicher, dass er bei einem Ranking der zuverlässigsten Medien Deutschlands, wenn es eins gäbe, immer noch auf Platz eins stünde.

Der Fall gab Anlass zu der Frage, ob der Millionenflop um die Hitler-Tagebücher, die den *stern* so schrecklich blamiert hatte, auch bei uns hätte passieren können. »Unmöglich«, sagten die Kollegen von der Dokumentation. Den *Spiegel* könne man nicht mit einer Illustrierten vergleichen.

Allerdings, beim *Spiegel* sind die Hürden höher als bei anderen Blättern. Von einer Geschichte laufen zehn, fünfzehn und nicht selten zwei Dutzend immer wieder überarbeitete Fahnen durch den Redaktions- und Dokumentationsbetrieb, bis sie die Weihe der Blattreife erhalten. Die Geschichte über die »Tagebücher« wäre nicht über die zweite Fahne hinausgekommen, wenn sie das Säurebad der Dokumentation durchlaufen hätte.

Die *stern*-Dokumentation konnte man aber nicht für die Katastrophe verantwortlich machen. Sie hätte die Tagebücher natürlich auch nicht passieren lassen. Schon weil die Fälschung so primitiv war. Nicht mal die Initialen auf den Deckeln waren korrekt. Der Fälscher Konrad Kujau hatte das »A« für »Adolf« mit einem »F« verwechselt.

Bei seinem Chefredakteur wurde Gerd Heidemann, der die Story um die Hitler-Tagebücher aufgerissen hatte, als Spürhund geführt. In Wahrheit war er in der Branche als Windhund bekannt.

Ich glaube, die Affäre um die Tagebücher wäre beim *Spiegel* letztlich doch an der kaufmännischen Wachsamkeit von Verlagsleiter Hans-Detlev Becker gescheitert. Unvorstellbar, dass er sich von dem Betrüger Gerd Heidemann so hätte einwickeln lassen, wie Gruner + Jahr-Chef Gerd Schulte-Hillen sich hatte einwickeln lassen. Heidemann durfte sich kofferweise Bargeld abholen. Ohne Quittung. Der Schaden wurde hinterher auf 9,3 Millionen Mark beziffert. Nein, das wäre Hans-Detlev Becker nicht passiert. Und deshalb wäre auch die Affäre beim *Spiegel* nicht passiert.

H.-D. Becker, soviel ist zu seiner Person nachzutragen, war ein harter Hund, der mit Geld umgehen konnte. Er hatte sich vom Journalisten zum Verlagsboss hochgearbeitet. Rudolf Augstein war sein einziger Freund. Die Meute hielt er auf Distanz. Wie der Hand-shake-Erlass zeigte, der in die *Spiegel*-Geschichte einging. Darin wurde den männlichen Mitarbeitern des *Spiegel*-Verlags untersagt, Kollegen und Führungskräften am Pinkelbecken in der Herrentoilette die Hand zu schütteln.

Becker hatte großen Einfluss auf Blatt und Mannschaft. Er ließ Redakteure ihren »Piss«, wie er ihre Beiträge bisweilen zu nennen pflegte, bis zu sechsmal umschreiben und wies Rudolf Augstein an, in der Redaktion keine kurzen Hosen mehr zu tragen.

Ohne H.-D. Becker wäre der *Spiegel* nicht geworden, was er war. Augstein bezeichnete ihn als »lebenslangen Freund«. Sie waren sich beide charakterlich sehr ähnlich. Im Guten wie im Schlechten. Das hat ihnen eine Sekretärin nach ihrer Kündigung ausdrücklich bestätigt. Nachdem sie ihren Schreibtisch aufgeräumt hatte, ging sie noch mal in die Chefredaktion, trat auf Augstein und Becker zu, die gerade Themenkonferenz hielten, und rief ihnen fröhlich ins Gesicht: »Ihr beide seid die größten Arschlöcher, die ich je gesehen habe.«

Auch der *Spiegel* ist nicht immun gegen Türken. Wie der Fall Tom Kummer beweist, der im Jahr 2000 die deutsche Medienwelt erschütterte. Der Journalist Tom Kummer hatte jahrelang erfundene Interviews und Geschichten vorwiegend aus der Glamour-

Welt in gut beleumundeten Blättern platziert. Er arbeitete hauptsächlich für das Magazin der *Süddeutschen Zeitung*, außerdem für die *Zeit*, den *stern*, die *Neue Zürcher Zeitung*, für *Tempo* – ja, und auch für den *Spiegel*. Was im *Spiegel*-Haus als besonders unpässlich empfunden wurde: Ausgerechnet *Focus* enttarnte Tom Kummer als Borderline-Journalisten.

Es stimmt aber auch nicht, dass das schreibende Gewerbe vom galoppierenden Sittenverfall bedroht ist. Auch früher wurde in den Zeitungen gelogen. Schon Egon Erwin Kischs allererstes Werk, eine Reportage über den Brand der Schittkauer Mühle bei Prag, war nach Strich und Faden manipuliert.

Einer der Kollegen entschuldigte sich bei seinem Chefredakteur dafür, dass er den Brand nicht so dramatisch erlebt hatte wie Kisch. Worauf er zur Antwort erhielt: »Komisch, dass sich die anderen immer nur die interessanten Lügen ausdenken und Sie nur die langweilige Wahrheit kennen.« Was wohl heißen sollte: »Lassen Sie doch das blöde Recherchieren, wenn dabei nichts Besseres herauskommt.«

»Wenn Journalisten über den Fall Kummer schreiben, schreiben sie ohnehin über sich selbst«, schrieb Claudius Seidl in der *FAZ* im März 2007. Ja, ist es so, dass Kummer von der Branche erst gezeugt wurde, die er betrog? Sind die Medien so event- und storygeil, dass sie sich auf jeden erfundenen Mist stürzen, wenn er nur gut geschrieben ist?

Ja, nicht nur die Medien. »Die Fälschung unterscheidet sich vom Original dadurch, dass sie echter aussieht«, schrieb Martin Walser über den Fall Kummer im *Merkur*. Später veröffentlichte Tom Kummer ein Buch mit dem Titel *Blow up*, in dem er den Fake zur Kunstform erhob. Die Branche hat ihm dafür viel Beifall gespendet.

Ich habe in knapp drei Jahrzehnten unbeabsichtigt drei dicke Bolzen produziert, die Gegendarstellungen nach sich zogen. Also eine pro Jahrzehnt Betriebszugehörigkeit. Damit lag ich sicher nicht weit vom statistischen Mittel. Die meisten, die in weniger streitbereiten Ressorts arbeiteten, hatten weniger, einige hatten mehr Gegendarstellungen als ich.

Das gute Rating verdankten wir nicht in erster Linie unserer eigenen Sorgfalt, sondern dem strengen Regime der Dokumentation, die darauf achtete, dass die Faktentreue nicht von der Fabulierfreude erschlagen wurde. Daran hat sich bis heute nichts geändert.

Einmal fühlte sich die iranische Bank Melli – ich weiß nicht mehr, weswegen – von mir verleumdet, ein andermal die polnische Botschaft, weil ich in einem Bericht über die Unterdrückung der deutschen Minderheit in Niederschlesien einen falschen Brotpreis genannt hatte.

Nach meinem Bericht über die Beisetzung von Schah Reza Pahlewi, der ich in Kairo beigewohnt hatte, bekamen wir einen geharnischten Brief, in dem sich die Pressesekretärin von Kaiserin Farah Diba darüber beschwerte, dass ich geschrieben hatte, der Leichnam des Schahs sei in eine balsamierende Flüssigkeit getunkt worden. Tote Würdenträger tunke man nicht. Sie bestand aber nicht auf einer Gegendarstellung.

Eine Entwürdigung des toten Schahs war nicht beabsichtigt gewesen. Ich hatte sogar Respekt vor ihm. Er war ein totalitärer Popanz gewesen. Aber er stürzte, kurz nachdem er sich entschlossen hatte, den Fortschritt ins Land zu lassen.

Die letzte dicke Panne unterlief mir beim *Spiegel* kurz vor meiner Pensionierung in einem Bericht über den Hamburger Reeder Peter Krämer, der sich in allen Blättern als Wohltäter der Afrikaner anpries. Ich hatte die Zahl seiner Öltanker und die seiner Flüssiggastanker durcheinandergeworfen. Das hätte sich mit einem Leserbrief regeln lassen. Er bestand aber auf einer Gegendarstellung.

Normalerweise bedeuten Gegendarstellungen nicht, dass an dem beanstandeten Beitrag etwas nicht stimmt. Sie zeigen nur, dass ein Betroffener es anders sieht als der Berichterstatter. Weil der Gesetzgeber dem Betroffenen Waffengleichheit zugesteht, müssen Gegendarstellungen schnell und unbürokratisch gedruckt werden. Und zwar an derselben Stelle, an der der beanstandete Artikel gestanden hat. Ob sie wirklich wahr sind, spielt dabei keine Rolle. Trotzdem gelten sie als Schandflecken im Blatt. Wer eine Gegendarstellung verursacht, kriegt einen roten Reiter auf seine Akte.

Als noch schmerzlicher wird von Zeitungsmachern nur der Widerruf empfunden. Das ist der worst case. Nicht ganz so schlimm ist eine Rüge vom Deutschen Presserat. Dieser versteht sich als Standesorganisation der deutschen Journalisten und als Zentralorgan der freiwilligen Selbstkontrolle. Er entscheidet in strittigen Fällen, was moralisch und was unmoralisch ist. Dass ich in einem *Spiegel*-Bericht über Kriminalität in der Kongo-Hauptstadt Kinshasa Plünderungen und Vergewaltigungen in den Häusern deutscher Kaufleute und Ingenieure nicht falsch, aber zu naturalistisch und zu präzise beschrieben hatte, wurde vom Presserat als unmoralisch bewertet. Er sah darin einen Verstoß gegen das Gebot zur »Vermeidung von unangemessen sensationeller Darstellung von Gewalt und Brutalität«. Dafür erhielt ich eine formelle Rüge.

Kurz vor Toresschluss habe ich dem *Spiegel* noch einmal Schande gemacht. Für eine Geschichte über die Kumpanei deutscher Antiquitätendealer mit osteuropäischen Kirchen- und Grabräubern. Sie war bis aufs letzte Komma sauber recherchiert und deshalb absolut authentisch. Trotzdem hatten wir, juristisch gesehen, schlechte Karten. Denn deutsche Gerichte finden Persönlichkeitsrechte zunehmend schützenswerter als die Pressefreiheit. Und zwar unabhängig von der Reputation der Betroffenen.

Namen von Orten und handelnden Personen dürfen hier aus rechtlichen Gründen nicht genannt werden. Nur so viel: Meine

Kollegin Renate Heidner vom Mitteldeutschen Rundfunk und ich hatten einen großangelegten Kunstdiebstahl rekonstruiert. Ich hatte einige der Beutestücke in Deutschland lokalisiert und fotografiert, außerdem die Tatorte, wo sie abhanden gekommen waren.

Die *Spiegel*-Rechtsabteilung hatte gegen meinen Protest den Namen des Mannes, den ich für den Täter hielt, aus meinem Text herausgestrichen. »Absurde Tintenpisserei«, rief ich. Aber ich wurde eines Übleren belehrt.

Drei Tage nachdem die Geschichte erschienen war, hatten wir eine Unterlassungsklage auf dem Tisch. Der Händler war in meinem Bericht zwar anonym geblieben. Aber es stand noch etwas im Text, das Rückschlüsse auf die Region zuließ, in der er seinen Laden hatte. Nicht auf die Stadt, nur auf die Region, das reichte.

Schuld war der Nachtredakteur, obwohl er es natürlich gut gemeint hatte. Er hatte den Text am späten Freitagabend arglos präzisiert, ohne mir oder der Rechtsabteilung Bescheid zu sagen. Er war davon ausgegangen, dass der *Spiegel* Ehre damit einlegt, wenn er das, was er weiß, auch druckt. Das war verkehrt.

Den spektakulärsten Flop habe ich mir mit meiner Liverpool-Affäre geleistet, obwohl die Folgen sich auf das Innenverhältnis zwischen meinem Ressortchef und mir beschränkten. Weil ich keinen Zugriff auf meine Personalakte hatte, weiß ich nicht, ob was über den Vorfall drinsteht. Ein Eintrag wäre sicher begründbar gewesen.

Anlass war die Fußballkatastrophe im Brüsseler Heysel-Stadion am 29. Mai 1985. Beim Europacup-Spiel zwischen Juventus Turin und dem FC Liverpool war eine Tribünenmauer zusammengebrochen, nachdem Liverpool-Fans den Juventus-Block gestürmt hatten. Dabei waren 39 Fans getötet worden. 31 von ihnen waren Italiener. Unbegreiflich auch die Entscheidung des Schweizer Schiedsrichters, das Spiel überhaupt noch anzupfeifen, nachdem die Toten abtransportiert worden waren.

Das Unglück hatte zwei Hauptursachen: den Alkohol, von dem die Briten schon vor dem Spiel reichlich genossen hatten, und die katastrophalen Sicherheitsmängel im Stadion. Ein Titelthema, entschied die Chefredaktion. So was könne auch in Deutschland passieren. Abends saß ich im letzten Flieger nach London. Von da fuhr ich sofort weiter nach Liverpool, um die Heimkehr der Schlachtenbummler zu beschreiben.

Es wurde eine schaurige Reportage. Ich kam gerade rechtzeitig, um die karnevaleske Tragödie mitzuerleben, die sich vor und in dem FC-Vereinslokal abspielte. Die Fans fielen besoffen aus ihren Bussen, stürmten die Theke und begannen, den Triumph ihrer Mannschaft über die Italiener zu feiern. Unglaublich, aber wahr: Der Tod von 39 Menschen wurde hier als Sieg empfunden. Dass Juventus 1:0 gewonnen hatte, spielte dabei keine Rolle.

Der Anblick der grölenden Hooligans mit den rotgesoffenen Gesichtern, die mit Dark Ale auf die Toten von Brüssel anstießen, gehört zu den widerlichsten Eindrücken, die ich je von eine Dienstreise mit nach Hause genommen habe. Ich mochte Fußball sowieso nicht. Aber noch nie habe ich ihn so verabscheut wie an jenem 30. Mai 1985 in Liverpool.

Es sei verwunderlich und befremdlich, las man in einigen Zeitungen, dass Bürger einer geachteten Kulturnation zu solchen Barbareien fähig seien. Befremdlich ja, aber verwunderlich? Man darf nicht vergessen, dass das Verhalten der Liverpooler Rabauken dem Verhalten der britischen Soldaten entsprach, die am Blood River gegen die Zulus und am Khyber-Pass gegen die Paschtunen gekämpft hatten. Das britische Empire wäre nie geworden, was es war, ohne seine Hooligan-Regimenter, die Spaß am Raufen hatten und die es gewohnt waren, ihre eigene Größe an der Zahl ihrer Opfer zu messen.

Meine Reportage wurde zu der Titelgeschichte gestellt, die das Brüsseler und das Londoner Büro sowie die Auslandsredaktion gemeinsam geschrieben hatten. Wir waren uns alle einig: Heysel war die Degeneration des Sports zur Barbarei. Nur in der Ursachenanalyse waren wir uns nicht einig.

Im Titeltext war sinngemäß zu lesen, das Desaster sei auch Ausfluss der unsozialen Reformen, mit denen die Regierung von Margaret Thatcher die britische Unterschicht noch tiefer ins Elend treibe. Das entsprach weitgehend der Wahrnehmung der deutschen Betroffenheitsgesellschaft, für die Maggie Thatcher wegen ihrer harten sozialen Schnitte die Leibhaftige war. Die ungeliebte Premierministerin wurde für alle britischen Miserabilien haftbar gemacht. Von vielen nun auch noch für das Heysel-Desaster.

In meinem Text stand das Gegenteil: Die Regierung in London könne man für die blutige fußballerische Unkultur nicht verantwortlich machen. Denn die Rabauken, die mit ihrem Sturm auf den Juventus-Block im Stadion die Katastrophe ausgelöst hätten, seien keine Absteiger und sozial Deklassierten, sondern vorwiegend gut verdienende junge Leute, die sich immerhin die Reise von Liverpool nach Brüssel, die Übernachtung und ihre rituellen Besäufnisse leisten könnten.

Widersprüche kommen gelegentlich vor in einer politisch nicht homogenen Zeitungsredaktion. Dafür gibt es Senior Editors. Sie haben die Aufgabe, Widersprüche aus der Berichterstattung herauszuoperieren. Dieter Wild war ein Profi in diesem Geschäft.

Als ich die redigierte Fassung meiner Geschichte auf den Tisch bekam, war Wild schon aus dem Haus. Ich las und war empört. Er hatte meine Anmerkungen zum sozialen Cluster der Liverpool-Fans ins Gegenteil verbogen. Das war Vergewaltigung. Das würde ich mir nicht gefallen lassen. Weil ich den Titeltext nicht gelesen hatte und deshalb nicht wusste, was ich damit anrichtete, strich ich Wilds Korrekturen aus dem Text raus und schrieb meine alte Fassung wieder rein. Im Titel blieb die alte Schuldthese drin.

In der Verrisskonferenz am Montag waren alle Teufel los. Der Heftkritiker hielt hämisch das Blatt hoch und rief: »Was ist denn das hier für'n dumm Tüch? Ist Frau Thatcher nun schuld an den Toten von Brüssel, oder ist sie es nicht?« Titel hü, Wiedemann hott. Mit den zwei widersprüchlichen Textstellen, die sich auf die Thatcher-Politik bezogen, blamiere sich der *Spiegel* vor seiner Leserschaft.

Die Chefredakteure feixten, weil Dieter Wild, von dem sie selbst oft genug geprügelt worden waren, nun auch mal was hinter die Ohren kriegte. »Ja, Herr Doktor«, grinste Erich Böhme, während er die Brille um seine rechte Hand wirbelte, »peinlich, peinlich, sagen Sie mal was dazu!«

Das fiel Wild nicht schwer. Mit einer aggressiven Suada, in der sinngemäß ausgeführt wurde, dass man bösartig sein müsse, um hier einen Widerspruch zu entdecken. Als er geendet hatte, war Schweigen. Und Böhme fragte: »Noch was?« Nein, der Heftkritiker ging zum nächsten Punkt über.

Nach der Konferenz schnarrte in meinem Büro die Tröte. So hieß intern die Gegensprechanlage, die damals die Redakteursbüros miteinander verband. Wild war dran: »Können Sie mal kommen?«

Ich begab mich ins Chefbüro. Und dann brach die Abreibung meines Lebens über mich herein. Sie war heftiger als die von meinem alten Stabsfeldwebel von der Ausbildungskompanie 3/1 bei der Beobachtenden Artillerie in Wuppertal, nachdem mir auf dem Manövergelände ein Maschinengewehr abhanden gekommen war. Wild warf mich nicht raus. Aber er ging seitdem, wenn ich eine heikle Geschichte im Blatt hatte, am Freitagabend nicht mehr aus dem Haus, bevor er die Ressortseite, also die Endfassung, gesehen hatte.

Wild war grundsätzlich ein liberaler Ressortleiter. Aber seine Toleranz hatte Grenzen. Ein Schlussredakteur hat das seinerzeit bitter erfahren müssen. Schlussredakteure heißen so, weil sie ganz zum Schluss noch mal nachsehen, ob alles richtig ist im Blatt. Für besagten Kollegen waren die Beiträge von Dieter Wild nie richtig. Er war ein Kommunist der stählernen Sorte. Amis raus aus Vietnam, Banken verstaatlichen, Arbeiterräte in die Betriebe. Klar, dass es für ihn am Meinungsspektrum eines Neokons wie Wild viel zu retuschieren gab. Das tat er auch einmal. Freitagnachts um vier, als die schreibenden Kollegen alle aus dem Haus waren, griff er im Zorn zum Redigierstift und brachte einen Wild-Kommentar, den er für untragbar reaktionär hielt, ideologisch auf Vordermann. Unerklärlich, wie er glauben konnte, dass ihn sein Eingriff nicht den Kopf kosten würde.

Am Montag war Inquisition. Anhand der Korrekturfahnen ließ sich der Urheber des Eingriffs leicht ermitteln. Am Dienstagmorgen, als der Sünder ins Büro kam, hatte er die fristlose Kündigung im Fach. Der Betriebsrat konnte ihn nicht retten. Redigieren muss sein. Aber natürlich immer schön hierarchisch korrekt.

Der Kollege kam zunächst bei einem Sexblatt unter. Kurz darauf erfüllte sich sein Lebenstraum. Er wurde Redakteur beim linksextremen *Arbeiterkampf*. Wir haben im *Alten Schiffertreff* am Hopfensack tüchtig auf seine Beförderung getrunken. Er hat seinen Traum aber nicht lange ausleben können. Zwei Jahre später starb er. Eine Sekretärin sagte mir, Dieter Wild habe einen Blumenstrauß zur Beerdigung geschickt.

Wild war einer von fünf 1-A-Ressortleitern, die in den achtziger und neunziger Jahren den Duktus beim *Spiegel* bestimmten. Die anderen vier waren: Hellmuth Karasek (Kultur II), Jürgen Petermann (Kultur I), Manfred Hentschel (Deutschland II) und Dirk Koch, der in zweierlei Hinsicht schwergewichtige Leiter der Bonner Redaktion. Vor dieser Fünferbande hatte sogar die Chefredaktion Angst. Wenn sie zusammenhielten, konnten sie Berge versetzen – oder den *Spiegel* auf den Kurs ihrer Wahl bringen.

Sie hielten aber nie zusammen. Das war Böhmes und Engels Glück. Meistens waren sie tief zerstritten. Dies allerdings auf hohem Niveau. Manchmal ging ich nur deshalb montags in die Konferenz, weil ein brisantes Thema im Blatt erwarten ließ, dass Wild und Petermann oder Karasek und Henschel oder Petermann und Karasek oder Wild und Henschel oder – was am erbaulichsten war – Wild und Karasek sich darüber in die Haare geraten würden. So kultiviert (wenn auch nicht diszipliniert) wurde nirgendwo in Deutschland gestritten. Die Montagskonferenz war sowieso das allwöchentliche Hochamt.

Dieter Wild war der Zäheste im Quintett. Mein Gott, hatte der Mann Biss. In dem Machtkampf, der 1994 der Installation von Chefredakteur Stefan Aust vorausging, setzte er sich an die Spitze der Rebellen. Ich war dabei, als er Verlagsleiter Karl Dietrich Seikel in der Chefkonferenz aus dem Saal wies, weil dieser sich gegen die Junta gestellt hatte. Seikel war ein besonnener Mann. Er sagte nur: »Herr Dr. Wild, Sie begehen einen schweren Fehler.« Dann erhob er sich und verließ würdevoll den Raum. Minutenlang war es still im Raum.

Karl Dietrich Seikel war nicht irgendein Verlagsleiter. Er war eine Respektsperson von enormer Statur und jahrelang auch Vorsitzender des Deutschen Verlegerverbandes. Noch wichtiger: Er war die rechte Hand des Herausgebers.

Der Eklat im elften Stock stand im Zusammenhang mit der Berufung von Stefan Aust in die Chefredaktion. Rudolf Augstein setzte Aust damals gegen den Widerstand des allergrößten Teils der Redaktion durch. Die meiste Kollegen fürchteten, der Mann von *Spiegel* TV würde gedrucktes Fernsehen einführen. Ich war dagegen überzeugt, dass ein Schuss Boulevard-Essenz dem Blatt guttun würde. Weil ich zwei-, dreimal kleine Stücke für *Spiegel* TV gemacht hatte, kannte ich Aust besser als die meisten anderen. Der

Mann war zweifellos eine riesige Begabung. Es war aber keine Frage, dass die Meute erst mal versuchen würde, ihn wegzubeißen.

Nach dem Kollaps der Revolte schien sich Seikels Menetekel zu erfüllen. Als Aust das Kommando übernahm, wurde Wild zum Redakteur für die Hausmitteilungen degradiert. Aber ein paar Monate später rückte er zum stellvertretenden Chefredakteur auf. Einfach weil Aust Wilds Kompetenz höher bewertete als seine Renitenz. Die eigene Beförderung hätte Wild als Beleg dafür gelten müssen, dass Aust ein Profi war. Ich weiß aber nicht, ob er es so gesehen hat.

Nach seiner Pensionierung meldete Wild sich vom Altenteil noch ein paarmal im *Hamburger Abendblatt* zu Wort, mit Artikeln über die Unzumutbarkeiten des Hamburger Rentneralltags und die Schwierigkeiten, sich als Reiter oder Radfahrer in den Elbvororten zu bewegen. Dann habe ich ihn aus den Augen verloren.

Obwohl wir beide keine privaten Berührungspunkte hatten, weil ich seinen geistigen Standort und er den meinen so schätzte wie der Wolf das Geigenspiel, habe ich Dieter Wilds Professionalität hoch geachtet. Er brachte es nur deshalb nicht zum Chefredakteur, weil ihm seine Kämpfernatur im Weg stand. Die leitenden Herren, die ihm im Amt folgten, hatten nicht Wilds Klasse. Ich selbst hatte sie auch nicht.

Dieter Wild hatte seine besten Jahre im Zusammenwirken mit den Chefredakteuren Erich Böhme und Johannes K. Engel in den Jahren 1973 bis 1986. Sie waren auch mein ganz persönliches Traumduo. Böhme, ein gescheiter und hedonistischer Pykniker, der immer einen unaufgeräumten Schreibtisch, aber einen sehr aufgeräumten Verstand hatte, und Johannes K. Engel, ein hingebungsvoller Pedant in dunkelblauem Anzug, dessen Leidenschaften die Pflege seiner Oberlehrerallüren und die Segelei waren. Engel und Böhme waren wie ein altes Ehepaar und ein lebendes Kontrastprogramm.

Die zwei unterschiedlichen Chefs führten alternierend die Redaktionsgeschäfte, zwei Wochen der eine, zwei Wochen der andere. Wenn man am Montag das Heft aufschlug, sah man gleich, wer in der Vorwoche dran gewesen war. Engel war ein meisterhafter Themenmischer. Wenn er Dienst gehabt hatte, waren auch mehr Bilder im Blatt, die Zeitung wirkte frischer. Es stimmte aber nicht, dass man bessere Chancen hatte, eine Geschichte ins Blatt zu bekommen, wenn man einen Absatz übers Segeln hineinschrieb.

Böhme war ein leidenschaftlicher Innenpolitiker. Er bevorzugte Titelgeschichten über die Bonner Szene, möglichst mit negativem Trend. Obwohl er ein schalkhafter und nicht besonders kontemplativer Kerl war, wirkte das Blatt, das in seinen Wochen gemacht wurde, ernsthafter.

Johannes K. Engel hielt sich aus politischen Auseinandersetzungen weitgehend heraus. Er schrieb nie Kommentare oder Leitartikel und vermied den Fehler, mit Rudolf Augstein intellektuell konkurrieren zu wollen. Er war ein Mann ohne politische Leidenschaften.

In Wallung habe ich Engel nur erlebt, wenn er erzählte, wie hinterhältig die Amerikaner den Zweiten Weltkrieg gewonnen hätten: Soldat Engel habe gegen Kriegsende im Eingang eines Bunkers gesessen und Kartoffeln für die Kompanie geschält, als sich ein Trupp von GIs von hinten an ihn herangepirscht und ihn gefangengenommen habe. Drei Mann gegen einen, und er sei auch noch unbewaffnet gewesen. Kurz danach sei dann auch Schluss gewesen. Engel betonte aber stets, dass der Krieg wohl auch dann verloren gewesen wäre, wenn die Yankees ihn nicht so perfide überrumpelt hätten.

Der Herausgeber schätzte Engel als Berater, weil dieser sich ausschließlich von journalistischen und kaufmännischen und niemals von politischen Kriterien leiten ließ. Engel war nicht so blitzkreativ wie Erich Böhme, aber er war der bessere Zeitungsmacher. Bei ihm ging nichts schief. Gar nichts. Er hatte den Apparat immer im Griff.

Deshalb blieb er auch 24 Jahre lang Chefredakteur. Kein anderer hat es auf eine auch nur annähernd so lange Dienstzeit gebracht.

Engels Professionalität wirkte sich vor allem in Grenzsituationen sehr zum Segen des Blattes aus. Wie am Freitag, dem 28. März 1979, nach dem Unglück im Kernkraftwerk von Three Mile Island im US-Staat Pennsylvania. Ein Tag, den ich nie vergessen werde, weil er leicht das Ende meiner Laufbahn hätte sein können.

Das Unglück hatte sich aufgebaut, wie es von den Skeptikern immer beschworen worden war: Nachdem eine Kühlwasserpumpe ihren Betrieb eingestellt hatte, war es zu einer Teilkernschmelze gekommen. Die AKW-Feuerwehr kämpfte sechzehn Stunden, bis sie die Anlage wieder unter Kontrolle hatte. Amerika war dicht am GAU vorbeigeschrammt, es war die größte Katastrophe, die die Nuklearindustrie bis dahin getroffen hatte.

Ich hatte Spätdienst. Das war ein unangenehmer Job. Man kam kurz nach Mittag und ging selten vor zwei, drei Uhr früh aus dem Haus. Der Spätdienstredakteur musste alle halbe Stunde die deutschen Tickermeldungen von DPA und die englischen von AP abreißen und lesen und, wenn es der Anlass erforderte, das redaktionell abgeschlossene Blatt aufreißen und aktualisieren – nach telefonischer Absprache mit der zuständigen Instanz, versteht sich, in kleineren und mittleren Angelegenheiten mit dem Ressortleiter, bei großen Sachen mit der Chefredaktion.

Three Mile Island war eine ganz große Sache. Ich hätte sie verschlafen, und der *Spiegel* wäre am Montag ohne eine Zeile über das Unglück erschienen, wenn Johannes K. Engel, der am fraglichen Freitag die Geschäfte führte, nicht aufgepasst hätte.

Engel pflegte an seinen Freitagabenden gegen neun Uhr, wenn er die bis dahin eingegangenen Druckfahnen gelesen hatte, seinen Dienst zu unterbrechen, der Entspannung halber die Mönckebergstraße hinauf bis zum Hauptbahnhof zu schlendern, dort ein Paar

Würstchen zu verzehren, die druckfrische *Hamburger Morgenpost* vom Samstag zu kaufen und sich dann an seinen Schreibtisch im elften Stockwerk des *Spiegel*-Hauses zurückzubegeben. Ich kann in eigener Sache nur sagen: Gut, dass Engel an diesem Abend am Bahnhof die *Mopo* kaufte.

Die zwei Telexmaschinen im Auslandsressort spuckten News normalerweise mit einer so hektischen Beharrlichkeit aus, dass man wirklich nicht alles lesen konnte. Alle fünf Minuten ein halber Meter Papier, das machte zwölf Meter in der Stunde. An diesem Abend herrschten keine normalen Bedingungen. Am Nachmittag waren drei Artikel gegen drei neue ausgetauscht worden. Zwei waren wegen aktueller Ereignisse überholt, die dritte flog raus, weil die Rechtsabteilung Bedenken hatte. Und von den neu ins Blatt gehobenen Geschichten war die eine viel zu lang, die andere viel zu kurz und die dritte undruckbar, weil sie nur aus Quark und Qualm bestand.

Abends gegen neun brannte mir das Hemd. Ich rannte zum Telexraum, riss von beiden Tickern jeweils sechs bis sieben Meter Meldungen ab und stopfte sie ungelesen in den großen Papierkorb im Sekretariat. Darunter war auch die Eil-Eil-Meldung über Three Mile Island. Kurz nach zehn rief Engel an: »Herr Kollege, wie weit sind Sie mit der Atomgeschichte? Da braut sich was Großes zusammen. Die *Mopo* macht auf Seite eins damit auf.«

Atomgeschichte? »Ja, da sind wir dran«, log ich, ohne zu wissen, was er meinte.

Engel merkte sofort, dass ich keine Ahnung hatte, wovon er sprach. Zwei Minuten später stand er im Zimmer. Er hielt sich nicht mit Ermahnungen auf, sondern begann gleich mit Zeitungmachen.

Als Erstes wurden drei Redakteure von der Wissenschaftsredaktion alarmiert. Fünf Dokumentaristen stürzten sich auf die einschlägigen Archivordner. Amerika-Korrespondent Helmut Sorge bei Politikern telefonisch Klinken putzen. Die Bonner Redaktion rief mitten in der Nacht ihre Ansprechpartner bei den Fraktionen und bei der Regierung an, um die Beziehung des Vorgangs zur deutschen Politik herzustellen.

Der *Spiegel* war atomkraftfeindlich. Klar, wohin der Duktus der Geschichte lief: Da seht ihr es wieder, Atomkraft ist nicht beherrschbar. Haut weg den Scheiß.

Weil es für eine Augenzeugen-Reportage zu spät war und weil es damals noch kein Internet gab, in dem man eine solche einfach anklicken konnte, musste ich die größeren Zeitungen in Pennsylvania anrufen und versuchen, Kollegen zu finden, die vor Ort gewesen waren. Eine Telefonistin suchte die Telefonnummern heraus, stellte die Verbindungen her, wartete, bis der gesuchte Mitarbeiter am Apparat war, und reichte ihn mir weiter. Es war mühsam, aber nach anderthalb Stunden war mein Block voll.

Wir schrieben zu viert, dass es qualmte. Die Kollegen von der Wissenschaft den fachlichen Teil, ich die bunten Versatzstücke. Engel rührte alles zusammen.

Morgens gegen fünf Uhr war eine runde und gut fundierte Titelgeschichte fertig. Der auswärtige Heftkritiker, der in der Montagskonferenz das Blatt zu rezensieren hatte, war voll des Lobes. Der Branchenprimus habe wieder die beste Arbeit geschrieben. Da sähe man mal, wie wachsam und sorgfältig der *Spiegel* das Weltgeschehen beobachte. Hatte der eine Ahnung.

Johannes K. Engel verzichtete darauf, mir eine Rüge zu erteilen. Er rief mich nur an und sagte: »Glück gehabt.« Und dann fast väterlich: »Glück hat auf die Dauer nur der Tüchtige.« Ich hätte gute Arbeit geleistet. Damit betrachtete er meinen Sündenfall als erledigt. Drei Tage lang war ich high von dem Joint. Ich hätte ihm gern das Kompliment zurückgegeben und ihm gesagt: »Sie sind aber auch ein wachsamer Chefredakteur.« Nur, das stand mir dienstgradmäßig natürlich nicht zu.

Wachsame Chefredakteure sind nicht die Regel in Deutschland. Der *Spiegel* hatte aber überdurchschnittlich viele davon. Ich habe unter sieben von ihnen gedient. Keiner glich dem anderen. Eine einheitliche Typologie ist in der Serie nicht erkennbar. Nur so viel: Ein richtiger Versager war nicht dabei. Ich kann das beurteilen, weil ich auch anderen Zeitungen gedient und Luschen in hohen Positionen kennengelernt habe.

Ich zähle die Kandidaten mal auf: Günter Gaus war ein Grenzfall, ein nachdenklicher, linker Moralist und abgehobener Fühler ohne Kontakt zum Leser. Er hat keine tiefen Spuren beim *Spiegel* hinterlassen. Bei einem Macher, der macht, weiß man, dass er sein Geld wert ist, bei einem Grübler, der grübelt, weiß man es nicht so genau. Ich glaube, die Auflage war Gaus nicht so wichtig. Er verstand den *Spiegel* als volkspädagogische Anstalt zur Durchsetzung von Gleichheit und Glück. Sein schlimmster Fehler: Er wollte Augstein gleich werden.

Engel und Böhme: Hatten wir schon. Wolfgang Kaden war ein Übergangschef. Er ging bald zum *Manager-Magazin*. Da war er als Redaktionsleiter auch besser aufgehoben als beim *Spiegel*. Er war gebildet und sympathisch, aber unsicher. Wenn ich eine Geschichte geschrieben hatte, die ihm gefiel, bekam ich die Fahne mit einem Vermerk in roter Tinte zurück: »Gute Geschichte, finde ich.« »Gute Geschichte« war ihm zu apodiktisch. Er ließ sich immer eine Hintertür offen.

Hans-Werner Kilz hatte ein mittelmäßiges Standing und ein übermäßiges Selbstbewusstsein. Einmal hat er zu mir gesagt, ich solle es mir von meinem Vorgesetzten erklären lassen, als ich ihn fragte, warum er eine Geschichte, die ich geschrieben hatte, nicht drucken wollte. »Vorgesetzter«, das war für den Hausbrauch eine wilhelminische Mördervokabel. Ich habe geschäumt.

Liberal war Kilz nur im Umgang mit den alten Kameraden der

Frankfurter Rundschau und der *Süddeutschen Zeitung*, mit denen er wochenends bisweilen zum FC St. Pauli ging. Fußball war beim *Spiegel* ein Schlüssel zu Einfluss und Erfolg. Die Fußballfuzzis saßen – nicht nur bei Kilz – immer in der ersten Reihe. Ich war nicht dabei, weil ich meine Abscheu gegen diesen klamaukigen Zeitvertreib nicht überwinden konnte.

Das Positivste, das mir zu Hans-Werner Kilz einfällt: Er hatte eine schöne Frau. Auch deshalb war er ein Pfau. Nachdem ihn Augstein gerupft hatte, ging er zur *Süddeutschen Zeitung.* Da war er besser als beim *Spiegel.* Das zeigt, dass er eher ein Daily-News-Mann als ein Magazin-Macher ist.

Werner Funk war ein geschundener Siegfried. Ein hochintelligenter, zynischer Vollprofi mit Porsche und Alster-Penthouse, aber mit wenig menschlichen Beziehungen zur Belegschaft und zu dem Publikum, das sein Produkt kaufen sollte.

Es kam vor, dass Funk mich mittags um halb zwei anrief und sagte: »Haben Sie Lust, mich mal zu besuchen?« Ich hatte nie Lust dazu, aber ich konnte mich dem Ruf nicht verschließen. Er appellierte an die Solidarität der Outcasts. Er war Außenseiter, und ich war es auf andere Weise auch, weil ich ständig überkreuz war mit dem Volksempfinden im Haus.

Funk räkelte sich dann burschikos in seinem Designer-Chefsessel, pellte seine Lunchbanane, tauchte sie ins Joghurt-Fässchen und wollte von mir wissen, was da unten über Leute wie ihn und mich so geredet wurde. Ich bin seinen Anbiederungsangriffen nicht erlegen. Denn ich hätte befürchten müssen, dass es nach unten durchsickert und mir als Verrat ausgelegt worden wäre. Trotzdem, wenn ich Ambitionen gehabt hätte, Chefredakteur zu werden, dann wäre Funk fachlich gesehen sicher mein Vorbild gewesen.

Weil Idole zu Lasten der geistigen Unabhängigkeit gehen, habe ich mein Leben lang nur zwei bis drei davon gehabt. Rudolf Augstein war eins davon. Das andere war ein krebskranker Philanthrop im Kongo, der einen Managerposten in Brüssel aufgegeben hatte, um eine Pygmäensippe im Kongo vor dem Untergang zu retten. They both made the world a better place. Jeder auf seine Weise. Sie waren Vorbilder.

Mit dem Exmanager habe ich noch jahrelang korrespondiert. Die Ärzte hatten ihm 1998 noch ein Jahr gegeben. Aber 2002 lebte er immer noch. In einem seiner Briefe stand als Antwort auf meine Frage nach dem Sinn seiner Tätigkeit ein Satz aus Thornton Wilders *Die Brücke von San Luis Rey*. Er lautet: »Da ist ein Land des Lebens und ein Land der Toten, und die Brücke zwischen ihnen ist die Liebe – das einzig Bleibende, der einzige Sinn.« Ich habe den Satz in mein Herz gemeißelt.

Der Mann im Kongo ist Anfang 2003 gestorben. Knapp ein Vierteljahr nach Rudolf Augstein. Ich konnte mich nicht dazu entschließen, die Koinzidenz für einen Zufall zu halten.

Vorbild ist, wer selbstlos etwas Nützliches tut. In diesem Sinne fand ich auch das Wirken von Paul-Otto Schmidt-Michel, dem Direktor des Psychiatriezentrums in Ravensburg, vorbildlich und nützlich. Er nimmt eine ganze Seite in meinem kleinen roten Buch in Anspruch, in dem ich Gedanken ablade, die beim Artikelschreiben abgefallen sind, und die Namen der Menschen, die mich im Laufe meines Lebens beeindruckt haben, sowie die Gründe, warum sie das taten.

Schmidt-Michel hat sein Leben den Insassen der Heilanstalt im rumänischen Borsa, einer kleinen Ortschaft unweit der Stadt Cluj, gewidmet. Dreimal im Jahr fliegt er nach Cluj, mit einem Koffer voll Liebesgaben und immer neuen Plänen für die Sanierung der heruntergekommenen alten Schrottbude, um das Leben der Patienten erträglicher zu machen. Er hat nicht so schrecklich viel bewegt in den fünfzehn Jahren, seit er auf die unmenschlichen

Zustände in den rumänischen Irrenanstalten aufmerksam wurde. Obwohl er unermüdlich immer wieder auf die Betonköpfe der Administration in Cluj und Bukarest eingedroschen hat, um sie für das Leid in Borsa zu sensibilisieren.

Fremde Besucher haben in Schloss Borsa keinen Zutritt. Mit Schmidt-Michels Protektion kam ich trotzdem rein. Das Erlebnis hat meine Überzeugung gestärkt, dass Sprache niemals ausreichen wird, um das Elend der Welt zu schildern.

Der erste Schlafsaal war die Vorhölle. Hier lang, sagte der Pfleger. »Aber bitte nichts anfassen. Und keinen Körperkontakt. Kleider, Kissen und Matratzen stecken voll Flöhe und Krätzemilben.«

Der Gestank war überwältigend. Die Anstalt besaß nur zwei Duschen, eine für die Frauen, eine für die Männer. Die Frauendusche wurde mit einem kleinen Elektroboiler, die Männerdusche mit einem Bollerofen beheizt. Laut Vorschrift sollte jeder Patient einmal in der Woche duschen. Aber das ging nur, wenn genug Wasser in dem Brunnen war, der die Anstalt versorgte.

Im Sommer, wenn der Grundwasserpegel sank, fiel der Brunnen gelegentlich trocken. Dann waren die Toiletten völlig mit Kot beschmiert, und die einzige Waschmaschine funktionierte nicht mehr. Dann trugen die Patienten oft monatelang dieselben ungewaschenen Klamotten.

Drei bis vier Dutzend Patienten mussten ihr Bett mit einem anderen teilen. Füße gegen Kopf, Kopf gegen Füße. Einer sagte uns, er habe Wochen gebraucht, bis er die richtige Schlafmotorik gelernt hatte und seinem Bettgenossen nicht mehr ständig ins Gesicht trat.

An der Überbelegung konnte sich nichts ändern, weil der Anstaltsdirektor von den Angehörigen der Neuzugänge Prämien kassierte. Immer mehr Betten wurden doppelt belegt, weil trotz der hohen Mortalität mehr Patienten eingeliefert wurden, als wegstarben.

Viele Patienten waren im klinischen Sinn gar nicht krank. Sie wurden hier nur gebunkert, weil sie keine Familie und keine Wohnung hatten. Oder weil der Ehepartner sie loswerden wollte. Ebenso die Alten, für die im Altersheim kein Platz war.

Die Tübinger Krankenschwester Anja Hellstern, die freiwillig ein halbes Jahr als Hilfskraft in Borsa gewesen war, hatte in ihrem Tagebuch die Zustände in der geschlossenen Abteilung, dem sogenannten Isolare, dokumentiert. »Da liegt er neben vielen Bettgestalten, armseligen, angebundenen, in der bewährten Zwangsjacke, die Hände vor dem Bauch gekreuzt, ins Bett gefesselt. Jammert, wimmert, alles mit geldstückgroßen Blutflecken bemalt, das Leinentuch, der Schlafanzug (...). Und ich sitze daneben, füttere dem Gefesselten in den verschmierten Schokomund.«

Schmidt-Michel hatte sich dafür eingesetzt, das Heim zu schließen, weil er es für unsanierbar hielt. Fünfzig Patienten konnte er auch in anderen Anstalten unterbringen. Die anderen vegetierten noch immer in Borsa unter Umständen, die, wie er sagt, »an den Umgang mit psychisch Kranken in der Zeit des Faschismus erinnern«.

Obwohl alles gegen den Standort Borsa sprach, trafen Schmidt-Michels Umzugspläne auf eisernen Widerstand. Vor allem beim Bürgermeister und beim Gemeinderat. Die Anstalt war der größte Arbeitgeber am Ort. Sie zahlte Hungerlöhne, die nicht ausreichten, um den Familien der Pfleger und Hilfskräfte die Existenz zu sichern. Aber hier draußen gab es sonst nichts, außer ein bisschen Landwirtschaft.

Auch die Bauern wollten die Anstalt in Borsa behalten. Sie konnten arbeitsfähige Patienten tageweise für die Feldarbeit mieten. Gezahlt wurde mit Schnaps und Zigaretten.

Meine Geschichte stand beim *Spiegel* sechs Wochen lang im Stehsatz, ehe sie ins Blatt kam. Das Echo war kümmerlich, obwohl Rumänien gerade über seinen Beitritt zur EU verhandelte und ein starkes Interesse hatte, in Europa einen guten Leumund zu haben. Die Beitrittsverhandlungen wären eine gute Gelegenheit gewesen, der Regierung in Bukarest ihre Verpflichtungen gegenüber den Psychiatriekranken in Erinnerung zu rufen. Aber die Europäer haben sie nicht genutzt.

Ich habe mir damals gewünscht, Rudolf Augstein wäre noch da gewesen. 1990 hatte er den Anstoß für die Spendensammlung gegeben, mit deren Ertrag dann das heruntergekommene Kinderheim in der rumänischen Stadt Cighid renoviert wurde. So einen Coup de Cœur hätten wir jetzt wieder gebraucht.

Rumänien ist Hölle und Dornröschenland geblieben, nur dass es heute nicht mehr von Stacheldraht abgeschirmt wird. Das erste Mal war ich 1988 da gewesen, als noch der größenwahnsinnige »Conducator« (Führer) Nicolae Ceauşescu in Bukarest regierte. Ich war im Mietwagen von Kronstadt (rumänisch: Brasov) quer durch Siebenbürgen in Richtung Hermannstadt (Sibiu) gefahren. Ein Land von vorgestriger Lieblichkeit: sanfte, grüne Hügel, Pferdewägelchen mit Hartgummireifen, kleine Dörfer mit Ziehbrunnen und schindelgedeckten Häusern.

Einmal war mir stundenlang eine dunkelgrüne Dacia-Limousine gefolgt. Geheimdienst Securitate, vermutete ich. Aber sie taten mir nichts. Und irgendwann waren sie weg.

Kurz vor Hermannstadt kam ich vom Weg ab. Die Straße wurde immer enger. Und dann war ich in Michelsberg (Cisnadioara). Es war ein Dorf wie aus Opas Lesebuch: rostbraun, gelb und blau gestrichene, putzige Bauernhäuser mit Krüppelwalm und Weinlaub an den Giebeln, umgeben von Obstbäumen und wogenden Sonnenblumenwäldern, dazwischen Kopfsteinpflaster, auf dem aufgeregte Gänsebataillone paradierten. Am Dorfbrunnen hockten drei Frauen mit ausladenden Trachtenröcken und Spitzenhäubchen auf einem Leiterwagen und erzählten sich was. Auf dem Hof um die

Ecke schrubbte der Pfarrer seine Bienenkörbe. Am Himmel stand eine Lerche. Es roch nach Milch und Pferdeäpfeln.

Neunzig Prozent der Michelsberger waren Siebenbürger Sachsen, Nachkommen der Wehrsiedler aus dem Rhein-Mosel-Gebiet, die sich vor rund 800 Jahren hier niedergelassen hatten. Michelsberg war ein sterbendes Dorf. Fast alle deutschstämmigen Einwohner hatten einen Pass beantragt, um nach Westdeutschland auszuwandern.

»Nicht alle, die einen Pass beantragt haben, wollen wirklich weg«, sagte Pastor Dietrich Binder, »aber je mehr fortgehen, um so weniger lohnt es sich für den Rest, zu bleiben.« 1988 war das letzte Jahr, in dem er mehr Michelsberger taufte als beerdigte.

Eine alte Frau lud mich in ihr Hutzelhäuschen ein. Sie wolle mir etwas Wichtiges erzählen, sagte sie. »Sie müssen zu Hause im Reich berichten, wir sind in Michelsberg alleweil traurig.« Sie zerknetete eine Begonie aus dem Blumenkasten vorm Fenster zwischen den Fingern, blickte auf den großen Birnbaum im Garten, an dem die dicken, gelben Butterbirnen in der Abendsonne leuchteten, und schob dann den Holzscheit ein kleines Stück tiefer in den Ofen, auf dem die Kanne mit dem Blümchenkaffee köchelte. Sie überlegte einen Moment, dann sagte sie: »Nein, erzählen Sie lieber, wir sind total in Ordnung. Sie möchten sich sonst sorgen im Reich.«

Die alte Frau war eine der wenigen Michelsberger, die nicht nach Westdeutschland umziehen wollten. »Wenn die Zeit kommt«, sagte sie, »werde ich fortgehen von hier und Herberge bekommen bei unserem Herrn Jesus.«

Als ich zwölf Jahre später wieder nach Michelsberg kam, war die alte Frau zu ihrem Herrn Jesus gezogen. In ihrem Hutzelhäuschen wohnte eine Zigeunerfamilie.

»Etwas Sein, etwas Schein, etwas Schwein«

Rudolf Augstein war Pragmatiker. Sein Blatt sei »im Zweifelsfalle links«, hatte er behauptet. Das hat manchmal mehr und manchmal weniger und meistens gar nicht gestimmt. Er selbst war seltener links und öfter konservativ, manchmal von beidem ein bisschen. Meist lebte er im ideologischen Nirwana.

Auf einer Flurparty im achten Stock hat Augstein erzählt, er sei Anfang der fünfziger Jahre zu Besuch im Bundeshaus gewesen und dort sei ihm das Glück widerfahren, von CDU-Kanzler Konrad Adenauer und von SPD-Parteichef Kurt Schumacher gleichermaßen ignoriert zu werden. Und beide, das räumte er ein, hätten gute Gründe dafür gehabt, ihm die kalte Schulter zu zeigen. Man konnte ihm ansehen, wie gut ihm das gefallen hatte.

Eindeutig links war der *Spiegel* ein paar Jahre vor 1968 und in der Redakteursgeneration danach. Die Grundhaltung der Redaktion entsprach dem intellektuellen Mainstream, der damals das politische Leben der Republik prägte.

Es war eine ideologisch durchsäuerte Zeit. Erfahrung galt nichts, Dogma galt alles. Jede Fehlentwicklung und jede Art von individuellem Fehlverhalten wurde auf gesellschaftliche Ursachen zurückgeführt. Die Gesellschaft war an allem schuld – wie vordem Hexen, Juden und Jesuiten. Individuelle Verantwortlichkeit war nicht zulässig, Zwischentöne waren nicht erwünscht. Wer nicht links war, wurde ausgegrenzt, weil er unredlich oder geisteskrank sein musste.

Ein Teil der philanthropisch bemäntelten 68er-Bewegung wollte den gewaltsamen Umsturz. Rudolf Augstein hatte gewisse Sympathien für einige ihrer Exponenten, aber nicht für deren Ideen. Er schaute gern mal rein in die Welt der Radikalen, er hat auch Dutschke bei sich zu Hause bewirtet. Aber Augstein wusste, dass es von seiner Welt zur Parallelwelt der Barrikadenkämpfer keine Brücke gab. Er war auch zu sehr Realist, um Dutschke näselnd vorgetragenes Seminarchinesisch ernst zu nehmen.

Augstein hat Dutschke auch als Schnorrer kennengelernt. »Wir werden ihm nicht gestatten, sich mit fünf lumpigen Tausendern von unserer Bewegung loszukaufen«, dröhnte Dutschke, auf Augstein zeigend, der mit ihm auf dem Podium in Berlin saß. Nach der Veranstaltung, so hat Augstein später berichtet, habe ihn Dutschke dann beiseitegenommen und zu ihm gesagt: »Mahler kann ohne Geld nicht mehr verteidigt werden. Gibst du mir zehntausend Mark?« Es handelte sich um jenen Mahler, der zunächst als RAF-Terrorist und später als NPD-Barde Karriere machte.

Augstein pries in einem Kommentar nach dem Attentat auf Rudi Dutschke dessen »bezwingende Rednergabe und eine Unschuld des Denkens«. Ich glaube, das war eine Verbeugung vor dem linken Zeitgeist. Denn Dutschkes debile Rhetorik war nichts als Bauernfängerei. Seine Zuhörer waren hingerissen, auch weil sie ihn nicht verstanden. Es ist aber nicht ausgeschlossen, dass Dutschke, wie die *FAZ* ironisch schrieb, zu meinen glaubte, was er sagte.

Nein, Augstein war zu wach, um sich von dem Kommunardenmuff und den aus der Hüfte geschossenen Argumenten der Dutschkes, Teufels und Langhänse einfangen zu lassen, die genauso autoritätsfixiert waren wie die von ihnen verabscheute bourgeoise Klasse. Die Progressiven waren ja nicht freiheitlicher als die Bourgeoisie. Die Rechten und Linken unterschieden sich nur durch die Farbe ihrer Scheuklappen.

Da ich mich den bürgerlichen Sekundärtugenden verpflichtet fühlte, fand ich in der Redaktion nie zu der identitätsstiftenden gemeinsamen Sicht der Dinge. Das hat mir meine Arbeit nicht erleichtert. Aber ich hatte ein dickes Fell und eine starke Überzeugung. Und im Polemisieren war ich auch nicht so schlecht. Deshalb fühlte ich mich auch nie von der Achse der Guten in der Redaktion ernsthaft beeinträchtigt.

Ich fand es angenehm, mit Renate Merklein und Klaus Kröger in einem Boot zu sitzen. Renate Merklein war Kettenraucherin, Wirtschaftskolumnistin und – was für ihren politischen Standort nicht unwichtig war – Ehefrau des konservativen Wirtschaftsprofessors Armin Gutowski, der als Leiter des Hamburger Weltwirtschaftsinstitutes und Berater der Bundesregierung großes Gewicht in neoliberalen Kreisen hatte. Wirtschaftsredakteur Klaus Kröger stammte wie ich aus dem Ruhrpott. Er hatte im Gegensatz zu den anderen gelernten Ökonomen im Haus ein intaktes Verhältnis zum Prinzip der Ausgewogenheit von Arbeit und Ertrag und beherrschte darüber hinaus meisterhaft den Gelsenkirchener Dialekt.

Auch die linke Mehrheit war kein homogener Block. Nach außen hin machte das *Spiegel*-Haus an der Brandstwiete den Eindruck einer monolithischen und uneinnehmbaren Festung. Nicht selten aber klang in den Fluren das Schwertgeklirr seiner Ritter und Knappen, die sich wieder mal nicht darüber einigen konnten, wie die Welt zum Glück zu führen oder vor dem Untergang zu retten sei.

Dann reichte oft auch die Autorität der Prinzipale nicht aus, um Konsens zu stiften. Sofern der überhaupt gewollt war. Die Auseinandersetzung wurde nicht nur mit den Waffen des Geistes bestritten. Einmal kassierte Titularressortchef Fritjof Meyer von der stramm links gewirkten Spanien-Spezialistin Jutta Fischbeck, die eine backfischhafte Bewunderung für Fidel Castro hegte, eine Maulschelle, weil er beim Schreiben einer Titelgeschichte über Kuba ihre Hinweise auf die Segnungen des Fidelismus nicht ausreichend berücksichtigt hatte.

Den Kuba-Titel zu schreiben wäre Jutta Fischbecks Aufgabe gewesen. Ressortchef Dieter Wild hätte auch über Wertungen mit sich reden lassen. Aber sie wollte gar keinen Kuba-Titel.

Handgreiflichkeiten unter Kollegen waren normalerweise ein Grund zur fristlosen Kündigung. Aber der Rausschmiss unterblieb aus zweierlei Gründen: Fritjof Meyer war ein Gentleman, obwohl er einen nicht unbeträchtlichen Teil seines Daseins mit Sowjetmenschen und anderen Kommunisten zugebracht hatte, die außer für allerlei schlechte Eigenschaften auch für schlechte Manieren bekannt waren. Und zweitens war Jutta Fischbeck als wertvolle und engagierte Mitarbeiterin im Hause geschätzt, ganz besonders bei Chefredakteur Günter Gaus, der aus seiner Sympathie für die Roten keinen Hehl machte.

Viele Intellektuelle waren einander durch die Überzeugung verbunden, ein Regime beweise seine moralische Kompetenz schon dadurch, dass sein Volk arm und zurückgeblieben war. Ihre Welt war übersichtlich. Hier gut, da böse. Wir Zweifler und Hinterfrager hatten es schwerer, weil unser multikausales Weltbild natürlich komplizierter und deshalb schwerer in der Balance zu halten war.

Der Deutsche besitze »im Luftraum des Traums die Herrschaft unbestritten«, wusste schon Heinrich Heine. Nachfolgende Intellektuellen-Generationen haben sich immer wieder bemüht, Heine zu bestätigen.

Den Anlass für die heftigste Bataille in all den Jahren lieferte 1981 der Zwist um den NATO-Doppelbeschluss. Ich war zwar bekennender Antisowjetist, nahm aber an den Gefechten nicht aktiv teil, weil ich noch ziemlich neu war und den Streitgegenstand nicht als so epochal zu begreifen vermochte wie die anderen.

Immerhin war es für mich ein tiefes Erlebnis, der Schlacht als

Zeuge aus nächster Nähe beiwohnen zu können. Es ging um die Entscheidung von US-Präsident Ronald Reagan, die Ausrichtung von sowjetischen SS-20-Raketen, die mit Megatonnenknallern bestückt waren, auf westdeutsche Ziele mit der Aufstellung neuer amerikanischer Marschflugkörper und Mittelstreckenraketen in Westdeutschland zu beantworten.

Es war keine Meinungsverschiedenheit mehr, sondern ein wütender Glaubenskrieg, ein permanenter Austausch von Feindseligkeiten. Die Friedensfreunde, von ihren Gegnern als »Bolschis« und »Moskowiter« diffamiert, bildeten die größere Fraktion. Sie glaubten, dass Reagan im Verbund mit seinen Geheimdiensten, dem US-Großkapital, dem Pentagon und seinen Rüstungsepigonen die Welt in einen großen Krieg treiben wollte. Das war natürlich Humbug. Niemand hatte Interesse an einem neuen Krieg. Denn auch die hartleibigsten Hardliner hatten begriffen, dass keine der zwei rivalisierenden Zivilisationen einen neuen Weltkrieg überleben würde.

Die Gegner gruppierten sich um Siegfried Kogelfranz, einen aus Graz zugewanderten heimatlosen Kosmopoliten. Kogelfranz gab den Peaceniks kein Pardon. An Wolfram Bickerich, den Chef des Deutschland-I-Ressorts, schrieb er in einem Brief aus Moskau, er, Bickerich, mache sich gemein mit einem Regime, »das alle Attribute der Nazi-Herrschaft hat: KZs und SS, Irrenhäuser, in denen Andersdenkende zu Tode gequält werden«.

Bickerich war meinungsstark und tapfer. Er hatte seine Freundin in einem englischen Cabriolet aus der Tschechoslowakei herausgeholt, indem er mit heruntergeklappter Windschutzscheibe unter dem Grenzschlagbaum hindurchgerast war. Ein unglaubliches Husarenstück. Kogelfranz fragte sich, wie sich ein so harter Knochen so pflaumenweich gegenüber einem solchem Unrechtssystem verhalten konnte.

Bickerich schrieb Siegfried Kogelfranz zurück, dass er dessen Manuskript zur Aufrüstung für undruckbar halte und »es für mich Folgen haben müsste, wenn das Werk erschiene«.

Das pitschblau gestrichene Chefzimmer in der Auslandsredaktion war das Epizentrum der »Bellizisten«. Sie erhielten Flankenschutz von Leo Brawand, dem Chefredakteur des zum *Spiegel*-Konzern gehörenden *Manager-Magazin*. Brawand war ein Befürworter des Doppelbeschlusses und brachte das auch in seiner Namenskolumne vehement zum Ausdruck.

Dieter Wild kam damals jeden Morgen gegen elf Uhr mit wehenden Hausmitteilungen und Manuskripten aus der Chefkonferenz zurück, sammelte seine Getreuen um sich und gab sodann die neue Lage aus. Kogelfranz war meist per Telefon live aus Moskau zugeschaltet. Ich fand den Diskurs faszinierend, war aber gleichzeitig befremdet von der Banalität der Untergangsparolen, mit denen die Kontrahenten einander traktierten.

Augstein dachte über den Doppelbeschluss wie die Mehrheit der Redaktion. Er ließ aber Leo Brawand gewähren. Das sei Ausdruck der inneren Pressefreiheit in seinem Unternehmen. Das *Manager-Magazin* nahm er nicht so ernst. Es hatte nur ein Zehntel der *Spiegel*-Auflage. Und außerdem war das *MM* nur zum Geldverdienen gut, damit konnte man seiner Ansicht nach eh nichts bewegen.

Die Masse der Pazifisten im Hause hielt die Toleranz gegenüber dem Schwesterblatt für Verrat. Sie betrachteten Leo Brawand als Reaktionär. Wobei man sich fragen musste, wie ein Mitglied der sogenannten Ludwig-Erhard-Jury, das an Sonntagvormittagen mit Freunden durch die Heide wanderte und dabei Heino-Lieder zur Gitarre sang, für sie überhaupt satisfaktionsfähig war.

Gegenüber der Auslandsredaktion war Augstein weniger tolerant. Ein Beitrag von Kogelfranz über den Doppelbeschluss wurde auf seinen Befehl hin gekippt. Er wollte aber nicht alle Brücken abbrechen. In einem Brief an den »lieben Kogel« schrieb er flehentlich: »Bitte begreifen Sie, dass es nicht die Stärke, sondern die innere Schwäche des Sowjet-System ist, die den Krieg wahrscheinlicher macht.«

Augstein war felsenfest davon überzeugt, dass Reagan die Welt in den Krieg treiben würde, wenn der Doppelbeschluss umgesetzt würde. Er tendierte in der Sache, ganz gegen seine Gewohnheit, zum hemmungslosen Defätismus. Man solle bedenken, schrieb er, dass der Untergang der Sowjetunion identisch sei mit dem Untergang der Sowjetführer und ihrer Familien. Sie hätten »nichts anderes zu gewärtigen als den Strick oder die Kugel«. Sein Resümee: »Die jetzige Reagan-Politik ist falsch. Sie bringt uns dem Krieg in Europa näher.«

Wie man weiß, kam es anders. Ronald Reagan blieb bei seiner Entscheidung zugunsten des Doppelbeschlusses. Er wurde unterstützt von dem damaligen Bundeskanzler Helmut Schmidt, der die Entscheidung Reagans angeregt hatte. Reagan und Schmidt behielten Recht. Und mit ihnen behielt Siegfried Kogelfranz Recht, »unser Herr Karl in Moskau«, wie *Spiegel*-Starautor Wilhelm Bittorf ihn in der großen Konferenz despektierlich genannt hatte.

Reagan lag auch richtig mit seinem Entschluss, die rote Supermacht totzurüsten. Am 12. Juni 1987 rief er am Brandenburger Tor: »Tear down this wall, Mr Gorbachev.« Gut zwei Jahre danach wurde die Mauer in Berlin eingerissen. Ronald Reagans Machtpolitik war rabiat und zynisch und riskant, aber sie war erfolgreich.

Rudolf Augstein war einer der wenigen Irrenden, die die Größe hatten, ihren Irrtum einzugestehen. Als die Trabis am 9. November 1989 nach Westberlin fluteten, setzte er sich an seinen Schreibtisch am Leinpfand und schrieb eine Eloge auf den Wiedervereinigungskanzler Helmut Kohl mit der Überschrift: »Glückwunsch, Kanzler«. Das war eine Demutsgeste. Er sagte, sie sei ihm nicht schwergefallen. Wozu auch? Das Leben ging weiter. Eine Woche danach haute er Kohl wieder in die Pfanne.

In kleinem Kreise hat Augstein nach der Wiedervereinigung auch gestanden, dass er den NATO-Doppelbeschluss aus der Distanz anders beurteile als damals, als sich die Supermächte an der deutsch-deutschen Grenze waffenklirrend gegenüberstanden. Man konnte ihm anmerken, wie froh er darüber war, dass seine Einschätzung falsch gewesen war. Die meisten seiner Redakteure fanden das unmöglich.

Die Ostdeutschen haben Augsteins Freude über die Wiedervereinigung nie honoriert. Der *Spiegel* verkaufte auch fünfzehn Jahre nach Mauerfall nur ein Zwanzigstel seiner Auflage im Osten (der ja immerhin ein Fünftel der deutschen Bevölkerung stellte). Die Mentalität, die man benötigt, um sich am *Spiegel*-Journalismus zu erfreuen, ist eben im ehemaligen Geltungsbereich des Spießbürgersozialismus nicht so weit verbreitet, dass das Magazin dort erfolgreich sein könnte.

Andere, die sich gleichfalls über die Perspektiven der Reagan'schen Parforce-Politik getäuscht hatten, waren nicht souverän genug, ihren Irrtum einzugestehen. Theo Sommer, der damalige Chefredakteur der *Zeit*, und einige prominente *Zeit*-Redakteure hatten in einem Buch mit dem Titel *Reise ins andere Deutschland*, das einen Monat vor dem Fall der Mauer erschien, ihre Eindrücke von einem Besuch der deutschen Arbeiter-und-Bauernrepublik niedergeschrieben. Der Kammerton war mild und versöhnlich, er traf nicht die Realität. Der Inhalt, die Botschaft, das Erscheinungsdatum, alles falsch. Man hatte den Eindruck, dass die Autoren ihrer Leserschaft weismachen wollten, die DDR sei, trotz gewisser vordergründiger Mängel, eine ebenbürtige deutsche Republik.

Der *Spiegel* hat sich bei den DDR-Fürsten niemals angebiedert. Sie taten ihm sogar die Ehre an, seinen Redakteuren die Ein- oder

Durchreise zu verbieten, nachdem er ein SED-kritisches Papier veröffentlicht hatte.

Rudolf Augsteins Abscheu vor dem ostdeutschen Unterdrückungsstaat war eine unerschütterliche Konstante der *Spiegel*-Berichterstattung. Die Deutsche Demokratische Republik war ihm nicht demokratisch und nicht deutsch genug. Er hielt es auch für seine Patriotenpflicht, sie nicht zu besuchen.

1993 traf sich Augstein mit einer kleiner Runde von plietschen Jungredakteuren zum *Spiegel*-Gespräch über die deutsche Frage und über den Deutschen Augstein. Sie fragten ihn rundheraus: »Haben Sie etwas dagegen, wenn man Sie einen Nationalisten nennt?«

Augstein antwortete: »Ich denke national, daraus habe ich nie einen Hehl gemacht.« National, nicht nationalistisch. Obwohl er sich selbst am liebsten als Patrioten bezeichnete. Augsteins Begründung dafür war so plausibel, dass sie Anlass zu der Frage gibt, warum eine nationale Gesinnung von Intellektuellen als geistiges Gebrechen empfunden wird. Augstein sagte auch: »Wir können doch nicht darauf verzichten, unsere nationalen Interessen wahrzunehmen, wenn alle anderen das auch tun. Wir müssen uns doch wehren dürfen gegen diesen dauernden Verdacht, wir wollten hier noch irgendwas erobern. Wir wollen nichts erobern.« Die jungen Kollegen gaben zu, dass die Antwort sie irritiert hatte.

Ja, Rudolf Augstein war gern Deutscher. Vom vereinten Europa hielt er nicht viel. Seine Vaterlandsliebe hatte auch herostratische Ursachen. »Stellen Sie sich vor, wir hätten diese verdammte Geschichte nicht«, sagte er beim gemeinsamen Umtrunk zu dem Historiker Joachim Fest, »nicht Luther und nicht Friedrich, Bismarck nicht und die ganze Bagage bis hin zu Hitler.« Und gut, dass sie keine Franzosen seien, »mit diesem einen Napoleon«. Oder Italiener, »die sich um 500 Jahre zurückbesinnen müssen, um auf einen attraktiven Bösewicht zu stoßen.« Oder Holländer. Die fand er am allerschlimmsten.

Holland war für Augstein der Inbegriff langweiliger Geschichtslosigkeit. Die Kaaskopp-Verrisse, die ich für den *Spiegel* geschrieben hatte, waren, glaube ich, die einzigen Reportagen von mir, die er wirklich aufmerksam und mit Vergnügen las. Sonst interessierten ihn meine Themen nicht. Sie waren ihm zu weit weg. Deutschland und das engere Umfeld, das war seine Welt.

Rudolf Augstein hat 53 Jahre lang die politische Realität der zweiten deutschen Republik wesentlich mitgestaltet. Das ist eine Zeitspanne, die so lang ist wie jene vom Tode Bismarcks bis zum Amtsantritt von Konrad Adenauer. Journalistische Erfolge waren ihm zum Schluss nicht mehr genug. Er war davon überzeugt, dass er eine historische Mission zu erfüllen hatte. Es stimmt ja auch: Die Geschichte der Bundesrepublik Deutschland wäre anders verlaufen, wenn es ihn und den *Spiegel* nicht gegeben hätte. Er hat den Deutschen die Obrigkeitsbesessenheit, den Muff der früheren Jahre ausgetrieben und wesentlich daran mitgewirkt, die Adenauer'sche Demokratur in eine Demokratie zu verwandeln.

Augsteins zweitgrößtes Verdienst war sein Beitrag zu einem selbstkritischen Nationalbewusstsein, das den Deutschen dabei half, den verlorenen Respekt in der zivilisierten Welt zurückzugewinnen. Die konsequente Aufarbeitung ihrer jüngsten Geschichte war nur möglich, weil sie die Zustimmung der intellektuellen und gebildeten Stände fand. Der *Spiegel* hat mit einer Sturzflut von Geschichten jeden historischen, politischen und volkspädagogischen Winkel des Dritten Reiches ausgeleuchtet und dadurch wesentlich zur Aufarbeitung der Geschichte beigetragen. Deshalb fand ich stets die Unterstellung, Augstein halte nicht genug Distanz zum braunen Ungeist, so besonders infam.

Kritiker haben Augstein Beihilfe zum Absolutismus vorgeworfen.

Er habe in seiner Maßlosigkeit gefährliche Grenzen überschritten. Sie haben ihn überschätzt. Die politische Klasse versagte ihm in seiner Gegnerschaft zur NATO, zur EU und zur Westbindung die Gefolgschaft. Und auch zu seinen Disengagement-Ideen, die auf die infantile Vorstellung hinausliefen, Polen, Ungarn und die DDR könnten aus dem Ostblock herausgelöst werden, wenn es gelänge, die militärische Präsenz der feindlichen Blöcke an ihrer gemeinsamen Grenze auszudünnen.

Einmal habe ich von Augstein in der Montagskonferenz ein schönes Lob bekommen. Ich nahm mir jedenfalls die Freiheit, es so zu verstehen. Wir hatten einen Acht-Seiten-Bericht über das Desaster der deutschen Entwicklungshilfe in Afrika im Blatt, an dem ich ein paar Monate lang recherchiert hatte. Es ging um Brunnen, die nach einem Jahr versandet, Straßen, die streckenweise zu Kratern zerfallen waren, Misswirtschaft bei deutschen Projekten in Kenia, Tansania, Uganda, im Kongo.

Augstein schlug die erste Seite der Geschichte auf, fasste das Heft an einer Ecke und hob es hoch. »Ordentliche Arbeit«, knurrte er sichtbar angewidert. »Wer war das?« Dann ließ er das Heft auf den Tisch klatschen. »Aber muss so was denn ausgerechnet bei uns gedruckt werden, warum seid ihr so destruktiv?« Ich wollte erklären, dass es nicht destruktiv war. Aber er wollte es nicht hören und winkte ab.

Augstein mischte sich – zumindest in den späteren Jahren – selten ins operative Geschäft der Redaktion ein. Er war zufrieden mit seiner Richtlinienkompetenz. Es gab aber ein paar Themenbereiche, die er genau beobachtete. Geschichten über Israel und den Nahen Osten las er immer besonders sorgfältig. Deshalb fiel ihm auch die Sache mit dem Herzl-Zitat auf.

Ich hatte aus Anlass irgendeines Jahrestages einen Dreispalter über den israelischen Staatsgründer Theodor Herzl geschrieben.

Darin wurde auch der Satz zitiert, den Herzl angeblich auf dem Totenbett zu seinen Genossen gesagt hatte: »Machet keinen Unsinn, während ich tot bin.« Die Überschrift zu dem Artikel war ein bisschen farblos. Ich hätte gern das Herzl-Zitat dafür verwendet. Aber es war zu lang.

Am Freitagabend gegen acht Uhr rief Augstein an: »Warum haben Sie das Herzl-Zitat nicht in die Überschrift genommen. Das ist ein schönes Zitat.«

»Es geht nicht rein«, sagte ich, »die Zeile ist fünf Anschläge zu lang.«

»Ich will das als Überschrift haben, wir messen das mal aus.« Fünf Minuten später stand er mit einem stählernen Lineal, so wie es die Metteure in der Setzerei benutzten, neben meinem Schreibtisch, um nachzumessen. »Ja, richtig, zu lang. Dann müssen wir es quetschen, bis es passt.«

Technik interessierte Augstein nicht. Warum musste er wissen, wie das Blatt gemacht wurde? Dafür hatte er ja seine Leute. Irgendwer hat über ihn gesagt: »Der glaubt, dass der Klapperstorch den *Spiegel* bringt.«

Heute wäre das Quetschen einer Zeile kein Problem. Aber damals gab es noch keine Grafikcomputer, mit denen man Überschriften stufenlos vergrößern oder verkleinern konnte. Er wandte sich an die Sekretärin, die den Text geschrieben hatte. »Rufen Sie mal oben an. Der Schaake soll kommen.«

Chef vom Dienst Schaake kam. Er war ein virtuoser Technokrat, aber er konnte natürlich nicht hexen. »Das geht nicht, Herr Augstein, der bedruckbare Teil einer *Spiegel*-Seite ist 18,4 Zentimeter breit, und diese Überschrift ist 22 Zentimeter breit.«

»Der Engel soll kommen«, sagte Augstein. Fünf Minuten später betrat Chefredakteur Johannes K. Engel den Raum. Er war wie üblich sehr elegant gekleidet: blauer Anzug, gedeckte Pünktchenkrawatte, Einstecktuch, gesteppte englische Schuhe. Er ließ sich den Fall vortragen und sagte dann zu mir mit schwerer Ironie auf der Zunge: »Herr Kollege, Sie haben doch gehört, was der Herausgeber gesagt hat, warum nehmen Sie keine Gummiseite?«

Das war kess. Augstein sah Engel aus verkniffenen Augen von schräg unten an. Er merkte wohl, dass er hier von einem Domestiken veralbert werden sollte. Dann sagte er mit leiser Wolfsstimme: »Ich will, dass ihr diese Überschrift über die Geschichte setzt. Und wenn ihr das nicht könnt, seid ihr alle entlassen.«

Weil wir nicht entlassen werden wollten, stand am Montag über der Geschichte das Herzl-Zitat. Der Chef vom Dienst hatte es mit Hilfe von irgendwelchen optischen Apparaten und unter großem finanziellem Aufwand passend machen lassen.

Warum Augstein so besessen darauf bestanden hatte, dass die Zeile und nur diese über dem Artikel stand?

Erstens war sie gut. Zweitens sah er seine grundsätzliche Autorität gefährdet für den Fall, dass er es nur einmal unterließ, sie zu erzwingen. Und drittens war es eine Botschaft an uns. Die Zeile sagte, was er dachte. Sie war nicht nur von Theodor Herzl, sondern auch von Rudolf Augstein. Genau das würde er uns sinngemäß auch mal sagen, bevor er dahinginge. Er würde uns mitteilen, dass sein Geist und sein Wille ihn überleben würden und wir nicht hoffen sollten, es würde ihm entgehen, wenn wir nach seinem Tod an seinem Lebenswerk sägten.

Augstein hatte in den letzten Jahren ein messianisches Sendungsbewusstsein. Er begriff sich als Präzeptor mundi, der historische Fehlentwicklungen zu korrigieren hatte, per Retrokinese sozusagen. Nachdem er sich an Adenauer und Strauß abgearbeitet hatte, wandte er sich geschichtlichen Größen zu: Jesus, Bismarck, Friedrich dem Großen.

Um dem preußischen Erbe näher zu sein, wollte Augstein Mitte der neunziger Jahre mit dem ganzen Unternehmen nach Berlin umziehen. Natürlich konnte niemand widersprechen, als er sagte, dass ein so bedeutendes deutsches Medium wie der *Spiegel* in die deutsche Hauptstadt gehöre.

Augstein-Kenner meinten aber zu wissen, dass Augstein nur einen Vorwand suchte, privat nach Potsdam überzusiedeln. Angeblich hatte er sich schon im Holländischen Viertel eine Residenz ausgesucht. Er wollte dem Geist von Sanssouci näher sein. Ob er glaubte, er könne ihn dann leichter entschlüsseln, oder ob er ihn verkörpern wollte, das weiß man nicht. Es wurde aber nichts draus, auch weil seine Gesundheit ihn im Stich ließ.

Rudolf Augstein verstand sich mit den Jahren mehr als Weltendeuter denn als Journalist. Er begann Bücher zu schreiben, provokante Bücher, die bei der Fachwelt aber nur begrenzte Anerkennung fanden. »Lawine der Halbgelehrsamkeiten«, spottete der Jesuit Karl Rahner über Augsteins Heiland-Exegese. Er wird wohl Recht gehabt haben. *Jesus Menschensohn* hätte es wohl nicht zu Druckwürden gebracht, wenn sein Autor nicht so prominent gewesen wäre. Und wohl auch nicht ohne die guten Beziehungen, die er zu Bertelsmann-Präside Reinhard Mohn unterhielt.

Als Privatgelehrter war Augstein nur dann überzeugend, wenn er Eleven um sich hatte, die ihm verpflichtet waren. Unvergessen ist mir die Sitzung im Schiffertreff anlässlich des ersten Ausstandes von *Spiegel*-Reporter Olaf Ihlau. Rudolf Augstein saß ganz hinten links unter einer Plüschlampe und erklärte bei Köpi, Korn und Brötchen mit gewelltem Käse einem respektvoll lauschenden Publikum die Fehler, die Kanzler Otto von Bismarck bei der Reichseinigung gemacht hatte, und wie er, Rudolf Augstein, das Deutsche Reich richtig geeint hätte. Das Bismarck-Reich war für ihn eine Missgeburt.

Keiner widersprach, weil die kanonische Endgültigkeit von Augsteins Thesen jeden Widerspruch zur Ignoranz deklassiert hätte. Dann klatschte er in die Hände und sang ein triviales Lied, ich glaube, es war das Lied von Schmidtchen Schleicher.

Augstein war ein geachteter Preußenkenner, aber nicht unbedingt ein Preußenverehrer. Der Widerwille gegen das Befehl-und-Gehorsam-Prinzip steckte tief in seinen Genen. Er erzählte immer wieder gern die Geschichte, wie sein Vater von dessen Vater gezwungen worden war, sich abzuwenden, wenn der Kaiser durch ihre Heimatstadt Mainz ritt.

Der Einzige, dem Augstein in dem Bismarck-Kolleg im Schiffertreff ein Dissensrecht eingeräumt hätte, war an jenem unvergesslichen Abend nicht dabei: Fried von Bismarck, Urenkel des Eisernen Kanzlers, *Spiegel*-Verlagsleiter und engster Berater des Herausgebers.

Fried war der besserbezahlte der zwei Bismarcks, denen der *Spiegel* Arbeit und Brot gab. Der andere war Rule von der Poststelle. Er stammte nicht aus dem Sachsenwald-Flügel der Bismarcks, sondern von der hierarchisch nachrangigen Hannoverschen Linie ab. Rule war aber bemüht, das Defizit seiner minderen Herkunft durch einen gediegenen Habitus auszugleichen. Er trug einen prächtigen Moustache, war stets in bestes englisches Tuch gekleidet und hätte sich niemals in dem ordinären japanischen Pick-up sehen lassen, mit dem Fried zum Dienst kam.

Fried von Bismarck war der eiserne Kanzler des Monarchen von der Brandstwiete. Er stand Augstein auch zur Seite, als dieser am 15. Mai 2001 in der Frankfurter Paulskirche den Börne-Preis entgegennahm. Fried hielt während Augsteins Dankesrede den roten Faden in der Hand, der seinem gesundheitlich schwer angeschlagenen Souverän immer wieder zu entgleiten drohte.

Augstein hatte den Preis bereits im Vorjahr zugesprochen bekommen, ihn aber aus »gesundheitlichen Gründen«, wie es redaktionsamtlich hieß, erst im darauf folgenden Jahr empfangen können. Er verdankte ihn dem *FAZ*-Herausgeber Frank Schirrmacher. Die Mitglieder des Börne-Preiskomitees dürfen reihum alle mal den Laureaten bestimmen. Und im Jahr 2000 war Schirrmacher dran.

Die Feier in der Paulskirche war denkwürdig. Rudolf Augstein sagte, man habe ihn zusammen mit anderen ..., er unterbrach sich, wandte sich fragend zu Fried, bekam die Antwort: »... zu den geistigen Brandstiftern gezählt, und den haben Sie hier mit so bedeutenden Worten geehrt«. Eine Anspielung auf den Titel eines Buches, in dem Augstein, sein Freund Martin Walser und Kanzler Gerhard Schröder als »Salon-Antisemiten« beschimpft worden waren. Niemand verstand, warum Augstein ausgerechnet hier darauf abhob.

Die Verleihung des Börne-Preises war Rudolf Augsteins letzter großer Auftritt in der Öffentlichkeit. Er empfand sie als eine der wichtigsten Stunden seines Lebens, aber eine Sternstunde war sie sicher nicht.

Draußen hatte sich eine kleine Protestgemeinde versammelt. In den Bänken lagen Flugblätter, auf denen man lesen konnte, warum sie Rudolf Augstein nicht für einen geeigneten Börne-Preisträger hielt. Es waren auch Texte darunter, in denen Invektiven des Happeningpublizisten Henryk M. Broder gegen Augstein zitiert wurden. Broder war inzwischen selbst als Autor unter die *Spiegel*-Decke gekrochen.

Da das Publikum zu einem nicht unbeträchtlichen Teil aus *Spiegel*-Mitarbeitern bestand, die den frühestmöglichen Intercity von Hamburg nach Frankfurt hatten nehmen müssen, um ihre Kulissenpflicht zu erfüllen, fanden die Pamphlete nicht viel Beachtung. Man solle das alles nicht überbewerten, sagte Laudator Frank Schirrmacher. Wenn man die Kriterien anlege, die da draußen gefordert würden, hätte auch Ludwig Börne den Börne-Preis nicht bekommen.

Schirrmacher war so nett, wie noch nie zuvor ein *FAZ*-Herausgeber zu Augstein gewesen war. Das hatte System. Einmal durfte er auf der Montagskonferenz des *Spiegel* als Heftkritiker auftreten. Selbstverständlich war es eine intelligente Kritik. Doch einige von Schirrmachers Verbindlichkeiten waren so penetrant, dass zwischendurch zweimal gezischt wurde. Er sprach die ganze Zeit nur von sich, von der *FAZ* und vom *Spiegel* und – sinngemäß – dass wir doch alle eine große Familie seien. Man hatte den Eindruck, dass er sich mit dem aktuellen Heft nur am Rande befasst hatte. *Spiegel*-Leute wollen geliebt und geachtet werden, das ist wahr. Aber ein Übersoll von Fraternisierung macht sie misstrauisch.

Am Tag nach der Börne-Preis-Verleihung schrieb Franz-Josef Wagner, der Scharfrichter mit dem bösen Blick von Seite 2 in *Bild*: »Lieber Rudolf Augstein, als ich Sie am Sonntag in der Frankfurter Paulskirche den Ludwig-Börne-Preis entgegennehmen sah, dachte ich, dass das Alter für nichts gut ist und alles eine Lüge ist, was man uns darüber erzählt. Ihre 77 sind nicht schön. Sie mussten beim Gehen gestützt werden, keine Brille kann ihren Augen mehr helfen. Ihre Dankesrede trug ein anderer vor, Ihre Stimme war schwach. Was waren Sie für ein fieberhaftes, gereiztes Ich. Adenauer, Strauß, ja selbst die katholische Kirche litten unter Ihrer Prosa. Sie waren der große Dagegendenker (...). Mit 23 erfanden Sie den *Spiegel*, mit 23 war ich ein Hippie in Paris und lebte in den Tag hinein. Die Lektüre Ihres *Spiegels* brachte mich auf die Idee, Journalist zu werden. Mit 30 fuhren Sie im Chevrolet durch Hamburg und hatten die schönsten Frauen.«

Die Frage, ob der *Spiegel* es zu seinen Verdiensten zählen sollte, den zeugenden Funken für Franz-Josef Wagners journalistische Berufung geliefert zu haben, bleibt offen. Augstein fuhr im Übrigen damals auch keinen Chevrolet, sondern einen Cadillac. Aber sonst hatte Wagner gut beobachtet.

Rudolf Augstein hatte Geld, er liebte Amischlitten, opulente

Wohnhäuser und schöne Frauen. Er hatte von allem reichlich. Dabei war er kein schöner Mann: leichter Silberblick, knapp 1,70 Meter groß, etwas zu dick. Trotzdem hatte er sich als hochprozentiger Womanizer profiliert, was mit »Weiberfänger« uncharmant, aber nicht falsch übersetzt ist. Die Frauen flogen auf ihn, nicht weil er eine Villa auf Sylt, eine in Saint-Tropez, in Hamburg eine an der Elbchaussee und zwei am Leinpfad besaß. Sondern weil er ein Machtmensch mit Witz und Intelligenz war. Frauen lieben witzige, intelligente Männer, die Macht ausüben. Er genoss die Schmachtereien der Damen. Einen seiner letzten Geburtstage feierte er im Kreis von gut einem Dutzend Frauen. Männer waren nicht geladen.

Augstein bekannte sich zum deftigen Sexismus. Als er siebzig war, antwortete er auf die Frage des Magazins der *Süddeutschen Zeitung*, warum er zum vierten Mal geheiratet habe: »Ich kann doch nicht sagen, dass ich gern ficken möchte.« Der Phallus war für ihn ein »fleischstrotzender Knüppel der Unterwerfung«, wie er in einem *Spiegel*-Kommentar schrieb.

Rudolf Augsteins *Spiegel* war eine Männerzeitung. »Er und sein Blatt ließen wenige Gelegenheiten aus, in Sachen Feminismus tief zu schlagen, ganz tief«, schrieb *Emma*-Herausgeberin Alice Schwarzer in einem Augstein-Porträt. In einem Streitgespräch vor WDR-Kameras in Köln hat Augstein die demütig parierende Schwarzer dermaßen uncharmant abgewatscht, dass die Feministinnen landesweit aufheulten.

Ja doch, Augstein war ein Macho. Er schüttelte sich vor Lachen, als ein Militärexperte auf einer Flurparty einer vorwitzigen jungen Dame patriachalisch über den Mund fuhr: »Sie haben keine Ahnung, mein Fräulein, ich war schon Offizier, da baumelten Sie noch als unkeuscher Gedanke in den Hoden Ihres Herrn Vater.« Ein ritterlicher Herausgeber hätte den frechen Redakteur auf schwere Säbel gefordert oder ihm wenigstens eine Rüge erteilt.

Nach der vierten nahm Rudolf Augstein auch noch eine fünfte Frau. Die Hochzeit war Routine. Per Helikopter mit Braut und Trauzeugen nach Tondern in Dänemark, Ja-Wort, Küsschen, Champagner. Die ganze Operation dauerte nicht mal einen Vormittag.

Zwischen den Ehen war er auch buhlend tätig. Es hieß, er fahre besonders auf die großen Rothaarigen ab. Tendenziell mag das stimmen. Aber ich kenne auch andere.

Augsteins Frauen sind alle gut versorgt von ihm geschieden. Er konnte sich Großmut leisten. Denn er war nicht nur der *Spiegel*-Herausgeber, sondern auch ein großzügiger »Herausnehmer«, wie seine Betriebsräte bisweilen alberten. Sein Privatvermögen wurde zuletzt auf 150 Millionen Euro geschätzt.

Augsteins Kontakt zu den Exehefrauen riss auch mit der Scheidung nicht ab. Eine von ihnen war viele Jahre lang Modekorrespondentin in Paris und durfte einmal im Jahr einen Artikel über die neue Sommer- oder Winterkollektion schreiben.

Rudolf Augstein pflegte auch eine tiefe platonische Beziehung zu Marion Gräfin Dönhoff, der Herausgeberin der *Zeit*. Sie war schon jenseits des Alters, in dem Frauen bei Männern sinnliche Reflexe auslösen, als Rudolf Augstein ihr einen Porsche schenkte. Welchem Trieb ihr Verhältnis folgte, hat die Hamburger Klatschpresse niemals ermitteln können, obwohl sie es lange genug versucht hat.

Katharina Horbatsch war die Augstein-Freundin, die ich am besten kannte. Sie war eine Schönheit mit langen roten Haaren aus der Ukraine. Augstein hatte sie dem Auslandsressort als Ostredakteurin zugeteilt, weil sie es nicht befriedigend fand, tagsüber auf einer seidenen Couch am Leinpfad Pralinen zu essen und bunte Magazine zu lesen und dann abends ihren Meister anzuhimmeln, wie sie sagte.

Wir verstanden uns gut mit der Kiewer Deern, weil sie nicht nur schön, sondern auch intelligent und humorvoll war. Meine persönliche Wertschätzung gewann sie durch ihre geistreiche Art, die Kommunisten zu beschimpfen.

Katharina scheiterte aber schnell am Widerstand der zwei Ostredakteure. Kurz darauf tauchte sie im *stern*-Impressum als Frankreich-Korrespondentin auf. Und dann war sie plötzlich Chefredakteurin einer gar nicht mal so unbedeutenden Pariser Modezeitschrift, obwohl sie zwei Jahre zuvor noch kein Wort Französisch gesprochen hatte.

Obwohl er so reich war, schätzte Rudolf Augstein die einfachen Genüsse. Allzeit ein Sixpack im Kühlschrank und mittags zum Lunch eine Terrine Sauerkrautsuppe aus dem Bratwurstherzle, damit war er zufrieden. Wenn er in seinem Lieblingslokal, dem Winterhuder Fährhaus, speiste, musste sein Fahrer hinterher immer aus dem Supermarkt einen Harzer Käse besorgen, weil das Fährhaus-Management selbst für seinen prominentesten Stammgast so profane Delikatessen nicht im Angebot führen wollte.

Augstein war eitel, autoritär und zuweilen intrigant. Sein Freund und Chefredakteur Werner Funk, das mutmaßlich drittgrößte Talent (nach Augstein und Aust) in der *Spiegel*-Geschichte, sagte über ihn: »Er war der größte Egozentriker, den ich je erlebt habe.« Chefredakteur Claus Jacobi empfand ihn als »ruchlosen Verfechter seiner Interessen«. Klaus Harprecht hat ihm die »Lust an der Zerstörung« attestiert. Chefredakteur Erich Böhme hat den »Zyniker A.« als feige und autoritär charakterisiert. Dass er ein Zyniker war, hat Augstein nie bestritten. In dem berühmten Fragebogen der *FAZ* bezeichnete er Zynismus sogar als seine Lieblingstugend.

Erich Böhme war selbst kein Löwenherz. Und als er zum ersten Mal mutig war, musste er gehen. Er bekannte 1989 in der Überschrift eines *Spiegel*-Kommentars, sehr zum Ärger seines Herausgebers: »Ich will nicht wiedervereinigt werden.« Man solle sich von Gesamtdeutschland verabschieden mit den Worten von Thomas

Bernhard: »Nix is', bleed is', aus is'.« Da war auch Böhmes *Spiegel*-Karriere aus.

Augstein hat den größten Teil seines Lebens damit verbracht, die Mächtigen zu bekämpfen. Es wurde auch nicht als Widerspruch empfunden, dass er damit fortfuhr, als er selbst mächtig war. Er war »die Rache des Intellektuellen an der Macht selbst«, schrieb Frank Schirrmacher von der *FAZ*, »die Wiedergutmachung der Börne, Heine, Ossietzky, Tucholsky«.

Auch zur Absicherung seiner internen Macht beschäftigte Augstein nicht einen, sondern zwei Chefredakteure, die er bei Bedarf gegeneinander ausspielen konnte. Er duzte sich zwar mit ihnen, empfing sie auch in seinen feudalen Landhäusern, achtete aber darauf, dass die Hackordnung nicht litt. Er war ein Egomane, der keine Konkurrenten neben sich duldete.

Augstein konnte jovial, charmant, umwerfend witzig sein. Aber er ließ nie einen Zweifel daran aufkommen, dass er der Boss war. Das »Verehrungsverweigerungstalent«, das sein Freund Martin Walser ihm bescheinigte, war im Verkehr zwischen ihm und seinen Domestiken abgeschaltet. Er war Herr Puntila, alle anderen waren seine Knechte.

In der Verrisskonferenz am Montag, in der normalerweise ruppige Kritik gegenüber jedermann geübt wurde, gab es nur ein einziges Tabu: Augsteins Kolumnen, die wahrhaftig nicht alle aus einem Guss waren. »Wir stellen vieles in Frage, am ehesten aber uns selbst«, hat er mal in einer Rede vor dem Düsseldorfer Industrieclub gesagt. Damit hat er aber nur die Redaktion gemeint, nicht sich persönlich.

Wenn Augstein nicht zur Konferenz erschien, blieb sein Platz leer. Niemand traute sich, den Heiligen Stuhl zu besetzen, auf dem ER sonst saß. Hier galt Matthäus 24, Vers 42–44: »Darum wachet, denn ihr wisset nicht, welchen Tag euer Herr kommen wird. (…).

Denn des Menschen Sohn kommt zu einer Stunde, da ihr's nicht meinet.«

Rudolf Augstein war so destruktiv, wie Journalisten sein müssen, wenn sie ihre Aufgabe ernst nehmen. Autorität stand bei ihm unter Generalverdacht. Mental war er Tucholsky nahe, dem kleinen, dicken Berliner, der mit seiner Schreibmaschine die Hitlerei hatte aufhalten wollen, der aber mit seinen bösen Sottisen das Seine dazu beigetragen hatte, die von ihm durchaus verehrte erste deutsche Republik zu zerstören.

Augstein hat der Bonner Republik viele Tritte versetzt, die sie nicht verdient hatte. Er wollte sie aber nicht wirklich beschädigen. Denn er war kein Nihilist, auch wenn er gelegentlich so schrieb und redete. Außerdem war die neue Republik weniger verkommen und viel stabiler als die erste.

Manche Leser sahen die Republik zynischer als Augstein. In den fünfziger Jahren erschien ein Leserbrief, in dem der Schreiber lobend hervorhob, er schätze an seinem Lieblingsblatt »die hygienische Funktion des publizistisch kadaververtilgenden Geiers in der fäulniserregenden Wüste unserer Gegenwart«.

Die *Spiegel*-Masche, so hat Hans-Magnus Enzensberger mal geschrieben, bestehe darin, dem Leser ein »Gefühl der skeptischen Allwissenheit (zu vermitteln), die an allem zweifelt, außer an sich selbst«. Alle Artikel waren in demselben schnoddrig-vertraulichen Tonfall geschrieben, ganz gleich, ob es sich um den Dalai Lama, den deutschen Innenminister oder um einen Popstar handelte.

Die Magazinschreibe war eine neue Form des Journalismus. »Nichts interessiert den Menschen so sehr wie der Mensch«, schrieb Leo Brawand, der, bevor er der erste Chefredakteur des *Manager-Magazin* wurde, leitender Redakteur beim *Spiegel* war. Und: »Darum sollen alle *Spiegel*-Geschichten einen hohen menschlichen Bezug haben. Sie sollen von dem oder den Menschen handeln, die etwas bewirken.« Der Leser solle den Eindruck gewinnen, dass er selbst am Geschehen beteiligt sei.

Um die deutsche Sprache hat sich der *Spiegel* mit seiner zugespitzten Prosa weniger verdient gemacht als um die demokratische Kultur. Wolf Schneider, vormals Chefredakteur von *Welt* und *stern* und dann Leiter der Henri-Nannen-Journalistenschule, hat fürchterlich gelitten unter den gewollten Sprachmissbildungen, die ihm die Kollegen von der Brandstwiete zumuteten. Der *Spiegel*, so schrieb er, »wie viel Ehre ihm auf anderen Feldern auch gebühren mag«, sei mit seinen Manierismen seit Jahrzehnten der »oberste Verhunzer der deutschen Sprache«. Ich fand seine Kritik übertrieben, aber ein Sprachästhet von Wolf Schneiders Format musste das so empfinden dürfen.

Der *Spiegel* war teilweise stilistisch so uniform, dass sich viele Leser fragten, ob er eine Maschine habe, durch die alle Geschichten durchgenudelt wurden, damit sie die von Augstein verordnete Passform kriegten. Es gab auch welche, die glaubten allen Ernstes, Rudolf Augstein schreibe alle *Spiegel*-Artikel selbst.

Augstein war selbst eine Mimose, aber er hatte kein Problem damit, seine Spitzenkader vor versammelter Mannschaft abzuwatschen, wenn er es für nötig hielt. Manchmal in herzhafter Diktion, meist aber mit feiner Verachtung. Ich war dabei, als er in der großen Konferenz beiläufig bemerkte: »Übrigens, ich habe Werner Funk entlassen.« Chefredakteur Funk nickte und sagte: »Stimmt.« Sonst nichts.

Über die Ursache der Kündigung wurde viel spekuliert. Funk war zwar Augsteins Freund, aber ich glaube, er war ihm zu klug. Mit etwas weniger Innovationsbesessenheit wäre er vermutlich der *Spiegel*-Herausgeber des 21. Jahrhunderts geworden. Stefan Aust war damals noch nicht auf dem Plan.

Werner Funk hatte ständig Unruhe ins Geschäft gebracht. Er

vertrug sich mäßig mit den Ressortleitern und schlecht mit der Mitarbeiter-KG. 1989 waren er und Geschäftsführer Adolf Theobald mit dem Versuch gescheitert, der KG ihre *Spiegel*-Anteile abzukaufen und die Mitbeteiligung durch einen Pensionsfonds zu ersetzen. In einem Brief an Rudolf Augstein hatte er erklärt, eine Zusammenarbeit mit den Vertretern der Belegschaft sei fast unmöglich.

Vom *Spiegel* ging Werner Funk zum *stern*. Da hatte er es leichter, ein Blatt ganz nach seinem Gusto zu machen. Funk machte beim *stern* Krawalljournalismus auf höchstem Niveau. Augstein war hin- und hergerissen zwischen dem Ärger, ein solches Talent ziehen gelassen, und der Genugtuung, sich einen solchen Stänkerbolzen vom Hals geschafft zu haben.

Es kam nicht so selten vor, dass Rudolf Augstein einem Mitarbeiter spontan kündigte, der ihm quergekommen war. Ebenso spontan stellte er ihn dann aber auch meist wieder ein. Fritjof Meyer, der ihn auf vielen Reisen begleitet hat, ist das zweimal passiert. Von Augstein gefeuert zu werden galt als Ritterschlag. Werner Funk hat das vermutlich anders empfunden.

Kulturchef Hellmuth Karasek schrieb, Augstein habe oft der Versuchung nachgegeben, Leute ein wenig zu quälen. »Darin offenbarte sich seine Hamlet-Natur.« Er habe nichts mehr verachtet als Menschen, die ihm geistig unterlegen waren. Wenn das stimmt, dann hat er die ganze Welt verachtet. Weil fast alle ihm geistig unterlegen waren.

Aber auch die wenigen, die sich ihm gewachsen fühlen durften, waren vor Augsteins Despektierlichkeiten nicht sicher. Als Dieter Wild einmal in der Montagsbesprechung erklärte, das Ressort gedenke einen Korrespondenten in den Staat Soundso (ich habe den Namen vergessen) zu entsenden, um ihn über die dortigen Parlamentswahlen berichten zu lassen, schmiss Augstein seinen in ein burgunderrotes Strickjöppchen gewandeten Oberkörper auf den

Konferenztisch und rief lachend: »Wahlen in Soundso? Ach, Herr Doktor, wo ist das denn?« Keiner konnte so verächtlich »Herr Doktor« sagen wie Rudolf Augstein – der immerhin dreifacher Ehrendoktor war.

Augstein war kein Akademiker, weil sein »Führer« ihn Anfang der vierziger Jahre für die Akquisition von Lebensraum im Osten benötigt und ihm deshalb keine Zeit zum Studieren gelassen hatte. Seine Geringschätzung für die akademischen Stände wurde vom größten Teil der Redaktion – die ja selbst akademisch geprägt war – geteilt. Der Doktortitel galt beim *Spiegel* nicht als Dekor. Deshalb wurde er fast nie verwendet, es sei denn in ironisierender Absicht. Die einzige Ausnahme, die mir in Erinnerung ist, war Chefredakteur Johannes K. Engel. Er sprach Dieter Wild stets mit »Herr Doktor« an. Das war Ausdruck von großem Respekt.

Augstein war ein vielseitiger, gebildeter Mann. Aber für ferne Weltgegenden interessierte er sich nicht. Auch nicht für die abseitigen Länder Europas. Außer auf Deutschland konzentrierte sich sein Interesse auf Israel, Amerika, England, Frankreich und vor allem auf die Sowjetunion. In Moskau wurde er zeitweilig als Gospodin Deutschland geschätzt. Anfangs wegen seines Feldzugs gegen Deutschlands Westbindung, später wegen seines Widerstands gegen den NATO-Doppelbeschluss.

Das Sowjetreich hat Rudolf Augstein bestimmt zwei Dutzend Mal besucht. Das erste Mal als Artilleriefunker der Deutschen Wehrmacht in der Ukraine. Er hatte sich mehr schlecht als recht durch Hitlers Krieg gemogelt. Nachdem er mehrfach verwundet worden war, hatte er sich auf einem Panjepferdchen nach Westen zurückziehen müssen. Seitdem kultivierte er ein mystisches Verhältnis zur UdSSR.

Kollege Fritjof Meyer hat gern die Geschichte erzählt, wie sein Verleger und er 1993 anlässlich der Eröffnung des *Spiegel*-Büros in

Kiew mit dem Helikopter in das Dorf Gadjatsch geflogen waren, wo Augstein im Krieg Quartier in einer alten Wassermühle bezogen und wo er auch die intime Bekanntschaft einer hübschen Ukrainerin gemacht hatte. Auf dem Weg zur Mühle begegnete ihnen eine Babuschka mit ihrem Enkelkind. »Wenn das Kind von mir wäre, müsste ich es ja jetzt wohl adoptieren«, sagte er melancholisch.

Das Kind war wohl nicht von ihm. Doch allein die Illusion machte ihn froh. Sie war ihm eine dicke Spende für die Mühle wert. Für das Geld sollte ein neuer Elektromotor angeschafft werden.

Im Gegenzug schenkte der Müller Rudolf Augstein eine Tüte Mehl. Es heißt, diese Geste sei für Augstein Anlass gewesen, seinen Frieden mit der Sowjetunion zu machen. 25 Jahre nachdem die sowjetische Botschaft in Bonn dem *Spiegel* mitgeteilt hatte, er solle sich um Einreisevisa für seine Mitarbeiter erst dann wieder bemühen, wenn er die »tiefen Feindseligkeiten gegenüber unserer Regierung, ihren Leitern, dem Sowjetvolk und allem, was in unserem Land geschieht«, überwunden hätte.

Rudolf Augstein hatte einen guten Instinkt für die Befindlichkeiten der roten Supermacht. 1984 schrieb er: »In den entlegensten Gehirnzellen dämmerte es ihren Führern, dass sie all die mit Gewalt angeeigneten Gebiete ihres Vorfeldes eines näheren oder ferneren Tages werden fahren lassen müssen.«

Augsteins Vision war richtig. Die Mehrheit der *Spiegel*-Redakteure – weniger die leitende Herren – verehrten Augstein, obwohl er politisch oft mit der Redaktion überkreuz war, als eine Art Gottkönig und als moralische Instanz, weil er mit seinen Bewertungen meist (nicht immer) mitten ins Schwarze traf. Er selbst sah die Ursache seines Erfolgs in einer Mischung aus eigener Leistung, Glück und Imagination: »Etwas Sein, etwas Schein, etwas Schwein.«

Rudolf Augstein war bei seinen Mitarbeitern vor allem deshalb populär, weil er gut für sie sorgte. Die Redakteursgehälter waren doppelt so hoch wie bei großen Tageszeitungen. Dazu kamen ab 1974 die Zuwendungen der Mitarbeiter-KG. Es gab Jahre, da kassierten Spitzenverdiener 60 000 Mark zusätzlich zu ihren Gehältern. *Zeit*-Verleger Gerd Bucerius hat über Augstein gesagt: »Er ist ein guter Journalist und ein guter Kaufmann. Er hat nur einen Fehler: Er bezahlt seine Leute zu gut.«

Augstein ist nicht schlecht damit gefahren. Er hatte begriffen, dass man mit einer Zeitung nur erfolgreich sein konnte, wenn sie besser war als ihre Konkurrenten, und dass man die Brainpower, die man dazu brauchte, ordentlich bezahlen musste.

Auch im Zeitungsgewerbe ist Geld die Seele des Geschäfts. Die Verleger, die das meiste Geld haben, machen die – innerhalb ihres Segments – beste Zeitung. Journalisten behaupten gern, Geld bedeute ihnen nicht viel. Sie sind aber empfänglich für die Freuden und schönen Dinge, die man dafür kaufen kann. Die meisten haben deshalb ein gutes Gespür für den Marktwert ihrer Begabung. Deshalb hatte der *Spiegel* immer die beste Mannschaft.

Es gab allerdings auch Kollegen, die mit ihrem Gehalt nicht auskamen, obwohl sie prächtig bezahlt wurden. Einem von ihnen hat Augstein nach dessen Verrentung aus seiner Privatschatulle eine Apanage bezahlt, weil er sonst Sozialhilfe hätte beantragen müssen. Einem anderen steckte er 100 000 Mark zu, nachdem ihn die Scheidung fast ruiniert hatte.

Die Personalkosten waren der größte Posten im Etat. Dann kamen vermutlich die Reisespesen. Ich habe den großzügigen Spesenetat der Auslandsredaktion genossen. Viele Jahre lang bin ich immer in feinen Häusern abgestiegen, also in Hotels, in denen man wie zu Hause oder noch besser wohnte und nicht einfach nur untergebracht war. In London bei Browns, in Tokio im Imperial, in Bangkok im Oriental, in New York im Pierre. In Moskau habe ich einmal die Präsidentensuite im Baltschugg Kempinski bewohnt, weil nichts anderes frei war. Allerdings, dank guter Beziehungen, zum Einzelzimmerpreis.

Das Pierre in New York wäre auch jenseits meiner Möglichkeiten gewesen, wenn mir nicht *Spiegel*-Hollywood-Korrespondent Helmut Sorge fünfzig Prozent Rabatt besorgt hätte. Es hatte das Prädikat »European Class« und rangierte noch über der Fünf-Sterne-Kategorie. Amerikaner sind – anders als ihr Präsident – ganz verrückt nach allem, was das Timbre des alten Europa hat.

Nach der Wende war mir einmal eine Nacht in der »Suite des Staatsratsvorsitzenden« in dem Hotel gegenüber dem Görlitzer Hauptbahnhof vergönnt. Der Staatsratsvorsitzende hatte es zwar nie betreten. Aber es war unvergesslich. Vor allem das Frühstück am Morgen danach. Jeder Artikel trug ein kleines Schildchen, auf dem der Preis angegeben war: eine Scheibe Wurst 17 Pfennig, ein Schmelzkäse 22 Pfennig, ein Ei 19 Pfennig. Nur Kaffee, Margarine und Marmelade wurden nicht extra berechnet.

Zur Fortbewegung dienten die erste Klasse zu Lande und Business in der Luft. In Ausnahmefällen ging es auch mal per Privatcharter. Kollegin Valeska von Roques durfte sogar mit der Concorde nach Kansas City fliegen, um sich die Premiere von *The day after* anzusehen. »Wegen der Dringlichkeit«, hieß es auf dem Reiseantrag. Dabei wäre sie mit der Panam-Boeing von Hamburg über New York nach Kansas genau so schnell gewesen, weil sie nur einmal und nicht zweimal hätte umsteigen müssen.

Wo es nichts anderes gab, reiste man natürlich auch alternativ. Im Sudan fuhr ich 500 Kilometer auf dem Dach eines Eisenbahnwaggons, weil die Abteile voll waren. Der Zug hielt alle zwei Stunden, damit man in der Wüste große und kleine Geschäfte verrichten konnte. Toiletten gab es nicht. In der Ostsee war ich auch mal einen Tag mit dem U-Boot unterwegs.

Auf Flügen von Nairobi nach Deutschland bekam ich gelegentlich ein freundliches Upgrade vom Lufthansa Station Manager. Die Chefstewardess empfing mich an der Gangway mit der Frage, ob ich denn unterwegs nach Rhein-Main nicht ein Löffelchen Kaviar probieren wolle. Ja doch, da sagte ich nicht nein. Sie nahm mir dann die blaue Bordkarte ab und steckte mir eine rote ins Strunztuchtäschchen. »Son lütten Eierpankouken außer die Reihe ischa man keine Sünde«, sagen die Dithmarscher Bauern.

Ich hatte dabei kein schlechtes Gewissen, weil ich dienstlich nie mit Lufthansa zu tun hatte und deshalb auch nicht in einen Interessenkonflikt kommen konnte. Später, als die Reporterriege wuchs, wurden die Spesengepflogenheiten gestrafft. Wofür ich Verständnis hatte.

Anfang 2000 wurde Augstein von hundert namhaften Kollegen zum »Journalisten des Jahrhunderts« gekürt. Das Prädikat griff nicht zu hoch. Er hatte mehr erreicht als irgendein anderer Journalist des 20. Jahrhunderts – wenn man mal absieht von den zwei Watergate-Enthüllern, die einen leibhaftigen US-Präsidenten zur Strecke gebracht hatten.

Einige Träume hat Augstein nicht verwirklichen können: die Gründung einer Tageszeitung, den Einstieg ins politische Geschäft, die Gründung einer intakten Familie. Nur, die Behauptung, »fast alles, was Rudolf Augstein wirklich gewollt hat, (ist) ihm misslungen«, wie Ex-*Spiegel*-Reporter Hermann Schreiber in der Rezension der fabelhaften und endgültigen Augstein-Biografie von Peter Merseburger schrieb, ist absurd. Augstein hatte das wichtigste Presseorgan der deutschen Geschichte gegründet und es mit Ausdauer und Geschick zur einflussreichsten und profitabelsten Zeitung der zweiten deutschen Republik gemacht. Was sollte denn da noch Größeres kommen?

Meine Bewunderung für Augstein hat mich nicht vor seinem Zorn geschützt. 1990 wollte er mich rausschmeißen, weil ich in einem Buch mit dem Titel *Die deutschen Ängste* den Betroffenheitskult aufgespießt hatte, mit dem der *Spiegel* seine Leser bediente. Ihn selbst hatten meine Respektlosigkeiten nicht besonders aufgebracht. Aber die Kollegen, die sich von mir veralbert und attackiert fühlten, waren eine starke Lobby.

Themenschwerpunkt des Buches war der Deutschen Lust am Untergang. Zum ersten Mal in ihrer Geschichte lebten die Deutschen in freiheitlich-demokratischen Verhältnissen, in der besten aller machbaren – nicht denkbaren – Ordnungen mit einem halben Jahrhundert Frieden und der Aussicht auf ein weiteres friedliches halbes Jahrhundert, mit steigender Lebenserwartung, einem stabilen Lebensstandard, 3000 Biersorten und 50 000 Neuerscheinungen auf dem Büchermarkt. Trotzdem lag ein Orgelton in Moll über der deutschen Wirklichkeit.

Auf der Rating-Liste der *Sunday Times*, die Wohlstand, Bürgerfreiheit, Lebenserwartung, Umwelt und Lebensqualität benotete, stand die Bundesrepublik unter 125 bewerteten Nationen auf Platz 2. Doch die deutsche Zugewinngemeinschaft suhlte sich in Angst und Weltschmerz. Statt die Auferstehung des Herrn zu feiern wie andere Völker, gedachte sie in ihrem Jammertal zu Ostern des Rüstungswettlaufs und des Cholesteringehalts der Ostereier. Die Deutschen fühlten sich als Volk ohne Zukunft, beladen mit Erbschande und umstellt von Schloten, Spitzeln, Schnellen Brütern und Raketen, mit der Hoffnung auf den erlösenden Endknall oder das letzte Flugzeug nach Neuseeland. Über diesen Neurosentaumel hatte ich die lila Soße der Ironie ausgeschüttet. Klar, dass das jene Kollegen verdrießen musste, die an seiner Genesis beteiligt waren.

Autor vieler menetekeliger Geschichten über das Waldsterben und den sauren Regen war Jochen Bölsche, der Chef von Deutschland II. Nicht, dass der deutsche Wald gesund gewesen wäre. Alles was lebt, ist auch mal krank. Aber die Münchner Stadtverwaltung hatte 1987 Probleme, für die Vorweihnachtszeit einen zeitgeistgerechten Christbaum für die Innenstadt zu finden, der Schmuck und Mahnung zugleich war. Denn die Bäume im Münchner Umland waren nicht versehrt genug, sie standen alle gut im Saft. Ich zitierte einen Forstwissenschaftler mit dem Satz: »Das Gerede vom Waldsterben ist ein Schmarren.«

Wer so was schrieb, galt als verantwortungsloser Beschwichtiger. O-Ton Bölsche: »Das lächerliche Versteckspielen kann keinen mehr täuschen. Die Waldzerstörung ist so weit fortgeschritten, dass selbst Banausen aus der Großstadt stutzig werden.« Ich wohnte nicht in der Großstadt, sondern in einem Heidedorf, in dem sich der Waldbestand in den letzten dreißig Jahren fast verdoppelt hatte.

Zur Jahrtausendwende sprach kaum noch jemand vom Waldsterben. Im Oktober 2004 berichtete *Spiegel online*, der deutsche Wald sei dermaßen ins Kraut geschossen, dass die holzverarbeitende Industrie mit dem Fällen nicht mehr nachkomme. Deutschland hatte mit 3,4 Milliarden Kubikmeter Holz den größten Waldbestand Europas. Der Wald war stellenweise ein bisschen kränklich, aber überwiegend eher gesund. Wie immer.

Nun mag ja ein wenig bunter Pessimismus ganz kleidsam sein für ein Intelligenzblatt. Nur, die schwarzseherische Weltschau hatte die Wucht einer religiösen Bewegung. Das fand ich lächerlich, und so stand es auch in meinem Buch.

Eigentlich war das Symptom nicht neu. Der hypochondrische Zeitschmerz war schon im 18. und 19. Jahrhundert turnusmäßig über die Deutschen gekommen wie der Kartoffelkäfer über die deutsche Scholle. Es ist eine erfahrbar wahre Plattitüde: Ab einer bestimmten gehobenen Zivilisationsstufe sind Lebensqualität und Lebensgefühl gegenläufig. Afrika hat keine Neurotikerprobleme. Deutschland anno 45 hatte auch keine.

Ihren Höhepunkt erreichte die Inquisition am Tag, nachdem ich meine Thesen in der ZDF-Talkshow in der Frankfurter Oper verteidigt hatte. Es war ein schwerer Gang. Ich hatte Inge Meysel, die Mutter der Nation, gegen mich. Sie spielte ihre ganze geballte Mütterlichkeit aus, um mich plattzumachen. Das Publikum brach schon in Beifall aus, bevor sie den Mund aufmachte. Und ich wurde ausgebuht, bevor ich etwas gesagt hatte. Was war ich wütend auf die aufgekratzte alte Henne. Und Talkmaster Harry Valerien stärkte ihr auch noch hemmungslos den Rücken.

Das Videoband von der Sendung sehe ich mir immer noch gelegentlich an. In der Hoffnung, doch noch ein wenig Siegesglamour darin zu entdecken. Aber es hilft nichts. Die Fernsehschau war nicht mein Austerlitz. Ich wirkte fahrig und zerknittert. Dass ich nicht gänzlich unterging, verdankte ich Heinrich Lummer, dem ehemaligen Innensenator von Berlin, der mit am Tisch saß. Er hatte mein Buch gelesen und er sagte, es habe ihm gefallen.

Für die *Spiegel*-Kollegen war das natürlich keine Empfehlung, eher eine Zuspitzung der Provokation. Lummer war der Rechtsaußen der Berliner CDU, nebenbei Ehrenvorsitzender der »Deutschen Konservativen«. Seine Schützenhilfe brachte die Mehrheit der Redaktion auf die Zinne. Was ist das für ein *Spiegel*-Autor, der solche Bündnisgenossen braucht.

Am Tag nach der Sendung entfachten meine Gegner in der Elf-Uhr-Konferenz eine heftige Debatte über die Frage, ob dem Fernsehauftritt und dem Erscheinen meines Buches ernste Konsequenzen folgen sollten. Der Haifischteich brodelte. Es sah nicht gut aus für mich. Ich hatte mehr Staub aufgewirbelt, als ich schlucken konnte. Jochen Bölsche sagte, ich hätte den sauren Regen nicht als Bedrohung der Menschheit akzeptiert. Unglaublich. Weg mit dem Kerl.

Es war Hellmuth Karasek, der mich vor der Hinrichtung rettete. »Ach, Herr Bölsche«, sagte er, »wenn Sie den Grundkonsens in diesem Haus durch seine Ansichten über den sauren Regen gefährdet sehen, dann müssen Sie mich künftig auch als Dissidenten betrachten.« Spontanes Gelächter, damit war die Luft raus aus dem Skandal.

Was freilich *Die deutschen Ängste* nicht daran hinderten, weiterhin Verdruss zu gebären. Meine Buchhändlerin in Jesteburg erzählte mir von einem Kunden mit Lodenmantel und Baskenmütze, der bei ihr meine *Ängste* gekauft hatte. Beim Lesen sei ihm der Kiefer runtergefallen. Er hatte nämlich das Buch des Kollegen Jürgen Leinemann haben wollen und versehentlich nach meinem gegriffen. Leinemanns Buch hieß so ähnlich wie meines. Nämlich *Die Angst der Deutschen.* Es war aus der bedenkenträgerischen Sicht eines Autors geschrieben, der in einem linken Paralleluniversum lebte. Deshalb war es inhaltlich so ziemlich das Gegenteil von meinem. Der Kunde gab mein Buch schnell wieder zurück.

Danach habe ich noch einmal eine Augstein'sche Demarche hervorgerufen. Sie war für mich gefährlicher als die erste. Ich hatte für den Ullstein Verlag ein Buch über die dubiose Rolle der Dichter und Denker im 20. Jahrhundert geschrieben. Mit viel Spott und Schande für die Literaten, die sich selbst aus Eigennutz zu Hitlers und Stalins geistigen Bütteln herabgewürdigt hatten. In dem Buch ging es vor allem um rechts- und linksintellektuelle Gesinnungslumperei.

Das Buch hätte wohl passieren können. Doch der Ullstein-Mitverleger Herbert Fleissner hatte die unselige Idee, Rudolf Augstein in einem Brief darauf hinzuweisen, dass seine Redakteure nicht nur polemische linke Artikel, sondern auch konservative Bücher schreiben könnten. Darauf könne er, Augstein, stolz sein. Er solle mal den neuen Wiedemann lesen.

Augstein hat in dem Manuskript geblättert, aber er war gar nicht stolz auf mich. Er fühlte sich provoziert und teilte mir mit, dass ich mich als gefeuert betrachten könne, wenn das Werk erscheine. Dissens im vernünftigen Rahmen sei erlaubt und sogar erwünscht. Wer sich aber total querlege, der handle geschäftsschädigend und könne nicht bleiben.

Ich wollte natürlich beim *Spiegel* bleiben. Deshalb teilte ich Fleissner mit, dass die Intellektuellenschelte leider nicht stattfinden könne. Wir sollten gelegentlich mal was anderes zusammen machen.

Nein, nein, so nicht, mein Herr, antwortete Fleissner. Wir hätten einen Vertrag, und wenn ich den nicht erfüllte, müsste er mich für den daraus entstandenen Schaden in Regress nehmen.

Ich ließ mir von meinem Anwalt, der Experte für Verlagsrecht war, ausrechnen, was da auf mich zukommen könnte – und erschauerte. Mit 250000 bis 300000 Mark, meinte er, müsse ich schon rechnen.

Der Advokat und ich also in den nächsten Flieger nach München. Fleissner war freundlich, in der Sache aber hart. Er ließ sich seinen Standpunkt nicht ausreden: Ich sei mit den *Deutschen Ängsten* sehr erfolgreich gewesen. Er habe damit rechnen können, dass das neue Buch an den Erfolg anschließen würde.

Das fand ich nicht logisch, weil der Erfolg ja auf das Thema und nicht auf die Person des Autors zurückzuführen war. Und das neue Buch hatte ja ein ganz anderes Thema.

Aber einen Prozess zu führen mit nichts als ein bisschen Logik im Tornister und dann auch noch gegen einen resoluten Multimillionär, das war mir zu riskant. Herrschaften aus dem Verlagsgewerbe waren mir bis dahin eher als milde Ritter begegnet, die es vermieden, ihre Autoren dem rauen Wind der Merkantilität auszusetzen. Fleissner machte mir klar, dass Büchermachen ein Geschäft war wie jedes andere, jedenfalls kein mäzenatisches.

Mein Anwalt und ich haben fast einen Tag lang mit Fleissner gefeilscht. Dann hatten wir den Kompromiss im Kasten: Ich verpflichtete mich, in zwei Monaten das Manuskript für ein ganz neues

Buch vorzulegen. Der Titel war simpel: *Die Ängste der Welt.* Fleissner bestand auf dieser Headline. Er versprach sich davon einen Erinnerungsimpuls. Dem Leser sollte suggeriert werden, die neuen *Ängste* seien eine Fortsetzung der alten.

Ich nahm dann meinen ganzen Jahresurlaub an einem Stück und legte los. Es war eine elende Schinderei. Von morgens acht bis abends zehn schreiben, schreiben, schreiben. Weil ich mich während der ganzen Zeit vorwiegend von Schokolade, Schmalzbroten und Pizza ernährte, nahm ich in den acht Wochen sieben Kilo zu. Aber das Buch wurde pünktlich fertig, ich hatte den Kopf aus der Schlinge.

Kurz nach Erscheinen des Buches war ich mit meiner Frau zu Gast in Augsteins Villa am Leinpfad. Es war kein aufregender Abend. Wir nahmen noch mal die Reichsgründung durch und dann die Kriegsschuld von Wilhelm zwo. Augsteins Thesen dazu hatte ich alle schon gehört, die über Bismarcks historisches Versagen schon mehrfach.

Wir plauderten auch über Journalismus und Macht, über richtiges Zeitungsmachen und über Augsteins kategorischen Imperativ: Der Journalist solle sich nicht aktiv in die Politik einmischen, keine Koalitionen fördern oder bekämpfen. »Richtig informieren, das ist genug Macht in einer falsch verstandenen Welt«, sagte er

Gegen diesen Grundsatz hat Rudolf Augstein natürlich selbst immer wieder verstoßen. Er hat nicht nur informiert, sondern zugleich auch nach Kräften kommentiert und polemisiert. Er und der *Spiegel* haben dabei auch Kommentar und Berichterstattung immer wieder miteinander vermengt und damit gegen ein journalistisches Grundprinzip verstoßen.

Aber es ist ein unsinniges Prinzip, weil sich das, was passiert, von dem, was der Autor davon hält, nicht trennen lässt. Ein engagierter Journalist, dessen Geschäft die Politik ist, kann nicht anders, als politische Meinungen zu haben, und er macht sich der Heuchelei schuldig, wenn er so tut, als seien sie für den Leser belanglos.

»Der Reporter hat nichts zu rechtfertigen und hat keinen Standpunkt«, hat Egon Erwin Kisch geschrieben. Er hat sich selbst daran nie gehalten. Kisch war Kommunist und hat in den zwanziger Jahren mit seinen prosowjetischen Apotheosen dazu beigetragen, die kommunistischen Verbrechen in Russland zu entschuldigen und Lenins Terrorregiment zu stabilisieren. Nein, Journalismus ist immer subjektiv.

Ich erlaubte mir die kesse Frage an Augstein, ob das Verbot der Mandatsvermischung auch für die Paderborner Gegend gelte – unter Anspielung auf seine kurzfristige und nicht eben ruhmreiche Gastrolle als FDP-Bundestagsabgeordneter für den Wahlkreis Paderborn/Wiedenbrück, die er schon nach wenigen Wochen beendet hatte.

Augsteins Wahlkampf im sturzkatholischen Paderborner Land und die Bonner Episode, die danach kam, hatten Augstein eine Menge Spott eingetragen. Die Branche bog sich vor Lachen, als das Foto über den DPA-Bilderticker lief, auf dem er sich zwei völlig verstörten Nonnen näherte, um sie für die Liberalen einzufangen. Im Grunde war es wohl nur ein schönes Happening, obwohl Augstein damals ernsthaft die Hoffnung gehabt hatte, er werde FDP-Fraktionsvorsitzender im Bundestag werden.

Augstein ließ meine Frage unbeantwortet. Er tat so, als hätte er sie nicht gehört. Und ich war nicht mutig genug, sie zu wiederholen.

Meine Frau und ich empfanden die Einladung als eine formidable Ehre. Dabei hatte Augstein mit ihr vermutlich nur signalisieren wollen: Alles wieder gut, du bist ein braver Junge. Aber mach so was nicht noch mal. Der Gastgeber war den ganzen Abend stocknüchtern. Er trank in vier Stunden sieben Flaschen Apollinaris, während die Gäste tüchtig dem Alkohol zusprachen.

Ich hatte befürchtet, dass Augstein bei unserem Besuch Karlis

Brief ansprechen würde. Aber das tat er Gott sei Dank nicht. Karli war mein Schäferhund. Im *Spiegel* war eine Geschichte über die wechselseitige Charakterprägung von Schäferhunden und ihren Eignern erschienen. Alle Schäferhundebesitzer seien Reaktionäre, wenn nicht Kryptofaschisten. Ich fühlte mich angesprochen und beleidigt, obwohl mein Karli mir zugelaufen war und er deshalb gar nichts über meinen Charakter aussagen konnte. Deshalb schrieb ich dem *Spiegel* einen satirischen Leserbrief und setzte als Absender »Karl von Jesteburg« darunter. Leserbriefredakteur Werner Detsch fand ihn witzig und nahm ihn ins Blatt. Der Chefredaktion gefiel er auch, deshalb gab sie ihr Okay für die Veröffentlichung.

Karlis Klage wäre auch erschienen, wenn nicht bei der letzten Durchsicht der Fahne ein Nachtredakteur gefragt hätte: »Sag mal, hat der Wiedemann nicht einen Schäferhund? Und wohnt der nicht in Jesteburg?« Kurzum, der Brief flog wieder raus.

Gut zwei Wochen danach geschah es, dass der Heftkritiker in der Montagskonferenz Anstoß an einem anderen Leserbrief nahm, der ganz offensichtlich von einem Kollegen zum eigenen Vorteil inspiriert worden war. Sinngemäß: Ihr Artikel über den Politiker soundso war ein Meisterstück des kritischen Journalismus, so was möchten wir öfter lesen. Der Redakteur, der ihn geschrieben hat, verdient meine Bewunderung.

Der betreffende Kollege saß dabei und kriegte rote Ohren. Es war klar, dass er den Brief selbst geschrieben oder zumindest in Auftrag gegeben hatte. Rudolf Augstein lachte hämisch und machte eine wegwerfende Handbewegung: »Ist doch nicht tragisch. Wenn sogar schon die Hunde von *Spiegel*-Redakteuren Leserbriefe schreiben, dann muss man sich auch selbst loben dürfen.«

In einem Fall hatte ein Kollege die von ihm bestellten Briefe gesammelt, couvertiert, frankiert und dann in denselben Briefkasten geworfen. Natürlich war dem Leserbriefredakteur aufgefallen, dass alle Briefe zu dem fraglichen Thema in demselben Ort abgestempelt waren, in dem der Autor des Artikels wohnte. Am nächsten Tag wusste es das ganze Haus. Der Kollege nahm eine Woche Urlaub, um den Lästersturm abzuwettern, der daraufhin losbrach.

Rudolf Augstein hatte nichts dagegen, wenn seine Redakteure uneinig waren. Ein bisschen Stunk belebte die Streitkultur. Er hatte normalerweise auch kein Ohr für auswärtige Kritiker, die einen seiner Mitarbeiter anschwärzen wollten.

Julius Hackethal, der Show-Chirurg vom Chiemsee, der mit seinen Thesen zur Krebsbehandlung die Schulmedizin gegen sich aufgebracht hatte, musste das verärgert erfahren. Ich hatte seinen Unwillen mit einer Geschichte über die dubiosen Praktiken der Sterbehelfer erregt. Nicht nur den Unwillen von Sterbehelfer Hackethal, sondern auch den von Hans Henning Atrott, dem Präsidenten der Gesellschaft für humanes Sterben.

Hackethal und Atrott hatten sich um die Gunst eines querschnittgelähmten jungen Mädchen namens Manuela gestritten, das um Beihilfe zum Suizid gebeten hatte. Beide wollten ihr Sterbehilfe leisten und dabei einen Film drehen. Atrott war schneller.

Die Überschrift über meinem Werkstattbericht trug den Titel »Machen wir es festlich, mit Kerzen und Oma« – in Anlehnung an den Vorschlag, den Hackethal dem Mädchen zur Dramaturgie gemacht hatte.

Atrotts Todesshow war eine würdelose Veranstaltung. Eine von ihm engagierte Handlangerin hatte den Tötungsapparat mit dem Gift neben Manuelas Bett aufgestellt, so dass sie ihn selbst bedienen und sich niemand der Beihilfe zum Selbstmord schuldig machen konnte. Die schaurige Prozedur wurde von einer Schmalfilmkamera aufgenommen.

Der *Spiegel*-Bericht, in dem er als Totmacher und als Verlierer dargestellt wurde, trieb Hackethal auf die Zinne. Die Yellow Press feierte ihn als Robin Hood der Krebskranken. Und nun so eine perfide Breitseite. Er reagierte auf den Artikel wie ein angeschossener Eber. »Lieber Rudolf«, schrieb er. »Dieser Bericht ist eine niederträchtige Ehrabschneiderei.«

Augstein rief mich an. »Schöne Geschichte, die Sie geschrieben haben.« Mir schwoll der Kamm. Dann fragte er: »Stimmt sie denn?«

Ich versicherte ihm, dass alles sauber recherchiert sei und die Rechtsabteilung und die Dokumentation sie überprüft und keine Einwände gehabt hätten.

»Dann machen Sie weiter damit«, brummte Augstein. Und außerdem, so sagte er, »weiß ich gar nicht, wie der Kerl dazu kommt, mich zu duzen.« Er hatte Hackethal ein paarmal auf Partys in Hamburg getroffen. Aber sie waren sich wohl nicht besonders nahe gekommen.

Ich habe noch weitere Geschichten über die gnadenlose Gnadentod-Lobby geschrieben. Nach der dritten oder vierten bekam ich von Augstein eine Hausmitteilung: »Seien Sie doch nicht so nachtragend.«

Du hast es nötig, dachte ich, obwohl ich wusste, dass es scherzhaft gemeint war. Rudolf Augstein konnte extrem nachtragend sein. Den bayerischen Poltergeist Franz-Josef Strauß hat er fast bis ans Grab mit Enthüllungen und Blasphemien traktiert. Strauß hatte 1963 die *Spiegel*-Spitze in Untersuchungshaft gebracht, nachdem Konrad Adenauer nach der Veröffentlichung eines *Spiegel*-Titels über die »begrenzt abwehrbereite« Bundeswehr im Hamburger Pressehaus einen »Abgrund von Landesverrat« geortet hatte. Augstein saß am längsten, nämlich 103 Tage, erst in Hamburg, dann in Koblenz, dann in Karlsruhe.

Die machtvolle Solidarbewegung draußen baute Augstein in der Haft zum Widerständler auf. Das zeigte sich an der zunehmend kessen Diktion der *Spiegel*-Kolumnen, die er aus der Zelle heraus schrieb, und auch daran, dass er sich weigerte, sein Hemd in die Hose zu stopfen, wie es die Knastordnung forderte. Am Ende seiner 103 Tage hinter Gittern war er dann doch ein richtiger Held.

Als er entlassen wurde, wurden unter der Pritsche in Augsteins Zelle Batterien von leeren Bierdosen gefunden. Dass sie nicht vorher schon entdeckt worden waren, lässt darauf schließen, dass sich der Häftling Augstein gewisser Privilegien erfreut hatte, die nicht im Einklang mit der Anstaltsordnung standen.

Die Anklage gegen die verantwortlichen Redakteure schmolz schnell zusammen wie Butter an der Sonne. Schließlich wurde sie sang- und klanglos fallengelassen. Es war das Jahr, in dem die Bundesrepublik erwachsen und der Widerstand gegen falsche Autoritäten zum festen Bestandteil des deutschen Kulturerbes wurde.

Für den *Spiegel* war die Affäre auch ein wirtschaftlicher Erfolg: Das Getöse um den bis dahin schlimmsten Skandal in der Geschichte der Republik trieb seine Auflage mittelfristig von 500 000 auf 700 000 Exemplare. Er bewies, ganz nebenbei, auch, dass die Bundesrepublik nunmehr ein richtiger Rechtsstaat war.

Nur wenige wissen, wie die Feindschaft zwischen Strauß und Augstein entstanden war. Straußens Gier nach Atomwaffen und seine Brachialität waren nicht die ursprünglichen Auslöser gewesen. Es waren sein Mangel an Selbstkontrolle, seine totalitäre Haltlosigkeit, die Augstein davon überzeugten, dass ein solcher Politiker in der westdeutschen Republik keine Macht haben dürfe.

Die Erkenntnis war nach einem Besuch von Strauß in seinem Haus am Maienweg in Hamburg über Rudolf Augstein gekommen. Weil Strauß noch unbedingt den letzten Zug nach Bonn kriegen wollte, rief er den Bahnhofsvorsteher an und veranlasste ihn unter Drohungen, den Schnellzug nach Bonn aufzuhalten. Auf dem Weg zum Bahnhof nötigte der Gast seinen Gastgeber dazu, eine rote Ampel zu überfahren. An diesem Abend, so erzählte Augstein, habe er den Entschluss gefasst, Franz-Josef Strauß den Weg ins Kanzleramt zu vernageln.

Dem Politiker Strauß hat der *Spiegel* dreißig Titelgeschichten gewidmet – bis auf die allererste nur böse Geschichten. Mit dem Anti-Strauß-Film *Der Kandidat*, den der von Augstein alimentierte Filmverlag der Autoren 1980 gedreht hatte, verpasste Augstein dem bayerischen Schmock dann den finalen Rettungsschuss. Der Film war kein cineastisches, aber ein demagogisches Meisterwerk. Es hat wesentlich dazu beigetragen, die Bundesrepublik vor einer ernsten Bedrohung zu bewahren. Jedoch, es ist erlaubt, daran zu zweifeln, dass Franz-Josef Strauß wirklich die größtdenkbare Gefahr für den jungen deutschen Staat darstellte, wie seine Gegner suggerierten. So ein Weltriesenstaatsmann war er nun auch wieder nicht.

Rudolf Augstein konnte auch Schlussstriche ziehen. Mit Konrad Adenauer, der den *Spiegel* wiederholt als Unglück für Volk und Nation bezeichnet hatte, rauchte er kurz vor dessen Tod in einem langen Gespräch die Friedenspfeife, wie er es nannte. Und die Memoiren des bösen FJS erschienen nach dessen Tod – na, wo schon? Im *Spiegel*.

Ich selbst habe Augstein auch als ungemein loyal kennengelernt. Ganz besonders in meiner ganz persönlichen Bitburg-Affäre. Es war 1985, als US-Präsident Ronald Reagan zu seinem umstrittenen Besuch in der US-Garnisonsstadt Bitburg in der Eifel eintraf. Die Medien überboten sich mit Reagan-Attacken, weil auf dem Bitburger Soldatenfriedhof auch gefallene SS-Leute begraben waren und sie in dem Besuch eine Verneigung vor dem Faschismus sahen.

Ich sah es gelassener. Natürlich hatte Reagan keine Hommage an die SS im Sinn. Von den wenigen SS-Leute in den Bitburger Gräbern war keiner älter als neunzehn Jahre gewesen, als er starb.

Die Bitburger und die Amerikaner hatten auch nie Probleme

miteinander gehabt. In den dreißig Jahren zuvor waren in der Stadt 16 000 amerikanische Kinder geboren und 6000 deutsch-amerikanische Ehen geschlossen worden. Beim Hundert-Meter-Bierfassrollen auf dem Grenzlandfest im Juli war die 36. Tactical Fighter Wing stets mit zwei, drei Teams dabei gewesen.

Die wenigen Bitburger Juden sahen den Reagan-Besuch ähnlich entspannt wie ich. Einen von ihnen rief ich an, um ihn nach seiner Meinung zu fragen. Er war Imbissbudenunternehmer und meldete sich am Telefon mit dem Namen Rosenzweyg. Ich fragte sicherheitshalber: »Sind Sie der Imbissbudenunternehmer Rosenzweyg?«

»Der bin ich«, sagte Rosenzweyg, und dann spulte er seinen Kommentar ab. Am Montag drauf stand sinngemäß im *Spiegel*, der jüdische Imbissbudenunternehmer Max Rosenzweyg, genannt Max Pommes, finde auch nichts dabei, dass Ronald Reagan Bitburg besucht habe. Und: »Das waren Soldaten wie andere auch.«

Drei Tage später meldete das Konkurrenzblatt *stern*, es habe *Spiegel*-Reporter Wiedemann beim Fälschen erwischt. Wiedemann habe einen Toten zitiert.

Es stimmte. Ich hatte nicht gewusst, dass Max Rosenzweyg kurz vorher verstorben war. Er stand noch unter seinem Namen im Telefonbuch, aber der Betrieb war inzwischen in den Besitz seines Sohnes übergegangen. Und mit dem hatte ich telefoniert. Mein Text war korrekt, aber der Vorname war verkehrt.

Es war eine Affäre, die normalerweise kollegial und einvernehmlich erledigt worden wäre. Aber der *stern*-Kollege wollte mich vorführen. Augstein fand den *stern*-Bericht hinterfotzig. Er rief mich an und fragte: »Haben Sie gelogen? Ich komme dahinter, wenn Sie mich bescheißen.«

Ich sagte: »Nein, ich habe nicht gelogen, die Geschichte ist wahr.« Und dann erklärte ich ihm die Zusammenhänge. Danach schrieb Augstein höchstpersönlich einen langen Leserbrief zu meiner Verteidigung und drückte ihn – auch zum Ärger einiger *Spiegel*-Kollegen – beim *stern* ins Blatt. Ich fand das sehr kooperativ.

Genie ist wie Sandpapier. Es schleift sich mit der Zeit ab. Diese Erfahrung blieb auch dem mächtigen Rudolf Augstein nicht erspart, mal unterstellt, dass er es überhaupt gemerkt hat. Seine Krankheiten hatten ihn ausgehöhlt, er hätte das Schreiben lassen sollen. Ich las irgendwo, er sei ein journalistischer Fall Sauerbruch. Das war polemisch überspitzt, denn er hat ja niemanden totoperiert. Aber er war von dem Gedanken besessen, der deutschsprachige Teil der Menschheit werde ohne seinen pastoralen Rat vor die Hunde gehen.

Augsteins Kolumnen lasen sich am Ende zuweilen wie Hirtenbriefe. Er war zerbrechlich und in seiner Hilfsbedürftigkeit überaus sympathisch. Die Altersmilde, die sich in seinem Wesen breitzumachen begann, konnte man in seiner Schreibe jedoch nicht entdecken. Er hatte Biss bis zum letzten Tag, aber leider nicht mehr den früheren Durchblick.

Die Redaktion, so schrieb Hellmuth Karasek, habe Augstein, als er schon schwer krank war, in Krisenzeiten in die Schlacht gezerrt, weil sie ihn brauchte, so wie die Spanier den Cid, als dieser schon tot war, auf ein Pferd banden, um ihre Feinde damit zu erschrecken. Das war ein schönes Bild. Doch es war falsch. Augstein selbst hat sich aufs Pferd gequält. Er hatte seine Glanzzeiten gehabt und hätte den Griffel hinlegen sollen, als er merkte, dass sie vorbei waren.

Nachdem er am 7. November 2002, zwei Tage nach seinem 79. Geburtstag, den Tannewetzel gestorben war, wie er den Tod nannte, wurden ganze Sturzbäche von schwülstigen Elogen über Rudolf Augstein ausgegossen. Wir haben im Hamburger Michel stumm dem apotheotischen Gedöns auf den Übervater gelauscht. Ich glaube, Augstein hätte gelacht, wenn er das gehört hätte. *FAZ*-

Präzeptor Frank Schirrmacher fand den richtigen Satz: »Die Großen sterben aus.« So habe ich es auch empfunden.

Der Wahrheit die Ehre: Rudolf Augstein war selbstgefällig. Er mochte es gern, wenn man ihn hofierte, und noch mehr, wenn man ihn fürchtete. Die politische Klasse hatte viele Jahre lang Angst vor ihm. Das gefiel ihm. Er konnte grausam sein. Vor allem seine Chefredakteure litten unter seinen Launen und seinem pathologischen Misstrauen.

Ich glaube, Augstein hätte nichts dagegen gehabt, wenn der 5. November, sein Geburtstag, zum redaktionsfreien Tag erklärt worden wäre. »Remember, remember, the 5th of November«, das war einer seiner Lieblingskalauer. Der 5. November war nicht nur sein Geburtstag, es war auch der »Gun Powder Day«, der Tag, an dem im Jahr 1605 der englische Terrorist Guy Fawkes mit Schießpulver das House of Lords in London in die Luft sprengen wollte und dafür dann mit Hängen, Ausweiden und Vierteilen bestraft worden war.

Für die Zeit nach Augstein verlangte Augstein keine Honneurs. Die Älteren unter uns erinnerten sich noch gut an sein prämortales Credo: Dass die Toten immer gut seien, das sei »das Dümmste, was es gibt«. Damit hat er sich selbst gemeint.

Jahrelang stand die bange Frage im Raum: Was wird aus dem *Spiegel*, wenn Augstein nicht mehr ist? Und als ihn »der große Uhrmacher«, wie er den Allmächtigen nannte, dann heimgerufen hatte, da zeigte sich, dass die Angst der *Spiegel*-Redaktion vor dem Absturz in die Bedeutungslosigkeit unbegründet gewesen war, dass das Qualitätsprodukt, das sie erzeugte, auch ohne den Beitrag, den sein Gründer zum Gelingen geleistet hatte, nachgefragt wurde.

Als Hauptpastor Helge Adolphsen nach dem Requiem das Hohelied auf den Verblichenen und dessen mutmaßliche Rolle im Himmelreich anstimmte, fiel mir ein, was Augstein einmal beim Umtrunk auf dem Flur im achten Stock gesagt hatte, als das Gespräch auf den Tod kam: »Macht euch keine Gedanken. Wenn ich weg bin, bin ich weg.«

Jetzt war er weg. Jockel Preuß, einer der Stellvertreter, hatte Recht: »Es ist, als wäre ein Vater gestorben.«

Auf jedem Schiff, das dampft und segelt, gibt's einen, der die Dinge regelt. Das ist fast ein Naturgesetz. Wer sollte nach Rudolf Augsteins Tod am Ruder stehen?

Stefan Aust heizte das Orakel über Augsteins Nachfolge mit einem sibyllinischen Nachruf enorm an. Darin stand: »Nach ihm wird es keinen Herausgeber geben, der diesen Titel verdient. Die Schuhe sind zu groß.«

Aust-Kenner werteten die Bescheidenheit als Taktik. Er schrieb nicht, es werde gar keinen Herausgeber mehr geben, sondern nur, dass der neue nicht das Format des alten erreichen würde. Und wenn sich der Bedarf tatsächlich einstellen würde, wäre die Wahl nicht so schwer. Es gab eigentlich nur einen Kandidaten: Stefan Aust. Er war fest davon überzeugt, dass es keine Schuhe gab, in die er nicht hineinwachsen konnte. Gegebenenfalls würde er sie sich passend machen.

Es hat sich aber nicht ergeben. Aust wurde nicht Titularherausgeber, aber er wurde fast ebenso mächtig, wie Augstein gewesen war. Letztlich allerdings nicht mächtig genug, um die Nachstellungen der Gegner im eigenen Haus zu überstehen.

Personelle Veränderungen in der Chefetage wurden normalerweise von starken seismischen Aktivitäten in den unteren Stockwerken begleitet. Nach der Ära Böhme/Engel kursierte im Haus das sogenannte Körbchen-Modell. Niemand weiß, wer es ins Leben gerufen hatte, aber es war plötzlich da und dann ein paar Wochen lang sehr populär. Nicht mehr ein Chef-Duo sollte künftig bestimmen, sondern ein Körbchen voll Chefs, die aus möglichst vielen Abteilungen zu rekrutieren wären und die einander im Zwei-Wochen-Turnus ablösen sollten. Das sei viel demokratischer und bestimmt auch gut fürs Blatt.

Rudolf Augstein hat sich mit dem Körbchen-Modell, glaube ich, gar nicht auseinandergesetzt. Er hielt die Idee für Mumpitz, und damit war sie auch schon tot. Der *Spiegel* hatte ja schon Probleme, qualifizierte Ressortleiter zu finden. Und dann fast ein Dutzend gute Chefredakteure?

Mit im virtuellen Körbchen saßen auch zwei Frauen: Valeska von Roques, die römische Korrespondentin, und die Augstein-Vertraute Ariane Barth. Das war eine Novität. Frauen hatten beim *Spiegel* noch nie Karriere gemacht. Die Versuche, der Führungsebene ein weibliches Element hinzuzufügen, endeten stets in Pleiten oder in Änderungskündigungen. Der maßvolle Feminismus, den der *Spiegel* nach außen hin predigte, erwies sich im eigenen Haus als nicht praktikabel.

Die wenigen Damen, die ihre Chance bekamen, brachten mehr Gefühl in ihre Position mit ein, als sich mit dem verstandesbetonten Job eines *Spiegel*-Ressortleiters vertrug. Deshalb blieb der *Spiegel* eine Männerdomäne. Am Montagmorgen in der großen Konferenz eine Themenliste vorlegen und diese dann im Wesentlichen unbeschädigt bis zum Umbruch am Freitagnachmittag über alle Klippen bringen, das bereitete den Frauen Schwierigkeiten.

Vertragen sich Führungsaufgaben beim *Spiegel* nicht mit dem biologischen Grundmuster des Weibes? Das kann nicht sein. Ich war selbst auch nur knapp zwei Jahre lang Führungskraft. Und ich habe wahrhaftig nicht zu viele weibliche Hormone.

Für mich waren die Frauen im Ressort eine Prüfung. Sie haben sicher auch meinen Rückstieg vom Ressortleiter in den Autorenstand beschleunigt. Meine Weisungsbefugnis gegenüber den Alphamädchen des Auslandsressorts war eher theoretisch. Wenn ihnen etwas nicht passte, riefen sie immer gleich die Chefredaktion an, um sich zu beschweren. Dann hatte ich sofort einen der beiden Stellvertreter im Nacken. »Herr Kollege, Sie müssen an ihrem Charme-Defizit arbeiten.« Ich hatte manchmal den Eindruck, dass im Verkehr zwischen Chefs und Sous-Chefs beim *Spiegel* das Prinzip der Unschuldsvermutung außer Kraft gesetzt war, wenn eine Frau mit im Spiel war.

Die Damen schwangen bei dem geringsten Dissens immer gleich das Nudelholz. Nach einer Montagskonferenz, in der ich eine der Kolleginnen wohl etwas halbherzig gegen Kritik an ihrer verhagelten Geschichte verteidigt hatte, musste ich mich buchstäblich hinter meinen Schreibtisch ducken, weil ich fürchtete, sie wolle mir eine klatschen.

Die *Spiegel*-Zickenriege verhielt sich überwiegend rollenkonform. Dass sie so selten an Führungsaufgaben beteiligt waren, führten die Frauen auf eine machistische Verschwörung zurück. Nur ganz wenige von ihnen haben es in all den Jahren bis zur stellvertretenden Ressortleiterin geschafft.

Draußen im Feld standen die Frauen immer wacker ihren Mann. Balkan-Korrespondentin Renate Flottau hielt in Priština die Ohren steif, als der serbische Sturmwind über den Kosovo fegte. Ein paar Tage lang kroch sie in der Privatwohnung des Chefoppositionellen Ibrahim Rugova unter, weil die Serben hinter ihr her waren. Dann war sie wieder da – mit einer fabelhaften Exklusivgeschichte.

Susanne Koelbl lieferte spannende Geschichten aus dem Grenzgebiet zwischen Pakistan und Afghanistan, in das sich selbst die Hard-metal-Anchor-Dame Christiane Amanpour von CNN nicht hineintraute. Susanne war immer mittendrin im Getümmel.

Vor allem die großen Fernsehmedien lieben es, ihr Erscheinungsbild durch schöne Frauen im Battle Dress, die ihre Lockenköpfchen in den Kugelhagel halten, aufzusexen. Warum auch nicht? Susanne Koelbl war eine mutige und gutaussehende Person. Aber sie litt ein bisschen unter dem Spitznamen, den ihr die Freunde von der Bundeswehr verpasst hatten: Panzer-Susi. Im April 2008 war sie ein paar Tage in den Headlines, nachdem herausgekommen war, dass die Dienste ihren E-Mail-Wechsel mit afghanischen Politikern monatelang überwacht hatten.

Obwohl er auch gern Chef geworden wäre, war Wissenschaftsredakteur Henry Glass, der in der Praxis eher Redakteur für bunte Geschichten aus Großbritannien war, im Körbchen-Team nicht präsent. Henry wollte nicht Teil eines Kollektivs sein, sondern alleiniger Chefredakteur werden oder höchstens einer von zweien. Auch nach dem Abgang von Günther Gaus und später dem von Johannes K. Engel hatte er sich beworben.

Henry Glass war ein Schalk und ein Schmuckstück. Er stand Oscar Wilde geistig nahe. Seine Artikel waren Juwelen eines skurrilen, essayistischen Nischenjournalismus. Er hatte die Prozedur des Alkohol-Entzugs bei süchtigen Eseln und die Weltmeisterschaft der englischen Wurmklopfer beschrieben und sich mit Berichten über »Fremdkörper im Rektum« und über die »Gasdynamik des Darms« Verdienste um die Blattoriginalität erworben. Er hat auch über die Trunkenheit im Tierreich gearbeitet und dabei herausgefunden, dass Fische am wenigsten Alkohol vertragen.

Henry schrieb wie die Axt im Wald, aber er schrieb so gut, dass sich mir bei der Lektüre seiner Artikel das Zwerchfell umdrehte. Mit seinen beißenden Sottisen über die Royals hat er mehrfach die britische Botschaft gegen den *Spiegel* aufgebracht. Damals war es nämlich noch möglich, die Queen im *Spiegel* als »kartoffelnasige Frau Windsor« zu bezeichnen.

Henry Glass war irisch von Gemüt und Geblüt und verstand sich als Patriot. Aber der Patriotismus war in seinem Charakter ein instabiles Element. Dass er einen schmutzfarbenen Land Rover Station Wagon fuhr, das konnte man noch damit erklären, dass in Irland keine Autos gebaut werden. Aber er trank auch schottischen Malt, obwohl ja die Iren wahrhaftig keinen schlechten Whiskey machen.

Beim *Spiegel* wurde bis Mitte der neunziger Jahre, jedenfalls auf den redaktionellen Etagen, noch ziemlich viel gesoffen. Henry Glass war Sturztrinker. Sein Wochenquantum war nicht größer als unseres. Er trank es aber nicht über die Woche verteilt, sondern an einem oder zwei Tagen. An den anderen Tagen blieb er trocken.

An seinen nassen Tagen suchte Henry im Kornhauskeller, der Redaktionskellerkneipe gleich gegenüber dem *Spiegel*-Haus, das Zwiegespräch mit seinem Hund und manchmal auch mit uns. Es waren erbauliche Abende. Denn seine Britenwitze waren so umwerfend gut, dass er damit leicht eine Folge von Spitting Image hätte bestreiten können, jener satirischen Muppet-Show, die in den achtziger und neunziger Jahren auf den britischen Inseln die Straßen leerfegte.

Die Bewerbung von Henry Glass wurde jedes Mal von der Personalabteilung korrekt bearbeitet. Nach Ablauf der vorgeschriebenen Aushangfrist bekam er eine sachliche Absage. »… müssen wir zu unserem Bedauern mitteilen, dass wir uns für einen auswärtigen Kandidaten entschieden haben …«

Henry Glass starb mitten in seiner besten Schaffensphase, als er einen Report über die Seelenlage von englischen Poltergeistern vorbereitete. Erst als er tot war, kamen wir darauf, dass er vielleicht gar nicht wirklich Chefredakteur hatte werden wollen und seine Bewerbungen womöglich nur Satire gewesen waren, wie fast alles, was er geschrieben hatte.

Im Herbst 2007 kam eine Sammlung der besten Stücke von Henry Glass unter dem Titel *Weltquell des gelebten Wahnsinns* als Hörbuch auf den Mark, gelesen von Harry Rowohlt. Es ist eine Delikatesse für Freunde der maliziösen Satire. Man solle sie mit einem guten Glas Whisky genießen, empfahl der Rezensent der *FAZ*. Das entspreche auch den Vorlieben des Autors und seines Interpreten. Ich bin der Empfehlung gefolgt und fand, dass es ein guter Rat war. Selten habe ich das Werk eines Kollegen so genossen. Was keineswegs heißt, dass ich die Geschichten von Kollegen erst genießen kann, wenn diese tot sind.

»Alle Journalisten sind Spione«

Reporter werden dafür bezahlt, dass sie aufschreiben, was sie gehört, gesehen und erlebt und unter Umständen, was sie dabei empfunden haben. Sie sind normalerweise nicht verpflichtet, dafür ihr Leben und/oder ihre Freiheit zu gefährden. Trotzdem tun sie es immer wieder. Meist ohne Absicht, weil sich Gefahr meist nicht ankündigt. Nicht selten tun sie es auch aus Lust am Thrill.

Solche Erlebnisse heißen im Afrika-Korrespondenten-Jargon Hatari-Geschichten. »Hatari« ist Kisuaheli und bedeutet »Gefahr«. Ich habe ein paar solcher gefährlichen Geschichten erlebt, die meinen Schutzengel bis an seine Leistungsgrenze führten.

Ich bin nicht furchtsam, aber bei einigen Einsätzen hatte ich tüchtig Angst. Und das war gut so, weil Angst ein Regulativ ist. Von den alten norwegischen Walbootskippern weiß man, dass sie keine Männer auf Fangfahrt mitnahmen, die keine Angst vor Walen hatten. Ein furchtloser Mann, so schrieb Herman Melville, der Autor von *Moby Dick*, sei ein gefährlicherer Kamerad als ein Feigling. Melville hielt Heldenmut für eine Spielart von Dummheit.

Wie Recht er gehabt hatte, das habe ich in Moskau auf der Suche nach dem dort untergetauchten Exstaatsratsvorsitzenden Erich Honecker erfahren. Olaf Ihlau und ich hatten einen heißen Tipp erhalten: Honecker logiere in einer Datscha im Silberwald, einer Prominentensiedlung im Osten der Stadt. Wir fuhren hin, aber es öffnete niemand. Ich wollte über den Zaun steigen, aber

Ihlau hielt mich zurück. »Besser nicht, du weißt nicht, wer da drin ist.«

Das erfuhren wir tags drauf, als wir noch mal zu der Datscha im Silberwald rausfuhren. Als Ihlau den Klingelknopf drückte, schossen wie geölte Blitze zwei dralle Mastino-Hunde hinterm Haus hervor. Mastinos sind seelenlose Beißmaschinen, die in zwei Minuten aus einem Menschen einen Klumpen Hackepeter machen können. Ich bin sicher, dass ich heute tot wäre, wenn ich am Abend vorher über den Zaun geklettert wäre. Ihlau hat mich gerettet. Ich nahm mir vor, wieder mehr Angst zu haben.

Erfahrene Chefredakteure von Nachrichtenagenturen und großen Zeitungen nehmen als Kriegsberichterstatter lieber angstgesteuerte Langweiler, die mit Krawatte und geputzten Schuhen ins Büro kommen, als Reporter im Battle Dress. Bernd Debusmann von der britischen Nachrichtenagentur Reuters verdankte diesem Auswahlprinzip seinen Job als Korrespondent in Beirut. Er sah aus, als wäre er mit Ärmelschonern auf die Welt gekommen. Ich habe aber nie einen mutigeren und vitaleren Reporter gekannt.

Bernd Debusmann war schneller und besser als die anderen, vor allem weil er so konkurrenzunfähig aussah. Ein paarmal war er allerdings nicht schnell genug. Im Großstadtdschungel von Beirut wurde er mehrfach verwundet, das letzte Mal so schwer, dass er seinen Posten räumen musste.

Kollege Nikolaus Vogel aus Berlin, ein freischaffender Kriegsfotograf, den ich auf dem Balkan kennenlernte, war der Antityp zu Debusmann. »Es gibt nichts Geileres, als mit dem Leben zu spielen«, sagte er in einem Interview für ein Buch über Reporter im Krieg. Er hatte den Ehrgeiz, die feindliche Kugel im Flug zu fotografieren.

Fotografen mit Geist und Seele behaupten, man müsse dadurch Nähe schaffen, dass man Abstand halte. Für Psychoanalytiker mag das zutreffen, für Fotoreporter aber nicht. »Wenn du ein schlechtes

Bild gemacht hast, dann liegt es meist daran, dass du nicht dicht genug dran warst«, hat der berühmte Robert Capa, der Urvater der Kriegsfotografen, gesagt.

Nikolaus Vogel war immer dicht dran. Er war einer, der gern gegen den Wind spuckte. Er träumte vom großen Kick – bei den Befreiungskämpfern in der Sahara, im nordirischen Bürgerkrieg, beim Großbrand im Yellowstone Park. Im Sommer 1991, im Zehn-Tage-Krieg in Slowenien, wurde sein Auto von einer Rakete getroffen. Vogel verbrannte.

Ich bin keiner, der sich mit dem Säbel rasiert. Ich liebe das Leben. Aber in Erfüllung meiner Chronistenpflichten bin ich ein paarmal in Situationen geraten, in denen ich leicht auf der Strecke hätte bleiben können. Immer unbeabsichtigt, versteht sich.

Wie an dem Tag, nachdem die kroatische Armee die Krajina zurückerobert hatte. Ich war frühmorgens zusammen mit einigen Kollegen von Zagreb aufgebrochen, um den Triumph der Sieger zu beschreiben. Vorn fuhren britische Kollegen in einem gepanzerten Land Rover, dann kam ich mit meinem Fotografen. Hinter uns ein Toyota mit zwei Leuten von RAI in Mailand.

Was wir nicht wussten: Der Triumph war nicht so total, wie die kroatische Propaganda behauptet hatte. Ein großer Teil der Krajina war noch umkämpft, als wir hineinfuhren.

Zwölf Kilometer vor der Stadt Knin plötzlich eine Straßensperre. Wir stiegen aus, weil wir glaubten, die Soldaten vor uns seien Kroaten. Es waren aber Serben. Der Anführer sprach Englisch. »Was wollt ihr hier?«

»Wir sind Journalisten, wir wollen den heldenhaften Widerstand der serbischen Krajina-Armee beschreiben«, sagte ich.

»Ihr wollt spionieren«, schrie der Soldat. »Spione werden liquidiert.« Er war angetrunken. Wir mussten ins Wachlokal gehen und unsere Taschen leeren. Dann richtete der Anführer sein Sturmgewehr auf uns und sagte: »Now you will see.« Was würden wir sehen?

Ehe wir es erfuhren, begann draußen eine MP zu rattern. »Die Ustaschas«, rief einer. Der Anführer lief in geduckter Haltung über die Straße. Auf der anderen Seite riss er sein Sturmgewehr hoch und ballerte in die Richtung, in der er den Feind vermutete.

Ich rannte mit zwei Kollegen in eine Bauruine, um mich zu verstecken. Nach zwanzig Minuten wagten wir uns wieder nach draußen. Es war niemand mehr zu sehen. Auch die Straßensperre war nicht mehr besetzt. Glück gehabt.

Ich fasste den Entschluss, künftig Kriegsschauplätze nach Möglichkeit erst zu besuchen, wenn sie befriedet waren, und Risiken gegen den mutmaßlichen journalistischen Ertrag abzuwägen.

Mein Kollege Helmar Büchel von *Spiegel* TV war ein Meister in dieser Risiko- und Interessenabwägung. Wir waren zusammen in Südafrika gewesen, um eine heiße Spur zum Mord an dem schwedischen Premier Olof Palme zu verfolgen. Die Spur war kalt, wie sich schnell zeigte. Dirk Coetzee aus Pretoria, eine burischer Taugenichts, war unverdient in den Verdacht geraten, der Mörder zu sein. Tatsächlich war er ein Großmaul.

Ich rief in Hamburg an und gab Entwarnung: »Keine Geschichte, Coetzee war es nicht.« Ich würde zurückkommen. Die Chefredaktion war einverstanden. Sie akzeptierte es, wenn ein Reporter eine Geschichte totrecherchierte. Es durfte nur nicht zu oft vorkommen.

Helmar Büchel gab nicht so schnell auf wie ich. Er jettete von Johannesburg erst nach Mozambique, dann nach Nordzypern, wo auch Verdächtige aufgetaucht waren, und, als sich auch diese Spuren als falsch erwiesen, weiter nach Stockholm. Dort wollte er Chris Petersen besuchen, der unter Kennern noch immer als der Mordverdächtige Nummer eins gehandelt wurde.

Helmar Büchel begab sich mit einem Kameramann zu Petersens Haus am Stadtrand von Stockholm. Vor der Wohnungstür im zweiten Stock machte der Kameramann seine Sony startklar. Dann drückte Helmar auf die Türklingel.

Chris Petersen öffnete, Helmar stellte sich als Journalist aus Hamburg vor. Petersen gab keine Antwort. Er holte aus und schlug Helmar die Faust in die Fresse. Der Kameramann hielt drauf. Helmar hatte eine blutige Nase – und einen guten Take im Kasten.

Es muss darauf hingewiesen werden, dass Helmar Büchel kein Krawallreporter ist, sondern der mutmaßlich beste Spürhund, den *Spiegel* TV je hatte. Für seine Reportagen hat er mehrere Preise erhalten. Seine Koproduktion mit Stefan Aust über die RAF, die 2007 in zwei Folgen in der ARD lief, war das Beste, was man bis dahin über die Sache gesehen hatte.

Umsicht allein ist noch keine Lebensversicherung für einen Journalisten. Man braucht auch Fortune. *Spiegel*-Kollege Wolf Dieter Steinbauer, der mit der seelischen Balance eines Klosterbruders ausgestattet war, hatte keine Fortune. Er starb im iranisch-irakischen Krieg im Artilleriefeuer der Iraner an einem Herzinfarkt. Auslandsredakteur Börries Gallasch überlebte, nachdem er sich im April 1975 in Saigon von den einmarschierenden Vietkong hatte überrollen lassen. Nahost-Korrespondent Bernhard Zand, Vater von Drillingen, hat mit viel Glück rund ein Dutzend Kriegseinsätze in Bagdad glücklich überstanden.

Karl Robert Pfeffer, bis zu seiner Ausweisung unser Mann in Karachi, hatte weniger Glück. Er wurde, nachdem er zum *stern* gewechselt war, vor seinem Haus in Beirut von einem palästinensischen Scharfschützen erschossen.

Obwohl jedes Jahr weltweit fünf bis sechs Dutzend Journalisten im Einsatz ums Leben kommen, hatte ich stets weniger Angst vor verirrten Kugeln als vor Gefängnissen. Wohl auch, weil man Schrecken, die man kennt, mehr fürchtet als unbekannte Schrecken. Ich wusste, wie schlimm es im Knast war. Aber wer kann schon beurteilen, wie schlimm der Tod ist.

Viele meiner Kollegen, die in Ausübung ihres Berufs im Knast gewesen waren, haben mir gesagt, dass es ihnen ähnlich ging. Einige hatten im Gefängnis Schlimmeres erlebt als ich in Tripolis und Pretoria. Mein Freund Erich Follath wurde, als er noch beim *stern* war, in Zaire, dem heutigen Kongo, als Spion verhaftet, zum Tode verurteilt und erst nach dramatischen Verhandlungen auf höchster Ebene freigelassen.

Ein paar Jahre später traf Follath den zairischen Staatschef Mobutu Sese Seko in der Hauptstadt Kinshasa zum Interview. Mobutu fragte ihn beiläufig, ob dies sein erster Besuch in Zaire sei. Nein, sagte Follath. Er habe in Zaire schon mal in einer Todeszelle gesessen.

»Todeszelle, wieso das?«, fragte Mobutu.

»Ihre Leute hielten mich für einen Spion.«

Mobutu hob sein Champagnerglas und lachte dröhnend. »Das sind Sie doch auch, alle Journalisten sind Spione. Santé.« Viele deutsche Politiker würden diese Auffassung sicher unterstreichen.

Der *stern* hatte über die Jahre deutlich mehr Opfer zu beklagen als der *Spiegel*. *stern*-Fotograf Hans Bollinger und Reporter Wolfgang Stiens wurden im April 1979 im Krieg zwischen Uganda und Tansania zusammen mit zwei Kollegen vom Stockholmer *Expressen* von marodierenden Soldaten ermordet. Sie waren ein paar Tage zuvor vom deutschen Botschafter im Südwesten Ugandas im letzten Moment vor einem Erschießungskommando gerettet worden. Kaum dass sie zurück in Kenia waren, brachen sie von Kisumu am Viktoriasee, diesmal per Kanu, wieder nach Uganda auf.

Es muss Todessehnsucht oder so etwas im Spiel gewesen sein. Anders kann ich mir nicht erklären, wie jemand nachts im Krieg mit dem Kanu durch die Sümpfe in Idi Amins Mörderstaat paddeln konnte, in der Hoffnung, er werde schon nicht entdeckt werden. Mal abgesehen davon, dass auch im Krieg immer ein Autobus zwischen Kisumu und Kampala verkehrte.

Stiens, Bollinger und ich hatten ursprünglich gemeinsam auf dem Landweg nach Kampala fahren wollen, um über das Chaos nach der Vertreibung von Idi Amin zu berichten. Doch die zwei *stern*-Leute änderten ihre Pläne, ohne mir was davon zu sagen.

Ich erfuhr als Erster von dem vierfachen Mord, als ich vom ARD-Büro in Nairobi aus die deutsche Botschaft in Kampala anrief, um mich nach der Lage zu erkundigen. Der Chargé d'Affaires sagte mir, die vier Leichen seien in der Nähe von Jinja aufgefunden worden. Sie seien noch nicht endgültig identifiziert.

Was ich fühlte? Trauer, Entsetzen, Empörung? Ich fühlte jedenfalls nicht wie einer, der gerade noch mal davongekommen war. Denn ich weiß, dass ich den Trip niemals mitgemacht hätte.

Kontrollierter Mut ist auch im Journalismus eine Tugend, tolldreister Wagemut ist es nicht. Kriegsreporter arbeiten mit einem höheren Berufsrisiko als Dynamitfahrer und Hochseilakrobaten. Dieses Risiko muss man nicht noch durch Hasard-Übungen steigern.

Früher waren Fronteinsätze für Reporter weniger gefährlich. In Vietnam und Biafra genossen Journalisten, wenn es die Umstände zuließen, eine gewisse Vorzugsbehandlung, weil die kämpfenden Parteien eine gute Presse haben wollten. Von diesem Privileg ist nicht viel geblieben. So freundliche Partisanen wie jene Vietkong, die den Fernsehreporter Peter Scholl-Latour und sein Team 1973 gefangen nahmen und sie ein paar Tage später, mit Proviant und Interviews versehen, wieder heimschickten, gibt es heute nicht mehr.

Scholli war zwanzig Jahre lang der Nestor der deutschen Kriegs- und Krisenjournalisten. Er reiste noch mit Anfang achtzig quer durch den kriegsgepeitschten Irak. Seine Überlebensbefähigung verdankte er vor allem seiner professionellen Umsicht und seiner fantastischen Sachkenntnis.

Anfang 1979 war ich zusammen mit Scholl-Latour und Dietrich Mummendey von der *Welt* zwei Tage in Teheran auf Recherche unterwegs. Der Schah hatte fluchtartig und mit großem Gefolge sein Land verlassen. Ajatollah Ruholla Khomeini, der große Graue mit dem schwarzen Wickel, war gerade aus dem französischen Exil zurückgekehrt, um den Iran in eine Theokratie umzukrempeln.

Es waren turbulente und mörderische Zeiten. Die Stadt kochte über von revolutionärer Hysterie. Jeden Tag wälzten sich Massen von aufgeputschten Khomeini-Treuen durch die Straßen. Hunderttausende, eine Viertelmillion, es war gigantisch. Sie forderten alle Macht für die Mullahs und den Tod für alle Amerikaner.

Wer sich gegen Allah versündigte, war des Todes. Ich stand morgens am Fenster meines Zimmers im Intercontinental und blickte hinaus. Neben mir ein Zimmerkellner, der mich in der Stadt gelegentlich als Dolmetscher begleitete. Kurz vor zehn stoppte unten ein Lieferwagen, der mit Wein und Bier beladen war. Der Revolutionsrat hatte den Besitz von Alkohol unter Strafe gestellt, weil er des Teufels sei. Plötzlich war die Straße voll mit jungen Männern, die mit Knüppeln bewaffnet waren. Zwei, drei von ihnen rissen die Tür des Fahrerhauses auf, zerrten den Fahrer heraus und begannen, auf ihn einzuschlagen.

Der Mann hatte keine Chance. Sie prügelten auf ihm herum, bis er sich nicht mehr bewegte. Dann kam einer mit einem Benzinkanister. Er goss den Inhalt über den Bewusstlosen, ich wandte mich ab. Als ich mich wieder umdrehte, lag der leblose Körper in Flammen. Anschließend holten sie die Bier- und Weinkisten aus dem Wagen und zerschmetterten die Flaschen einzeln auf dem Pflaster.

Im Restaurant des deutschen Hotels, in dem vorwiegend deutschsprachige Ingenieure und Monteure logierten, hatte es kurz zuvor noch Alkohol gegeben. Ein paar Tage nachdem Khomeini in Teheran gelandet war, feierten die Gäste noch ein feuchtfröhliches Karnevalsfest.

Aber irgendwann war Schluss mit lustig. Niemand traute sich mehr, Alkoholika zu servieren. Der Einzige, der noch was Gutes zu trinken beschaffen konnte, war Peter Scholl-Latour. Mummendey, Scholli und ich waren tagsüber gemeinsam auf dem Universitätsgelände unterwegs gewesen. Für den Abend hatten wir bei einem Chinesen im Zentrum der Stadt einen Tisch reserviert. Der Wirt empfing Scholli wie einen alten Freund. »Special tea tonight with your dinner?«, fragte er. Scholli nickte. Daraufhin brachte der Wirt drei große Teetassen aus ganz dünnem, bemaltem Porzellan.

Die Tassen waren mit einer hellbraunen Flüssigkeit gefüllt, die aussah wie Tee. Ich führte die Tasse an die Nase und lächelte genüsslich. Es war Wodka – vom Feinsten. »Fissah hetak«, sagte Scholl-Latour auf Arabisch. Prost. Er war wirklich einer der Großen der Branche.

Ausländer genossen im ersten Jahr nach der Revolution in Teheran noch immer eine eingeschränkte Toleranz. Es sei denn, sie hatten einen amerikanischen Pass. Amerikaner waren im revolutionären Teheran eine gefährdete Spezies. Wie gefährdet sie waren, zeigte sich im November, als ein mit Eisenstangen und Ketten bewaffneter Mob die amerikanische Botschaft stürmte und das Botschaftspersonal gefangen nahm.

Die Botschaftsbesetzung war die Wende zum Schlimmeren. Danach war es für einige Jahre auch für nichtamerikanische Ausländer nicht mehr ungefährlich, in den Iran zu reisen. Das bekam ich zu spüren, als ich ein Vierteljahr später abends mit Air India in Teheran landete. Am Tag zuvor war übers Fernsehen das Gerücht verbreitet worden, die Amerikaner planten einen Überfall auf Teheran, um ihre Gefangenen rauszuhauen.

Ich merkte schon bei der Ankunft am Flughafen, dass sich der Wind gedreht hatte. Zwei bewaffnete Religionswächter nahmen mir die Flasche Duty-free-Gin ab, die ich in Delhi gekauft hatte. Dann berieten sie, ob ich wegen verbotener Alkoholeinfuhr zu verhaften und dem Richter vorzuführen sei. Sie verloren aber das Interesse an mir, als ein Kollege in der Zollgasse nebenan einen jungen Iraner mit einer Flasche Likör und einer Flasche Wermut ertappte.

Ungläubige galten bis zu einem gewissen Ausmaß als strafunfähig. Aber ein Moslem mit Alkoholika im Gepäck war voll für seine Straftat verantwortlich. Der junge Mann wurde mit Handschellen krummgeschlossen. Ein Religionswächter rammte ihm seinen Gewehrkolben in den Nacken, dann schleppten sie ihn weg. Ich sah noch, wie er draußen in einen Streifenwagen geschubst wurde. Im Evin-Gefängnis hatten sie eine eigene Abteilung für Alkoholsünder eingerichtet.

Am nächsten Morgen rief ich bei der deutschen Botschaft an, um ein Hintergrundgespräch über die Lage zu vereinbaren. Aber dazu kam es nicht. Ich hatte einen aufgeregten Attaché am Apparat. Er sagte: »Ich gebe Ihnen einen guten Rat: Machen Sie die Flatter, und zwar noch heute.« Man rechne mit weiteren Botschaftsbesetzungen. Alle Journalisten hätten die Stadt verlassen. Ich sei der letzte. Wenn die Situation außer Kontrolle gerate, könne man nicht mehr für die Sicherheit von Europäern garantieren. Pogromstimmung lag in der Luft.

Ich weiß nicht, ob die Lage wirklich so ernst war. Aber es schien mir geboten, dem Rat des Attachés zu folgen. Auch weil der *Spiegel* wegen seiner kritischen Berichterstattung keinen guten Ruf in Teheran hatte.

Nur, wie sollte ich so schnell verschwinden? Die Flüge nach Europa waren weg. Und die Flüge nach Osten starteten zwischen

Kirchenvorsteher in einem Dorf bei Gulu (Norduganda)

Junge mit Lamm in Timbuktu (Mali)

In Fremdenlegionärsuniform in Djibouti

Mit Ugandas Staatschef Idi Amin

Tuaregfrau im Niger

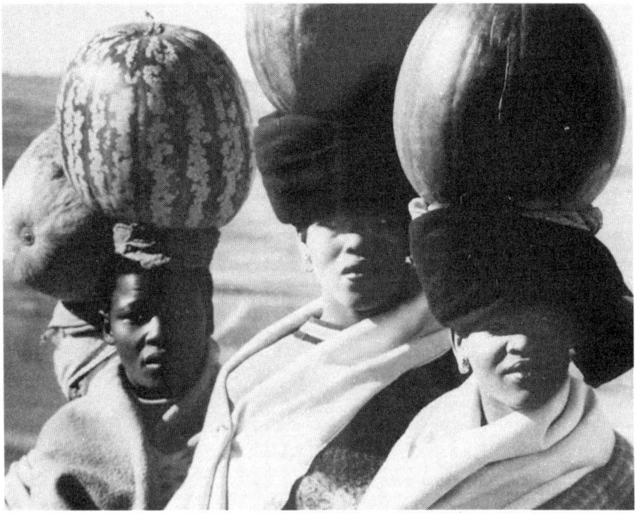

Frauen in der Transkei

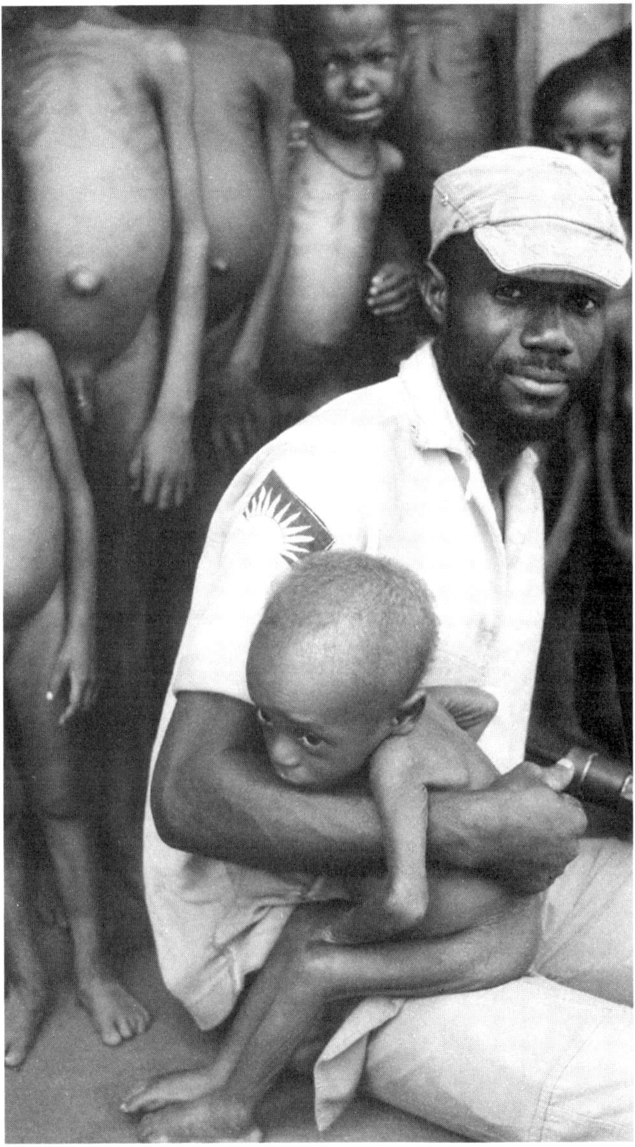

Biafra-Soldat mit Waisenkindern

Massaker in Kolwezi (Kongo)

Wiedemann mit Pygmäenfrau in den Mondbergen (Uganda) beim Seilspringen

Idi Amin bei einer Rede in Tororo (Norduganda)

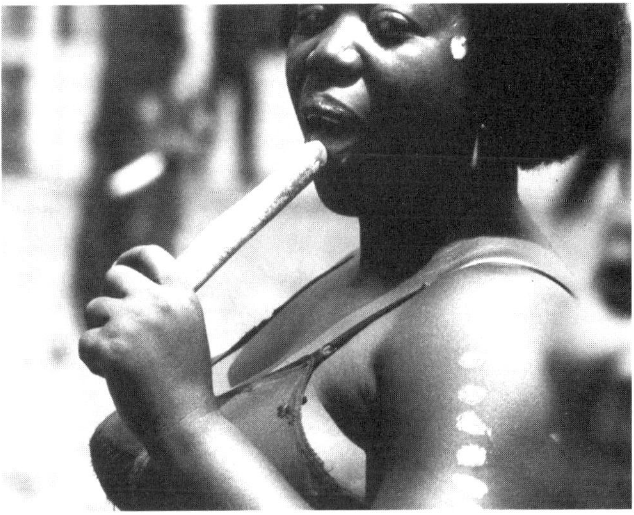

Prostituierte in Kinshasa (Kongo)

Protestantische Untergrundkämpfer in Nordirland

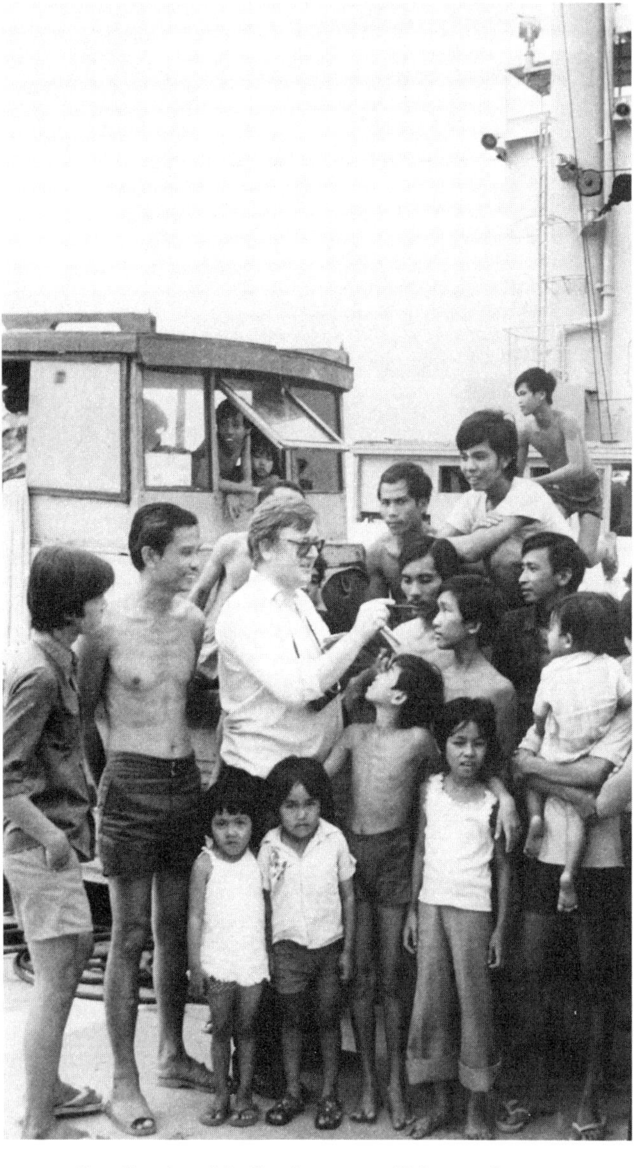

Boat People auf der Cap Anamur *im Hafen von Singapur*

In einer RAF-Hercules auf dem Weg nach Port Stanley

Mit Söldnern in Las Vegas

In Australien

In der Arktis

In der Antarktis

Nach einem Phantom-Flug bei Goose Bay

Mit Russlands Präsident Boris Jelzin 1991 nach dem gescheiterten Augustputsch

elf und zwei Uhr nachts. Trotzdem fuhr ich zum Flughafen, um mein Glück zu versuchen.

Unterwegs wurde mein Taxi zweimal von Bewaffneten angehalten. Sie trugen Maschinenpistolen und hatten ihre Köpfe mit Stirnbändern bandagiert, auf denen militante Parolen gedruckt waren.

Die Abflughalle war fast leer. Auf einem Gepäckband schäkerten zwei Putzfrauen mit zwei Zollbeamten. Am Schalter von Air China stand ein Chinese in Zivil und blätterte in irgendwelchen Listen. Ich fragte ihn auf Englisch, ob eine Maschine von Air China erwartet werde. Ja, sagte er, sie mache hier aber nur einen technischen Stopp zum Auftanken. »Können Sie mich nicht mitnehmen?« »No, Sir«, sagte er. »Das ist verboten, niemand darf ein- oder aussteigen.«

»Haben Sie denn Platz?«

Der Chinese sagte: »Es ist nicht billig.«

Ich lächelte. »Wie viel«?«

»Tausend«, sagte der Chinese. »Ohne Ticket.« Ich zählte zehn Hundert-Dollar-Scheine ab und drückte sie ihm in die Hand.

Der Chinese gab mir einen Kittel. »Ziehen Sie das hier an.« Er nahm meinen Koffer und sagte, ich solle ihm folgen. Wir gingen einfach durch die Sperren, die um diese Zeit nicht besetzt waren. In der Transithalle setzte ich mich hinter einem Pfeiler auf den Boden. Kurz nach vierzehn Uhr landete draußen eine Tupolew der Air China. Der Chinese erschien wieder. Wir gingen durch die Glastür aufs Rollfeld und weiter zu der Maschine. Dann stieg ich mit weichen Knien die Gangway hinauf, der Chinese hinterher. Er gab dem Captain einen Umschlag. Dann beugte er sich zu mir und flüsterte: »Sie fliegen natürlich first.«

Als das Flugzeug abgehoben hatte, fragte ich die Stewardess, wohin wir denn flögen. »Über Bukarest nach Brüssel«, sagte sie. Das war mir nun gar nicht sympathisch. Wegen der uralten Fluchthilfegeschichte wurde ich in der DDR von der Volkspolizei gesucht, und ich wusste nicht, ob die rumänischen Behörden Zugriff auf die ostdeutsche Fahndungsliste hatte. Deshalb blieb ich bei der Zwischenlandung in Bukarest im Flugzeug sitzen. Richtig froh war ich erst wieder, als der Captain über Bordlautsprecher mitteilte, wir hätten soeben die Grenze nach Österreich überflogen.

Auf meinen Reisen während des Balkankrieges hatte ich immer auch die Kopie des »Bulletin on how to survive in Beirut on twenty bullets a day« im Gepäck, das David Zucchino vom *Philadelphia Enquirer* seinerzeit in der Bar des legendären Hotels Commodore in Beirut für die Kollegen ausgehängt hatte. Er hatte in seiner Broschüre die wesentlichen Ratschläge aufgeschrieben, die Kriegskorrespondenten beherzigen mussten, um das Risiko überschaubar zu halten.

Regel 1: »Trage nie Waffen, lieber eine weiße Fahne. Und jede Menge Ausweise. Soldaten lieben Ausweise.« Regel 2: »Streite nicht mit einem Mann, der eine Waffe trägt. Er hat im Gegensatz zu dir die Möglichkeit, seine Meinung durchzusetzen. Sei freundlich.« Regel 3: »Habe immer zwei Päckchen Zigaretten in der Tasche. Zigaretten machen Freunde.« Regel 4: »Immer mit offenem Fenster fahren, damit man Schüsse hören und sich aus dem Wagen fallen lassen kann.« Regel 5: »Wo auf dich gefeuert wird, sollst du nicht denken, sondern rennen. Es ist die einzige Situation, in der Denken von Übel ist.« Regel 4: »Bleibe nie im Auto, wenn es knallt. Autos sind beliebte Zielscheiben und neigen dazu, in die Luft zu fliegen, wenn sie getroffen werden.«

Die wichtigste Kriegsreporterregel für die Mutigen: »Be lucky!« Mein Freund Christoph Maria Fröhder, freischaffender Fernsehproduzent in Frankfurt, hatte Mut und Glück, als er 1975 seinen Film vom Einmarsch der Roten Khmer in einem falschen Gipsverband ins letzte Flugzeug nach Bangkok schmuggelte. Die zehn westlichen Kriegsreporter, die den Eroberern vertrauensvoll entgegenliefen, um ihren Sieg für die Weltöffentlichkeit zu dokumentieren, hatten kein Glück. Von ihnen kehrte keiner zurück.

Christoph Maria Fröhder und ich waren Weggenossen seit den Zeiten des Biafra-Krieges. Den zweiten gemeinsamen Einsatz fuhren wir etliche Jahre später, nachdem eine Gruppe von RAF-Aktivisten von Westdeutschland aus nach Aden im Südjemen ausgeflogen worden war. Im »Rattenloch am Roten Meer«, wie es die *Bild*-Zeitung zu nennen beliebte, holte uns nachts die Geheimpolizei von der Feuerleiter des Rock Hotels, in dem die Terroristen untergebracht waren. Sie setzte uns gleich am nächsten Morgen in ein Flugzeug nach Sanaa im Nordjemen. Es hätte schlimmer kommen können. Das Regime im Südjemen war eine Parteidiktatur der härteren Art.

Ich muss neidlos bekennen: Fröhder war mutiger als ich. Im ersten Irak-Krieg hetzte er mit der Betacam auf der Schulter durch Bagdad, während die amerikanischen Cruise Missiles in der Stadt einschlugen. Nach dem Beginn des zweiten Irak-Krieges, als schon jede Woche hundert Menschen von Kidnappern entführt wurden, fuhr er von Erbil im kurdischen Norden quer durch den Irak bis nach Basra am Schatt el-Arab.

Was ist Mut? Waren Kollege Hans Hielscher und ich mutig, als wir mitten hinein in die somalische Anarchie fuhren, um General Mohamed Farah Aidid, den Helden der »Schlacht von Mogadischu«, zu interviewen? Ich weiß nur, dass ich es nicht noch einmal machen würde.

Mogadischu war ein Bilderbuchchaos. Rivalisierende Banden, die sogenannten Technicals, hatten die Stadt mit Hilfe von Bazookas und MGs in Einflussgebiete parzelliert. Wer in die falsche Parzelle geriet, war Freiwild.

Normalerweise reiste man nach Mogadischu mit »Qat Air«, wie man am Wilson Airport in Nairobi sagte. Das war eine Flotte von einmotorigen Flugzeugen, die Drogen nach Mogadischu schafften. Die Pflanze Qat ist über ganz Somalia und den Jemen verbreitet. Ihre Blätter enthalten Amphetamine, die den User in eine Art alerten Glückszustand versetzen. So ähnlich wie die westlichen Designerdrogen.

Weil die anarchischen Zustände einen geregelten Ackerbau in Somalia nicht mehr zuließen, importierten die Somalis Qat aus Kenia. Die Qat-Luftbrücke war die schnellste und normalerweise auch einzige Verbindung zwischen Mogadischu und der Außenwelt.

Als Kollege Hans Hielscher und ich nach Somalia reisten, hatte Africa Air gerade ihren Flugbetrieb zwischen Nairobi und Mogadischu aufgenommen. Africa Air war Eigentümerin der vermutlich ältesten Boeing 707, die sich damals noch am Himmel hielt. Niemals zuvor hatte ich in einer so versifften Flugmaschine gesessen und auch nachher nie wieder. Sie stank nach Kerosin, von einigen Sitzen waren die Armlehnen abgebrochen, und die inneren Scheiben der Doppelfenster waren von Rissen durchzogen. Die Landebahn in Mogadischu war 800 Meter kürzer, als es die Vorschrift für die Boeing 707 erlaubte. Das mache überhaupt nichts, sagte der Copilot. »Wir geben einfach ein bisschen mehr Dampf auf die Bremse.«

Wir kamen auch heil runter. Ein gepanzerter Pick-up brachte uns vom Flugfeld zum einzigen Hotel der Stadt. »Hotel« war ein großes Wort für diesen komfortlosen Kubus aus Beton, den der Inhaber, ein Exilsomali aus Amerika, mit viel Moniereisen und Stacheldraht einigermaßen bewohnbar gemacht hatte. Immerhin musste man hier die Überfälle der Technicals nicht fürchten. Der Patron hatte auch einen Schutzvertrag mit einer der führenden Banden in seinem Stadtteil.

Als wir in die »Sniper's Alley« einbogen, zogen wir die Köpfe ein, aber es wurde nicht geschossen. Später am Abend hörten wir ein paarmal MG-Feuer. Es war ziemlich weit weg. Ein friedlicher Abend.

Es war kurz vor zehn Uhr abends, als wir endlich von Aidids Adjutant und ein paar struppigen Kerlen, die mit Waffen und Munitionsgurten behängt waren, abgeholt wurden. Der Erkenntnisgewinn aus dem *Spiegel*-Gespräch mit General Aidid tendierte gegen null. Er und die Seinen kämpften selbstverständlich für die gerechte und seine Gegner für die ungerechte Sache. Wer gegen seine Herrschaft opponierte, war von der UNO und von den USA bestochen. Ich ärgerte mich darüber, dass wir einem muskelbepackten Dummbattel wie Aidid so viel Zeit und so viele teure Zeilen widmeten.

Das Interview mit Aidid war für die nächste *Spiegel*-Ausgabe eingeplant. Deadline Samstag, zwei Uhr früh. Ich weiß nicht mehr, warum das unbedingt noch in die nächste Nummer musste. Afrika-Geschichten hatten sonst nie Vorrang. Ich glaube, Auslandschef Olaf Ihlau, der ein Faible für Parforce-Reporting hatte, wollte den Weicheiern aus den anderen Ressorts seine Ledernacken vorführen. Und dass der *Spiegel* mit einem Gesetzlosen der Sonderklasse an einem so entlegenen Ort ein Gespräch führte, das dann auch zwei Tage später im Blatt war, das war doch irgendwie eine stolze Leistung. Wenn sie auch dem Leser nicht viel gebracht hat.

Ich mochte sowieso keine *Spiegel*-Gespräche. Sie waren Potpourris der Eitelkeiten. Für die leitenden Herren war es das einfachste Mittel, mit Namen ins Blatt zu kommen. Der Ertrag stand nicht selten in einem krassen Missverhältnis zum Aufwand.

Schon die begleitenden Rituale waren mir zuwider: das Interview abtippen, redigieren, kürzen, beim Gesprächspartner oder dessen Öffentlichkeitsreferenten vorlegen, feilschen um Formulierungen, wieder redigieren, noch mal kürzen, Wiedervorlage. Bis in die neunziger Jahre war auch immer noch ein Stenograf dabei.

Genüsslich waren *Spiegel*-Gespräche nur, wenn Fotograf Josef Darchinger aus Bonn ihnen beiwohnte. Darchinger war eine rheinische Frohnatur der Sonderklasse. Beim *Spiegel* wurde er geschätzt wegen seiner aufgeräumten Art, bei Interviews und Gesprächen Regie zu führen und Prominenz in Szene zu setzen.

Den Schah von Persien, der sich ihm steif und brummig präsentierte, pflaumte Darchinger an: »Jetzt will ich aber mal Zähnchen sehen, Majestät.« Den alternden Sowjetprinzipal Leonid Breschnew schob er bei einem Termin auf dem Moskauer Lenin-Hügel minutenlang hin und her wie einen Pappkameraden, bis er endlich seine Bilder im Kasten hatte. Breschnew und Darchinger waren sich schon früher bei einem Fototermin nähergekommen. Dabei hatten sie Kriegserfahrungen ausgetauscht und auch festgestellt, dass sie sich im Sommer 1943 in der Schlacht am Kursker Bogen gegenübergelegen hatten, Darchinger als deutscher Gefreiter und Breschnew als sowjetischer Politoffizier.

Aidid haben wir den Gesprächstext natürlich nicht noch einmal vorgelegt. Schon weil die Zeit nicht reichte. Ich hatte auch den Eindruck, dass es ihm gar nicht aufs Inhaltliche ankam. Er wollte seiner Entourage vor allem zeigen, wie wichtig er in Europa genommen wurde.

Eines meiner angenehmsten Gespräche hatte ich mit König Abdullah von Jordanien und seiner Frau Rania. Es wurde aber im *Spiegel* nie gedruckt, weil es nicht fetzig genug und auch nicht exklusiv war.

Weil die konsularische Vertretung des Irak in Amman aus Sicherheitsgründen geschlossen worden war, hatte ich mich nach Ar Ruwayshid an der irakischen Grenze aufgemacht. Ich hatte gehofft, dort ein Einreisevisum für den Irak zu ergattern. Aber die Grenzposten ließen niemanden an sich ran. Die Amerikaner hatten begonnen, Bagdad zu bombardieren. Deshalb waren die Grenzen abgeriegelt worden. Am späten Nachmittag fuhr ich zurück nach Amman.

Als ich im Hotel Intercontinental eintraf, lag eine Einladung für mich im Fach. »Seine Majestät der König und seine Gattin geben sich die Ehre, die ehrenwerten Korrespondenten der wichtigsten amerikanischen und europäischen Medien zum Dinner einzuladen.« 20 Uhr am Königspalast, Haupteingang. Außer mir waren die Kollegen von der *Times*, von *Le Monde*, von CNN und BBC geladen.

Mir blieb noch eine Stunde. Bei Einsätzen in Kriegs- und Krisengebieten hatte ich nie eine Krawatte dabei. Aber ich konnte Majestät und seiner Gemahlin natürlich nicht in Khaki und Hush Puppies unter die Augen treten. Es war schließlich auch mein erster König, wenn man von dem Ashanti-König absieht, den ich mal in seiner Residenz in Kumasi in Ghana besucht hatte.

Ich schickte einen Taxifahrer mit dem Auftrag in die Stadt, mir eine Krawatte zu kaufen. Die Zeit war knapp, aber der Mann kam rechtzeitig zurück. Es war eine teure und geschmacklose Krawatte – gelbgrün mit aufgedruckten Koransprüchen. Aber es kam hier nicht auf Schönheit, sondern auf protokollarische Pflichterfüllung an.

Derweil hatte ich meine vom Regen aufgeweichten halbhohen Schuhe über einer heißen Glühbirne getrocknet. Weil ich nicht aufgepasst hatte, zierten hinterher zwei schwarze Brandflecken die Schuhspitzen.

Die alten Gammeltreter habe ich noch heute. Ich trage sie manchmal, wenn Gäste kommen. Irgendeiner zeigt immer auf die schwarzen Flecken auf den Schuhen und fragt: »Was sind das denn für Flecken?« »Ja, das ist eine besondere Story«, sage ich dann und erzähle die Geschichte von König Abdullah, Königin Rania und mir.

Ich glaube, ich war der am schlechtesten Angezogene unter den geladenen Korrespondenten. Aber König Abdullah sah mildtätig über meine Unaufgeräumtheit hinweg. Er lächelte und fragte, ob der *Spiegel* noch immer so böse Artikel über die deutsche Regierung schriebe.

»Yes, Sir«, sagte ich zackig. Und dann etwas sanfter: »Über die deutsche, aber natürlich nicht über die jordanische Regierung.« Der König lachte und drohte mir schelmisch mit dem Zeigefinger: »Wehe Ihnen.« Er sagte, es gebe auch keinen Anlass zur Kritik an Jordanien. Denn er habe eine ausgezeichnete Regierung. Da war das Lachen dann ganz meinerseits. Obwohl ich eine Menge Sympathie für das vom Schicksal so gebeutelte Königreich Jordanien und seinen König hatte.

Das Essen war ausgezeichnet. Außer Couscous mag ich normalerweise nichts Arabisches. Aber einen so guten Fool hatte ich noch nie gegessen: pürierte schwarze Bohnen mit kandierten Eischeiben und Limonenschaum. Anschließend gab es Mulacheia, eine leckere dampfende Brühe, mit knusprigem Fladenbrot, dazu gedünstete Datteln mit betörenden Gewürzen.

Wir waren natürlich alle auf den Irak-Konflikt fixiert, in dem Jordanien keine große Rolle spielte, und wollten Majestät nun auch nicht mit der Nase darauf stoßen, dass er im eigenen Beritt nichts zu melden hatte. Deshalb brauchten wir ein Ersatzthema. Erst plätscherte das Gespräch so dahin, dann erzählte einer der Kollegen einen Witz, dann erzählte ich einen, dann begann der König aufzuweichen, und dann erzählte er auch einen. Die Pointe habe ich vergessen. Ich glaube, es war ein Witz mit Engländern und Arabern in einem abstürzenden Flugzeug.

Die Diener, die das Essen auftrugen, hatten so eine Stimmung bei Hofe noch nie erlebt. Das sagte mir später einer von ihnen beim Abschied, als er mir in meinen Parka half. Dabei war kein Tropfen Alkohol geflossen, weil der König strenger Moslem war.

Solche Hochstimmungen gab es normalerweise auch bei *Spiegel*-Gesprächen nicht. Nur ein einziges ist mir in noch besserer Erinnerung: das Gespräch, das Kollege Andrzej Rybak und ich mit dem polnischen Autor Andrzej Szczypiorski in Warschau führten. Ich hatte seine *Schöne Frau Seidenmann* gelesen. Er wurde auf Anhieb mein Kultautor.

Die schöne Frau Seidenmann ist das sensibelste und ermutigendste Buch meiner Generation. Szczypiorski hat darin zwanzig deutsche, jüdische und polnische Schicksale miteinander verknotet. Die zentrale Botschaft hatte ihm viel Kritik eingetragen. Nämlich: Auch in Kriegszeiten muss man zwischen Gut und Böse unterscheiden. Menschenfreunde und Bösewichter sind nicht schon an ihrer Uniform oder an ihrer Nationalität zu erkennen. Es gibt Würdige und Unwürdige auf allen Seiten und besonders viele Charaktere, die aus bösen und guten Eigenschaften gemischt sind. Nicht wenige Polen waren aber in den achtziger Jahren mit der Aussöhnung noch nicht so weit, dass sie sich mit dem Gedanken abfinden konnten, die deutsche Nation bestünde nicht nur aus Schurken.

Andrzej Szczypiorski bewohnte am Stadtrand von Warschau die ehemalige Dienstvilla eines hohen SS-Offiziers. Wir saßen in einem kleinen Zimmer mit Stuck und hohen Decken, aßen selbstgebackene Plätzchen und tranken russischen Tee. Szczypiorski sagte, er empfinde den *Spiegel* als ein Organ der Völkerverständigung. Und wir sollten so bleiben, wie wir seien. So was hört man gern als Journalist.

Szcypiorski erklärte uns, warum er den *Spiegel* anders bewertete als die politische Klasse in Warschau. Die kritische Berichterstattung über die deutsch-polnischen Beziehungen sei, unbeschadet von gelegentlichen Insuffizienzen, segensreich, weil sie auf deutscher und auf polnischer Seite als störend, aber ehrlich empfunden werde. »Ehrlichkeit ist das einzige Mittel, verfeindete Völker miteinander zu versöhnen. Auch wenn die Wahrheiten, die sie transportiert, schmerzlich sind.«

In diesem Sinne, so meinte Szczypiorski, seien die Deutschen und Polen auf dem Weg zur Versöhnung, die Deutschen und Juden dagegen nicht. Die deutschen Fraternisierungsbemühungen gegenüber Israel seien hilflos und heuchlerisch.

Andrzej Szczypiorski kannte die Deutschen gut. Vor allem aus den Tagen des Warschauer Aufstandes, als er gegen sie gekämpft hatte, und aus dem KZ Sachsenhausen, in dem sie ihn interniert hatten.

Szczypiorskis Rat zum Abschied: Wir Deutschen sollten aufhören, so verkrampft zu sein. Wir sagten, wir würden es versuchen, könnten uns aber nicht dafür verbürgen, dass unsere Mitbürger das auch tun würden. Er versprach mir im Gegenzug, mich auf seiner nächsten Reise nach Hamburg in meinem Büro zu besuchen und mit mir einen Wodka zu trinken. »Jawohl, eine ganze Flasche, es ist ja nur ein halber Liter.« Er wusste aber nicht genau, wann er kommen würde. Für diesen Fall habe ich eine Flasche Zubrowka (den mit dem Grashalm) gekauft und sie in meinem Aktenregal bereitgehalten. Wir kamen aber nicht mehr dazu, miteinander anzustoßen. Denn Andrzej Szczypiorski ist bald darauf gestorben.

Als die Todesmeldung über *Spiegel online* lief, habe ich die Wodka-Flasche geöffnet und mir ein Wasserglas viertelvoll gegossen. Dann habe ich Haltung angenommen, dem Gesprächsfoto mit Szczypiorski, Rybak und mir, das an meinem Pinnboard klebte, zeremoniell zugeprostet und auf Polnisch gesagt: »Wyniki tłumaczenia.« Das ist eine der wenigen polnischen Floskeln, die ich kenne. Es heißt: »Du sollst leben, Bruder.« Und dann habe ich das Viertelglas Zubrowka ex getrunken.

Ich muss zugeben: Das Gespräch mit Andrzej Szczypiorski war kein Juwel fürs Blatt. Nicht kontrovers genug, sagten Kollegen. Sie hatten Recht. Es war wie immer, wenn sich Interviewer und Interviewter in der Sache zu einig sind.

Dies Problem hatte ich wirklich auch nur mit Szcypiorski und dann nie wieder. Vor allem nicht mit Entwicklungshilfeministerin Heidemarie Wieczorek-Zeul. Außer mir nahm Thilo Thielke an dem Gespräch teil, unser Schwarzafrika-Korrespondent, der an das Thema Afrika mit der gleichen qualifizierten Voreingenommenheit heranging wie ich.

Es war eine anderthalbstündige rhetorische Keilerei. Wir wollten der Dame klarmachen, dass sie und ihr Ministerium jedes Jahr Milliardenbeträge in einem großen schwarzen Loch versenkten und den Steuerzahler teurer zu stehen kämen als alle deutschen Steuerflüchtlinge. Und sie wollte uns des kaltschnäuzigen Nihilismus überführen. Beides misslang, weil beide Seiten keinen Zentimeter von ihren Positionen abweichen wollten. Ich habe nie wieder eine so frenetisch von einer für mein Empfinden fehlerhaften Sache besessene Politikerin erlebt. Vermutlich hat sie von Thilo Thielke und mir das Gleiche gedacht.

Frau Wieczorek-Zeul war wohl auch deshalb so echauffiert, weil sie es zum ersten Mal erlebte, dass jemand dermaßen rigoros das Tabu Entwicklungshilfe verletzte. Sie war ja nicht naiv, und deshalb wusste sie, dass die deutsche Hilfe eine einzige Luftnummer war. Weil sie im eigenen Haus eine Menge Sachverstand zur Verfügung hatte, wusste sie auch, dass die afrikanischen Länder, die die meiste Entwicklungshilfe kassierten, am tiefsten im Dreck steckten. Sie musste aber zu dem Tabu stehen, weil sie sonst ihre politische Existenzgrundlage gefährdet hätte. Deshalb sah sie Afrika durch eine Milchglasscheibe. Bis Freitagabend um zehn versuchte sie immer neue Korrekturen in den Text einzubringen. Bis die Deadline der Feilscherei ein Ende machte.

Das Gespräch brachte so, wie es schließlich erschien, nicht die letzte Klärung der Standpunkte. Aber zusammen mit dem dazu erschienenen Artikel unter der Überschrift »Schokolade für Zuckerkranke« haben wir eine Diskussion losgetreten, die etwas einleitete, was neudeutsch Paradigmenwechsel genannt wird. Ohne in Rassismusverdacht zu geraten, darf man heute konstatieren, dass das afrikanische Trauma mit dem Kolonialismus, der in den fünfziger und sechziger Jahren des vergangenen Jahrhunderts endete, nicht mehr zu erklären ist. Und dass es besser ist, wenn Entwicklungshilfe vorwiegend vom Verstand und nicht von Gefühlen gesteuert wird. Diesen öffentlichen Erkenntnisgewinn habe ich als einen meiner schönsten Erfolge empfunden. Obwohl in der praktischen Politik noch keine Konsequenzen daraus gezogen worden sind.

Westliche Hilfe ist nicht nur korrekturbedürftig, sie ist ein totaler Fehlschlag. Auch viele Afrikaner fordern ein Ende der Gießkannenfinanzierung. »Hört endlich auf mit der furchtbaren Hilfe«, sagte der kenianische Wirtschaftsexperte James Shikwati, Chef des Interregion Economic Network in Kenia, in einem Interview mit Thilo Thielke. Sie diene nur der Günstlingswirtschaft und fördere die Korruption, sie schwäche den Handel und degradiere die Afrikaner zu Almosenempfängern.

Doch die Entscheidungsträger der Geberländer können es nicht lassen, sich die Korruption in Afrika schönzudenken und zu -reden. Der wichtigste Grund für den totalen Fehlschlag der westlichen Entwicklungshilfe in Afrika ist die Angst der weißen Geber, die schwarzen Empfänger in die Verantwortung zu nehmen, weil ihnen das als Ausdruck von Rassenhochmut ausgelegt werden könnte.

Ich glaube, dass ich über die Wirkung von Entwicklungshilfe auch deshalb besser Bescheid wusste als andere, weil ich den Fehler, der die deutsche Hilfe zur Farce macht, selbst schon begangen hatte.

Bevor ich 1978 mein Korrespondenzbüro in Nairobi schloss, um nach Hamburg zu ziehen, hatte ich Charles, meinem Hausgehilfen, eine freiwillige Abfindung von 10 000 Schilling gezahlt. Das war der Gegenwert von knapp 2000 Euro. Charles sollte dafür in seiner Heimatstadt Kakamega für sich, seine Frau und seine zwei Kinder einen Acker kaufen. Ich hatte mir vom Landwirtschaftsexperten der deutschen Botschaft ausrechnen lassen, wie viel Anbaufläche ein Bauer benötigte, um genug Mais für eine vierköpfige Familie ernten zu können.

Nein, war es eine Freude. Charles hatte Glückstränen in den Augen. Zum Abschied fiel er mir um den Hals. Er gab mir einen dicken Kuss und sagte, der sei von seiner Frau Elizabeth.

Ein paar Monate später war ich wieder in Nairobi, um über die Flucht Idi Amins zu berichten. Ich traf Freunde und Bekannte, und wir fabulierten beim Bier über alte Zeiten. »Und deinen alten Hofmarschall habe ich vorige Woche auch getroffen«, sagte Rüdiger Berg, der in der Dependance einer deutschen Import-Export-Firma arbeitete. Er meinte Charles. »Er war ziemlich angetüttelt.«

Ich wusste, dass Charles dem Tusker-Bier nicht abgeneigt war. Aber dass er zum Säufer geworden sein sollte, schien mir unwahrscheinlich. Ich brachte seine Adresse in Erfahrung und beschloss, ihn aufzusuchen und zur Rede zu stellen.

Ich hatte den absurden Gedanken, den Dialog aufzuzeichnen und als Interview zu veröffentlichen.

Es war ein deprimierendes Wiedersehen. Jedenfalls für mich. Charles, seine Frau und seine zwei Kinder wohnten in einer Wellblechhütte in Mathare Valley, einer der Shanty-Towns, die Nairobi umgeben. Als er mich erblickte, kam er auf mich zu, schlug mir auf die Schulter und rief: »Eh, Bwana, it's nice to have you back in town. Hast du mal ein paar Schilling für ein Tusker?« Er war betrunken. Ich fragte ihn: »Warum bis du nicht in Kakamega, Rafiki? Was ist mit der Maisfarm?«

Charles stieß ein schrilles Gelächter aus. »Mais, Bwana, ich habe keine Lust auf Mais und auch keine Lust auf das Leben in Kakamega. Hier lebt man besser.«

Ich knipste den Kassettenrecorder aus, drehte mich um und ging. Es war mein verdrießlichstes *Spiegel*-Gespräch.

Ein *Spiegel*-Gespräch ist normalerweise kein Festival journalistischer Fairness. »Wer mit dem *Spiegel* spricht, legt seinen Kopf in den Rachen eines Tigers«, hat Elisabeth Noelle-Neumann, die Seherin von Allensbach, gesagt. Der Interviewer treibt den Gesprächspartner, sofern dieser sich mental und intellektuell dazu eignet, mit faktenunterfütterter Rabulistik in die Enge und schmettert ihm, wenn er röchelnd im toten Eck steht, ein fröhliches »Herr Revolutionsführer (Herr Ministerpräsident, Herr Oberkonsistorialrat), wir bedanken uns für dieses Gespräch« hinterher. Auslandschef Dieter Wild war der Großmeister dieses Kampfsports. Er hat Hunderte *Spiegel*-Gespräche geführt. Seit er nicht mehr dabei ist, hat das Institut des *Spiegel*-Gesprächs an Dynamik verloren.

Vor der Veröffentlichung muss das Gespräch autorisiert werden. Es gibt unkomplizierte Kandidaten, die stehen lassen, was sie gesagt haben. Und andere, die tagelang in ihren eigenen Antworten stochern, jedes Komma umdrehen und Sätze nicht so gemeint haben, wie sie vom Tonband zu hören sind.

Dass ein Gesprächspartner seine sprachlichen Unebenheiten glättet, ist in Ordnung. Aber Texte, die bis zur Unkenntlichkeit umgefummelt werden, sind nicht mehr authentisch. Wir standen beim *Spiegel* oft vor der Frage: Ist das noch eine Korrektur oder schon Manipulation?

Andere Blätter haben es dem *Spiegel* nachgemacht. Das Autorisieren von Interviews ist in Berlin zum lähmenden Ritual geworden. Manche Politiker lassen sich sogar einzelne Zitate zum Autorisieren vorlegen. Merkwürdig, dass sie unbekümmert in Talkshows gehen, wo das gesprochene Wort nicht zurückzuholen ist.

Totredigierte Gesprächstexte werden nicht gedruckt. König Hassan von Marokko hökerte tagelang über die Auslegung einzelner Sätze, die in einem *Spiegel*-Gespräch mit ihm enthalten waren. Weil man sich nicht einigen konnte, verzichtete der *Spiegel* schließlich auf die Veröffentlichung. Das Manuskript wurde vermummt, wie es im Redaktionsjargon hieß. »MUM« stand für »Mappe unveröffentlichter Manuskripte«.

Ich habe nur einen prominenten Politiker kennengelernt, der nach meiner Bewertung der Logik und der Realität noch weniger zugänglich war als Heidemarie Wieczorek-Zeul: Julius Nyerere, den Staatspräsidenten von Tansania. Wir saßen auf der Terrasse seiner nicht pompösen, aber sehr schön gelegenen Villa an der Oyster Bay in Daressalam, tranken Tee und aßen Maisplätzchen mit Ingwer nach schottischem Rezept. Nyerere fabulierte über die Erfolge seiner sozialistischen Politik das Blaue vom Himmel herunter und wollte uns weismachen, dass Tansania schon das Paradies auf Erden wäre, wenn nicht das böse Erbe des Kolonialismus den tansanischen Schöpfergeist an seiner Entfaltung gehindert hätte.

»Mr President«, erlaubte ich mir einzuwenden, »die Wirklichkeit um uns herum ist anders, als Sie sie sehen.« Ich schilderte ihm die aus meiner Sicht horrenden Defizite seines Ujamaa-Systems und fragte: »Wie konnte das alles so schieflaufen?«

Der »Mwalimu«, der Lehrer, wie seine Landsleute ihn nannten, schoss wie ein Pitschendoppen zur Decke, unter der ein mächtiger barocker Ventilator rotierte, und schrie: »Nothing went wrong, nothing went wrong!« Ich dachte: Jetzt schmeißt er uns raus. Aber Kollege Hans Hielscher, der ihm weltanschaulich näher stand als ich, kriegte die Situation wieder in den Griff.

Tansania war das desolateste Entwicklungshilfegrab des schwarzen Kontinents. Nyerere hatte den Staat 1962 in einem leidlich guten Zustand von den britischen Kolonialherren übernommen und ihn in weniger als zehn Jahren auf das Niveau einer Primatengemeinschaft heruntergewirtschaftet.

Der Mwalimu war ein guter Denker und Rhetoriker, aber ein schlechter Macher. Seine Theorien verglühten alle in der Realität. Aber er war auch ein fabelhafter Sympathieträger, ein kleiner, feingliedriger Astheniker, der Shakespeare ins Kisuaheli übersetzt hatte und sich wie ein chinesischer Kuli kleidete. Sein Auftreten entsprach dem Zeitgeist der europäischen Linken. So ein gebildeter und bescheidener Politiker konnte einfach keine falsche Politik machen.

Julius Nyerere betonte unablässig, er wolle die milden Gaben der Europäer nicht haben. Gleichzeitig wuchs das Spendenaufkommen ins Unermessliche. Nyerere hat davon sicher nichts genommen. Aber die korrupte Clique, die ihn umgab, hat tüchtig zugegriffen. Am wenigsten bekam das Volk.

In Tansania, so schrieb damals der schwarze amerikanische Kritiker Keith Richburg von der *Washington Post*, herrsche seit dreißig Jahren Friede, doch das Land sehe so aus, als herrsche dort seit dreißig Jahren Krieg. Und daran hat sich bis heute nicht viel geändert.

Ich hätte Keith Richburg gern kennengelernt. Er war der Kollege, der in seinen Lebensabschnittsmemoiren bekannt hatte, er sei froh, dass die Sklavenhändler seine Vorfahren aus Afrika gekidnappt und nach Amerika gebracht hätten. Seine tansanischen Erfahrungen hatten eine Menge zu diesem vernichtenden Urteil beigetragen.

Daressalam habe ich in besserer Erinnerung als die dort ansässige Regierung. Es war eine wunderschöne Stadt. Der Gottesdienst auf Kisuaheli am Sonntagabend in der alten deutschen Kirche gehört zu meinen stärksten Erlebnissen. Wer Devisen mitbrachte, konnte Dar, wie wir es nannten, auch lukullisch ins Herz schließen.

In den siebziger Jahren kostete ein großer, knackiger Hummer an der Oyster Bay so viel wie in Hamburg am Pressehaus eine Currywurst ohne Pommes. Ich habe mich an Lobster daddelig gegessen, obwohl ich mich nicht unter die Gourmets zähle.

Der einzige Politpromi, der mich bei einem *Spiegel*-Gespräch buchstäblich davonjagte, war Pastor Ian Paisley, der radikalprotestantische Schreihals von Belfast und spätere Premierminister von Nordirland. Paisley war aus dem Holz der Glaubenskrieger, die im Dreißigjährigen Krieg mit inbrünstigem Jubel Andersgläubige mit Jauche füllten, weil sie meinten, ihrem Gott damit zu gefallen. Ich bin davon überzeugt, dass der Nordirland-Konflikt ohne Paisleys Beteiligung viel früher zu Ende gegangen wäre. Seine Predigten waren schlimmer als die Bomben der IRA.

Ich hatte Paisley am Sonntagvormittag in seiner Kirche predigen gehört. Es war ein rhetorisches Gewitter, voll von Zorn, Bosheit und Rassenhochmut. Wie konnte es die Anglikanische Kirche mit ihrem christlichen Selbstverständnis und mit dem Gebot der Nächstenliebe vereinbaren, einen Gottesdiener, der so meilenweit aus dem Ruder gelaufen war, nicht zum Teufel zu schicken?

Ich fragte Ian Paisley gleich zu Beginn des *Spiegel*-Gesprächs, ob seine Freunde um des Friedens willen nicht mal endlich das Bombenlegen lassen könnten (was ich zuvor schon Gerry Adams von der IRA gefragt hatte). Unter kultivierten Menschen sei doch der Dialog die angemessene Form der Konfliktlösung. Daraufhin schrie er mich an, mit katholisch verpesteten Evangelikalen wie mir gebe er sich nicht ab, und wies mir die Tür. Das ganze Gespräch dauerte keine zehn Minuten.

In Prag entging ich einem Rausschmiss dadurch, dass ich selbst den verbindlichen Part übernahm. Ich war mit Renata Hanuschowa, unserer tschechischen Korrespondentin, zu Gast bei dem heutigen Staatschef Vaclav Klaus, der damals noch Parlamentspräsident war.

Renata zählte zur nationalen Linken, sie ging wie eine Furie auf den neoliberalen Klaus los und fragte ihn, warum er das sozialistische Erbe der Tschechoslowakei an die Kapitalisten verraten habe.

Klaus explodierte. Beinahe hätte er den Saaldiener gerufen. Aber ich kriegte mit ein paar freundlichen Worten die Kurve. Das fiel mir nicht schwer, weil ich im Gegensatz zu meiner Partnerin Klaus für einen Mann mit übertriebenem Selbstbewusstsein, aber wachem Verstand hielt. Zum Schluss schenkte er uns beiden je ein Exemplar seines neuesten Buches, in dem er die Errungenschaften des Politikers Vaclav Klaus besang. Ich glaube, Renata Hanuschowa hat es gleich weggeschmissen.

Mein liebster Promi war – für eine begrenzte Zeit – Egon Bahr, damals noch Entwicklungshilfeminister. Politisch stand ich ihm wahrhaftig nicht nahe. Trotzdem habe ich ihn in mein Herz geschlossen.

Ich begleitete Bahr Ende der siebziger Jahre eine Woche lang auf einer Reise durch den Sudan. Erst stromerten wir drei Tage lang in einer gecharterten zweimotorigen Fokker über Darfur und über dem sumpfigen Süden herum. Dann machten wir einen Abstecher nach Port Sudan am Roten Meer.

In der historischen Hafenstadt Suakin mieteten wir einen Kutter und fuhren ein paar Meilen auf die offene See hinaus. Der Seegang hielt sich in Grenzen, doch es passierte, was immer passiert, wenn ich das Meer nur rauschen höre: Mir wurde schlecht. Nach einer Viertelstunde fiel mir das Frühstück aus dem Gesicht. Da nahm mich Egon Bahr in den Arm, hielt mir den Kopf und streichelte mir über den Scheitel. »Halte durch, mein Jung, in einer halben Stunde ist alles vorbei.« Seit meiner Kindheit hatte ich nicht mehr so gut behütet gekotzt.

Seekrankheit ist für den, der von ihr gequält wird, eine lebenslange Plage. Ich dachte, dass ich sie irgendwann überwinden würde. 1982 wollte ich tatsächlich mit der Royal Navy in den Falkland-Krieg fahren. Gott sei Dank wurde mein Antrag abgelehnt, weil Ausländer nicht zum Krieg zugelassen waren. Die britischen Kriegsschiffe kreuzten dann wochenlang in stürmischer See vor dem Zielgebiet, bevor sie zum Angriff übergingen. Ich bin sicher, dass ich das nicht überlebt hätte.

Ein paar Jahre später fuhr ich auf einem gecharterten Kutter bei Windstärke 10 von Istanbul raus aufs Marmara-Meer, um ein Schiff voll Giftmüll zu entern, das weit draußen auf See auf die Genehmigung zur Weiterfahrt wartete. Auf halbem Weg gab der Captain Befehl zum Umkehren. Er sagte zu Bahar Güngör von der Deutschen Welle, der mich begleitete: »Es geht nicht. Er stirbt, wenn wir weiterfahren.« Hinterher lag ich mehrere Stunden lang japsend in einem Lagerschuppen, bis ich mich wieder aufrappeln konnte.

Ich habe mich bei Egon Bahr damals für die väterliche Fürsorge, die er mir auf dem Boot im Roten Meer hatte zukommen lassen, dadurch bedankt, dass ich einen Artikel über seinen Besuch im Sudan schrieb, der so wohlwollend war, dass ich es eben noch mit meiner Sorgfaltspflicht in Einklang bringen konnte.

Dem Politiker Mobutu Sese Seko, damals Präsident der Republik Zaire (heute Kongo), wäre ich diesen Dienst auch schuldig gewesen, wenn ich ihn nach den gleichen Kriterien bemessen hätte wie den Politiker Egon Bahr. Er hat mir ebenfalls einen wichtigen Dienst erwiesen. Ich brachte es aber nicht übers Herz, ihn deshalb zu loben.

Mobutu war der Nestor der afrikanischen Kleptokraten. Er hatte ein Herz aus Salpeter. Er war verantwortlich für das epochale Elend, in dem sein Volk viele Jahre dahinvegetieren musste, weil er einen beträchtlichen Teil des zairischen Sozialproduktes für seine Champagner-Partys und seine Shopping-Touren nach Paris verjuxte.

Im Mai 1978 war ich zusammen mit zwei amerikanischen und einem britischen Kollegen mit Air Zaire nachts um zwei in Kinshasa gelandet. In Kolwezi, einer Industriestadt in der Provinz Shaba, anderthalbtausend Kilometer weiter südlich, hatten Rebellen ein Blutbad unter europäischen Mitarbeitern der Kupferminen-Gesellschaft Gecamines und deren Familien angerichtet. Die Katanga-Gendarmen, wie sie sich nach dem alten Namen der Provinz nannten, waren in die Häuser der Weißen eingedrungen und hatten wahllos niedergeschossen, was ihnen vor die Kalaschnikow kam. Bilanz: über 250 Tote.

Ndjili Airport, etwa vierzig Kilometer von Kinshasa, war verödet, als wir ankamen. Weil Zoll und Passkontrolle nicht mehr besetzt waren, hauten wir uns auf einen Berg Postsäcke, um eine Mütze voll Schlaf zu nehmen und dann am nächsten Morgen irgendwie die Weiterreise nach Kolwezi zu versuchen.

Gegen sechs Uhr früh wurde es lebendig auf dem Rollfeld. Eine zweimotorige Transall der zairischen Luftwaffe rollte auf den Hangar zu, in dem wir uns schlafen gelegt hatten. Die Maschine war – was wir zu diesem Zeitpunkt noch nicht wussten – von Mobutu bestellt worden. Der »Président fondateur« (Gründerpräsident) wollte nach Kolwezi fliegen, um die Stätte des Massakers zu besichtigen.

Als der Präsident ein paar Minuten später in seinem Lincoln Continental vor der Transall stoppte, begriffen wir sofort: Das war unsere Chance. Ich rannte rüber zu Mobutu und rief ihm zu: »Monsieur le président, wir brauchen einen Lift!«

Mobutu trug eine olivbraune Generalsuniform mit messerscharfen Bügelfalten, dazu einen verchromten Stahlhelm mit vier aufgenieteten goldenen Sternen. Ganz »der Hahn, der alle Hennen trampelt«, wie sein Name in der deutschen Übersetzung lautet. Wo wir denn hinwollten, fragte er. »Nach Kolwezi«, sagte ich. Er deutete nur mit dem rechten Daumen über seine Schulter und sagte: »Alors, mes amis, Sie sind meine Gäste.« Er wusste ja nicht, worauf er sich einließ.

Der Präsident begab sich in seine Präsidentensuite und gab das Zeichen zum Start. Die Präsidentensuite war ein komfortabel eingerichtetes geschlossenes Wohnmodul mit Schreibtisch, Bett und Sesselecke, das gegebenenfalls in zehn Minuten verladen war, so dass der Präsident jederzeit standesgemäß verreisen konnte. Auch zu Destinationen, deren Landebahnen zu kurz für seinen Privatjet waren.

Weil wir nicht in der Suite mitreisen durften, suchten wir uns im Frachtraum einen Platz. Es war die Stelle neben der Kühlbox, in der die Verpflegung für den Präsidenten aufbewahrt wurde – Käse- und Schinkenbrote, eine große Thermoskanne mit Kaffee und ein kleiner Kasten Double Munich Beer.

Wir hatten eine Stunde nach dem Start in Brüssel den letzten Happen zu beißen bekommen. Zwölf Stunden danach waren wir hungrig wie die Wölfe. Einer der amerikanischen Kollegen entdeckte die Fouragekiste. Nach zwanzig Minuten war alles verputzt.

Es war ein Drei-Stunden-Flug, und Mobutu Sese Seko hatte noch nicht gefrühstückt. Er blickte finster, als er in Kolwezi aus dem Flugzeug stieg. Die Leute dachten, das bewölkte Gesicht sei Ausdruck seines Zornes über das Blutbad. Dabei lag es wohl eher an seinem knurrenden Magen. Der Mundraub blieb aber für uns folgenlos. Es hätte auch anders kommen können.

Das Villenviertel von Kolwezi war voll von Leichen. Auch auf den ersten hundert Metern der Landstraße, die von Kolwezi nach Angola führte, lagen dampfende Kadaver. Einige hatten aufgequollene Bäuche, aus denen die Därme herausfielen wie Würste aus einem Picknickkorb.

In einem Wohnhaus am Ende einer Sackgasse, die zu beiden Seiten von flammenden Bougainvillea bestanden war, hatten die

Mörder dreißig Menschen zusammengetrieben und dann mit belgischen FN-Gewehren buchstäblich zu Mus geschossen. Die meisten lagen im Wohnzimmer, zwei Dutzend blutbespritzte, zermatschte, aufgedunsene Kadaver, zum Teil mit weggeschossenen Schädeldecken oder mit Köpfen, in denen die Gesichter fehlten. Keiner hatte weniger als zwanzig Einschusslöcher. An der Wand hing ein Ölgemälde, auf dem der Sonnenuntergang in den Ardennen zu sehen war. Es war auch von Löchern zersiebt.

Die Leichen waren von Ameisen und Käfern übersät. Es stank. Ich verspürte Ekel und Übelkeit, aber ich konnte die Kontrolle über meine Körperfunktionen aufrechterhalten. Der Amerikaner kotzte Mobutus Käsebrote und das Double Munich Beer wieder aus.

Die Katanga-Gendarmen hatten nicht damit gerechnet, dass die belgischen und französischen Eingreiftruppen, die in Kinshasa und in der Zentralafrikanischen Republik stationiert waren, so schnell hier sein würden. Die weißen Soldaten hatten keine Gefangenen gemacht. Die meisten Mörder waren in den Rücken geschossen worden. Die Belgier und Franzosen hatten auf jeden gefeuert, der ein schwarzes Gesicht hatte, darunter waren auch Einheimische.

Die Jagd auf versprengte Katanga-Gendarmen ging den ganzen Tag weiter. Zwei von ihnen starben nachmittags, zwei Stunden nach unserer Landung, in unserer Gegenwart in einer Villa neben dem Postamt. Wir waren mit einer belgischen Streife unterwegs. Im Keller spürten die Soldaten zwei schwarze Uniformierte auf. Die zwei Männer zitterten, sie mussten rauskommen und sich vor dem Haus aufs Pflaster der Garageneinfahrt legen. Der Feldwebel, der den Trupp anführte, trat einem von ihnen ins Gesicht. Blut spritzte. »Sprichst du Französisch?« »Português«, stammelte der Gefangene. Er hatte Todesangst, mit Recht.

Der Belgier drehte sich zu seinen Männern um und fragte, ob einer von ihnen Portugiesisch verstünde. Das war offenbar nicht der Fall. Als er sich darüber klar war, dass er aus dem Gefangenen keine Geheimnisse herausholen würde, lud er sein FN-Gewehr durch. Ich wollte ihm in den Arm fallen, aber einer der Kollegen hielt mich zurück. »Take it easy, man.«

Der Belgier hielt dem Schwarzen die Mündung an die Stirn und drückte ab. Den anderen erschoss er aus zwei Metern Entfernung. Sie zuckten noch, als sie schon tot waren. Ich würgte. Die Diskrepanz zwischen der Leichtigkeit, mit der ein Täter tötet, und den Qualen, unter denen das Opfer stirbt, war mir unerträglich.

Der Feldwebel drehte sich lächelnd zu mir um. »Donne-moi ton joli appareil.« Ich reichte ihm die Leica. Er öffnete sachkundig den Kameradeckel, nahm den Film heraus, zog ihn lächelnd aus der Patrone und warf ihn hinter sich. Ich ließ es widerspruchslos geschehen. Dabei war ich viel zu schockiert gewesen, um in diesem Moment Fotos zu machen.

Der Feldwebel meinte gleichwohl, mir eine Erklärung schuldig zu sein. »Krieg ist Töten, das ist bedauerlich, doch wenn es die Bösen sind, die getötet werden, dann ist es gut.« Der Feldwebel holte eine Packung Gauloises aus der Hosentasche und bot mir eine an. Ich lehnte ab, beeilte mich aber, zu versichern, dass ich Nichtraucher sei. Er sollte nicht den Eindruck haben, dass ich von einem Mörder keine Zigarette nehmen wollte. Der Mann vertrat ja immerhin die Sache der Gerechten.

Was ist gerecht, was ist ungerecht im Krieg? Eddie Adams, der berühmte Kriegsfotograf von Associated Press, hat auf einem Symposium die Nachgeschichte seines berühmtesten Fotos geschildert. Es zeigt den damaligen Polizeichef von Saigon, Nguyen Ngoc Loan, wie er auf offener Straße einen wehrlosen Vietkong erschießt. Adams bekam für das Bild den Pulitzer-Preis. Doch er ist damit nie glücklich geworden, obwohl das Foto die Verdrossenheit der Amerikaner über den Vietnam-Krieg beflügelt und wohl auch zu seiner Verkürzung beigetragen hat.

Später fand Adams heraus, dass der erschossene Vietkong und die Kampfgruppe, die er führte, kurz zuvor den besten Freund von Nguyen Ngoc Loan und dessen Familie ermordet hatten. Außerdem war General Nguyen Ngoc Loan nicht nur ein kaltblütiger Mörder, sondern auch ein Wohltäter der Armen, der sich für den Bau von Sozialstationen und Krankenhäusern eingesetzt hatte.

Nach dem Fall Saigons flüchtete Nguyen Ngoc Loan in die USA und eröffnete in Virginia ein Restaurant. Als seine Identität bekannt wurde, musste er schließen. Adams sagte: »Er hat den Vietkong getötet, und ich habe ihn mit meinem Foto getötet.«

Weil die Fernschreib- und Telefonleitungen von Kolwezi zur Außenwelt unterbrochen waren, flog ich am frühen Abend mit einem Post-Hubschrauber der Gecamines in die Provinzhauptstadt Lubumbashi, um meinen Bericht nach Hamburg durchzugeben. Der Helikopter hielt sich während des ganzen Fluges in doppelter Baumwipfelhöhe, weil der Pilot fürchtete, dass flüchtige Katanga-Gendarmen auf uns schießen könnten. Aber es passierte nichts.

Das Telexbüro in Lubumbashi war geschlossen, als ich gegen sieben Uhr dort eintraf. In dem Bistro nebenan fand ich einen Telegrafenbeamten, der einen Schlüssel hatte. Er war bereit, für fünf Dollar Matabiche (Trinkgeld) das Büro aufzuschließen.

Telexmaschinen waren viele Jahre lang das zuverlässigste Kommunikationsmedium für reisende Journalisten. Man tippte den Text in einen Lochstreifenstanzer, wählte seinen Adressaten an und jagte, wenn die Verbindung hergestellt war, den Streifen über den Sender. Das ging ganz fix und ohne Stocken. Nur, in Lubumbashi war der Stanzapparat kaputt. Das hieß: Ich musste Hamburg anwählen und dann meinen Bericht live in den Ticker hauen.

Auf einem Fernschreiber ohne Lochstreifen tippt man anders als auf einer Schreibmaschine. Es kommt weniger auf das Tempo als auf den Rhythmus an. Die Anschläge müssen gleichförmig kommen. Tak, tak, tak, tak – vier in der Sekunde. Möglichst so regelmäßig, wie sie der Stanzer normalerweise auf den Sender gibt. Dazu braucht man ein Fingerspitzengefühl wie ein Klavierspieler.

Ich hatte Geschichten unter abenteuerlichen Umständen aufgeschrieben. Einmal auf einem Berg leerer Jutesäcke hockend über dem Golf von Biafra. In Indien auf der Rückseite einer Zementtüte, nachdem mein Schreibblock mit meinem Koffer abhanden gekommen war. Aber die Sitzung im Telexbüro von Lubumbashi war die schwierigste. Erstens, weil der Ticker eine französische Tastatur hatte und ich an deutsche und englische Tastaturen gewöhnt war. Und zweitens, weil acht oder neun der ungefähr vierzig Tasten keine Buchstabenkappen hatten. Trotzdem kam alles gut an. Mit furchtbar vielen Fehlern natürlich, so dass mich hinterher der Telexoperateur in Hamburg am Telefon fragte, ob ich betrunken gewesen sei.

Internet und E-Mail haben die Telexmaschinen verdrängt. Zwischendurch habe ich kurzfristig mit sogenannten Voice Couplern gearbeitet. Man schloss einen brikettgroßen Apparat an den PC an und klemmte ihn mit Hilfe einer Gummimuffe an einen Telefonhörer. Dann wählte man die Nummer, und ab ging die Post, und zwar mit Quietschen und Kreischen, das sich so anhörte, als würde man mit einem stumpfen Messer Teer von einem Porzellanteller kratzen.

Der Rückflug von Lubumbashi nach Kinshasa war ein Problem. Weil es keine Linienflüge gab, lungerte ich zusammen mit zwei afrikanischen Kollegen den ganzen folgenden Tag an der Rollbahn herum, um einen Lift zu ergattern. Abends gegen neun Uhr landete eine amerikanische Galaxy, eines von jenen fliegenden Monstern mit 28 Rädern, die eine ganze Panzerkolonne auf einmal ohne Zwischenlandung von Ramstein nach Manila befördern können. Die Maschine war leer. Sie war auf dem Weg von Johannesburg nach

Andrews Airforce Base bei Washington. Ich winkte zum Cockpit. Oben am Fenster erschien ein geierköpfiger Stabsfeldwebel: »What's up?«

»Wir wollen nach Kinshasa. Fliegen Sie dahin?«

»You lucky bastard«, rief der Feldwebel. »Jump on.« Die Tür ging auf, und eine Aluminiumleiter wurde herausgeschoben.

Obwohl es in der Galaxy nur Notsitze aus Segeltuch gab, war es ein angenehmer Flug. Unterwegs gab es kaltes Hühnchen und lauwarmen Kaffee. Die Maschine war mit drei Passagieren fast ohne Gepäck zu etwa einem Promille ausgelastet. Wir erreichten Kinshasa um Mitternacht. Um zwei plünderte ich in meinem Zimmer im Hotel *Memling* die Minibar, weil ich ohne Sedativum Probleme hatte, die Erinnerung an die Leichenberge von Kolwezi zu verdrängen.

Morgens um zehn ging die Sabena-Maschine nach Brüssel. Siebzehn Uhr Weiterflug nach Hamburg, Landung um halb sieben. Um acht saß ich in der Verwaltungsausschusssitzung im Jesteburger Rathaus. Oben auf der Tagesordnung stand die Ausweisung von Bauland. Es ging richtig rund. Kolwezi war vergessen. Ich ging um Mitternacht ins Bett und schlief tief und fest bis zum nächsten Morgen um neun.

Die Inseln der glücklichen Kohlköpfe

»Alles klar, haben Sie Schiss?«, fragte mich Captain Klaus Zickert übers Bordmikrofon, als wir in Goose Bay Air Base unsere Plätze in dem Phantom-Jagdbomber eingenommen und uns angeschnallt hatten. »Nee, warum sollte ich denn? Sie sind derjenige, der Angst haben müsste.«

»Das verstehe ich nicht«, sagte Zickert.

»Weil ich die Hand am Auslöser zu Ihrem Schleudersitz habe.«

Das war aus guten Gründen in der Phantom so eingerichtet. Weil jeder Kubikzentimeter Raum gebraucht wurde, war für einen zweiten Auslösegriff im Flugzeug kein Platz. Im Notfall musste der Hintermann nacheinander beide Besatzungsmitglieder aus der Maschine schießen, erst den Captain und dann sich selbst.

Hauptmann Zickert gab keine Antwort, er ließ kommentarlos die Triebwerke an.

Während die Phantom zum Start rollte, arbeitete ich meine Preflight-Checklist ab: Panels, Sauerstoffmaske, Kopfhörer, Schleudersitze und noch ein paar andere Punkte. Ich hatte einen Schnellkurs in der Luftwaffenbasis Fürstenfeldbruck absolvieren müssen, bevor ich das Okay zum Mitflug bekam. Eine Phantom konnte man nicht als passiver Passagier fliegen. Man musste die Funktion des Copiloten übernehmen. Dafür hatte ich ein paar Tage gepaukt.

Vom Flugplatz aus stieg der Flieger im Sechzig-Grad-Winkel in den Himmel. Zehn Minuten von Goose Bay, über dem Lake Snegamook, ließ Zickert die Maschine abkippen. Die Leica, die ich leichtsinnigerweise nicht festgebunden hatte, klatschte an die Cockpit-Decke. Der Höhenmesser drehte durch: 1000 Fuß, 500 Fuß, 300 Fuß. Zickert zog die Maschine in einer Rechtskurve wieder nach oben, genau in die Sonne.

Die Nadel im G-Messer zischte von drei minus auf fünf plus. Das hieß fünffache Schwerkraft. Es war ein Gefühl wie zwei Sack Kartoffeln auf dem Schoß. Geschwindigkeit: 950 km/h, Puls: 150. Der Bordkompressor pumpte Pressluft in die Fünf-Kammer-Hose, damit das Blut nicht so schnell vom Kopf in die unteren Körperpartien gedrückt wurde. G 5 reichte normalerweise zur Bewusstlosigkeit. Mit der Anti-G-Hose konnte man zwei bis drei G mehr aushalten.

Dann ließ Zickert die Maschine, diesmal etwas langsamer, wieder bis auf hundert Fuß sinken. Die Phantom ditschte jetzt dicht unterhalb der Schallgrenze über die arktische Topografie wie ein Kieselstein, den man flach ins Wasser wirft – nur viel schneller. Der Magen ditschte mit. Wie ein Jojo, das mit Frühstück gefüllt ist.

»Alles klar da hinten?«, knarrte Zickert. »Alles klar.« Das war gelogen. Ich hatte mich etwas überschätzt. Es war eine höllische Himmelfahrt.

Zickert wiederholte das Manöver zwei-, dreimal: fast senkrechter Steigflug, abkippen, Sinkflug, dann zwei Minuten mit knapp Tempo 1000 starr geradeaus.

Zwischen Mitte der siebziger und Mitte der achtziger Jahre war in der Bundesrepublik im Durchschnitt alle zwei Wochen ein Kampfjet vom Himmel gefallen. Die häufigste Absturzursache: menschliches Versagen. Menschlich versagt hatte ein Pilot, wenn er mit dreißig Meter Luft unter den Tragflächen und mit fünffacher Intercity-Geschwindigkeit nicht sechzig verschiedene Einzelhandlungen in der Minute bewältigte. Fünf Besenstiele hoch über den Baumwipfeln von Labrador begriff der Chronist in seiner Folterkapsel, warum die Bundeswehr ihre Jagdbomberpiloten mit 41 Jahren in den Ruhestand schickte.

Auf der Diretissima zum Harp Lake brach Hauptmann Zickert den »Geländefolgeflug« vorzeitig ab und ging auf 1000 Fuß Reiseflughöhe. Er hatte gemerkt, dass ich an der Grenze meiner Belastbarkeit war. Ich kam nicht mehr zum Höhepunkt, nämlich zur Durchquerung des Canyons Snigger's Gap, wie er zu Ehren seines ersten Bezwingers, des Kölner Flugzeugführers Snigger (Kölsch für »Schneider«), genannt wurde.

Snigger's Gap ist so eng, dass eine zweite Maschine nicht mal hochkant neben die erste passen würde. Mit 0,95 Mach in dreißig Meter Höhe da durchfliegen, sagen die Jabopiloten, das sei ungefähr so, wie im Porsche Turbo mit Vollgas die Rüdesheimer Drosselgasse runterkariolen.

Ich kletterte ziemlich derangiert aus dem Cockpit und wollte gleich ins Hotel gefahren werden. Aber auf Anordnung des Kommandanten musste ich auf einem Hocker Platz nehmen, der auf einem Gepäckkarren thronte, und mich dem traditionellen Ritual unterwerfen, das die kanadischen Gastgeber auch ASBC nannten, »After supersonic baptize ceremony«.

Es war eine Art Äquatortaufe ohne Äquator. Die Fliegerkameraden richteten zwei Rohre im Durchmesser von je vier Zoll auf mich und drehten die Ventile auf. Dann brach eine Sintflut von eiskaltem Schaum über mich herein. Es war ein widerliches Gefühl. Die Kälte drang mir bis in die Herzkammern, und ich brauchte sehr lange Zeit, bis sich wieder ein wenig lauwarme Gemütlichkeit in mir breitzumachen begann. Nach der Schaumdusche lag ich erst mal drei Stunden platt auf meiner Koje.

Der Phantom-Flug über Labrador war nicht wirklich gefährlich. In all den Jahren, die die Bundesluftwaffe Goose Bay für ihre Looping-Etüden benutzte, waren dort nur zwei Maschinen abgestürzt.

Man hat es ja oft genug vernommen: Fliegen mit europäischen und amerikanischen Flugzeugen ist, statistisch gesehen, nicht riskanter als Autofahren. Statistisch gesehen. Tatsächlich ist es nur dann wesentlich ungefährlicher, wenn man die geflogenen und gefahrenen Kilometer pro Passagier als Maßstab zugrunde legt. Wenn man das Risiko an der Zahl der Toten pro 100 000 Starts misst, stellt es sich ganz anders dar.

So gesehen war auch meine Reise zu den Falklandinseln im Sommer 1982 nicht gefährlich. Ich habe sie aber zeitweilig so empfunden. Sie begann auf dem Luftwaffenstützpunkt RAF Brize Norton in Oxfordshire im Westen von England. Der Falkland-Krieg war gerade vorbei. Ich hatte den Auftrag, über die Seelenlage der Kelpers zu schreiben, wie sich die Insulaner selbst nennen – nach dem Seetang (kelp), der ihren Archipel umwogt.

Die Reportage über die Falklandinseln war eine der Geschichten, an die ich mich am liebsten erinnere. Auch weil sie mit siebzehn selbst geschossenen Bildern dekoriert war. Ich ging an dem Montag, als sie erschien, wie auf Wolken. Den Erfolg verdankte ich weniger meinem Fototalent als Chefredakteur Johannes K. Engels Vorliebe fürs Visuelle. Engel hatte viel Bildverstand. Das ist eine seltene Begabung unter Chefredakteuren und Ressortleitern. Es gab Chefs, die hätten am liebsten einen *Spiegel* ganz ohne Fotos gemacht. Das Titelbild vielleicht ausgenommen.

Für das Ticket nach Port Stanley hatte der *Spiegel* über 11 000 Mark bezahlen müssen. Dafür hätte man damals bei Lufthansa einen Erste-Klasse-Trip um die Welt haben können. Dass die Chefredaktion eine Reisegenehmigung erteilt hatte, war fast ein Wunder. Sie mochte keine Inselgeschichten und schon gar nicht so teure.

Die BAC-1-11 der Royal Air Force bot alles andere als First-Class-Service. Es gab nur Lunch-Pakete, unter anderem mit den berüchtigten englischen Gurkensandwiches, und warmen Tee. Und die

Sitze waren so eng wie in der LOT-Regionalmaschine von Warschau nach Kattowitz.

Dafür war die Unterkunft im Preis enthalten. Die Nacht vor der Abreise verbrachte ich zusammen mit drei Unteroffizieren in einem Raum des Stabsgebäudes in der Luftwaffenkaserne von Brize Norton. Das Gebäude machte den Eindruck, als sei es seit den Tagen, als es als Hauptoperationsbasis für die Battle of Britain diente, nicht mehr renoviert worden. Aber Gemütlichkeit war niemals die stärkste Seite des British Way of Life gewesen. Und militärisch war es ja auch gut so. Der Soldat sollte nicht durch zu viel Behaglichkeit zur Immobilität verführt werden. Das Kasernenambiente sollte vielmehr seinen Wunsch beflügeln, schnell das Weite zu suchen und dabei die Ausdehnung des britischen Empires zu vergrößern.

Am nächsten Morgen im Dunkeln starteten wir zunächst nach Dakar. Von da ging es weiter nach Ascension Island. Mit an Bord waren Soldaten, Beamte und einige Patrioten, die viel Geld dafür ausgegeben hatten, um den größten britischen Sieg seit dem Ende des Zweiten Weltkriegs aus der Nähe miterleben zu können. Mrs. Irene Reeve, eine Dame von Anfang siebzig, die eine Nachlasssache in Port Stanley regeln wollte, war auch dabei.

Ascension Island ist eine Robinson-Insel jwd im Südatlantik, in the middle of nowhere, wie die Briten sagen. Sie liegt 800 Kilometer von St. Helena entfernt, wo Napoleon Bonaparte seine alten Tage verbrachte, und doppelt so weit von der äquatorialafrikanischen Küste. Auf Ascension Island mussten wir von Düsen- auf Propellerfluggerät umsteigen, weil die Rollbahn von Port Stanley auf den Falklands für Jets zu kurz war.

Der Nachschub war für die Royal Air Force ein großes Problem. Die Briten hatten den Krieg zwar mit Pauken und Trompeten gewonnen, aber sie brauchten eine aufwendige Luftbrücke, um ihre Verteidigungsstreitmacht einsatzbereit zu halten. Deshalb war die sonst verschlafene winzige Atlantikinsel Ascension nun ein riesiges Heerlager.

Unsere viermotorige Hercules war vollgestopft mit Kriegsgerät: Bazookas, Infanteriemunition, Soldatenmarschgepäck. An den Längsseiten der Maschine waren Segeltuchsitze in die Spanten eingehängt worden. Statt eines Klos wurde hinter einer Persenning ein oben ausgebeulter Schlauch mitgeführt, der in einer Tonne endete. Um den Schlauch zu erreichen, brauchte man viel turnerisches Geschick. Wie Mrs. Reeve mit der Anlage zurechtkam, weiß ich nicht.

In der Maschine war es eng und kalt, und ich glaube nicht, dass die »Royal Society for the Prevention of Cruelty against Animals« ihr Okay zu dem Flug gegeben hätte, wenn Schafe statt Menschen an Bord gewesen wären.

Die Strecke von Ascension Island nach Port Stanley ist ungefähr so weit wie die von London nach Bombay. Eine Hercules braucht dafür bei normalen Windverhältnissen vierzehn Flugstunden. Weil sie sich mit einer Tankfüllung aber nur vier bis fünf Stunden in der Luft halten konnte, wurde sie – unter Berücksichtigung von großzügigen Sicherheitsmargen – unterwegs viermal aufgetankt. Der Vorgang ist, wenn man die richtige Beobachtungsposition im Cockpit hat, so aufregend, wie wenn ein Krokodil ein Flusspferd begattet.

Weil das düsengetriebene Tankflugzeug nicht so langsam fliegen kann, muss die Hercules tüchtig auf Touren kommen. Das gelingt ihr nur im Sinkflug. Sie klettert zu diesem Zweck auf ihre maximale Betriebshöhe von 7000 Metern und kippt dann nach unten, um Fahrt aufzunehmen. Der Tanker bleibt dabei über ihr. Wenn die Hercules auf full speed ist, wird der Tankschlauch ausgefahren und in ein trichterförmiges Ding am Bug der Hercules eingestöpselt. Während sie mit Dreiviertelschallgeschwindigkeit im stumpfen Winkel dem Erdboden entgegenrast, nuckelt sich die Hercules dann voll mit frischem Sprit.

Läuft alles gut, ist der Tank voll, wenn sie tausend Meter Höhe erreicht hat. Dann wird der Schlauch ausgeklinkt, und der Tanker dreht ab. Diese Operation musste auf dem Weg zwischen Ascension Island und den Falklands dreimal wiederholt werden. Nach der letzten Betankung musste der Tankjet selbst noch einmal in der Luft betankt werden, weil er sonst den Rückflug nach Ascension Island nicht geschafft hätte.

Drei weitere Tanker standen auf Ascension Island für Notstarts bereit. Weil das Wetter über dem Südatlantik unberechenbar war, konnte es passieren, dass die Hercules bis Port Stanley flog, dort nicht landen konnte und wieder nach Ascension Island zurückfliegen musste, wobei wieder vier Betankungen fällig würden. Das war nicht Ausfluss von verschrobener Rückversicherermentalität. Nein, der Ernstfall war in den vier Wochen zuvor schon zweimal eingetreten.

Ich war beeindruckt von der verwegenen Operation – aber auch von den Kosten, die sie verursachte. Mein Gott, was da verballert wird, dachte ich in meiner spießbürgerlichen Einfalt. Als wenn die Eroberung und der Erhalt von Weltreichen nach dem Gewinn-und-Verlust-Prinzip organisiert würden.

Der Flug war ziemlich turbulent. Und dann fiel zwei Stunden vor den Falklands auch noch einer der zwei Motoren an Backbord aus. Die letzten tausend Kilometer legten wir mit nur drei Motoren zurück. Kein Grund zur Beunruhigung. Eine Hercules kann sich sogar mit zwei Motoren noch in der Luft halten. Aber man glaubt ja nicht, wie lang zwei Flugstunden über dem sturmgepeitschten Südatlantik sein können, wenn der fliegende Mensch in seinem hundert Tonnen schweren Tubus realisiert hat, dass diesem 3500 PS zur vollen Leistungsfähigkeit fehlen.

Wir waren morgens um kurz vor vier Uhr Ortszeit auf Ascension Island gestartet. Kurz nach Mittag tauchte die Hauptinsel der Falklands über der Cockpitkonsole auf, ein schmaler Streifen Land, der von pastellfarbenen Ginsterwäldern und rostbrauner Heide herbstlich eingefärbt war. Das war Britisch-Sibirien, wie die Zeitungen es nannten.

Die Falkland-Briten sind der bemerkenswerteste Menschenschlag, der mir in all den Reporterjahren begegnet ist. Ich fand sie exotischer als Pygmäen, Hottentotten und burmesische Waldmenschen. Und noch britischer und insularer als ihre nordatlantischen Landsleute.

Es ist nicht wahr, dass man sie hundert Meter weit riechen kann, wie Kriegsreporter aus Buenos Aires nach der argentinischen Invasion hämisch berichtet hatten. Aber der Geruch, der uns umfing, wenn wir uns in dem winzigen Vierbettzimmer des Rose Hotels schlafen legten, ist mir noch heute in schlimmer Erinnerung. Ich glaube seitdem nicht mehr an die These, die André Gide in seinen *Falschmünzern* vertreten hat, dass nämlich Gerüche im Gegensatz zu anderen Sinneseindrücken nicht erinnerungsfähig seien.

Warum Falkländer riechen? Vielleicht weil ihnen der Qualm aus den Torffeuern bis in die Poren dringt? Es kann aber auch an den dicken, wollenen Unterhosen liegen, die sie angeblich von Generation zu Generation vererben.

In meinem kleinen roten Buch sind die Falkländer überrepräsentiert. Da war Patrick Watts, der Rundfunksprecher. Er hatte eine Menge zum britischen Sieg beigetragen, indem er die Argies mit erfundenen Meldungen foppte, die er zweimal täglich über seinen Mittelwellensender ausstrahlte. Er erfand britische Luftflotten, die sich im Anflug auf Goose Green befinden sollten, und Unwetter in Argentinien, die angeblich den Nachschub für die Falkland-Besatzer behinderten. Und es spricht für die Unorganisiertheit der Argies, dass sie dem fröhlichen Fälscher nicht gleich am ersten Tag den Strom abdrehten.

Wir hatten ruhige Tage in Port Stanley. Abends saßen wir bei Pure Malt mit Leitungswasser im Rose Hotel am Kamin und lauschten Pat Watts Kriegsgeschichten. Zum Schluss, nach dem sechsten oder siebten Whisky, sangen wir dann alle »Land of Hope and Glory«.

Don Bonner, der Chauffeur von Gouverneur Rex Hunt, der unter Einsatz seines Lebens den schwarzen Austin mit dem aufgemalten Krönchen und das Tafelsilber seines Dienstherrn gegen plündernde Argentinier verteidigt hatte, war meist auch dabei. Einmal sogar Botschafter Sir Rex persönlich, der dem Argy-Kommandeur den Handschlag verweigert hatte und schließlich unter Protest nach Montevideo ausgeflogen war. Er war ein würdevoller Diplomat. Er sprach maßvolles Cockney und trug wegen des schlechten Wetters Gummistiefel zum Stresemann, was ihm aber nichts von seiner Würde nahm.

Die Tage waren weit weniger beschaulich als die Abende am Kamin. Als Andenken an meinen Besuch auf den Falklands klebt in meinem Fotoalbum noch das Zertifikat, mit dem mich Major John Quin von den Royal Engineers beehrte. Es ist der Nachweis meiner Bestallung zum »Deputy Bomb Disposaleer«, der »dabei helfen soll, die Falklands von gefährlichem Material zu befreien«, wie es in der Urkunde steht.

Offen gestanden hatte ich diese Ehre nicht verdient. Denn ich habe den »glücklichen Kohlköpfen« (happy cabbages), wie die Falkländer im Army-Jargon heißen, mit meinem Einsatz keine Freude gemacht. Mir selbst allerdings auch nicht. Es hätte leicht schiefgehen können.

Wir waren in der Nähe von Goose Green, wo britische Fallschirmjäger in der Schlacht am 29. Mai 1982 die Argies ganz schrecklich verdroschen hatten. Überall in der von Ginster und wilden Erdbeeren bestandenen Landschaft steckten weiße, gelbe und rote Fähnchen. Die weißen bezeichneten die minenfreien Stellen. Die Flächen mit den roten Fähnchen waren noch nicht geräumt. Und bei denen mit den gelben wusste man es nicht so genau.

In Goose Green lagen vorwiegend Pizza-Minen, wie sie die Tommies nannten. Das waren kleine Sprengsätze, mit denen die argentinische Luftwaffe die Inseln wahllos bestreut hatte. Sie seien besonders unangenehm, sagte Kommandant Major Quin. Jedenfalls militärmathematisch gesehen. »Wenn Sie auf eine große Tretmine trampeln, macht es puff, und Sie sind weg. Eine Pizza-Mine reißt Ihnen ein Bein oder einen Fuß ab. Und die Army braucht drei Leute, um Sie vor dem Verbluten zu retten.« Drei Leute, die man in der Schlacht nicht mehr einsetzen kann. Seit dem Ende der Feindseligkeiten waren ein paar Dutzend Schafe durch Pizza-Minen getötet worden. Menschen waren aber bis dahin nicht zu Schaden gekommen.

Goose Green bot ein malerisches Bild: Heide und Ginster und dazwischen zottelige Schafe und bunte Fähnchen. Beim Fotografieren entfernte ich mich immer weiter von der Basis der Royal Engineers. Und plötzlich wusste ich nicht mehr, wo ich war. Es war auch keiner der Soldaten mehr zu sehen.

Ringsum sah ich rote Fähnchen. Man hatte mir gesagt, dass sie die gefährlichen Stellen bezeichneten. Aber sie waren so gesteckt, dass ich nicht erkennen konnte, ob die Minen davor oder dahinter lagen.

Was macht der Mensch, wenn er in eine Klemme gerät und niemand da ist, der ihm sofort wieder raushilft?

Er schreit.

Es dauerte zehn Minuten, bis Major Quin mit zwei Soldaten im Land Rover aufkreuzte. »Don't move, we'll fix you up«, rief er. »You are in a no-go area«, also in einer Fläche, die noch nicht geräumt war.

Für Quin und seine Leute war die Situation offenbar nicht neu.

Sie schraubten ihre tragbaren Minensuchgeräte zusammen und begannen, sich Meter um Meter an mich heranzuarbeiten. Weil sie sich im Zickzack bewegten, hatte ich den Eindruck, dass sie selbst Orientierungsprobleme hatten. Sie brauchten fast eine halbe Stunde für die Strecke von 200 Metern vom Land Rover bis zu der Stelle, an der ich stand.

Der Rückweg dauerte genauso lange. Als wir in den Land Rover stiegen, um nach Port Stanley zurückzufahren, fetzte ein dumpfer Knall über die Heidelandschaft. Aus dem Fähnchenwald stieg eine pilzartige Wolke in die Luft. Es hatte wieder ein Schaf erwischt. »Das war keine Pizza-Mine«, sagte Major Quin. »Das war eine Puff-und-weg-Mine.«

Wieder eine weniger. Eine von vierzig Millionen Minen, die auf der Welt verbuddelt und verstreut sind. Die Falkländer Heide wäre das richtige Operationsfeld für Walter Krohn aus Masburg in der Eifel gewesen. Krohn ist der Erfinder der Krohn'schen Fräse, einer vierzig Tonnen schweren Maschine, mit der man die Welt in fünf bis zehn Jahren minenfrei kriegen könnte, wenn nicht eine starke Lobby und Krohn selbst ihren Einsatz verhindern würden. Ich habe mir seine Suchmaschine angesehen. Es war wirklich ein ausgefeiltes Stück Hightech.

Jedoch, Minenräumen ist ein heiß umkämpftes Multimillion-Dollar-Business. Eine weltweit operierende Mafia achtet darauf, dass das Geschäft nicht zu rationell betrieben wird. Sie hat kein Interesse an technischem Fortschritt, weil er ihren Reibach bedroht.

Walter Krohns gelber Elefant, wie er wegen seines pommesfritesfarbenen Anstrichs in der Branche hieß, war zwanzigmal so effektiv wie die Stecherkolonnen, die mit ihren Stricknadeln und Weltkriegsdetektoren im Auftrag der Vereinten Nationen die Minenfelder der Erde in Handarbeit absuchen. In Mosambik hatte das Krohn Mechanical Mine Clearing System (KMMCS) 1996 in wenigen Wochen auf 150 Hektar Fläche über 20 000 Antipersonen-Minen unschädlich gemacht.

Das Auswärtige Amt zahlte Krohn dafür drei Millionen Mark – 10 000 Euro pro Hektar oder 75 Euro pro Mine. Das 500 Mann starke Räumkommando, das in Diensten der Vereinten Nationen die brisanten Überreste des portugiesischen Kolonial- und des mosambikanischen Bürgerkriegs beseitigte, brauchte für ein fast gleiches Pensum sechs Jahre und dreißig Millionen US-Dollar, also rund zwanzigmal so viel Zeit und Geld.

Die Krohn'sche Fräse war nach dem Urteil aller Fachleute, die sie in Aktion erlebt hatten, ein Wunderwerk. »Ein Segen für die Menschheit«, sagte Bundeswehroberst Wolfgang Kappen, der Anfang der neunziger Jahre Sicherheitsbeauftragter bei der Minenräumung an der innerdeutschen Grenze war.

Doch die Wundermaschine setzte sich nicht durch. Daran war nicht nur die intrigante Minensucherlobby schuld, sondern auch Krohn selbst. Er machte jeden nieder, der nicht punktgenau seine Meinungen teilte. Widerspruch war für ihn offene Feindschaft.

Der alte Herr war ein begnadeter Düsentrieb und ein einsamer Wolf. Als ich ihn in seiner Erfinderwerkstatt in der Eifel besuchte, bellte er mich gleich im Eingang an: »Wenn Sie zum Spionieren kommen, dann verschwinden Sie am besten gleich wieder.« Er gab mir aber eine Chance. Dann schrieb ich über ihn im *Spiegel* eine positive Geschichte. Und als ich ihn danach anrief, bombardierte er mich mit üblen Beschimpfungen, weil in meinem Artikel auch erwähnt worden war, dass es in seinem Wohnzimmer nach Hund gerochen hatte.

Die Krohn-Geschichte im *Spiegel* fand Anklang. Trotzdem blieb sie folgenlos. Kein General oder Staatssekretär rief an und sagte: »Mensch, das ist ja prima, dass du uns die Augen geöffnet hast. Wir sehen uns die Krohn-Fräse mal an, und wenn es stimmt, was du geschrieben hast, dann setzen wir sie ein. Ich schick auch ’ne Pulle rüber, wenn’s klappt.« Aus einer Geschichte über einen alternden Querulanten mit schlechten Manieren und schmutzigem Hemdkragen wollte niemand was lernen. Es war deprimierend.

Es war für mich aber keine neue Erfahrung. Die Presse ist ein Papiertiger. Ihre Macht greift nur, wenn die Umstände und/oder der Zeitgeist sowie die personelle Besetzung in der Affäre, um die es geht, danach sind. Rudolf Augstein hat gern die Geschichte von dem Schuster erzählt, der in einer ukrainischen Kleinstadt ein monatliches Blättchen mit einer Auflage von ein paar hundert Exemplaren herausgab. Wenn wieder eine Zeitung fertig war, pflegte er selbstgefällig darin zu blättern und zu murmeln: »Was wird der Zar sich am Montag ärgern.« Augstein wollte uns nur sagen: »Überschätzt euch nicht.«

Meine Reportage über eine Inszenierung am Teatr Ludowy in Nowa Huta, der Trabantenstadt von Krakau, war, gemessen an der Reaktion der betroffenen Kulturträger, eine der wenigen erfolgreichen. Ein Regisseur hatte *Romeo und Julia* inszeniert und für sein Ensemble Mitglieder von rechten Jugendgruppen wie den Polish Bastards engagiert, die sich durch rassistische Agitation gegen Deutsche, Russen, Zigeuner und Schwarze profiliert hatten. Eine Woche nachdem die *Spiegel*-Geschichte erschienen war, wurde das Stück abgesetzt.

Das Minenproblem habe ich ein paar Monate später noch mal ganz hautnah erlebt. Ich war mit *Spiegel*-Balkankorrespondentin Renate Flottau in den bosnischen Bergen unterwegs. Wir suchten nach Spuren der zwei serbischen Massenmörder Radovan Karadžić und Ratko Mladić, die in Srebrenica die Liquidation von 8000 Bosniaken veranlasst hatten. Die Chancen, die zwei Schurken zu finden, waren nicht gut. Andere Spürnasen, die mehr Möglichkeiten hatten als wir, hatten es auch nicht geschafft.

Die Fahndung war eine große Farce. Die EU-Streitmacht EUFOR hatte Karadžić und Mladić jahrelang übersehen, vermutlich mit Absicht, weil sie keine Scherereien mit den Serben wollte. Die zwei Gejagten konnten sich in Bosnien und Serbien ziemlich frei bewegen.

Nachdem wir ein paar Tage lang erfolglos Stollen und Bunker durchstöbert hatten, besuchten Renate Flottau und ich zum Schluss einen deutschen Minenräumtrupp in den Bergen bei Foča, der Metropole der serbischen Chauvinisten. Ihr rollendes Quartier, ein grell gestrichener Kastenwagen, war gleich neben einem Friedhof geparkt. Ich ließ mich zu der saloppen Äußerung hinreißen: »Na, dann haben Sie's ja gegebenenfalls nicht weit.« Das war eine grobe Geschmacklosigkeit, die ich in demselben Moment, in dem ich sie von mir gab, schon bereute.

Das Buschland rings um ihre Stellung sei im Prinzip bis zum Horizont minenfrei, sagte der Kommandant. Wir könnten uns ja mal umsehen. Er reichte mir einen Helm, eine Panzerweste und einen Unterleibsschutz und sagte schnippisch: »Sie werden sich doch sicher aus der Nähe ein Bild machen wollen.«

Ja gern, sagte ich. Aber warum sollte ich eine Schutzmontur anziehen, wenn es doch nicht gefährlich war, wie er behauptete? Der Kommandant gab darauf keine Antwort. Stattdessen reichte er mir auch noch ein Formular, auf dem darauf hingewiesen wurde, dass alle Risiken von mir allein zu tragen seien. Ich sollte mich auch dafür verbürgen, dass weder ich noch meine Nachkommen Schadenersatzansprüche stellen würden, falls mir etwas zustieße. »Wenn Sie das hier bitte mal unterschreiben würden«, sagte er.

»Wieso kann mir etwas zustoßen?«, fragte ich. »Sie haben doch gesagt, es sei alles geräumt.«

Der Kommandant lächelte sarkastisch. »Es ist ja nur eine Formalität.« Und: »Hier oben links auf dem Zettel tragen Sie bitte ihre Blutgruppe ein.«

Ich kannte meine Blutgruppe nicht. Aber Renate Flottau sagte: »Das ist nicht schlimm, ich habe Gruppe null negativ, die verträgt sich mit jeder anderen.« Sie würde dann gegebenenfalls als Spenderin bereitstehen.

Ja, aber noch mal, warum musste man überhaupt meine Blutgruppe kennen, wenn das Terrain garantiert minenfrei war?

»Von Garantie war nicht die Rede«, sagte der Kommandant. Es könne wirklich nichts passieren, aber ein kleines Restrisiko sei nicht auszuschließen. Er werde selbst vorangehen. Man sah ihm an, dass ihm meine Ängste guttaten. »Sehen Sie da oben das rote Schild, da gehen wir jetzt hin. Treten Sie in meine Fußstapfen.«

Ich versuchte, dem Kommandanten trittgenau zu folgen. Aber ich tappte ständig daneben, weil ich durch den daumendicken Plastikgesichtsschutz und die fünfzehn Kilo schwere Panzerweste stark behindert wurde.

Und dann noch mal denselben Weg zurück. »Alles klar?«, fragte der Kommandant, als ich am Ziel war. Ich nickte. Er grinste. Einer seiner Mitarbeiter erzählte mir, sie hätten hier drei Klassen geräumter Minenfelder: Klasse A, die nachweislich komplett geräumt sei, Klasse B, die vermutlich geräumt sei, und Klasse C, bei der man sich nicht so sicher sei. Bei unserem Feld handelte es sich um Klasse B. »Ich hätte Ihnen das natürlich auch vorher sagen können, aber ich wollte Sie nicht beunruhigen.«

Der Kommandant der Minensucher in Bosnien hat mich durch die professionelle Revanche, mit der er meinen Hochmut parierte, beeindruckt. Sonst lassen sich *Spiegel*-Leute nicht so leicht das Maul verschließen. Man weiß einen schlagkräftigen Apparat hinter sich. Das macht satisfaktionsfähig.

Den nachhaltigsten Groll verursachte der *Spiegel* stets bei Politikern im nahen Ausland, die sich ihm denkartlich verbunden fühlten, vor allem bei linken und sozialdemokratischen. Sie münzten

Rudolf Augsteins Bekenntnis, der *Spiegel* sei im Zweifelsfalle links, in eine Solidarverpflichtung um. Die Redaktion hat sich aber niemals zu irgendwas verpflichten lassen.

Der *Spiegel* und die Mächtigen, das war immer ein Kapitel voller Zorn und enttäuschter Hoffnungen. Die Potentaten der deutschen Demokratie, die öfter mit ihm zu tun hatten, waren an seine Stacheligkeiten gewöhnt. Viel dünnhäutiger waren die Regierungen der kleinen Länder. Die in Stockholm zum Beispiel. Schwedens sozialdemokratischer Premierminister Olof Palme quittierte einen Bericht des *Spiegel*-Korrespondenten Hermann Orth über den schwedischen »Kinder-Gulag« mit unbeherrschten und wütenden Ausfällen, die gar nicht zu seiner Friedenspolitikeraura passten.

Der Bericht hatte die totalitären Praktiken des schwedischen Wohlfahrtsstaates in Sorgerechtsangelegenheiten angeprangert. Unter abenteuerlichen Vorwänden wurden Kinder ihren Eltern weggenommen und in staatliche Fürsorgeheime gesteckt. Der *Spiegel* hatte Zeugen aufgetrieben, die Vorwürfe gegen Behörden und Regierung erhoben.

Der Bericht von Hermann Orth sei, so schimpfte Palme, das Niederträchtigste, was er jemals in einer Zeitung über Schweden gelesen hätte. Er wollte nicht verstehen, dass sich der *Spiegel* dem Mythos, die schwedische Gesellschaft sei die perfekte und endgültige Form des menschlichen Zusammenlebens, verweigerte. Wobei ich meine Zweifel hatte, dass Palme, so gut, wie er informiert war, selbst daran glaubte.

Von schwedischen Zeitungen war Palme solche Frechheiten nicht gewöhnt. Sie konnten es sich auch nicht leisten, gegenüber der Regierung frech zu werden, weil diese nämlich die Verfügungsgewalt über den Subventionsfonds hatte, aus dem die Medien alimentiert wurden. Bis zu seinem gewaltsamen Tod hat Palme dem *Spiegel* die Gulag-Geschichte nachgetragen.

Posthum hat Olof Palme dann noch weitere Watschen vom *Spiegel* einstecken müssen. Meine Artikelserie über den Palme-Mord ließ von dem Nimbus des untadeligen Sozialdemokraten, der weltweit für Frieden und Gerechtigkeit ins Gewehr getreten war, nichts übrig.

Tatsächlich war Olof Palme ein begabter Opportunist. Er hatte keine Hemmungen, eine Reise, die er in seiner Eigenschaft als Friedensstifter unternahm, zu nutzen, um für den schwedischen Rüstungskonzern Bofors Kanonen zu verkaufen. Seine Bigotterie hat aber deutsche Stadtväter nie daran gehindert, weiterhin Straßen nach ihm zu benennen.

Noch zerrütteter war das Verhältnis zwischen dem *Spiegel* und dem sozialdemokratischen österreichischen Kanzler und Duodezfürsten Bruno Kreisky. Wie gewöhnlich gut unterrichtete Kreise nach Hamburg meldeten, hat er einmal sogar aus Wut über einen Österreich-Bericht im *Spiegel* in seinem Büro am Wiener Ballhausplatz ein Telefon an die Wand geworfen.

Rumpelstilzchen Kreisky litt vor allem unter den Nachstellungen durch seine Landsleute, die sich beim *Spiegel* verdingten. So, wie er sie mit Schmähungen verfolgte, muss er die Zusammenarbeit von Austriaken mit dem Hamburger Piefke-Magazin als Landesverrat empfunden haben.

Kreiskys wichtigste Hasssubjekte waren Redakteur Siegfried Kogelfranz und die Wiener Korrespondentin Inge Santner-Cyrus. Er entblödete sich auch nicht, seinen Hass öffentlich zu machen. Einmal ließ er von seinem Sekretär ganz formell in Hamburg nachfragen, ob man Santner-Cyrus und Kogelfranz nicht mit anderen Aufgaben betrauen könne. Die Chefredaktion antwortete ebenso formell, dem Antrag könne zu ihrem Bedauern nicht entsprochen werden.

Kogel hatte mit seinen Geschichten in verschiedenen Weltgegenden Spuren hinterlassen. Die griechischen Obristen, die zwischen 1967 und 1974 die Macht in Athen hatten, vor allem Premier Georgios Papadopoulos und Innenminister Stylianos Pattakos, hassten ihn für seine antidiktatorischen Pamphlete.

Kogelfranz hat es sich nie nehmen lassen, die zwei Athener Oberpopanze im *Spiegel* als »Dick und Doof« zu verunglimpfen. Man ließ ihn auch gewähren, obwohl derlei Invektiven unter *Spiegel*-Niveau waren und obwohl ihnen auch die nötige Trennschärfe abging, weil nämlich beide dick und beide doof waren.

Kogelfranz stand in Athen auf der schwarzen Liste der unerwünschten Journalisten ganz obenan. In der Obristenzeit hatte er offiziell Einreiseverbot. Es wurde aber nie durchgesetzt. Der Grund dafür kam viel später raus: Kogel besaß einen österreichischen Pass, war aber in der Fahndungsliste am Athener Flughafen als Deutscher geführt worden.

Die griechischen Militärs gaben sich nicht die Blöße, den *Spiegel* in ihrem Land zu verbieten. Sie ließen aber mehrfach nach Erscheinen eines kritischen Artikels das Heft blitzschnell aufkaufen, was der Gesamtauslandsauflage des *Spiegel* guttat.

Viel Groll, wenn auch keine Zwangsmaßnahmen verursachte die Titelgeschichte über Gewalt im deutschen Urlaubsland Italien. Das Coverfoto war wirklich eine Provokation. Es zeigte einen Teller Spaghetti mit einer Pistole als Garnitur. Die Woche danach war die vermutlich schwärzeste in den deutsch-italienischen Beziehungen, seit SS-Mann Otto Skorzeny den gefangenen Exdiktator Benito Mussolini aus seinem Knast auf dem Gran Sasso befreit hatte. Die Zeitungen druckten antideutsche Schmähartikel. Das Nachrichtenmagazin *L'Espresso* keulte mit einem Titelbild zurück, auf dem ein Teller Sauerkraut mit Wurst und einer Handgranate obendrauf zu sehen war. Noch heute werden *Spiegel*-Leute in Italien auf den Spaghetti-Titel angesprochen. So tief sitzt der Schmerz.

Auch privat war Kogel keiner von den Leisen im Lande. Sein

Party-Verhalten erfüllte für die Kollegen oft den Tatbestand groben Unfugs. Aber man ließ ihm seinen breitbeinigen Humor durchgehen, einfach weil sich besonders kompetente Mitarbeiter beim *Spiegel* mehr Extravaganzen leisten durften als andere.

Während seiner Zeit als Auslandsressortchef konnte es passieren, dass Kogel auf der Themenkonferenz seine Mitarbeiter zurück auf die Stube schickte, wenn sie ihm nicht kreativ genug erschienen. Einmal schnauzte er uns an: »Geht doch nach Hause, wenn ihr keine Lust habt, die paar Seiten kacke ich ganz allein voll.«

Ich war Kogelfranz – trotz meiner in unguten Erfahrungen erworbenen Austriaken-Skepsis – sportlich verbunden. Wir beide waren die einzigen Redakteure im Auslandsressort, die aus dem Stand mit zusammengepressten Knien auf einen Schreibtisch springen konnten. Wir trauten uns diese Übung aber nur im Zustand fortgeschrittener Trunkenheit zu. Mich schaudert bei dem Gedanken an meine Schienbeine, wenn ich mal an der Schreibtischkante abgerutscht wäre. Das waren Zeiten. Heute ist der *Spiegel* eine weitgehend skandalfreie Zone. Und Liebesaffären sind auch selten geworden.

Siegfried Kogelfranz brachte in seiner Zeit als Reporter auch die Beziehungen des *Spiegel* zu Indien auf null. Eine Breitseite landete er mit einer Story, in der darüber berichtet wurde, dass der damalige indische Premierminister Morarji Desai jeden Tag ein Tässchen Urin trank. Ein Aufschrei brandete durch Indien. Von Sandjai, Frau Gandhis Jüngstem, ist die Order überliefert: »Get me that guy's balls. Bringt mir seine Eier.« Der Auftrag konnte aber nicht ausgeführt werden, weil der Gesuchte seine Testikel und sich selbst rechtzeitig in Sicherheit gebracht hatte.

Kogelfranz hatte schon vorher einen roten Reiter auf seiner Akte in Neu Delhi gehabt. Und zwar für die Serie über »Asiens kranke Riesen«, in der er auch die politischen Zustände in Indien angeprangert hatte. Premierministerin Indira Gandhi hatte persönlich ein Einreiseverbot gegen ihn verhängt und dem *Spiegel*-Korrespondenten in Neu Delhi, Sri Prakash Sinha, der an der Serie mitgearbeitet hatte, die Akkreditierung entziehen lassen. Um sich den Nachstellungen von Frau Gandhis Geheimagenten zu entziehen, musste Sinha 1975 von Neu Delhi nach Katmandu in Nepal umziehen.

Ja, es stimmt, der *Spiegel* war oft einseitig. Seine Ausgewogenheit bestand darin, dass er jede Woche anders einseitig war. Mal antiamerikanisch, mal antiösterreichisch, mal antiitalienisch, mal antiholländisch, allerdings immer antisowjetisch.

Auch ausländische Politiker, die sich mit dem *Spiegel* einließen, hatten zuweilen daheim ein Problem. Der türkische Expremier Bülent Ecevit kassierte 1981 für einen kritischen Artikel, den er für den *Spiegel* geschrieben hatte, ein Vierteljahr Gefängnis. Er trug die Verurteilung aber wie ein Adelsprädikat.

Die Redaktion war stolz, dass die *Spiegel*-Auslandsberichterstattung bei den Betroffenen meist schlecht beleumundet war. Einen guten Leumund konnte man bei ihnen nur erwerben, wenn man freundlich über sie schrieb. Für Freundlichkeiten aber war der *Spiegel* nicht erschaffen worden.

Wir glaubten, einigermaßen richtig zu liegen, wenn wir von zwei miteinander verfeindeten Parteien etwa gleich stark verabscheut wurden. Israelis bezichtigten den *Spiegel* zuweilen der Judenfeindschaft, für die Araber war er ein Propagandaorgan des Zionismus. Für die Regierung in Washington war er krankhaft antiamerikanisch, für die Regierung in Moskau fanatisch antisowjetisch.

Die Sowjets hatten mehr Gründe als die Amerikaner, sich vom *Spiegel* missverstanden zu fühlen. Fritjof Meyer, Leiter des Ostressorts, war ein bekennender Antisowjetist und konnte auch gut belegen, warum. Er ließ keine Gelegenheit aus, die Kreml-Herren zu prügeln.

Shanghai-Korresponent Wieland Wagner gehört zu den wenigen,

die die Kogelfranz-Tradition fortgesetzt haben. Er zog sich im Zusammenhang mit seiner Berichterstattung über das große chinesische Erdbeben von 2008 von der Zeitung *Global Times* den schlimmsten aller in der Volksrepublik denkbaren Vorwürfe zu: »Fast alle seine Berichte über China sind kritisch.« Ein regimetreuer Blogger stellte Wagners Foto ins Netz und schrieb darunter: »Lasst uns auf Menschenfleischjagd gehen, ihn fassen und aus China hinauswerfen.«

Enthüllungsknaller wie die Titelgeschichte über das Chaotenparadies Italien und die Serie über die indische Sumpfdemokratie sind ausgelaufene Modelle. So was geht heute kaum noch beim *Spiegel*. Und weichgespülte Geschichten bringen nun mal keine Regierung auf die Zinne.

Respektlosigkeit ist keine nachwachsende Ressource. Viele Jüngere haben mehr Respekt vor Autoritäten als die Älteren. Nicht nur beim *Spiegel*. Regelverstöße sind im ganzen deutschen Journalismus eine Sache der Fossilien. Peter Scholl-Latour, Dagobert Lindlau, Gerd Ruge. Sie haben noch Mut zur Wut. Oder der zu früh verstorbene Johannes Groß. Er war ein gottbegnadeter Wüterich.

Unter den alten Holzern beim *Spiegel* ist Henryk M. Broder der vernehmlichste. Er tritt aber immer nur gegen dieselben Schienbeine, hauptsächlich gegen die der Palästinenser, die die westlichen Werte nicht mit der Dachlatte verteidigen wollen.

Henryk M. Broder ist ein strenger Zuchtmeister, der Normabweichungen nicht duldet – nach oben nicht und nach unten nicht. Wer zu verhalten der deutschen Schuld gedenkt, ist ewiggestrig. Wer sie zu inbrünstig betrauert, ergeht sich in »Sündenstolz«.

Die *FAZ* schrieb über Broder anlässlich seiner Selbstdarstellung in einer Talkshow, er sei ein »eitler, zynischer, selbstgefälliger älterer Mann, der überheblich grienend Personen demütigte, die das hatten, was ihm fehlte: Respekt vor der Würde des Menschen.«

Broders Beiträge fallen beim *Spiegel* vor allem deshalb so stark auf, weil sich im Heft beim Umgang mit Würdenträgern ein gelegentlich schon devoter Tonfall breitgemacht hat, bei dem König Rudolf die Silberplatte im Kopf hochgegangen wäre. Wie etwa im Februar 2008 in dem Gespräch mit dem amerikanischen Super-Con Henry Kissinger. Tendenz: Herr Generalfelddiplomat, gießen Sie bitte ein wenig von ihrer Weisheit über uns geblendete alte Europäer aus. Dabei war Kissinger bekannt dafür, dass man sich mit ihm herrlich kultiviert streiten konnte.

Chefredakteur Stefan Aust bekannte sich dazu, dass er Häme nicht ausstehen konnte. »Ich bin einverstanden mit ein wenig Grundsarkasmus und habe nichts gegen witzige, überspitzte, ironische Bemerkungen.« Ironie dürfe gern ins Blatt, aber nicht Häme. Bei Broder machte er eine Ausnahme.

Broder und Aust hatten am Anfang ihrer Journalistenlaufbahn bei den *St. Pauli Nachrichten* gemeinsam gegen die Rechten gestritten. Damals schrieb Aust Artikel wie diese: »Strauß kam aus dem Wienerwald, da stellten ihn zwei Nutten kalt« und »Angst und Schrecken über Venlo – wollte Franz-Josef Strauß Lufthansa-Jet kapern?«

Das war nun nicht mehr Austs Stil. Meine Geschichte über »Frau Antje in den Wechseljahren«, die die Holländer so echauffierte, hätte er wohl auch nicht mehr im Blatt geduldet. Der *Spiegel* will nicht mehr provozieren. Er hat keinen Spaß mehr an Despektierlichkeiten. Alte Stammleser haben manchmal den Eindruck, gute Manieren seien ihm inzwischen wichtiger als gute Geschichten.

Das Stück über Frau Antje (het kaasvrouwtje) war unausgewogen und polemisch, das räume ich ein. Es wurde fast nur Negatives beschrieben: die anarcholibertinären Zustände zwischen den Amsterdamer Grachten, die Kriminalität, das drohende Ende der freiheitlichen Tradition, die Coffeeshop-Szene mit den ausländischen Billigtouristen, die hier beim Marihuana-Shagje Urlaub vom Bier machten. Dazu ein großes Comic-Bild von Frau Antje mit Holzklumpen, Heineken-Bier, einer Haschisch-Fluppe im Maul und einem gekreuzten Pflaster auf der Heroin-Einstichwunde im Unterarm.

Der Artikel sollte die Bewunderung der Deutschen für die Niederlande untergraben. Die Holländer haben guten Matjes, gute Fußballer und gute Deichbauer, sie sind gescheit, fleißig und tolerant, aber sie sind auch ungerecht gegen die eigenen Landsleute, die ihre Bürgerpflichten erfüllen und brav ihre Steuern zahlen. Ich habe mich in vielen Reportagen bemüht, die Schattenseiten der Niederlande auszuleuchten: die getürkten Arbeitslosenstatistiken, die unbewältigte Vergangenheit mit der Judenverfolgung durch die niederländischen Nazi-Kollaborateure, die massenhaften Tötungen unter dem Vorwand der humanitären Sterbehilfe.

Für mein Holland-Bashing habe ich allerhand Prügel von holländischen Kollegen einstecken müssen. Die Amsterdamer Tageszeitung *Trouw* pöbelte: »Wo bei den meisten Deutschen das Hirn sitzt, hängt bei Erich Wiedemann vom Magazin *Der Spiegel* ein Beutel Sülze.« »Matjes im Kopf«, durfte ich im *Spiegel* zurückpöbeln.

Wegen der Verwechselbarkeit unserer Namen musste mein Freund Siggi Weidemann, der Korrespondent der *Süddeutschen Zeitung* in Amsterdam, nicht selten mit mir leiden. Zweimal wurden ihm seine Fahrradreifen zerstochen, nachdem ich einen kritischen Artikel über Holland im *Spiegel* geschrieben hatte.

Ich hatte in Amsterdam ein paar intellektuelle Freunde, mit denen ich mich bei Pilsje und Genever zuweilen bis tief in die Nacht über die Kardinalthemen der deutsch-niederländischen Beziehungen stritt. Wir kamen aber niemals zum Konsens. Noch nicht einmal in die Nähe.

Die Holländer wollten ein Modell schaffen, das es jedem erlaubte, nach seiner Fasson zu leben, ohne – wie im schwedischen

»Volksheim« – durch den Staat bevormundet zu werden. Aber es wurde ein ausbeuterischer Zwei-Klassen-Staat, in dem die eine Klasse produziert und die andere nur konsumiert. Die Fleißigen fühlen sich mit Recht ausgebeutet, sie sehen nicht ein, was sie zum Gemeinsinn verpflichten sollte, wenn eine Seite nur gibt und die andere nur nimmt. Ikke, ikke, ikke, en de Rest kann stikke. Ich, ich, ich, und der Rest kann ersticken.

Aber bitte schön, jedes Volk nach seinem Geschmack. Es war ja nicht die Aufgabe des *Spiegel*, für entrechtete Holländer zu kämpfen. Wie sie ihre inneren Verhältnisse regeln, bleibt ihnen selbst überlassen. Ihr Verhältnis zu den Deutschen dagegen geht auch uns an. Das Thema ist ein unerfreuliches, würde mein alter Lehrer Tombers sagen. Wirtschaftliche und politische Beziehungen bestens, die menschlichen Beziehungen ein Desaster. Rund die Hälfte der von dem linksliberalen *Volkskrant* befragten Holländer erklärte Mitte der neunziger Jahren auf Befragen, sie hielten die Deutschen für »aggressive, schreiende und biertrinkende Schweine«. Daran hat sich tendenziell bis heute nichts geändert.

Die niederländischen Animositäten gegenüber Deutschland gehen weit über die üblichen Ressentiments zwischen Nachbarvölkern hinaus. Ich glaube, das liegt hauptsächlich daran, dass sie zornig darüber sind, den Deutschen so ähnlich zu sein.

Das zeigte sich vor allem im Zweiten Weltkrieg. Von allen Völkern, die von der großdeutschen Dampfwalze plattgemacht wurden, haben außer den Österreichern die Holländer am wenigsten Anlass, sich pauschal als Opfer zu fühlen. Nach Kriegsende waren 450 000 Kollaborateure registriert, die sich bei der Zusammenarbeit mit den Besatzern schmutzige Finger geholt hatten. »In Holland ging alles wie am Schnürchen«, hatte Endlöser Adolf Eichmann nach Berlin gemeldet, nachdem neunzig Prozent der Juden aus den Niederlanden nach Osten deportiert worden waren.

Der Antigermanismus seiner Landsleute, so sagte mir der Kulturhistoriker Hermann von der Dunk von der Universität Utrecht, erinnere ihn an den Antisemitismus der Nationalsozialisten.

Als deutscher Demokrat muss man damit leben können, dass man im Ausland gelegentlich für die Sünden seiner Väter verantwortlich gemacht wird. Aber dass eine Gruppe von leitenden Angestellten im Amsterdamer Café Hoppe am Spui im Suff das Horst-Wessel-Lied anstimmte, um einem deutschen Journalisten das Bier zu vergraulen, das hat mich erbost.

Wenn ich in mich hineinhorche, so vernehme ich auch subjektive Signale als Ursachen für meine hollandkritische Grundhaltung. Als Kind musste ich öfter mit meinen Geschwistern und einer alten Tante in Zandvoort aan Zee Camping machen. Vor allem weil Ferien in Holland so billig waren und weil Zandvoort der Seebadeort war, der meiner Heimatstadt Mülheim an der Ruhr am nächsten lag. Die Niederländer begegneten den Deutschen auch fünfzehn Jahre nach Kriegsende mit verletzender Herablassung. Das empfand ich als demütigend. 1955 gab es für deutsche Camper auf dem Zandvoorter Caravan-Platz auch noch eine Strafecke, die die Holländer »het Moffenkamp«, das Deutschenlager, nannten.

Als einziges versöhnliches Element empfand ich die herrlichen braungebrutzelten Pommes frites, die man für einen Kwartje pro Tüte an der Strandpromenade kaufen konnte. So was Feines gab es damals noch nicht in Deutschland. Wir waren ganz närrisch auf holländische Pommes.

Ich war immer schon den schlichten bürgerlichen Genüssen zugewandt, vor allem jenen, die in der Kulturgeschichte des Speisens als schmackhaft figurieren und Übergewicht verursachen. Zum Lunch oder Dinner Wiener Schnitzel mit Erbsen und Möhren und Bratkartoffeln. Zum Frühstück Brötchen mit Leberwurst oder Edamer Käse.

Es gibt auch Ausnahmen von meinen kulinarischen Grundwerten. Das Couscous, das die aus Marokko gebürtige Ehefrau von Henri Zoller, dem *Spiegel*-Korrespondenten in Tel Aviv, bereitete, war genau so gut wie Wiener Schnitzel.

Couscous besteht aus dem Inneren von Weizenkörnern. Es wird zwei- bis dreimal gekocht und dann mit Lamm, Hammel oder Huhn serviert. Wenn es gut gemacht ist, duftet es wie Weihnachtsplätzchen mit Gulasch.

Einmal gab es Couscous sogar in der *Spiegel*-Kantine. Er war nicht schlecht. Überhaupt war dort fast nie etwas wirklich schlecht. Sie ist die beste Kantine in ganz Hamburg. An Feiertagen, wenn die Redaktion eine Sonderschicht schieben muss und die Küchenleitung nicht auf ihren Etat zu achten braucht, hat sie Zwei- bis Drei-Sterne-Niveau. Wenn dem *Spiegel* mal was zustieße, könnte die Kantine sich auch allein auf dem freien Markt behaupten.

Die *Spiegel*-Küche war gut, aber häufig kalorinös. Wenn ich Übergewicht anzusetzen drohte, verpflegte ich mich ein paar Tage lang aus dem chinesischen Deli, gegenüber in der Brandstwiete, wo man abends ab fünf Uhr belegte Käsebrötchen zum halben Preis kaufen konnte. Man brauchte nur mit der Schere die trockenen Ränder und Ecken abzuschneiden, dann schmeckten sie ganz gut.

Einmal traf ich Chefredakteur Stefan Aust vorm Aufzug, als ich gerade mit zwei Happy-hour-Brötchen nach oben fahren wollte. Er sah mich fragend an. Ich sagte zu ihm: »Die können Sie für fünfzig Cent beim Chinesen gegenüber kaufen. Aber machen Sie's nicht gleich überall publik, das treibt die Preise.« Ich weiß nicht, ob er meinen Tipp verwertet hat.

Trotz meiner Abneigung gegen unkalkulierbare Gaumenfreuden habe ich gelegentlich Bauchgrimmen riskiert, um etwas Neues kennenzulernen. Manchmal ging es auch gut. In den siebziger Jahren im Cannibale blanc in der zairischen Hauptstadt Kinshasa beispielsweise, das seinen Namen der Gewohnheit vieler Weißer verdankte, am Sonntagvormittag dort zum Brunch einzukehren.

Das Cannibale blanc bestand aus sechs strohgedeckten Rundhütten, zwischen denen bunte Blumenkübel leuchteten. Der Wirt war ein Tutsi aus dem Kivu-Gebiet, der ganz stammesuntypisch fast ebenso breit wie lang war.

Es war ein »lieu agréable«, wie die Kongo-Belgier sagten, ein angenehmer Ort. Das Personal achtete auf peinliche Hygiene. Auf der Speisekarte standen fast nur einheimische Leckereien: gegrillte Krokodilsfüße, Termiten im Brotteig, Schlangen, die auf verschiedene Arten zubereitet wurden. Dazu trank man Simba-Bier aus geeisten Gläsern. Es hat mir nicht schlecht geschmeckt.

Ansonsten hat mir die afrikanische Küche nicht viel bedeutet. Afrikaner speisen, um satt zu werden, und nicht des Gaumenkitzels wegen. Die einheimische Küche geht deshalb auch überall in Schwarzafrika kaum über den Standardfraß hinaus. Fufu, Ugali, Milipapp, Matoke – das ist alles praktisch die gleiche Mais- oder Maniokpampe mit dicker, grüner Soße und manchmal mit Hühner- oder Ziegenfleisch.

Nein, es musste nicht unbedingt deutsch sein. Ich aß gern auch italienisch, französisch und chinesisch, nicht so gern US-amerikanisch. Ein wenig Liebe zur russischen Küche hatte ich mir im Kochbuch von Markus Wolf angelesen, dem retirierten Oberschlapphut der DDR, mit dem ich kurz nach der deutschen Wende in Moskau bekannt geworden war.

Wolf hatte unschuldige Menschen einkerkern lassen und eigene Spionen im Westen gnadenlos verheizt. Seine Abteilung hatte auch die zwei CDU-Abgeordneten gekauft, die am 27. April 1972 bei der Abstimmung über die Vertrauensfrage im Bundestag gegen Rainer Barzel stimmten, und damit die Regierung Brandt retteten und den Lauf der deutschen Geschichte entscheidend beeinflussten.

Auch ein altgedienter *Spiegel*-Kollege hatte für Markus Wolfs »Hauptverwaltung Aufklärung« (HVA) gearbeitet. Er war 1956, als »Republikflüchtling« getarnt, in den Westen gekommen. Erst hatte er als Bonner Redaktionsleiter der *Bild*-Zeitung und dann als *Spiegel*-Redakteur für die DDR spioniert. Das Landgericht Düsseldorf quittierte 1992 seine 31 Dienstjahre bei der Stasi mit 21 Monaten Haft auf Bewährung und 30 000 Mark Geldstrafe. Was in Fachkreisen als Schnäppchenstrafe empfunden wurde.

Einige Jahre später traf man den Kollegen mit dem Stasi-Tarnnamen Schrammel gelegentlich im Kornhauskeller an der Brandstwiete, gleich gegenüber dem *Spiegel*-Haus. Er hatte sich für die Phantomredaktion des geplanten Nachrichtenmagazins *Zugmieze* anheuern lassen, mit dem der Heinrich Bauer Verlag das Monopol des *Spiegel* aushebeln wollte. *Zugmieze* machte schlapp, bevor die erste Nummer herauskam. Ich habe die tapsigen Versuche des Kollegen aus der Nähe beobachten können, Leute aus der *Spiegel*-Redaktion für das Projekt abzuwerben. Es war so komisch, dass ich mich nachträglich sehr über Wolfs Personalpolitik gewundert habe.

Markus Wolf war für mich ein Menschenverächter, seinetwegen sind Unschuldige zu Hunderten in kommunistischen Zuchthäusern verrottet. Aber er konnte verdammt gut kochen. Ich wollte, es wäre nicht so gewesen. Einfach weil seine Kochkunst mich daran hinderte, ihn so zu verachten, wie er es verdiente.

Die Piroschki, die Wolf in seinem Kochbuch beschrieb, habe ich später nachgekocht. Sie waren ganz einfach herzustellen. Piroschki sind eine besonders leckere Variante der berühmten russischen Piroggen. Das sind fleisch- oder pilzgefüllte Teigtaschen, die erst in kochendem Wasser ein paar Minuten vorgegart und dann in Schweineschmalz gargebacken werden.

Wolfs Kochkunst kulminierte im sogenannten Wolf'schen Borschtsch, einer Spielart des russischen Nationalgerichts, die sich dadurch auszeichnete, dass sie ohne Kohl gekocht wurde. Borschtsch ohne Kohl ist, genau genommen, wie Grünkohl ohne Wurst und Pinkel.

Moskau war Anfang der neunziger Jahre noch eine gastronomische Steppe. Öffentliche Bewirtungsstätten weckten Gulag-Assoziationen. Man musste gute Beziehungen haben, um einen Platz in einem ordentlichen Restaurant zu ergattern.

Im Byloje, einem winzigen Restaurant, war fast immer Platz. Hier verschmolzen komödiantisches und lukullisches Pläsier zu einer bizarren Stimmung, die man nur genießen konnte, wenn man hedonistisch geschult war, was für den Durchschnittsmoskauer nicht zutraf.

»Byloje« heißt in der Übersetzung so viel wie »vergangene Zeiten«. Bei russischer Gastronomie ging dem Michelin-Inspektor normalerweise der Magen auf Grundeis. Aber das Byloje war wirklich ein leckeres Örtchen, wie die Russen es nennen. Der Reiz lag vor allem im Timbre. Aber auch das Essen war gut.

Das Byloje lag in der Petrowka gegenüber der Stoleschnikow-Gasse. Früher war es ein Pissoir gewesen. Der neue Besitzer hatte ein Erlebnisrestaurant daraus gemacht. Nun waren die Wände bedeckt mit roten Fahnen und mit Ölgemälden, die die großen Führer des Marxismus-Leninismus in heldenhaften Posen darstellten. Auf einem bronzefarben besprühten Regal standen die gesammelten Werke von Karl Marx und Friedrich Engels in Leder. Die Namen der Speisen waren an die alte Nomenklatura und die dummdröhnende sowjetische Propagandaprosa angelehnt.

Ursprünglich war der makabre Sowjetplüsch im Byloje mal als Satire gedacht gewesen. Aber die Grenzen zwischen Realität und Satire waren im Sozialismus nie so genau zu definieren gewesen. Deshalb war das Etablissement – nicht unbedingt zur Freude des Managements – zum Lieblingslokal der Altkommunisten geworden.

Die Stammgäste, die hierher zum »Bisnis Lansch« kamen, waren überwiegend erfolgreiche Wendehälse. Sie stammten aus der Früher-war-alles-besser-Fraktion, die den Brückenschlag zur neuen Geldverdiener-Elite geschafft hatten. Zu ihnen hatten sich die Kreatiwtschiki gesellt, die smarten jungen Kulturträger in ihren kragenlosen schwarzen Pullovern, die dabei waren, der russischen Dekadenz zu neuer Weltgeltung zu verhelfen. Es war eine ziemlich morbide, aber nicht uninteressante Gesellschaft.

Einmal aß ich »Spanferkel Internationale Solidarität« mit fettem Kohl, saurer Sahne und hinterher »Buchweizengrütze Klara Zetkin«. Ich hätte auch gern »Broiler Traktoritschisti« versucht. Das war ein dunkelbraun lasiertes, knuspriges Hähnchen, das angeblich seinen Namen daher hatte, dass es so schmeckte, als sei es auf einem heißen Traktorauspuff gebraten worden. Aber es war nicht vorrätig. »Kaviar Arbeiterkampf« an pikanten Blinis hätte ich auch gern probiert. Mein Gourmetverständnis war begrenzt. Aber ich war Kaviarliebhaber. Doch im Byloje war er mir zu teuer.

Gute alte Zeit, als ich von meinen Reisen nach Teheran jedes Mal eine große Dose Kaviar mitbrachte. Und zwar den grauen, den sie Schahkaviar nannten. Er kostete in dem Fischladen an der Istanbul Straße, bei der deutschen Botschaft gleich um die Ecke, achtzig Mark pro Kilo.

Der Malossol-Kaviar, den ich bei Jelissejew am Twer-Platz in Moskau kaufte, war teurer, aber immer noch erschwinglich. Jelissejew war jahrzehntelang das prächtigste Feinkostgeschäft zwischen Helmstedt und Wladiwostok, ein Fresstempel in Stuck und Marmor mit weit ausladenden Kandelabern, hübschen Verkäuferinnen und Sonderrationen Delikatessen, die man im ganzen Sowjetreich sonst nirgendwo finden konnte. Hier hatten schon die Lenins, Stalins und die Kreml-Schranzen ihren Kaviar gekauft.

Als mir der Kaviar auch bei Jelissejew zu teuer wurde, bediente ich mich eine Weile bei einem Kaukasier auf dem Smolensker Markt. Der edle Stoff wurde in Zinkblechdosen geliefert, die mit Schläuchen von Autoreifen verschlossen waren.

Einer meiner beschwerlichsten Ausflüge in die Erlebnisgastronomie war die Teilnahme an einem Lutefisk-Essen in Oslo auf Einladung eines Fischgroßhändlers, den ich in Bergen kennengelernt hatte. Es grenzte an Flagellantismus.

Norweger essen Lutefisk, zu Deutsch Laugenfisch, vorwiegend zu Weihnachten. In der Hauptstadt wird er aber das ganze Jahr über serviert. Zu niederschmetternd hohen Preisen.

Die Herstellung und Zubereitung ist sehr aufwendig. Lutefisk wird aus Stockfisch, also aus getrocknetem Dorsch oder Kabeljau hergestellt. Stockfisch ist lange haltbar. Deshalb war er früher Grundnahrungsmittel in der Seefahrt. Er gilt noch als essbar, wenn er drei Jahre alt ist.

Zur Rehydrierung badet man den Stockfisch in einer Lauge aus Birkenasche oder Ätznatron, die das Gewebe langsam zersetzt. Das Öl in der Haut und zwischen den Muskeln verwandelt sich in Fettsäuren, die auch zur Seifenherstellung verwendet werden können. Dabei wird der Dorsch weich wie Gelatine.

Das Endprodukt wird mit ausgelassenem Schinkenspeck übergossen. Als Beilagen gibt es Erbspüree und Kartoffeln. Dazu fließt reichlich Aquavit. Oder besser noch, schwarz gebrannter Schnaps, der sogenannte Hjemmebrent.

Ich atmete schwer, als der Kellner die dampfende Schüssel mit dem kotzgrauen Glibber auf den Tisch stellte. Fisch? Das Zeug sah aus wie Qualle mit Gräten. Und es stank wie Jauche mit Marzipanaroma. Aber ich langte zu. Der Geschmack war nicht mal so schlimm wie das ekelhafte Gefühl, das die gallertartige Sache unter der Zunge hervorrief. Ich trank eine halbe Flasche Schnaps dazu, sonst hätte ich es nicht durchgestanden.

»Die einzige bedrohte Spezies ist hier der Mensch«

Neufundländer sind vitale Geschöpfe. Die zweibeinigen noch mehr als die vierbeinigen. Abends um halb zwölf schrillte in meinem Hotelzimmer in St. John's das Telefon. Ein Neufundländer war dran. »Der Fischereiminister will Sie sprechen«, sagte der Rezeptionist.

Der Fischereiminister, mitten in der Nacht? Welche Ehre. Was der wohl will, dachte ich.

Minister James Morgan kam zur Sache, bevor ich mich vorstellen konnte. »Sie dreckiger Hundesohn, auf solche Lumpen wie Sie haben wir gewartet. Ich komme gleich rüber und schlage Ihnen die Zähne ein.« Ich hatte den Eindruck, dass er getrunken hatte. Aber total besoffen war er nicht.

»Ich finde das nicht nett von Ihnen, Sir, dass Sie mir Schaden zufügen wollen«, sagte ich. »Womit habe ich Ihren Zorn verdient?«

»Sie sind ein Bastard, der gekommen ist, um unsere Fischer zu verleumden. Mit Leuten wie Ihnen machen wir hier oben kurzen Prozess. Alle Journalisten, die wir bis jetzt hier hatten, und alle diese Greenpisser waren Schmierlappen. Und jetzt ist Schluss.« Dann legte er auf. Bevor ich ins Bett ging, hängte ich die Kette vor die Tür. Woher wusste er überhaupt, dass ich da war?

Nein, ich war nicht nach Neufundland gekommen, um irgendjemanden zu verleumden. Ich wollte über den PR-Zirkus der Umwelt- und Tierschützer berichten, die hier jedes Jahr von Mitte März bis Anfang April ihren großen Auftritt hatten, wenn in Labrador, Neufundland und im Sankt-Lorenz-Strom die Fischer ausschwärmten und mit Knüppeln und Gewehren Jagd auf Sattelrobben machten. Im Zweifelsfall war ich eher auf Seiten der Fischer und nicht auf Seiten von Greenpeace.

Ich wollte über die Robbenjagd berichten und über das Unglück, das die Tierschutzindustrie mit ihren Kampagnen über die jagenden Fischer brachte, indem sie sie pauschal als Mörder und Umweltgangster diffamierte. Doch Fischereiminister Morgan war dermaßen erzürnt über die Presse, dass er geschworen hatte, dem nächstbesten Medienkannibalen, der ihm in die Quere kam, die Fresse zu polieren. Und das war ausgerechnet ich.

Weil ich den Rezeptionisten telefonisch anwies, keine zornigen Exzellenzen mehr zu mir durchzustellen oder vorzulassen, und wohl auch weil der Fischereiminister die Folgen scheute, blieb es bei der Drohung. Nur, Neufundland ist Teil einer gutdemokratischen Nation, in der auch Regierungsmitglieder nicht wie sie wollen über die Stränge schlagen dürfen. Kurz darauf trat der Fischereiminister zurück.

Ich hatte mich in einem Leserbrief an *The Telegram* in der Provinzhauptstadt St. John's darüber beschwert, dass mich ein Mitglied der ehrenwerten Regierung mit Prügel bedroht hatte, weil ich meine Recherchepflicht erfüllen wollte. Die Opposition im Parlament der Stadt griff die Sache begeistert auf und forderte den Rücktritt des Ministers, weil er durch sein Verhalten die Chance auf einen »für die neufundländischen Fischer positiven Artikel in dem bedeutendsten Nachrichtenmagazin Europas« vertan hatte. Minister Morgan sei einsichtig gewesen und tatsächlich zurückgetreten, teilte mir die Redaktion des *Telegram* mit. Wobei es freilich keinen Beweis dafür gab, dass besagter Vorfall den Anlass dafür geliefert hatte.

Das große Schlachten auf dem Eis, dem wie in jedem Jahr mehrere hunderttausend Robben zum Opfer fielen, habe ich nicht erlebt. Aber ich war im Packeis im Sankt-Lorenz-Strom dabei, wie ein Robbenjäger zwei Jungtiere, die sich offenbar verlaufen hatten, mit dem Gewehr niederschoss und dann, als sie bewusstlos waren, mit einem sogenannten Hakapik das letzte Leben aus ihnen herausknüppelte. Der Schnee war rot von Blut. Es war ein widerwärtiges Schauspiel.

Die niedlichen weißen Welpen, die man in den Propagandabroschüren von Greenpeace sieht, waren für Jäger schon lange tabu. Aber auch die etwas älteren Jungtiere mit ihren treuseligen großen Kulleraugen verströmten noch diesen Bambi-Effekt, dessen traumatisierender Wirkung sich kein Redlicher entziehen kann. Sie zitterten noch, als sie schon im Koma lagen, aber nicht vor Angst, sondern weil sie durch Zittern ihren Wärmehaushalt regeln, wie mir ein Fischereiexperte erklärte.

Obwohl der World Wildlife Fund, die in der Branche anerkannt kompetenteste Instanz, deren Art von Tierschutz nicht billigt, sind die Militanten überall in der Welt auf niederschmetternde Weise erfolgreich. Die Politiker schützen, wo es nichts zu schützen gibt. Beim Anflug auf St. John's kann man bei gutem Wetter zuweilen Robbenherden von zehn mal zwei Kilometern Ausdehnung sehen. Obwohl Robben wahrlich nicht vom Aussterben bedroht waren, verfügte die Europäische Union 1983 ein totales Verkaufsverbot für Jungrobbenfelle.

Die Robbenfrage hinterließ breite Spuren von Bigotterie auch in der deutschen Politik. Im Bundestagswahlkampf pokerten die Bonner Alphatiere den Robbenkomplex fast zur Existenzfrage der Nation hoch. Alle waren solidarisch mit den süßen kleinen Robbenbabys. Der notorisch zeitgeistnahe Außenminister Hans-Dietrich Genscher erklärte, man müsse »den vielen Bürgern unseres Landes, die sich gegen die Robbenschlächterei auflehnen«, den Rücken stärken. Er spielte sich mit dem Tierschutz so vehement an die Rampe, dass ihn Parteifreunde als »Robben Hood« veralberten.

Wenn Politik und *Bild*-Zeitung die Volksseele durchwalken, ist auch der *Spiegel* meist gefordert. Deshalb musste ich ins Geschirr, um die globale Robbenhysterie zu dokumentieren. Das war kein dankbarer Job. Denn die Robbenschutzfront hatte ihre Sympathisanten auch im *Spiegel*-Haus, vor allem in der Wissenschaftsredaktion, genannt KUK I, die in fremden Ressorts geborene wissenschaftliche Thesen zuweilen schon bekämpfte, bevor sie überhaupt richtig artikuliert waren. Die KUK-I-Kollegen waren außerdem davon überzeugt, dass es mir an der Sensibilität fehle, die für ein so delikates Thema erforderlich sei. Die Chefredaktion entschied aber, dass ich die Geschichte machen solle.

Ich reiste nach Kanada und dann von Montreal in einem Learjet nach Churchill an der Hudson Bay, der Hauptstadt der Eisbären, wie sie im Fremdenverkehrsjargon hieß. Die weißen Tatzenmänner kommen manchmal bis in die City. Nachts wühlen sie die Müllhaufen durch, um etwas zu fressen zu finden. Ich sah aber keinen Eisbär, weil es finster war.

Von Churchill flog ich weiter nach Frobisher Bay auf Baffin Island. Von da wollte ich nach Grönland übersetzen, um eine Eskimo-Siedlung zu besuchen.

Das Wetter war während des ganzen Fluges schlecht. Unsere Maschine kämpfte sich stundenlang taumelnd durch die Nacht. Schneegestöber beim Start, Schneegestöber bei der Landung. Ich weiß nicht, wie der Pilot die Maschine auf der spiegelglatten Rollbahn heil zum Stehen brachte.

Baffin Island ist ein lonely planet: 10 000 Einwohner auf einer halben Million Quadratkilometer, 5000 Fjorde und Buchten, ansonsten Tundra, soweit das Auge reicht. Es war wirklich ein trostloser Ort.

Nach dem gültigen Flugplan hatte ich in Frobisher Bay zwei Stunden zum Umsteigen. Jetzt drei Spiegeleier mit Speck und einen großen Pott Kaffee und dann weiter, dachte ich. Aber als wir die Transithalle betraten, schloss der Koch gerade die Küche ab.

»Kann ich nicht eine Kleinigkeit zu essen bekommen?«, fragte ich. »In zwei Stunden bin ich wieder weg.«

»Weg?«, lachte der Koch. »Wohin weg?«

»Nach Nassarssuak«, sagte ich. »Greenland, you know?«

»Yes, I know. Sehen Sie mal aus dem Fenster, da über dem Gummibaum. Dahinten über den Bergen können Sie die Maschine nach Nassarssuak noch sehen. Sie ist fünf Minuten nachdem Sie hier gelandet waren, gestartet.« Weil eine weitere Wetterverschlechterung angesagt war, ist sie außerplanmäßig zwei Stunden früher gestartet. Dumm gelaufen, nein wirklich.

Das nächste Flugzeug nach Nassarssuak ging eine Woche später. Bleibst du hier, dachte ich, machst dir ein paar belesene Tage. Ich hatte die *Buddenbrooks* und mein Kisuaheli-Repetitorium mit, außerdem ein paar Asterix-Hefte. Das musste für eine Woche Zeitvertreib reichen. Ich war immer ein langsamer Leser. Außerdem hatte Frobisher Bay eine interessante Fauna: Eisbären, Wale, Walrösser. Vielleicht konnte man eine Fotosafari arrangieren.

Die Fahrt mit dem Schneemobil zum Motel war nicht ermutigend. Der Mann am Steuer war ziemlich angetrunken. Er kam mit seinem Brummi mehrfach gefährlich ins Schleudern.

Im Motel ließ ich die Idee, hier ein paar Tage zu verbringen, schnell fallen. Das Zimmer war etwas größer als mein Badezimmer daheim. Das Mobiliar bestand aus einem Bett, einem Tisch und einem wackligen Stuhl. Sonst war der Raum leer. Kein Bild an der Wand, Klo und Dusche ein Stockwerk tiefer. Die Fenster waren einen Dreiviertelmeter breit und einen halben Meter hoch. Es war die tristeste Herberge, die ich auf der nördlichen Erdhalbkugel kennengelernt habe, das Hotel Jekaterinburg Zentralny am Ural vielleicht ausgenommen.

Die Gästezelle, die ich im Benediktinerkloster Maria Laach bewohnte, als ich für eine Reportage über klösterliches Leben recherchierte, war jedenfalls komfortabler als diese dreckige, überheizte Klause. Und ruhiger natürlich auch. Das Zimmer lag genau über dem Schankraum. Abends um acht ging ich zum Essen runter ins Restaurant. Es gab nur Hamburger aus der Tiefkühltruhe und Kabeljau mit Chips. Ich wählte den Fisch und dazu ein Michelob-Bier.

Nebenan war ein Lärm wie am Schützenmontag in Jesteburg, kurz bevor der Vogel fällt. Dreißig bis vierzig Eskimos – politisch korrekt: Inuit – saßen und lagen an langen Tischen und soffen wie die Wikinger. Als würde tags drauf die Prohibition ausgerufen.

Die meisten Gäste sahen ziemlich verludert aus: lange, fettige Haare, unrasiert, schmuddelige dicke Plastikjacken und Jeans mit umgekrempelten Hosenbeinen. Bis auf zwei, drei waren sie alle betrunken. Auf den Tischen war kaum noch Platz, weil die Zecher ihre leeren Gläser nicht wegräumten.

Der Alkoholismus war für die Eskimos eine Plage. Sie waren ursprünglich Nomaden gewesen. Die kanadische Regierung hatte sie zur Sesshaftigkeit gezwungen, weil sie der Ansicht war, dass wahlloses Herumstreunen in der Tundra irgendwie asozial sei.

Das Gegenteil hatte sich dann als richtig herausgestellt. Mit der Sesshaftigkeit degenerierte das stolze Jägervolk zu einer Großsippe von Gammlern und Alkoholikern. In Frobisher Bay gingen nur noch wenige Einheimische einem geregelten Broterwerb nach. Welchem auch? Es gab hier keine Arbeit.

In der ersten Hälfte des 20. Jahrhunderts war Frobisher Bay eine florierende Walfangmetropole gewesen. Als die Fangverbote das Gewerbe abwürgten, kamen die Pelztierjäger. Inzwischen hatten sich die Eisbären, die damals noch nachts durch die Gassen der Stadt taperten, tiefer ins Eis zurückgezogen.

Bis in die achtziger Jahre hatten die Eskimos draußen im Feld noch mehrheitlich von der Robbenjagd gelebt. Nachdem die von der Robbenlobby losgetretene Kampagne die Preise für Robbenfelle von vierzig auf zehn Dollar gedrückt hatte, mussten sie auf Sozialhilfe umsteigen.

Schuld am Elend der Inuit, so ließ sich Greenpeace vernehmen, sei das System, das sie gezwungen habe, ihren traditionellen Lebensstil aufzugeben. Tatsächlich waren nicht Regierung und Behörden für ihren sozialen Absturz verantwortlich, eher schon die Regenbogenkämpfer und ihre Kombattanten, die mit ihren Kampagnen die Erwerbsgrundlage der arktischen Ureinwohner im Norden von Kanada untergraben hatten.

Die Biertränke in meinem Hotel durfte nur zwei Stunden am Tag öffnen, im Allgemeinen von acht bis zehn Uhr abends. Das reichte den Eskimos, um sich bewusstlos zu saufen. Sie kippten mit einer Geschwindigkeit, die ich selbst in Ruhrpottkneipen und in den berüchtigten Shebeens im Johannesburger Trabantenslum Soweto noch nicht erlebt hatte.

Ich setzte mich zu einem alten Mann, der mit seinen zwei Söhnen um die Wette trank, und versuchte, mit ihm ins Gespräch zu kommen. Ob er noch auf die Jagd gehe und ob es noch Spaß mache, wollte ich wissen. Der Alte war erbost. Er knallte sein Bierglas so heftig auf den Tisch, dass unten eine Ecke abbrach. Er schrie, er wolle in Ruhe gelassen werden. Und es gehe mich einen Dreck an. Er hatte Wichtigeres zu tun. Es war halb zehn, und er hatte erst sieben Bier im Bauch.

Um Viertel vor zehn wurde die Schlange vor der Theke länger. Kurz vor Zapfenstreich holten sich alle noch vier bis fünf Pints, um bis Mitternacht weitersaufen zu können. Ab zehn wurde es dann wieder ruhiger, weil die Bar geschlossen war und jetzt niemand mehr etwas versäumen konnte. Die meisten kippten den Stoff stumm in sich hinein. Es war deprimierend.

Um halb elf kam die Polizei, um eine Schlägerei zu schlichten. Ich trank mein Bier aus und zog mich zurück. Nein, hier wollte ich nicht eine Woche lang auf das nächste Flugzeug warten. Am nächsten Morgen saß ich in der Boeing nach Montreal. Von dort flog ich weiter nach New York und dann über Frankfurt zurück nach Hamburg.

Der *Spiegel*-Tierschutz-Titel musste warten. Zwei Tage nachdem ich in Hamburg gelandet war, startete ich noch mal in Richtung Grönland. Diesmal über Kopenhagen. Und diesmal nicht nach Nassarssuak, sondern nach Thule, 1200 Kilometer weiter nördlich.

Von Thule aus hatte ich einen Hubschrauberflug zu einer Eskimo-Siedlung 200 Kilometer entfernt vom geomagnetischen Nordpol gebucht. Ich wollte das tägliche Leben in einer Inuit-Gemeinschaft beschreiben, die von der Robbenjagd lebte und nun vom Untergang bedroht war, weil sie ihre Felle nicht mehr verkaufen konnte.

Thule selbst ist exterritoriales Terrain, auf dem fast nur Ausländer leben, die auf der US Airbase beschäftigt sind. Zwei Drittel amerikanische Soldaten von der 12. Raketen-Frühwarn-Gruppe, ein Drittel dänisches Funktionspersonal und ein paar Eskimos als Jäger und Scouts.

Der Hubschrauber sollte am nächsten Morgen um sechs Uhr starten. Doch daraus wurde nichts. Als ich um fünf den Fernseher anschaltete, meldete der lokale Sender, dass ein arktischer Kälteeinbruch bevorstand, mit einem Tiefpunkt von 38 Grad minus. Außerdem war ein Pitteraq im Anmarsch auf Thule. Pitteraqs sind die gefürchteten Stürme, die mit Sportwagengeschwindigkeit vom Inlandeis herüberbranden. Gegen sie gibt es keinen Schutz.

Ich hatte einen Thermo-Overall dabei, von der Art, wie ihn deutsche Kühlhausarbeiter beim Aufschichten von Schweinehälften tragen. Er war kältefest bis vierzig Grad minus, aber ziemlich unpraktisch und unbequem. Ich bewegte mich darin wie ein Pinguin, der Valium geschluckt hat: linke Schulter und linken Fuß vor, rechte Schulter und rechten Fuß vor, linke Schulter, rechte Schulter, linke Schulter, rechte Schulter und alles im Zeitlupentempo.

Nachmittags trieb der Sturm dicke Schneewolken durch die Gassen zwischen den Baracken und Wohncontainern. Die Quecksilbersäule sank weiter. Ab neunzehn Uhr sendete Thule TV alle halbe Stunde eine Warnmeldung: »38 Grad minus plus fünf Grad wind chill factor bei weiterhin fallender Tendenz ... Gehen Sie nicht mehr allein ins Freie ... Fußmarsch zur Kantine nur noch im Konvoi.«

Wer auf dem Weg zum Abendessen ausrutschte und hinfiel, musste damit rechnen, dass er am Boden festfror und nicht wieder hochkam. Dann brauchte man schnell Hilfe. Um Mitternacht meldete der Wetterdienst 42 Grad minus. In der Baracke hatten wir dreißig Grad plus.

Ich trank an dem Abend ein Tuborg auf meinen persönlichen Klimarekord. Wenn ich den Windchill-Effekt, also die Differenz zwischen der gemessenen und der gefühlten Temperatur in Abhängigkeit von der Windgeschwindigkeit, zu den 42 Grad hinzurechnete, kam ich auf einen Temperaturunterschied von 99 Grad zwischen den 47 Grad minus in Thule und den 52 Grad plus, die ich im Sommer 1982 in Djibouti erlebt hatte.

Abends saß ich in meinem Zimmer, futterte Chips und trank Bier. Jede neue Flasche hängte ich vor dem Trinken kurz in einer Plastiktüte außen an den Schließhaken unter dem Fensterbrett und schaute bei geschlossenem Fenster auf die Uhr. Nach drei Minuten musste ich die Flasche reinholen, weil sie dann eiskalt war. Nach vier Minuten war das Bier gefroren, nach fünf Minuten platzte die Flasche.

Bei zwei meiner drei Kameras trat der Schadensfall etwas später ein. Beide Motor-Nikons gingen auf dem Weg von meinem Quartier zum Esssaal in der Kälte zu Bruch. Das Kunststoffgestänge, das den Spiegel hochklappte und den Verschluss auslöste, brach einfach durch. Gott sei Dank hatte ich auch meine alte Leica mit Schraubgewinde dabei. Weil sie, abgesehen vom Verschluss-Rollo, komplett aus Metall war, konnte an ihr nichts brechen.

Es dauerte fast drei Tage, bis sich der Sturm gelegt hatte. Am vierten Tag morgens um sechs konnte der Helikopter endlich starten. Ich hatte mich per Funk bei Robbenjäger Panigpak Daorana angemeldet, der erst ein Jahr zuvor aus Nassarssuak zugezogen war. Panigpak hatte Frühstück für mich gemacht, weil in Thule die Kantine beim Start noch geschlossen gewesen war. Es gab Robben-Gehacktes, gebraten, mit Zwiebeln und Bratkartoffeln, dazu schwarzen Kaffee.

Ich brauchte eine halbe Kanne Kaffee, um den versalzenen Knorpelkram die Kehle hinunterzuspülen. Natürlich versuchte ich, Panigpak nicht spüren zu lassen, dass mir von seiner Frühstückskost übel wurde. Aber er merkte es doch. »Der Flug war sicher etwas rau«, sagte er mitfühlend. Ich nickte.

Panigpak und seiner Familie ging es nicht gut. Anfangs hatte er für das Fell einer erwachsenen Sattelrobbe im Magazin der Königlichen Grönländischen Handelsgesellschaft einen Sack Schiffszwieback, zwei Pfund Zucker, eine Schachtel Long-Rifle-Patronen, einen großen Beutel Mehl, einen Kanister Petroleum und, wenn die Saison sehr gut war, noch ein paar Tafeln Schokolade für die Kinder bekommen. Nun kriegte es dafür gerade mal Munition und Zwieback. Lange würden er und seine Familie das nicht durchstehen. Es blieb dann nur der Rückzug nach Nassarssuak.

»Die neue Zeit ist nicht mehr gut«, sagte Panigpak. Die guten alten Zeiten waren nicht mal fünfzig Jahre her. In den dreißiger Jahren hatten die Eskimos noch in Höhlen gelebt und Kleidung aus Eisbärmägen getragen. Das Feuer in den Höhlen brannte den ganzen Winter. Wer es ausgehen ließ, riskierte den Tod. Die historische kulturelle Leistung der Eskimos war ihr Überleben.

Viele Eskimos hatten bitterlich gefroren in diesem Winter, weil sie Heizpetroleum sparen mussten. Von dem Bonus, der früher jedes Jahr nach der großen Fellauktion in Kopenhagen ausgeschüttet worden war, hatten die Grönländer schon seit Jahren nichts mehr gesehen. Das war alles die Folge des Boykotts gegen den Robbenfellhandel, den die Tierschutzfrontsoldaten bei der EU in Brüssel veranlasst hatten.

Panigpak sagte, schuld an dem Ungemach der Fischer und Jäger von Thule sei vor allem »savssuma amatut«, die Meerhexe aus Frankreich. Er meinte die Schauspielerin Brigitte Bardot, die an der Spitze der Kampagne gegen die Robbenjagd marschierte. Die BB war die erste Hassfigur der grönländischen Nation. Die Kinder lernten in der Schule, die Hexe Brigitte sei die Tochter des Fischmannes mit dem eisernen Schwanz. Sie treibe es mit Walrössern und Narwalen und ernähre sich von Kabeljau und Heringen.

Der Tierschutztitel im *Spiegel* hatte eine starke Resonanz. Er brachte mir einen Waschkorb voll Protestbriefe ein. Ja, buchstäblich einen Waschkorb voll. Von den über 400 Zuschriften waren 350 negativ bis bösartig. Darunter solche wie die eines Lesers aus Müllheim im Badischen. Für ihn war mein Artikel »ein niederträchtiges Elaborat«. Er werde dafür beten, »dass Wiedemann und die für den Abdruck Verantwortlichen eines grauenhaften Todes sterben«. Ein anderer schlug vor, den Autor aufzuhängen, »aber mit dem Kopf nach unten«. Einer empfahl, mich mit einem Hakapik totzuschlagen. Ich wüsste nicht, dass der *Spiegel* jemals vorher oder nachher vergleichbar so viel Unflat in seinen Leserbriefspalten gedruckt hätte.

Aus der zwölften Etage kam auch ein Feedback. Rudolf Augstein rief an, um sich danach zu erkundigen, ob es nötig gewesen sei, die Bardot so polemisch abzumeiern. Ich sagte, die Darstellung sei gar nicht polemisch gewesen und die Dame solle sich lieber um die algerischen Waisenkinder in den Pariser Banlieus kümmern.

Augstein war milde gestimmt, er sagte: »Ja, ich dachte ja man bloß.« Was ich damals nicht wusste: Er hatte ein Haus in Saint-Tropez, und die Bardot war seine Nachbarin. Vielleicht stellte er sich vor, dass er mal bei ihr eine Tasse Zucker ausleihen musste und sie dann schnippisch sagen würde: »Bien sûr, mon cher Rudolf, aber verdient haben Sie es nicht, so sadistisch, wie Sie über die armen, kleinen Robbenbabys schreiben lassen.«

Jagd ist grausam. Der fabrikmäßige Tötungsbetrieb von Schlachthöfen ist grausamer. Tierpsychologen wissen, dass Schweine im Angesicht des Todes mehr Angst vorm Sterben haben als Robben. Trotzdem hat man von Brigitte Bardot noch nie ein bedauerndes Wort über Schlachtschweine vernommen.

Bitter, aber wahr: Das Töten von Bruder Tier ist im göttlichen Schöpfungsplan festgeschrieben. Daran wird sich auch nichts ändern. Es sei denn, der Mensch mutierte zum Vegetarier. Das ist aber ganz unwahrscheinlich, weil selbst die Tierschützer weit überwiegend auf den Verzehr von Fisch und Fleisch nicht verzichten wollen.

Sattelrobben waren und sind im Übrigen nicht vom Aussterben bedroht. Die Bestände in den kanadischen Gewässern wurden damals, Mitte der achtziger Jahre, auf rund zweieinhalb Millionen Stück geschätzt. Zwanzig Jahre später waren es mindestens fünf Millionen. Allein in Kanada.

Die Robbenjäger wurden von den Tierschützern beschuldigt, sie trieben Raubbau an der Natur. Die Jäger sahen es genau andersherum. Die Menschen, so sagten sie, töteten zwar Robben, aber die Robben töteten Fische. Mitte der achtziger Jahre fraßen sie 7,5 Millionen Tonnen Hering und Kabeljau per annum, siebenmal so viel, wie die kanadische Fangflotte jährlich aus dem Meer zog.

Schlimmer noch: Weil sie Wurmwirte erster Ordnung sind, wie es die Parasitologen nennen, hatten die Sattelrobben innerhallb von drei Jahren die Fischbestände fast im ganzen Nordatlantik mit Larven infiziert. Genauso, wie es die neufundländischen Fischereiexperten vorausgesagt hatten.

Der Kampf um die Rechte der Robben ist immer noch ein profitables Gewerbe. Die Tierschutzorganisationen, die damit beschäftigt sind, setzten 2005 fast 200 Millionen Euro um. Obwohl Robbenbabys, die sogenannten Whitecoats, schon lange nicht mehr gejagt werden, geistern noch immer die uralten Bilder durch die Medien, auf denen süße weiße Knuddelrobben niedergeknüppelt werden.

Filme und Fotos, die die Brutalität der Robbenjagd dokumentieren sollen, entstehen nicht selten unter Umständen, die dem heiligen Franz von Assisi und auch dem Deutschen Presserat nicht gefallen würden. 2005 präsentierte der International Fund for Animal Welfare ein abscheuliches Video, das den Todeskampf einer Jungrobbe zeigte. Kurz darauf kamen neufundländische Fischer mit einem Film heraus, der noch abscheulicher war. Er zeigte die Dokumentaristen, die den Film aufgenommen hatten. Sie hatten die schwer verletzte Robbe ganz langsam sterben lassen. Der Fischer Gustave A. Poirier sagte später aus, er sei von Tierschützern aufgefordert worden, eine Robbe lebendig zu häuten und langsam zu Tode zu quälen.

Hauptzielscheibe des geplanten *Spiegel*-Titels, für den ich Neufundland bereist hatte, war die Heuchelei der moosgrünen Helden, die den Tierschutz bis zur Unkenntlichkeit verkitschten. Vor allem die Heuchelei von Paul Watson, dem Captain der legendären *Sea Shepherd*, der seine eigene Sturmabteilung gegründet hatte, weil ihm Greenpeace nicht rabiat genug war.

Paul Watson war in den achtziger und neunziger Jahren der Branchenführer im aggressiven Tierschutz-Business. Er befuhr auf kleinen, starken Schiffen die nördlichen Meere und machte Jagd auf einsame Wal- und Robbenfänger. Sein gerahmtes Foto stand bei vielen einsamen alten Damen auf dem Vertiko.

Paul Watson war für seine weltweite Gemeinde das Traumbild des gutherzigen Tatmenschen: ein bärtiger Robin Hood in blauer Uniform mit scharfen Bügelfalten und vier goldenen Streifen auf der Schulter, am Bugspriet der *Sea Shepherd*. Er sagte, er folge nicht weltlichen Gesetzen, sondern dem Hilfeschrei der geschundenen Kreatur. Weil dies Bild immer wieder neu gefestigt werden musste, brauchte Watson auch immer neue Bösewichter, gegen die er mit seinem »Kriegsschiff« aufkreuzen konnte.

Watson war bekennender Terrorist. Er gab zu, dass er mehrere unbewaffnete Schiffe auf Grund gesetzt hatte. »Es waren Verteidigungsakte«, sagte er in einem Telefoninterview anlässlich der Versenkung von zwei Trawlern und damit der halben isländischen Walfangflotte im Hafen von Reykjavik. Wale und Robben seien ständig der Aggression durch den Menschen ausgesetzt. Er nehme stellvertretend deren Recht auf Notwehr wahr.

Ich habe nur einmal mit Paul Watson telefoniert. Er war sehr offen und direkt. Jawoll, sagte er, um der schutzlosen Kreatur zu helfen, müsse man auch ungesetzliche Mittel einsetzen. Wer Tiere töte, müsse damit rechnen, dass »Paul Watson, der Rächer« ihm auf den Fersen sei – »after his guts«, wie er es ausdrückte.

Es waren nicht vorwiegend blutbesudelte, sadistische Profitgeier, gegen die Paul Watson und seine Kombattanten zu Felde zogen, sondern Seeleute und kleine Unternehmer, die ihren Lohn und ihre

Gewinne der See und dem rauen Habitat in unwirtlichen Weltgegenden mühsam abringen mussten. Männer wie Captain Geir Andersen von der Lofoteninsel Skrova, der mich auf sein Walfangschiff eingeladen hatte. Er war Eigner der *Leif junior*, mit der er Minkewale jagte.

Wale sind Säugetiere, für die Norweger sind sie aber große Fische, die angeblich den Vorteil haben, dass sie nicht nach Fisch schmecken. Minkewale werden bis zu acht Tonnen schwer und bis zu neun Meter lang. Für Wale ist das nicht viel. Deshalb heißen sie auch Zwergwale.

Walfang hat nichts mehr von der alten Moby-Dick-Romantik. Kein Kampf Mann gegen Wal wie bei Captain Ahab. Die Kanonen sind so treffsicher, dass nur jeder zehnte Schuss danebengeht. Die Granate dringt normalerweise siebzig Zentimeter tief in den Speck des Tieres ein, bevor sie explodiert. Der Wal stirbt dann am Schock und nicht langsam und qualvoll an der Verwundung.

Die Jagd nach Minkewalen ist auch für die Jäger nicht mehr gefährlich. In zehn Jahren gab es bei der norwegischen Walfangflotte nur einen einzigen schweren Unfall. Ein Jäger schoss sich mit der Harpunenkanone einen Finger ab. Wie er das gemacht hatte, konnte er hinterher selbst nicht mehr sagen.

Geir Andersen und seine Fünf-Mann-Crew hätten Aussicht auf bessere Gewinne gehabt, wenn nicht die Internationale Walfangkommission unter dem Druck mächtiger Tierschutzorganisationen den Minkewal auf die rote Liste gesetzt hätte. Die kleinen Vagevahls, wie sie auf Norwegisch heißen, werden, im Gegensatz zu den großen Walarten, nicht wegen des Trans, sondern wegen des Fleisches und deshalb auch nicht im industriellen Umfang gejagt. Sie waren auch nie vom Aussterben bedroht.

Ich erlebte Captain Geir Andersen im Stimmungstief. Er saß mit einem langen Messer in der Faust in seiner Lagerhalle im Hafen von Svolvær und schnibbelte brummig an einem Walfleischlappen herum. Neben ihm ein Veterinär. Er hielt mir den Lappen unter die Nase und sagte: »Riechen Sie mal.« Es stank.

Einer von der Crew hatte beim Schlachten auf See offenbar nicht aufgepasst und die Eingeweide eines der Wale angestochen. Die Dämpfe aus der trüben Brühe, die aus dem Wal ausgelaufen war, hatten die ganze Ladung verbeizt. Sie hätten den Schaden begrenzen können. Aber keiner hatte etwas gemerkt. Nun musste der ganze Fang auf den Müll.

Sieben Zwergwale versaut, fast eine ganze Schiffsladung Walfleisch vom Feinsten. Das war die miserabelste Fangfahrt, die Geir je gemacht hatte. Auch bei der Besatzung gallige Gesichter. Sie war am Fangergebnis beteiligt. Diesmal gingen sie alle leer aus.

Ich hatte Mitgefühl mit den Walfängern von Svolvær. Zwei Wochen lang hatten sie von früh bis spät malocht. Und dann diese Katastrophe. Außerdem mussten sie sich noch als Walbabyschlächter beschimpfen lassen. Tierschützer waren mit Transparenten durch Svolvær gezogen, auf denen Walfang als Massenmord verunglimpft wurde.

Die Konflikte spielen sich überall nach dem gleichen Grundmuster ab: hier die eifernden Aktivisten, die die ganze Welt durch die grüne Brille sehen, da die aussterbende Spezies der Jäger, die von der Animal Liberation Front charakterlich in die Nähe von Kannibalen gerückt und langfristig in die Sozialhilfe getrieben werden.

Ich habe diesen ungleichen Kampf der Kulturen auf fünf Kontinenten recherchiert. Er erschien mir da ganz besonders jämmerlich, wo das zivilisatorische Gefälle zwischen den gegnerischen Lagern am größten war. Im Norden von Kanada zum Beispiel.

Ich flog mit einer zweimotorigen Piper Cherokee, die mir das Ministry for Renewable Ressources der North West Territories zur Verfügung gestellt hatte, in Begleitung eines Forstinspektors namens Tecumseh von der Provinzhauptstadt Yellowknife zum »Lake Black Beans«. In Wirklichkeit hieß der See anders. Im Ministerium nannten sie ihn »Schwarze-Bohnen-See«, weil er aus der Luft aussah wie eine jener dicken, schwarzbraunen Bohnen, die für ihren hohen Vitamin- und Nährstoffgehalt bekannt sind.

Unsere Piper hatte breite Kufen aus rotlackiertem Kunststoff. Es knirschte, wie wenn man mit Skiern eine Loipe hinunterfährt, als Tecumseh gegen neun Uhr früh nach knapp zwei Stunden Flug auf dem Eis vor einer Insel im »Schwarze-Bohnen-See« landete. Durch den Motorenlärm hörten wir zwei Büchsenschüsse. »Sie schießen Silberfüchse«, sagte Tecumseh, »die haben um diese Zeit das beste Fell.«

Das Lager von Joe und Jeremy, der zwei Trapper, die wir besuchen wollten, lag unter überhängenden Ahornbäumen in einer Inselbucht. Die zwei Js, wie sie in Yellowknife hießen, verbrachten hier jedes Jahr vier bis fünf Monate. Kontakt zur Außenwelt hielten sie über ein Satellitentelefon. Alle vier Wochen kam ein Flugzeug mit Post, Zeitungen, ein paar Kisten Proviant, drei Kisten Bier und ein paar Flaschen Bourbon. Auf dem Rückweg nahm es die leeren Flaschen und die Felle der Füchse, die Joe und Jeremy erlegt hatten, wieder mit.

Das Trapperleben war eintöniger als das Leben eines Leuchtturmwärters am Kap Horn. Kein Fernseher, nur ein bisschen Kurzwellenradio. Zu essen gab es zweimal täglich Baked Beans mit schwarzem Kaffee, gelegentlich ein Stück Fleisch. Am Samstagabend drei, vier halbe Wassergläser voll Bourbon, dazu Popcorn und Hillbilly-Songs aus dem Kurzwellenempfänger.

Joe und Jeremy waren beide im Alter so um den ersten Haarausfall, aber sehr gut gebaut und kräftig. Sie entbehrten fast alles, was das Leben angenehm machte. Nur Frauen entbehrten sie nicht, weil sie schwul waren.

Joe war gerade unten am See gewesen, um Kaffeewasser zu sägen, als wir ins Lager stapften. Er warf den mitgebrachten Scheit Eis in den gusseisernen Topf, der über dem Feuer in der Mitte des Lagers baumelte, und holte die Kaffeebüchse aus dem Zelt.

Jeremy war noch draußen auf dem Eis. Er habe eine Meile von hier frische Spuren gesehen, sagte Joe. Die Saison sei in diesem Jahr nicht so gut wie sonst. Vielleicht lag es an den ungewöhnlich hohen Temperaturen. Fünfzehn Grad minus, so warm war es um diese Zeit noch nie gewesen.

Als der Kaffee fertig war, kam Jeremy zurück. Er trug einen frisch erlegten weißen Fuchs über der Schulter. Ohne ein Wort zu sagen, warf er ihn auf ein Lattengestell neben dem Zelt. Er setzte sich neben uns, goss sich eine Blechtasse voll Kaffee, nahm einen tüchtigen Schluck und sagte: »Hi.« Sonst nichts.

Jeremy gab zunächst keine Antwort, als ich mich vorstellte. Dann sagte er: »Aha, du bist also einer von den Typen, die dafür sorgen wollen, dass wir nicht mehr jagen dürfen.« Es war eine Stimmung fast wie in St. John's auf Neufundland. Nur, dass mir Joe und Jeremy im Gegensatz zu dem neufundländischen Fischereiminister nicht mit Prügel drohten.

Es dauerte fast eine Stunde, bis es mir gelungen war, die zwei Trapper davon zu überzeugen, dass ich nicht in feindseliger Absicht gekommen war. »Was denkt ihr denn, warum ich hier bin? Wenn ich euch in die Pfanne hauen wollte, könnte ich mir den Weg von Hamburg nach Kanada sparen. Recherchieren macht mir doch bloß den Trend kaputt.« Sie lachten, das sahen sie ein.

Die Abneigung gegen Fremde hatte gute Gründe. Zweimal im letzten Sommer waren militante Tierschutzaktivisten während der Abwesenheit von Joe und Jeremy im Lager gewesen. Sie hatten das Zelt eingerissen, Zucker in den Tank des Schneemobils geschüttet und die Fuchsfelle mit Ölfarbe besprüht.

Artenschützer wollen einzelnen Tiergattungen den Fortbestand sichern. Tierschützer verlangen Überlebensrechte für jedes einzelne Tier. Natürlich nur für Tiere, die die Voraussetzungen zum Bambi-Syndrom erfüllen. Beutelratten und Hyänen genießen ihren Schutz nicht.

Meinem Misstrauen gegen Tierschutz- und Umwelteiferer bin ich immer treu geblieben. Im Sommer 2007 habe ich einige Dörfer im südlichen Afrika besucht, die von der Elefantenplage heimgesucht wurden.

Auch hier hatte das Bambi-Syndrom gewütet. Im Kampf zwischen Menschen und Tieren drohen in einigen Gebieten Afrikas die Menschen zu unterliegen. Die Elefantenherden hatten sich um sechs, sieben Prozent jährlich vermehrt. Sie waren in den letzten fünfzehn Jahren aufs Doppelte bis Dreifache, in Sambia sogar aufs Vierfache gewachsen.

Die nördliche Hälfte Afrikas ist bis zum Äquator fast leergeschossen. Doch im Süden leben heute wieder rund 600 000 Elefanten, ein Drittel davon im Vierländereck von Namibia, Botswana, Sambia und Simbabwe. 200 000 aufgeweckte Kolosse, jeder so schwer wie ein dreiachsiger Lkw, nur mit einem vielfach höheren Energieverbrauch, auf einer Fläche, die halb so groß ist wie Deutschland.

Ein Elefant ist eine umweltverheerende, unersättliche Fressmaschine. Er vertilgt rund 300 Kilo Futter am Tag. Die 100 000 namibischen Elefanten brauchen, rein rechnerisch, zehnmal so viele Kalorien wie die gut zwei Millionen Namibier. Von den Flurschäden, die sie verursachen, mal ganz abgesehen. Wenn sie kein Grünfutter mehr finden, suchen sie nach Nahrung auch in der Nachbarschaft der Menschen, vielfach auf den Mülldeponien am Rande der Ortschaften.

Das ganze Populationsmanagement ist aus den Fugen. Die Spezies Loxodanta Africana steht unter Schutz, sie ist aber nach dem

Washingtoner Artenschutzabkommen nicht vom Aussterben bedroht. Im Gegenteil, die Elefanten breiten sich in Gebieten aus, in denen sie seit hundert Jahren nicht mehr gesehen wurden. Und wo sie sich breitmachen, werden nicht selten die Menschen zur bedrohten Spezies.

Nach einer alten Faustregel können Mensch und Elefant in Gebieten mit einer Bevölkerungsdichte von fünf Personen pro Quadratkilometer gut koexistieren. So dünn besiedelt sind in Afrika aber nur noch die Sahara und ihre Randgebiete sowie Teile des südlichen Sudan.

Der Tierschutzgedanke hat in Afrika keine tiefen Wurzeln. Für die Afrikaner ist er eine Marotte des ausgehenden Kolonialzeitalters. Sie beurteilen die Tiere nach ihrem Nährwert. In Kisuaheli, der lingua franca Ostafrikas, gibt es für »Tier« und Fleisch« deshalb auch nur eine einzige Vokabel: »nyamu«.

Die Europäer sahen es ja früher nicht viel anders. Sie waren nur an den Stoßzähnen interessiert, aus denen man Billardbälle und Klaviertasten machen konnte. Den Rest ließen sie liegen.

Ich habe mir angesehen, wie sich die Afrikaner aufdringlicher Elefanten erwehren, wenn sie sie nicht schießen dürfen. Ihre stärkste Waffe ist ein Sud aus Chili-Pfeffer. Elefanten haben feine Riechrezeptoren. Der ganze Rüssel ist mit einem Teppich von schleimigen und extrem sensiblen Membranen überzogen, die auf zehn Kilometer Entfernung ein reifes Maisfeld registrieren können. Die Capsaicin-Aerosole, die der Chili verströmt, treiben die Tiere in schmerzliche Ekstase.

Die getrockneten roten Pfefferschoten werden gemahlen und zu einem scharfen Sud verkocht. Dann taucht man die Seile, mit denen die bedrohten Felder abgesperrt werden sollen, in den Sud. »Wenn sie daran stoßen, führen sie sich auf wie Comic-Männchen«, sagte der Biologe Loki Osborn, Direktor des Elephant Pepper Development Trust im sambischen Livingstone. »Sie pusten und trompeten, schütteln die Köpfe und wedeln mit den Ohren.«

Ich wagte einen Selbstversuch, zog mir eines der präparierten Seile ein paar Mal unter der Nase entlang – und fing an zu tremulieren wie ein Epileptiker. Das ekelhafte Odeur stieg mir bis in die letzten Hirnwindungen. Ich brauchte eine Viertelstunde, um wieder klar sehen und denken zu können.

Chili macht den Jumbos Bange. Aber Hunger macht mutig. Deshalb kommen sie immer wieder. Wenn sie im Pulk auftreten, helfen nur Pilipili-Bomben. »Pilipili« ist ein Kisuaheli-Synonym für »Chili«. Man nimmt Elefantendung, knetet Chilipulver hinein und formt aus der dampfenden Pampe Briketts, die dann in der Sonne getrocknet werden. Bei Gefahr werden die Briketts in Brand gesetzt. Die Sambier sagen, damit könne man auch Vampire vertreiben.

Indische Bauern haben mit Tigern ähnlich schlechte Erfahrungen gemacht wie afrikanische mit Elefanten. Der Bürgermeister des Ortes Mahan, Schiv Singh, hatte 1982 beim Obersten Gerichtshof gegen Ministerpräsidentin Gandhi Mordanklage erstattet, nachdem ihm die Sundarbans-Tiger drei Wähler weggefressen hatten. Gandhi war verantwortlich für das Jagdverbot in den Tigergebieten. Die Klage wurde aber niedergeschlagen.

1986 schrieb ich über die Elefanten- und Tigerplage einen geharnischten Artikel unter dem Titel »Treten Sie mal einem Elefanten in den Hintern«. Worauf eine Leserin aus Essen zurückschrieb, dem *Spiegel* sei wohl ein Fehler unterlaufen: »Streichen Sie den Elefanten und setzen dafür Erich Wiedemann ein.«

Auch aus den Reihen der Kollegen gab es Gegenfeuer. Kollege Olaf Ihlau, damals noch Auslandsreporter wie ich, schoss im Jahr nach meinem Tierschutzreport mit einer Reportage aus Indien zurück, in der er den schrumpfenden Lebensraum der Tiger und den »unersättlichen Landhunger« der Menschen anprangerte.

Von Afrikas Tierwelt habe ich nicht viel gesehen. Die wichtigsten Parks – Tsavo, Serengeti, Ngorongoro, Krüger-Park, den Parkverbund im Länderdreieck Sambia, Simbabwe, Namibia –, aber immer nur für jeweils ein bis zwei Tage. Darüber gibt es nur wenig zu berichten. Ich muss gestehen, dass ich keine Antenne für Großwild hatte.

Nur einmal war es Thrill. Kollege Siegfried Kogelfranz und ich waren zum Jumbo watching in den Norden von Uganda gefahren. Im Kabalega Park an den Murchison-Fällen gab es damals noch große Elefantenherden. Es war dort, wo sich der Victoria-Nil durch eine schmale Felsspalte drängt, um dann unter großem Getöse sechzig Meter in die Tiefe zu rauschen. Ich hatte den Anblick schon mehrfach genossen. Es war wirklich ein imposantes Schauspiel. Die Gischt bildet über dem Felsen einen spitzen Dom aus Aerosolen, der mittags in tausend Regenbogenfarben in der Äquatorsonne glitzert.

Wir kamen aber nicht ganz bis ans Ziel. Dreißig Kilometer vor Kabalega stand ein Wildhüter in dreckverkrusteten Khaki-Klamotten an der Piste und wedelte mit den Armen. Wir hielten an. Er war wohl aus Kenia, denn er sprach Suaheli, das mit Kikuyu-Wörtern versetzt war. Ich verstand nur: tembu, kidogo, matope, hatari – kleiner Elefant, Schlamm, Gefahr. Ein Elefant im Schlamm war in Gefahr.

In einer von Akazien bestandenen Senke steckte ein Baby-Elefant in einem Schlammloch und drohte, darin zu versinken. Zwei weitere Khakimänner versuchten, ihn rauszuziehen. Der flüssige Schlamm reichte dem Elefanten schon bis dicht unter den Rüsselansatz.

Ich holte gleich meine Leica aus dem Koffer, um den Überlebenskampf des kleinen Dickhäuters aufzunehmen. Beim Fotografieren geriet ich in das Loch, und bevor mir die Gefahr bewusst wurde, steckte ich bis zu den Hüften im Schlamm. Ich wollte raus aus dem Loch, aber es ging nicht mehr. Je heftiger ich mich bemühte und mit den Armen ausschlug, umso tiefer versackte ich im Morast.

Nach zwei, drei Minuten reichte mir der Modder bis zur Brust, und ich sackte noch weiter. Ich wusste nicht, wie tief das Loch war. Irgendwo musste ja Grund ein. Hinterher habe ich ausgerechnet, dass ich noch ungefähr zehn Zentimeter Spielraum hatte.

Die Askaris palaverten wild durcheinander. Der Kenianer begriff als Erster. Er lockerte die Schlinge, die sich mittlerweile um den Rüssel des Elefanten gestrafft hatte, um sie mir zuzuwerfen. Als er sie endlich gelöst hatte, stand mir der Schlamm am Brustbein, und als ich die Schlinge dann endlich zu fassen bekam, eine Handbreit unterm Kinn.

Ich war in Panik. Selbst im Knast von Pretoria, als mir im Verhör ein Strick auf den Tisch geknallt worden war, hatte ich keine solche Todesangst gehabt. Der Erstickungstod selbst kann nicht grauenhafter sein als die Vorstellung, in zwei Minuten in einer dampfenden, grauen Pampe unterzugehen.

Hinterher saß ich wie ein zerquetschtes Fragezeichen schlammbedeckt im Gras und versuchte, die Fassung zu bewahren. Schließlich rappelte ich mich auf und fiel den zwei Askaris, die mich aus dem schmatzenden Loch gezogen hatten, um den Hals.

Im Schlamm zu ersticken ist so ähnlich wie Ertrinken, es dauert nur länger. Ich habe mir das von meiner Cousine, der Gerichtsmedizinerin, erklären lassen. Die Konzentration der Fremdköpermoleküle in der Lunge ist im entscheidenden Moment höher als die der Wassermoleküle in den Zellen des anliegenden Gewebes. Um diesen Konzentrationsunterschied auszugleichen, diffundieren Wassermoleküle aus dem Lungengewebe in die Erythrozyten, bis sie platzen. Man bezeichnet den Vorgang als Deplasmolyse. Wie romantisch.

Eine Art Unperson der Zeitgeschichte

Zwei *stern*-Reporter schleichen sich ins Zimmer 317 im Hotel Beau Rivage in Genf. Wer liegt da auf der Chaiselongue? Der tote Uwe Barschel. »Mensch«, sagt der Fotograf, »das iss ja'n Hammer.« Der Texter holt seinen Block raus und macht sich Notizen. Er schreibt zwei Seiten voll, dann setzt er den Stift ab und fragt. »Sag mal, wie schreibt man Chaiselongue?«

Der Fotograf überlegt einen Moment. Er schüttelt den Kopf. »Nee, weiß ich auch nicht.«

Der Textreporter überlegt auch. Dann sagt er: »Pack mal an, wir tun ihn einfach in die Badewanne.«

Ein Witz, ich fand ihn auch nicht sonderlich intelligent. Aber als sich Kollege Sebastian Knauer in der *Spiegel*-Kantine an unseren Tisch setzte, habe ich ihn noch mal erzählt. Natürlich kannte Knauer ihn schon. Die Wirkung entsprach meinen Erwartungen. Er konnte über den Witz gar nicht lachen. Er sah mich nur hochmütig an und sagte: »Finden Sie das witzig?« »Ja«, sagte ich.

Sebastian Knauer war der ehemalige *stern*-Reporter, der am 11. Oktober 1987 in Zimmer 317 im Hotel Beau Rivage in Genf den Exministerpräsidenten von Schleswig-Holstein, Uwe Barschel, tot in der Badewanne gefunden und fotografiert hatte. Die Bilder waren eine Sensation. Der *stern* druckte eines davon als Titelbild und fragte mit professioneller Scheinheiligkeit: »Darf man solche Fotos zeigen?«

Ja, klar durfte man das. Der *Spiegel* hätte sie auch gezeigt, wenn er sie gehabt hätte.

Für Knauer war der Scoop mit der erlauchten Leiche der Höhepunkt seiner Karriere. Er kündigte beim *stern*, unterschrieb erst bei der *Zeit*, überwarf sich aber mit Chefredakteur Theo Sommer wegen der Badewannen-Affäre und ging dann zum *Spiegel*. »Vielleicht nicht das Schlechteste, was mir passieren konnte«, sagte er später. Ganz sicher nicht.

Für die deutschen Enthüllungsmedien war die Barschel-Affäre gar nicht glanzvoll. Einige Journalisten sahen sich hinterher dem Vorwurf ausgesetzt, dass sie dazu beigetragen hätten, einen körperlich und seelisch labilen Menschen in den Selbstmord getrieben zu haben.

Andererseits konnte natürlich niemand ahnen, dass sich Barschel – wenn er es denn wirklich getan hat – umbringen würde, weil er dem von den Medien erzeugten Stress nicht mehr standhalten konnte. Und Journalisten dürften ja nichts mehr enthüllen, wenn sie darauf Rücksicht nehmen müssten, dass ein sensibler Täter mit einem Suizid reagieren könnte.

Der erste Untersuchungsausschuss erklärte 1988, Barschel habe die Intrigen gegen Engholm ausgeheckt. Von Anfang an sei er an »der Planung und Erstellung der Anzeige« gegen den Oppositionsführer beteiligt gewesen. Der zweite Untersuchungsausschuss kam im Dezember 1995 zu einem ganz anderen Ergebnis – nämlich, dass »es keinerlei Beweise für eine Mittäterschaft oder Mitwisserschaft« Barschels an den Aktionen Reiner Pfeiffers gebe, seines Medienreferenten, den er sich beim Axel Springer Verlag besorgt hatte.

Was war die Ausgangssituation? Schleswig-Holstein war sturmreif. Die Kieler Schwarzen wackelten. CDU-Ministerpräsident Uwe Barschel wollte mit Pfeiffers Hilfe den Durchmarsch seines SPD-Rivalen Björn Engholm verhindern. Aber er wusste offenbar nicht, was er sich mit Pfeiffer eingehandelt hatte.

Engholm, der »Dünnmann«, wie der treffliche Walter Kempowski ihn nannte, war kaltblütiger als Barschel. Er erfuhr von den Ranküнen, wehrte sich aber nicht dagegen, sondern instrumentalisierte sie geschickt für seine Zwecke, indem er ihre Zerstörungskräfte nutzte, um den Verursacher auszuhebeln. So weit, so gut. Doch dabei ließ er es nicht bewenden. Engholm setzte auf eine dreiste Intrige eine noch dreistere drauf.

Ich hatte zu den Kollegen, die an der Barschel-Recherche beteiligt waren, keinen Kontakt. Das meiste, was ich von der Affäre weiß, habe ich in der Zeitung gelesen.

Pfeiffer hatte gegen Björn Engholm anonym Anzeige wegen Steuerhinterziehung erstattet, er hatte als angeblicher Arzt bei ihm angerufen und behauptet, es bestehe der Verdacht, dass er, Engholm, Aids habe, und er hatte mit gefälschten Presseerklärungen die Grünen und Sozialdemokraten gegeneinander aufgebracht. Das war nicht nur schofelig, das war kriminell. Aber was wusste Barschel davon? Wenn er es wirklich gewusst und nichts dagegen unternommen hat, dann war auch er ein Krimineller. Doch danach sieht es nicht aus.

Der *Spiegel* schrieb im September 2007 zum zwanzigsten Jahrestag des Barschel-Skandals: »Lügen sind ein fester Bestanteil aller Affären. Irgendwann aber kommt die Wahrheit raus. Das ist auch eine Regel. Die Kieler Affäre nahm den umgekehrten Verlauf. Erst war alles klar, Barschel der Jago, Pfeiffer sein Werkzeug, Engholm das Objekt ihrer Schandtaten. Heute ist alles viel weniger klar.«

Erst am 7. September 1987, sechs Tage vor der schleswig-holsteinischen Landtagswahl, erschien der *Spiegel* mit einer ersten Pfeiffer-Geschichte: »Spitzel gegen den Spitzenmann«. Eine Woche später dann der Kracher: die *Spiegel*-Titelstory über »Barschels schmutzige Tricks«.

Damit die Bombe nicht zu früh platzte, wurden fürs Druckhaus Ahrensburg Sicherheitsmaßnahmen inklusive Personenkontrolle angeordnet. Weil ein Redakteur feststellte, dass in der Geschichte die Abbildung eines wichtigen Faksimiles fehlte, musste ein Lastwagen mit 40 000 Exemplaren unterwegs umkehren und nach Ahrensburg zurückfahren. Die Maschinen wurden vormittags für drei Stunden angehalten, damit die Panne behoben werden konnte.

Dass Erich Böhme die Barschel-Story herausbrachte, das hat ihm niemand vorgeworfen. Dass er sie einen Tag vor der schleswig-holsteinischen Landtagswahl herausbrachte und den Inhalt der Geschichte am Wahltag in Sondermeldungen bekannt machte, das blieb umstritten. »Wenn man was hat, dann muss man raus damit«, zitierte ihn der *Spiegel* im September 2007. Aber er hatte die Grundsubstanz der Geschichte ja schon viel früher. Warum ist er damit nicht schon vorher rausgekommen?

Engholm hatte schon in der ersten Augusthälfte dem *Spiegel*-Reporter Hans-Joachim Noack, der mit vielen prominenten Sozialdemokraten gut bekannt war, in einem Gartenlokal in Wedel bei Hamburg von Pfeiffers Komplott erzählt, von der Steueranzeige, von dem Versuch, ihm Aids und schwule Neigungen anzuhängen.

Ja, weshalb er denn die Sauerei nicht bekannt mache, hatte Noack gefragt. »Nein«, meinte Engholm. Man wisse nie, wie so was ausgehe. Es könnte ja alles eine Falle sein. Er bat Noack, nicht darüber zu reden. Schwer vorstellbar, dass das nicht taktisch gemeint war. Engholm wollte offenbar die Bombe erst unmittelbar vor der Wahl hochgehen lassen, weil sie dann natürlich wirkungsvoller war und weil dann die Details seines eigenen Anteils an der Affäre nicht mehr zu recherchieren waren.

Noack hielt sich an das Versprechen, das er Engholm gegeben hatte, und schwieg. Er informierte zwar die Chefredaktion, aber er tat nichts, was Niederschlag im *Spiegel* gefunden hätte. Was die Chefredaktion mit ihrer Kenntnis tat, weiß man nicht.

Die Hauptakteure in der *Spiegel*-Redaktion waren Deutschland-II-Ressortleiter Jochen Bölsche sowie die Redakteure Norbert Pötzl, Dieter Uentzelmann und Manfred Ertel. Jochen Bölsche aus Buchholz in der Nordheide war ein in der Wolle gefärbter Sozi. Er war aus der FDP ausgetreten, bevor ich eintrat. Ich kannte Bölsche gut. Damals war er SPD-Matador in Buchholz, und ich war FDP-Fraktionsvorsitzender im Rat der Nachbargemeinde Jesteburg. Wir waren erbitterte Rivalen. Bölsche hat mich auch lange verdächtigt, ich hätte »Bölsche nach Afghanistan« in mannshohen Lettern auf die Rathausmauer in Buchholz gesprayt. Aber das war ich nicht, das war einer von der CDU.

So viel ist sicher: Engholm und seine Sozialdemokraten waren keine passiven Neutren in der Barschel-Affäre. In der Woche vor der Veröffentlichung des Barschel-Titels übermittelte SPD-Fraktionspressesprecher Klaus Nilius dem *Spiegel* eine Offerte von Pfeiffer aus Kiel, der inzwischen die Seiten gewechselt hatte: Für 250 000 Mark wollte er auspacken.

Eine Viertelmillion ist nicht geflossen. Der *Spiegel* räumte später jedoch gewisse Zahlungen ein. Für Verdienstausfall, Anwaltskosten und sonstige Ausgaben, hieß es.

Die Zahlungen an den Fälscher Pfeiffer, das Timing, die aggressive Schlagzeile, das alles hat Rudolf Augstein nicht gefallen. Erich Böhme hätte wenigstens ein Fragezeichen hinter »Barschels schmutzige Tricks« setzen müssen, meinte er.

Der Presserat verpasste dem *Spiegel* für die Titelzeile später eine Rüge, und die *Zeit* fragte sich, ob die Kollegen von der Brandstwiete hier »einem zweiten Kujau aufgesessen« seien. Das war übertrieben. Kujau hatte ja – aus reiner Profitgier – alles von vorne bis hinten getürkt. In dem vorliegenden Fall aber waren wesentliche Sachverhalte nicht zu leugnen. Umstritten war vor allem die Rollenverteilung unter den Akteuren.

Erich Böhme wertete die distanzierte Reaktion seines Herausgebers auf den Titel als schiere Rückversicherung. Augstein sei auf Distanz gegangen für den Fall, dass sich der Barschel-Titel als Ente herausstellen sollte. Womöglich hatte er deshalb auch ein Redakteursteam von der *Zeit* nach Saint-Tropez einfliegen lassen, wo er gerade Urlaub machte. Böhme sagte 2005 in einem Gespräch mit dem Bayerischen Rundfunk: »Für den Fall, dass ich auf die Fresse fliege, konnte er sagen: ›Tja, da ist was schiefgelaufen. Pater, peccavi.‹« Tatsächlich, so meinte Böhme, sei die Angelegenheit ein »Triumph der Chefredaktion« gewesen.

Es ist zweifelhaft, ob sein Kompagnon, Chefredakteur Werner Funk, den Titel auch als Triumph empfand. Ich bin sicher: Wenn er an dem entscheidenden Freitag Dienst getan hätte, wäre die Geschichte anders erschienen – oder vielleicht gar nicht.

Die investigative Leistung, die in der umstrittenen Titelgeschichte steckte, beruhte, wie Robert Leicht in der *Zeit* schrieb, »zunächst auf nichts anderem als auf einer sogenannten eidesstattlichen Versicherung im Umfang von 22 DIN-A4-Seiten, die Reiner Pfeiffer vor einem Hamburger Notar abgab«. Dabei hätte jeder wissen können, dass Pfeiffer in dem Ruf stand, kein seriöser Informant zu sein.

Der Rest der Barschel-Engholm-Affäre ist bekannt: Die Landtagswahl am 13. September 1987 brachte ein Patt zwischen dem bürgerlichen und dem linken Lager. Am 11. Oktober fand Knauer den toten Barschel in der Badewanne im Beau Rivage. Bei den Neuwahlen am 8. Mai 1988 gewann die SPD die absolute Mehrheit im Kieler Landtag.

Anfang Mai 1993 trat Björn Engholm vom Amt des Ministerpräsidenten zurück, nachdem er gestanden hatte, in der Sache Barschel eine falsche Aussage gemacht zu haben. Er hatte seinerzeit behauptet, von der Veröffentlichung im *Spiegel* überrascht worden zu sein, und musste nun einräumen, in dieser Frage vor dem parlamentarischen Untersuchungsausschuss gelogen zu haben. Die zwischenzeitlich eingetretene Verjährung bewahrte ihn jedoch vor Strafverfolgung. Wie Barschel starb, ist bis heute ungeklärt. War es Mord oder Selbstmord?

Der Lübecker Oberstaatsanwalt Heinrich Wille hat ein Buch geschrieben, das die Mordtheorie favorisiert. Sein Vorgesetzter, Generalstaatsanwalt Erhard Rex, untersagte aber die Veröffentlichung. Er verfasste ein Gegengutachten, in dem die Selbstmordtheorie vertreten wird. Wille rief mich Anfang 2008 an, um von mir zu erfahren, ob Hans Henning Atrott, der Chef der Gesellschaft für humanes Sterben, mir einen Kontakt zu Barschel gestanden hätte. Atrott hatte mir aber nichts gestanden.

In der *Spiegel*-Titelgeschichte zum zwanzigsten Todestag Barschels standen die Sätze: »Normalerweise haben Affären Sieger und Verlierer. Die Kieler Affäre ragt heraus, weil sie nur Verlierer kennt.« Der *Spiegel* war auch kein Sieger.

Robert Leicht von der *Zeit* brachte das Unbehagen über die Rolle der Medien in der Barschel-Affäre auf diesen Punkt: »Vielleicht werden spätere Generationen darin sogar eine umgekehrte *Spiegel*-Affäre erkennen – also eine Affäre des Nachrichtenmagazins selber; und all derer, die ihm gläubig gefolgt sind.« So wie die *Zeit* hat aber kein Medium sein Bedauern über die eigene Beteiligung an der großen Verirrung artikuliert.

Obwohl heute ziemlich klar ist, dass die schmutzigen Tricks nicht von Uwe Barschel, sondern von Reiner Pfeiffer ersonnen wurden und jener schlimmstenfalls in Teilbereichen der Verschwörung Mittäter war, werten die Medien und die politische Klasse Barschels »Ehrenwort« noch immer als Nonplusultra politischer Verkommenheit. Björn Engholm dagegen, der den Kieler Modder mit angerührt hat, lebt heute in seiner Heimatstadt Lübeck das Leben eines emeritierten Politgranden mit der Pension eines Exministerpräsidenten und hochgeachtet als Vorsitzender des Beirates der Universität und der Musikhochschule.

Es war nicht das erste Mal, dass Rudolf Augstein nach der Veröffentlichung einer Skandalgeschichte auf Distanz zu den eigenen Blattmachern ging. Exfernsehdirektor Werner Höfer, viele Jahre lang Gastgeber des *Internationalen Frühschoppen*, hat berichtet, er habe nach der Veröffentlichung einer Enthüllungsstory über seine Vergangenheit ein Telegramm von Rudolf Augstein bekommen. Er sagte nicht, was in dem Telegramm stand. Er verriet nur, dass er Grund habe zu der Annahme, »dass Rudolf Augstein (...) über die Veröffentlichung im *Spiegel* und ihre Vorgeschichte alles andere als glücklich war und ist«.

Der Skandal hatte sich an einem fast ein halbes Jahrhundert alten Artikel entzündet, den Höfer in der Nazi-Zeit, 1943, im Berliner *12 Uhr Blatt* veröffentlicht hatte. Darin hatte er die Hinrichtung des Klaviervirtuosen Karlrobert Kreiten gutgeheißen, der wegen regimekritischer Äußerungen zum Tode verurteilt worden war.

Eigentlich war es ein alter Hut. Denn über Höfers Elogen auf die Nazi-Justiz hatten *Bild am Sonntag*, *Welt* und *Bunte* schon 1962 berichtet. Die WDR-Gewaltigen, Höfers Arbeitgeber, hatten damals den Tatbestand zur Kenntnis genommen und den Fall zu den Akten gelegt. Höfer hatte ihnen versichert, die kompromittierende Passage über den »ehrvergessenen« Künstler sei ihm von der Redaktion des *12 Uhr Blatt* in den Artikel hineinredigiert worden. Das klang nicht überzeugend, aber es lieferte den Vorwand, den Skandal versanden zu lassen. Dass Höfer erst nach der erneuten Enthüllungsgeschichte vom Dezember 1987 gefeuert und der *Frühschoppen* nach 35 Jahren eingestellt wurde, sagt alles über die damals schon ans Legislative grenzende Gewalt des *Spiegel*.

Der *Spiegel* habe sich hinterher für seinen Dolchstoß rechtfertigen müssen, hieß es in einem Zeitungskommentar. Warum musste man die alte Geschichte wieder aufwärmen? Der alte Mann habe sich doch um die Entwicklung der deutschen Demokratie verdient gemacht. Und es sei doch alles schon so lange her.

Richtig, aber andere haben sich auch für Nazi-Verbrechen verantworten müssen, die schon lange her waren. Höfer hatte sinngemäß erklärt, der perfide Künstler Kreiten sei dem Volk und dem Führer in schwerer Stunde in den Rücken gefallen, dafür habe er den Tod verdient. Sein Artikel war von anderem Kaliber als die Mitgliedschaft von Günter Grass in der SS.

Die Rolle von Autor Harald Wieser, der den Titanen vom Sockel holte, wäre überzeugender gewesen, wenn er auf die Vorwürfe geantwortet hätte, die Höfer später gegen ihn erhob. Wieser habe ihn kurz vor der Veröffentlichung angerufen und ihn ganz allgemein zur Rolle von Journalisten im »Dritten Reich« befragt. Die Beschuldigungen im Falle Kreiten habe Wieser dabei nicht erwähnt.

Nur, die Versäumnisse des Chronisten ändern nichts am Resultat. Im Übrigen glaube ich nicht, dass Wieser befürchtete, er würde seine These totrecherchieren. Denn die Tatsachen standen nicht in Zweifel.

Enthüllungen sind ein schwieriges Geschäft. Über dreißig Jahre lang hatte der *Spiegel* im Undercover-News-Business fast ein Monopol. Flick, Barschel, Coop, Neue Heimat, das waren glorreiche publizistische Höhepunkte in der Geschichte der Bundesrepublik. Für die Restjournaille war ein *Spiegel*-Bericht über einen – echten oder angenommenen – Skandal schon fast eine News wie der Skandal selbst.

Die Mächtigen in Bonn haben den *Spiegel* für seine Respektlosigkeiten gehasst. Warum wusste er immer alles besser? Der Wahrheit die Ehre: Die Grenzen zwischen Besserwissen und Besserwisserei waren fließend. Auch im Hamburger Pressehaus und später an der Brandstwiete wurde immer nur mit Wasser gekocht.

Zum Beispiel 1962 bei der Recherche für die Titelgeschichte »Bedingt abwehrbereit«, die die legendäre *Spiegel*-Affäre auslöste. Das Verteidigungsministerium erklärte später, es habe in dem Artikel über vierzig geheime Informationen und Zitate gefunden. Einige davon, so hieß es, stammten von Offizieren, die der *Spiegel* bestochen hätte.

Die Wahrheit war viel trivialer. Fast alle Fakten, die der Bericht enthielt, hatte die *Spiegel*-Dokumentation aus frei zugänglichen Veröffentlichungen zusammengetragen. Das heißt: Es stand so gut wie nichts drin, was nicht jeder Bürger, wenn er denn wissensdurstig genug gewesen wäre, hätte erfahren können. Die *Bergedorfer Zeitung* hätte, sofern die nötige Brain- und Manpower verfügbar gewesen wäre, den Bericht auch erarbeiten können.

Auch Schmiergeld war nicht nötig. Der *Spiegel* hatte für die Story niemanden bestochen. Wer das behauptete, kannte die *Spiegel*-Spesenkommissare nicht. Die ließen nichts Wurmstichiges durchgehen.

Jedoch, die Trennlinie zwischen Honorar und Schmiergeld ist nicht klar zu ziehen. Aber Geld für Ware zahlen ist nicht unredlich. Dass der Bundesnachrichtendienst Anfang 2008 einem Stringer aus Liechtenstein gut vier Millionen Euro für eine CD-Rom mit den Namen reicher Steuerflüchtlinge zahlte, fand die große Mehrheit der Bundesbürger ja auch richtig. Warum soll sich eine redliche Zeitung nicht auch die Mittel, die sie braucht, um eine unredliche Sache zu enthüllen, kaufen dürfen?

Ich habe mal versucht, fünfzig Dollar Schmiergeld über Spesen abzurechnen, die ich am Flughafen von Kinshasa in Zaire einem Passbeamten dafür gezahlt hatte, dass er mich einließ, obwohl ich kein Visum hatte. Die Abrechnung kam prompt zurück. Dass ich dem *Spiegel* die zwanzigfache Summe gespart hatte, weil ich ohne Bestechung unweigerlich nach Nairobi zurückgeschickt worden wäre, interessierte die Spesenabteilung nicht. Mit Recht.

Sonst bin ich auch nie in Versuchung geraten. Bestechung ist bei kleinen Beamten und Polizisten weniger alltäglich als weiter oben in der afrikanischen Nomenklatura. Dass man sich mit Bakschisch quer durch die afrikanische Bürokratie schlagen muss, um vorwärtszukommen, ist Reiseleiterlatein.

In Kenia war Bestechung eher selten. Aber sie kam vor. Ich hatte meinen Toyota Land Cruiser vor dem Telexbüro in Nairobi falsch geparkt. Als ich losfahren wollte, stand ein Polizeisergeant neben dem Wagen. »Bwana, u madereva buaya. Sie sind ein schlechter Autofahrer«, sagte er. »Ich muss Sie bei Gericht melden.«

Ich fand die Idee unsympathisch. Denn vor Gericht wäre vielleicht zur Sprache gekommen, dass ich in Kenia nicht ordentlich als Journalist akkreditiert war und immer noch mit meinem deutschen Führerschein durch die Lande fuhr. Das hätte unkalkulierbare Folgen haben können.

Der Polizist sagte: »Es gibt noch eine andere Lösung. Ich kenne mich aus bei Gericht. Wenn Sie wollen, können Sie die Strafe gleich hier zahlen, ich gebe das Geld dann an den Richter weiter. Dann haben Sie keinen Ärger mehr.«

»Wie viel?«, fragte ich.

»Zwanzig«, sagte der Sergeant. Ich reichte ihm eine Zwanzig-Schilling-Note und wollte einsteigen. Aber der Sergeant fasste mich am Ärmel. »Das ist doch eine gute Lösung, Bwana, nicht wahr? Und noch was: Wenn Sie mal wieder falsch geparkt haben und bestraft werden wollen, kommen Sie bitte wieder auf mich zu. Ich stehe jederzeit zur Verfügung.« Er strahlte übers ganze Gesicht. Ich war einverstanden.

Weil der Polizist die zwanzig Schilling vermutlich nicht zum Gericht gebracht, sondern selbst behalten hat, habe ich mich damals der aktiven Bestechung schuldig gemacht. Geldzuwendungen für den Einkauf von Informationen aber sind keine Bestechung.

Auch der Einkauf von drei Tonbandkassetten, auf denen der Funkverkehr zwischen der entführten *Landshut* und dem Tower von Mogadischu dokumentiert war, war für mich nicht Bestechung. Ich bekam den Tipp eine Woche nach der Befreiungsaktion der GSG 9 im Oktober 1977: »Kommen Sie morgen Abend nach Mogadischu. Warten Sie, bis Sie am Flugzeug abgeholt werden. Bringen Sie Geld mit.« Das war in der Zeit, als das Hamburger *Spiegel*-Haus einen Platz auf der Liste der zehn am meisten gefährdeten Objekte der Bundesrepublik hatte.

Mogadischu Airport hatte einen Charme wie der Bahnhof von Murmansk. Nur dass Murmansk viel größer ist. Ein paar Baracken, die von Flugabwehrkanonen umstanden waren. Die Fensterscheiben hatten Risse, in der Rollbahn waren Löcher.

Kaum dass meine gecharterte Beechraft Bonanza neben der Empfangsbaracke ausgerollt war, stoppte nebenan ein alter Land Rover. Ein schlaksiger junger Mann stieg aus. »Bist du der Zeitungsmann aus Nairobi?«, fragte er auf Englisch. Ich nickte. Er war wohl Kenianer, denn er fuhr auf Kisuaheli fort : »Peso wapi? Wo ist das Geld?« »Hapa«, sagte ich. Dabei klopfte ich mir auf die Brust.

»Ku-pa! Gib her!«

»Wo ist die Ware?«, fragte ich.

»Ku-ngoja. Warte.« Wir fuhren mit dem Land Rover durchs Tor und dann zehn Minuten weit in die Wüste hinaus. Dann hielt der Fahrer an. Er holte einen Recorder aus der Tasche seiner Windjacke, steckte eine Kassette hinein und drückte den Startknopf. Aus dem Lautsprecher tönte die Stimme von Captain Marty Mahmud, wie sich der Anführer der Kidnapper nannte. Es waren Mitschnitte von Dialogen der Terroristen mit Mogadischu Tower. Woher sie kamen, wusste ich nicht. Vermutlich hatte die Tower-Besatzung sie angefertigt. Ich reichte dem fremden Mann das Bündel Hundert-Dollar-Scheine. Ohne Quittung.

Ich flog sofort zurück nach Nairobi, obwohl ich nicht sicher war, dass Wilson Airport schon vor Morgengrauen geöffnet war. Aber ich hatte Glück. Am Freitagmorgen um acht saß ich in der Maschine nach Amsterdam. Abends um sieben landete ich in Hamburg.

Fünf Kollegen übersetzten drei Stunden lang im Akkord. Dann war die Story im Satz. Es stand wenig drin, was man nicht schon gewusst hatte. Aber es war eine einzigartige Dokumentation der dramatischsten Stunden in der Geschichte der Bundesrepublik. Es war klar, dass die Mitschnitte illegal waren und wir dafür gezahlt hatten. Aber niemand nahm daran Anstoß.

Ärgernis erregte der *Spiegel* dagegen mit einer Geschichte über den späteren Bundespräsidenten Johannes Rau. Es ging darum, dass Rau als Ministerpräsident von Nordrhein-Westfalen jahrelang auf Kosten der Westdeutschen Landesbank in Charterflugzeugen durch Europa gedüst war – zur Bärenjagd nach Jugoslawien, zur Preisverleihung der Stiftung Bibel und Kultur, zum Wiener Opernball, zu Helmut Schmidts Geburtstag nach Hamburg.

Der *Spiegel* zahlte der Ehefrau des Rau-Piloten Peter Wichmann, nachdem dieser verstorben war, ein hohes Honorar für Informationen zur Sache. Das war legitim, aber es war kein gut angelegtes Geld. Johannes Rau musste nicht zurücktreten. Er wurde am 1. Juli 1999 sogar zum Bundespräsidenten gewählt.

Die Affäre Rau steht im Ranking der deutschen Skandale leider nicht ganz oben, wo sie hingehört. Das Rechtfertigungs- und Verdrängungspotenzial, das sie freisetzte, war aber einzigartig in der Geschichte der Bundesrepublik. Die SPD wertete nicht Raus Spesenusancen als skandalös, sondern die Berichterstattung darüber.

Der *Spiegel* zahlte auch für die Informationen in der Affäre um den Gewerkschaftskonzern Neue Heimat. Der Empfänger war Siegfried Mehnert, der vorher als Pressesprecher bei der Neuen Heimat und noch vorher beim *Spiegel* gearbeitet hatte. Mehnert hatte im richtigen Augenblick den Fuß in der richtigen Tür gehabt, nämlich in der Tür zum Büro von Vorstandsmitglied Wolfgang Vormbrock im elften Stock des Neue-Heimat-Gebäudes in Hamburg.

Auf dem Schreibtisch lag ein Schlüsselbund. Mehnert griff zu und schloss den Aktenschrank auf. Dabei stieß er auf zwei Ordner mit der Aufschrift »Teletherm« und »Wölbern«. Kurz darauf lagen die Ordner auf dem Schreibtisch von *Spiegel*-Wirtschaftsredakteur Peter Bölke. Und kurz danach kannte ganz Deutschland den Inhalt der Akten.

Es war ein Sumpf von kongolesischen Ausmaßen, der da zum Vorschein kam. Neue-Heimat-Vorstandsvorsitzender Albert Vietor und seine Manager hatten den Konzern, ungehindert von allen Kontrollinstanzen, in jahrelanger Fleißarbeit zielstrebig ruiniert. Sie hatten riesige Siedlungen errichtet, außerdem dreistellige Millionenbeträge in Pariser Luxusappartements, Hotels in Monaco und brasilianischen Urwäldern versenkt und die Bausubstanz verkommen lassen. Über Strohmänner hatten sie Firmen gegründet, die mit der Neuen Heimat Geschäfte machten.

Der *Spiegel* zahlte für den Hit eine fünfstellige Summe. Es war kein Schmiergeld, sondern ein Honorar, weil der Informant ja Journalist war und für sein Geld ordentlich recherchiert hatte. Mehnerts Recherchen waren für den *Spiegel* nur die Grundlage für weitere Nachforschungen. Der Neue-Heimat-Hype war kein externes Produkt, sondern das Produkt der *Spiegel*-Wirtschaftsredaktion.

Die Affäre Neue Heimat war der größte Gewerkschaftsskandal, den die Bundesrepublik bis dahin erlebt hatte. Konzernchef Albert

Vietor musste gehen, die Neue Heimat wurde schließlich für den symbolischen Betrag von einer Mark an den Berliner Bäcker Horst Schießer verkauft.

Für den *Spiegel* war es ein fleckenloser Scoop. Der *stern* hatte die Geschichte nur deshalb nicht bekommen, weil Chefredakteur Peter Koch sie verschlafen hatte. Er griff nicht zu, als Siegfried Mehnert sie ihm anbot.

Ähnlich wie Koch reagierte der *Spiegel*-Kollege, dem ich 1993 die Story über den hessischen Baumogul Jürgen Schneider offerierte. Er lehnte sie ab mit dem Argument: »Ach, hör doch auf, du mit deinen ewigen Stänkereien. Der Schneider baut so schöne Häuser.«

Jürgen Schneider war eine Kreatur der deutschen Wende und ein krimineller Filou. Er hatte schon im Westen ein großes Rad gedreht, beklatscht von einer euphorisierten Society, die sein Werk erotisch fand. Den Gipfel des Ruhmes erreichte er mit dem Investment-Feuerwerk, das er mit Hilfe von geliehenen Milliarden im neuen deutschen Osten, vor allem in Leipzig, abbrannte.

Weil er den Buchwert seiner Projekte manipulierte, gelang es Schneider, immer neue Riesenkredite lockerzumachen. Auch die Banken waren besoffen von der Wiedervereinigungseuphorie. Natürlich sahen sie, dass über Schneiders Reich die Sonne der Rendite nicht aufgehen wollte. Aber, herrje, man konnte doch mit einem solchen Bauunternehmergenie nicht umspringen wie die Bausparkasse mit dem Reihenhäuslebauer.

Als dann das Betrugsgebäude zusammenstürzte, hatte Schneider bei fünfzig Geschäftsbanken über fünf Milliarden Mark Schulden, darunter auch die berühmten Peanuts, wie sie der Chef der Deutschen Bank, Hilmar Kopper, zu nennen beliebte.

Der *Spiegel* hätte die Schneider-Story exklusiv haben können, bevor die Bombe platzte. Mein alter Stammtischgefährte Pefi, in

Langschrift: Peter Fischer, damals Chefredakteur der *Frankfurter Neuen Presse*, hatte sie ausgegraben. Er hatte ein in seiner Zeitung erschienenes Inserat aufgegriffen, in dem ein Frankfurter Handwerker Schneider attackierte, weil der ihm angeblich sein Gewerk nicht bezahlt hatte.

Pefi rief mich an und sagte, Schneider sei eine Nummer zu groß für eine Provinzzeitung. »Der macht uns platt, wir stehen das nicht durch.« Sein Verlag zeige wenig Interesse, seine Kräfte mit dem Lieblingsbaumeister der Nation zu messen. Deshalb wollte Pefi den starken *Spiegel* ins Boot holen.

Aber die zuständige Abteilung beim *Spiegel* hatte keine Lust auf eine Sensation. Ich habe mehrfach auf den Kollegen Sachbearbeiter eingeredet wie Max Piccolomini auf Wallenstein vor dem Ende in Eger. Aber der wollte nicht, und sein Ressortchef wollte auch nicht. Sie lehnten es ab, sich die Akten auch nur anzusehen. Ich selbst konnte die Geschichte auch nicht schreiben, weil ja derselbe Ressortchef über ihre Veröffentlichung zu entscheiden hatte.

Pefi suchte sich daraufhin einen anderen Verbündeten. Kurz darauf stand die Geschichte in der *Frankfurter Allgemeinen Zeitung*. Einige Tage danach flüchtete Jürgen Schneider Hals über Kopf in die Vereinigten Staaten.

Strafrichter Heinrich Gehrke, der über Schneiders Schuld zu richten hatte, nutzte den Prozess, um Deutschland das Trugbild von Schein und Sein in der Welt des großen Geldes vor Augen zu halten. Es sei gewesen wie in der Geschichte von des Kaisers neuen Kleidern, in der niemand wagt, nach der Wirklichkeit zu fragen. Jedes Kind hätte sehen können, dass Schneiders Kreditbeschaffungssystem auf Betrug aufbaute, doch die Banker wollten es nicht sehen. Und der *Spiegel* merkte es auch nicht. Dabei hätte es noch nicht einmal Geld gekostet. Es war um die Zeit, als sich der mandatorische Generalverdacht gegen jede Art von Autorität, den der

Herausgeber seiner Redaktion anempfohlen hatte, aufzulösen begann.

Wann ist eine Geschichte überhaupt eine *Spiegel*-Geschichte?

Wenn in den fünfziger Jahren ein *Spiegel*-Redakteur einem betrügerischen Dorfrichter hätte nachweisen können, dass dieser unter Missbrauch seiner richterlichen Autorität das Vermögen einer hilflosen Witwe verzockt und die alte Dame zur Sozialhilfeempfängerin gemacht hatte, wäre es keine Frage gewesen: Das muss ins Blatt. Dreißig Jahre danach war das nicht mehr selbstverständlich.

Ein norddeutscher Dorfrichter war im Dezember 1995, zwei Tage nach Weihnachten, im Allgemeinen Krankenhaus St. Georg erschienen und hatte sich von einer 74-jährigen Rentnerin eine Vermögensvollmacht geben lassen. Ein Hamburger Notar hatte den Vorgang beurkundet, obwohl die alte Dame unter dem Einfluss starker Beruhigungsmittel stand, weil sie am nächsten Morgen am Herzen operiert werden sollte.

Die Rentnerin war zehn Jahre lang Haushälterin bei dem Dorfrichter gewesen. Der Notar hätte ein gewisses Vertrauensverhältnis zwischen ihr und ihrem ehemaligen Brotherrn voraussetzen können – wenn sich der Richter nicht schon vorher durch unsaubere Kauf- und Hypothekenverträge mit einem Eisenbahnpensionär als Vertrauensträger disqualifiziert hätte.

Der Dorfrichter hatte diesen mit Hilfe der Generalvollmacht, die er ihm abgeschwatzt hatte, nach und nach um Immobilienbesitz im Verkehrswert von acht Millionen Mark erleichtert. Nach immer der gleichen Masche: Er belieh die Grundstücke, kassierte ab und ließ die Hypotheken platzen.

Ich hatte die Geschichte recherchiert und geschrieben. Das Deutschland-Ressort wollte sie auch drucken. Aber dann lag sie zwei Monate rum, weil jede Woche etwas Wichtigeres anstand. Und irgendwann war sie tot.

Nebbich. Die *Spiegel*-Redaktion produziert ständig doppelt so viele Geschichten, wie Platz im Blatt ist. Das Verfallsdatum lauert. Eine Story, die nach sechs Wochen nicht erschienen ist, hat kaum noch Chancen, gedruckt zu werden. Ganz gleich, ob sie gut oder schlecht ist.

Weil ich es als Ehrenangelegenheit betrachtete, den Dorfrichter ins Gefängnis zu bringen, veröffentlichte ich die Story in unserer Lokalzeitung, dem *Nordheide Wochenblatt*. Es wurde ein schöner Erfolg. Plötzlich waren die Blätter voll von Geschichten über den Richter. Er verbarrikadierte sich in seinem Haus und wurde im Dorf nicht mehr gesehen. Endlich leitete nun auch die Staatsanwaltschaft beim Landgericht Stade Ermittlungen ein.

Wochenblatt-Chefredakteur Reinhard Schrader legte noch ein paar Artikel nach. Nach dem dritten oder vierten meldete sich die *Spiegel*-Redaktion bei ihm. Sie fragte an, ob man das *Wochenblatt*-Material zum Fall des Richters kaufen könne.

»Das können Sie umsonst haben«, sagte Schrader. Zwei Wochen später stand meine Geschichte auch im *Spiegel*. Der Dorfrichter wurde im Juni 1995 in Stade zu drei Jahren Gefängnis verurteilt. Es war ein mildes Urteil. Trotzdem empfanden Reinhard Schrader und ich es gleichermaßen als Kompliment für unsere Bemühungen um öffentliche Hygiene. Dass ein Richter für seine Verfehlungen ins Kittchen kommt, das ist so selten wie ein Lipizzaner mit Eselsohren.

Der *Spiegel* braucht auch deshalb Informanten nicht zu schmieren, weil die meisten im weitesten Sinn politisch motiviert sind. Sie packen aus, weil sie eine Wirkung damit erzielen wollen. Oft auch weil sie sich geschmeichelt fühlen, dass der *Spiegel* sie wichtig nimmt.

In der Bonner *Spiegel*-Redaktion hatte jede Partei einen oder mehrere Betreuer. Man traf sich regelmäßig zum Bier, bisweilen auch am Sonntag zum Lunch. Der CDU-Zielfahnder zechte mit Christdemokraten, der SPD-Rechercheur mit Sozialdemokraten. Die *Spiegel*-Redaktion wusste deshalb über die Intimitäten und politischen Rankünen der Bonner Szene besser Bescheid als die Bonner Büros aller großen ausländischen Geheimdienste zusammen. *Spiegel*-Berichte über Kabinettssitzungen lasen sich bisweilen so, als hätte ein *Spiegel*-Redakteur unter dem Konferenztisch gesessen und mitgeschrieben.

Bewirtungsspesen waren gut investiertes Geld für Journalisten. Die Politiker zahlten mit dem »Schmiergeld namens Nähe«, wie das im Bonner Journalistenjargon hieß. Das war ganz früher nicht anders gewesen. Der deutsche Journalist, so hatte schon Kurt Tucholsky erfahren, brauche nicht bestochen zu werden. Es reiche aus, ihn einzuladen.

Wie sollte denn auch der Bonner Journalist sozialen Abstand halten, wenn man im zweiten Stock wohnte und der Staatsekretär im Parterre und der Heeresinspekteur im Haus nebenan? Die gute und permanente Nähe schuf enge Wechselbeziehungen zwischen Politik und Journaille, die zwar interessante Geschichten auswarfen, die aber der Unabhängigkeit der Berichterstattung nicht guttaten, weil sie die Beißfreude beeinträchtigten. Welcher Journalist berichtet kritisch über einen Minister, mit dem er zweimal im Monat am Stammtisch hockt oder Tennis spielt?

Spiegel-Herausgeber Rudolf Augstein hat sich aus den privaten Beziehungen seiner Mitarbeiter immer herausgehalten und zu Distanz und Mäßigung geraten. Er hielt es mit Ben Bradley, dem legendären Herausgeber der *Washington Post*: »Meine Reporter sind so frei, dass sie auch einen Elefanten vögeln können. Vorausgesetzt, dass sie nicht über den Zirkus schreiben.«

Jürgen Leinemann hat nach zwanzig Jahre an der Bonner Partyfront aufgeschrieben, was und wer ihm begegnete, wenn er am

Samstagvormittag durch die kleine Stadt in Deutschland bummelte: »Gingst du Gurken kaufen, wartetest du am Stand des Eifelbauern hinter Herbert Wehner. An der Ampel winkte der Bundespräsident.«

Ich bin in Bonn einmal von den *Spiegel*-Kollegen zu einer Party mitgenommen worden, die von lauter bedeutenden Zeitgenossen besucht war. Das waren für einen zwar weitgereisten, aber politisch doch eher provinziell orientierten Reporter große Erlebnisse. Vor allem, dass ich mindestens eine halbe Minute lang mit Helmut Kohl (als er noch nicht Kanzler war) irgendwelches Larifari reden durfte.

Als Afrika-Korrespondent und später als Auslandsreporter lebte ich in großer Distanz zum Bonner Biotop und seinen Versuchungen. Solange ich in Afrika residierte, war die alljährliche Adventsfeier der evangelischen Kirchengemeinde von Nairobi der Höhepunkt meines gesellschaftlichen Lebens. Einmal war ich zur Evening Tea Party beim Bischof von Mwanza in Tansania geladen. Es gab drei Sorten Tee, tropische Früchte und Marmeladenbrötchen. Aber die Stimmung war besser als beim Hamburger Presseball.

Zu Regierungsempfängen in Nairobi wurde ich normalerweise nicht eingeladen. Weil ich in Kenia nicht akkreditiert war, hatte mich das Informationsministerium nicht auf seiner Liste.

Wenn deutsche Politiker Afrika bereisten, stieß ich manchmal dazu. Wie beim Rundflug von Entwicklungshilfeminister Egon Bahr über den Sudan, der uns auch in die Stadt Wau führte. Es war eine fröhliche Reise. Bahr, zwei Referenten und drei Journalisten spielten Skat, wir Skatunkundigen saßen hinten in der Chartermaschine, tranken Kaffee mit Whisky und erzählten uns Negerwitze.

Zum Schluss sangen wir alle im Chor gegen das Motorengebrumm an: »Egon, wir fahr'n nach Wau, Egon, wir fahr'n nach Wau.« Nach der Melodie von »Theo, wir fahr'n nach Lodz«. Es war wie beim Vatertagsausflug des Kegelclubs von Wanne-Eickel.

Mit dem Umzug von Regierung und Parlament nach Berlin fand die Bonner Multimedia-Idylle ein Ende. In der deutschen Hauptstadt geht es zwischenmenschlich nicht so intim zu wie in Bonn. Sie ist zu groß und zu funktional. Sie hat nicht mal eine richtige Intrigenkultur.

Leinemann nannte das Verhältnis zwischen der politischen und seiner Klasse »eine professionell betriebene Verschwörung zur Unterdrückung von Wirklichkeit«. Von staatserhaltender Servilität bis zur plumpen Bestechung habe er alles erlebt. Aus seinem Beritt hat gewiss nie einer je auch nur einen Hosenknopf angenommen. Aber es gibt galantere Formen von Einflussnahme als das Bündel Scheine in der Hutkrempe.

Als der Herr der Wörter, wie ihn seine Verehrer nannten, mit fast siebzig Jahren aus dem *Spiegel*-Raumschiff ausstieg, um sich in den Rentnerstand zu begeben, spendierte ihm der Verlag in der Berliner Redaktion gegenüber vom Adlon ein rauschendes Abschiedsfest. Hartmut Palmer, der ebenfalls aufs Altenteil ging, wurde in einem Aufwasch mitgeehrt. Aber unter den zwei Laureaten war er doch eher der Zweitbegünstigte. Das Fest war ein Hochamt für Jürgen Leinemann.

Tout Berlin war da, die Kanzlerin, fast ihr ganzes Kabinett, diverse Exbundespräsidenten, die Kunst-, Film- und Talkelite der Republik, auch der unvermeidliche Hans-Dietrich Genscher im gelben Pulli, allerdings wenig junge Leute. Die Festrede auf den scheidenden Berliner Büroleiter Jürgen Leinemann hielt dessen Kumpel Gerhard Schröder. Es war wie üblich eine Kaskade von Pointen und feinen Doppeldeutigkeiten.

Alle wollten dem lieben Jürgen noch mal auf die Schulter klopfen und ihm versichern: »Solche wie dich gibt's heute nicht mehr.« Doch das muss kein Unglück sein, dass die Leinemänner seltener werden im journalistischen Hauptstadtbetrieb. Jürgen Leinemann war nicht die optimale Besetzung als Chef in Berlin.

Es ist eine Binsenweisheit, dass Journalisten, die schreiben können, sich nur ausnahmsweise für die Verwendung im Redaktionsmanagement eignen. Beim Fußball sind gute Spieler auch selten gute Trainer. Trotzdem können Verlagsherren es nicht lassen, immer wieder Schönschreiber in den Blattmacherstand zu berufen.

Im Bundestagswahlkampf 2005 hatte die rot-grüne Regierung einen schweren Stand gegen den *Spiegel*. Josef Fischer und Gerhard Schröder fühlten sich sogar als Zielscheibe einer Kampagne. Fischer beliebte es zudem, die koalitionskritischen Journalisten als »Fünfmarksnutten« zu verunglimpfen.

Tatsächlich hatten die Durchwurstler Fischer und Schröder in den letzten Wochen vor der Wahl nicht nur beim *Spiegel*, sondern quer durch die deutsche Medienlandschaft eine schlechte Presse. Nicht weil sie Opfer einer Verschwörung waren, sondern weil Rot-Grün eine überwiegend schlechte Politik gemacht hatte und nichts darauf hindeutete, dass, erhielten sie noch einmal die Chance, die Regierung zu bilden, in der neuen Legislaturperiode das Wohl der Republik und nicht ihr eigenes Profil der Fluchtpunkt ihres politischen Handelns sein würde. Und vor allem, weil sie nicht mal im Ansatz bereit waren, über ihre Defizite mit sich reden zu lassen.

Fischer und Schröder konnten nicht verstehen, dass sie ausgerechnet von ihrem alten Duz-Buddy Stefan Aust so hart rangenommen wurden. Dabei hätte jede Cutterin bei *Spiegel* TV ihnen erzählen können, dass Duzen im Umfeld von Stefan Aust keine Gewähr gegen Rempeleien ist.

Stefan Aust keilte aus, wenn er den Eindruck hatte, jemand bedrohe seine Souveränität. Seinem Anspruch, den *Spiegel* allein in der Öffentlichkeit zu repräsentieren, opferte er 1996 den genialen Faun Hellmuth Karasek, weil der zu vehement Öffentlichkeitsarbeit in eigener Sache betrieb. Karasek war ein starker Typ, zu stark für Aust, glaube ich. Deshalb musste er gehen. Aust gefiel auch der Narzissmus nicht, mit dem sich Karaseks Paradiesvögel im Kulturteil des Blattes verbreiteten.

Reporter Hans Leyendecker, der Kommissar vom Dienst, räumte ein Jahr später das Feld, vor allem weil er mit Austs autoritären Allüren und dem Trend zum Bunten im Blatt nicht mehr leben mochte. Nach neunzehn Jahren beim *Spiegel* schmiss er 1997 hin. Da er sich nicht an die Kündigungsfrist hielt, bekam er nicht mal eine Abfindung. Und Aust ließ ihn laufen. Es war einer der nachhaltigsten Fehler, die ihm während seiner Zeit als *Spiegel*-Chefredakteur unterliefen.

Kurz vor Hans Leyendeckers Abgang hatten wir noch im kleinen Kreis bei Jever und Strammem Max im Kornhauskeller gesessen und ihm die Beichte abgenommen. Er sagte: »Isch will das nischt mehr.« Na ja, das kannte man schon. Hans Leyendecker war nie mit sich zufrieden. Doch nicht zuletzt seiner notorischen Unzufriedenheit verdankt er seinen journalistischen Erfolg.

Bei der *Süddeutschen Zeitung* lief Hans Leyendecker dann – für erheblich weniger Geld als beim *Spiegel* – zu einer Form auf, die die alten Kollegen neidisch machte. Er hatte nun die Arbeitsbedingungen, die es ihm ermöglichten, sich zu entfalten. Er schreibt nicht so schön wie Jürgen Leinemann, aber was er schreibt, das zündet.

In zahllosen *SZ*-Artikeln hat Leyendecker die Schattenordnung des deutschen Korruptionswesens dargestellt und die Hoffnung zerstört, die Moral in der »Bananenrepublik Deutschland« unterscheide sich substanziell von der Moral in der Bananenrepublik Kongo. Er wusste bei jedem aktuellen Thema immer gleich, wo er den roten Faden zu fassen bekam. Und wenn er es mal nicht wusste, dann verstand er es wie kein anderer, sein Defizit mit psalmodierenden Sätzen zu bemänteln.

Leyendecker ist bei der *Süddeutschen* der Primus unter den elder statesmen, hält aber Distanz zur Münchner Zentrale. Er lebt in seinem Häuschen in Leichlingen, dreißig Kilometer von Wuppertal entfernt. Morgens um acht steigt er in sein kleines Büro im Dachjuchhe, und wenn er abends zu Frau und Kindern herunterkommt, hat er nicht selten wieder die Grundlagen zu einem Skandal gelegt, der vielleicht die Republik erschüttern wird. Er ist auf seine Weise der Größte. Und am Sonntag predigt er auch noch in der Kirche.

Das informationelle Gefälle zwischen *Spiegel* und *Süddeutscher Zeitung* zeigte sich Anfang 2008 wieder deutlich bei der Berichterstattung über die schwarzen Liechtensteiner Konten. Die *Süddeutsche* hatte wochenlang die Nase vorn. Im *Spiegel* lasen wir am Montag, nachdem Postchef Zumwinkel öffentlich abgeführt worden war, *Spiegel*-Redakteurin Barbara Schmid sei darüber keineswegs überrascht gewesen. »Sie wusste, dass die Ermittler gegen den Multimillionär und eine ganze Heerschar namhafter vermögender Mittelständler umfangreiches Material zusammengetragen hatten.« Und wir fragten uns: Ja, warum hat sie es denn nicht im *Spiegel* geschrieben?

Hans Leyendecker ist einer von der Sorte der »Bastarde, die schlimmer sind als die Kommunisten«, wie Watergate-Präsident Richard Nixon sagen würde. Also einer, der sein Geld damit verdient, die schmutzigen Tricks der Mächtigen öffentlich zu machen. Sein Vorbild: Pulitzer-Preisträger und Abu-Ghraib-Enthüller Seymour Hersh, der nach den Worten des US-Präsidentenberaters Richard Perle »im amerikanischen Journalismus dem am nächsten kommt, was man einen Terroristen nennt«. Hersh und Leyendecker sind einander auch persönlich verbunden.

Dem Terrier Leyendecker und dem Terrier Hersh sieht man ihren Biss nicht an. Das gehört zu ihrem Erfolgsrezept. Wo man ihnen eine News hinwirft, da schnappen sie zu. Indiskretion Ehrensache. Leyendecker wirkt altväterlich. Gedeckter Anzug, penibel gestutzter Schnauzer, langweilige Krawatte. Wenn er mit neun Opel-Verkäufern zur Identifizierung in eine Reihe gestellt würde, könnte ein Zeuge unmöglich sagen, welcher von den zehn der Journalist ist. Man muss normal und durchschnittlich wirken, um das Vertrauen zu erwecken, das man für den Job braucht.

Hans Leyendecker hat beim *Spiegel* die großen Affären um Flick, Lambsdorff, Späth, die Geschichte um den Vater von Steffi Graf, Schreiber, VW und Kohl aufgedeckt. Damit hat er sich um die deutsche Republik verdient gemacht. Es ist aber nie angemessen gewürdigt worden. In Deutschland kriegt man für alles Mögliche einen Orden – im Krieg, wenn man viel fremdes Volk umbringt, und im Frieden, wenn man fünfzig Jahre in ein und derselben Firma arbeitet. Verdienste um die deutsche Demokratie sind dagegen nicht ordenstauglich.

Hans Leyendecker hatte auch unglückliche Schaffensphasen. Sein Cannae war der Fall Bad Kleinen. Bei einem Feuergefecht auf dem Bahnhof von Bad Kleinen bei Schwerin waren am 27. Juni 1993 der GSG 9-Beamte Michael Newrzella und der RAF-Terrorist Wolfgang Grams erschossen worden. Leyendecker schrieb darüber in einer Titelgeschichte, Grams sei von zwei Kollegen Newrzellas per Kopfschuss hingerichtet worden.

Die Geschichte war ein Hammer. Sie hatte nur den Nachteil, dass sie nicht stimmte. Die Ermittlungen der Staatsanwaltschaft lieferten den Beleg dafür, dass Grams erst Newrzella und dann – um der Festnahme zu entgehen – sich selbst erschossen hatte. Hans Leyendecker hatte sich von einer fixen Idee leiten lassen und nicht von den Fakten und sich dabei schmerzlich vergaloppiert.

Bevor der wahre Sachverhalt aufgedeckt war, traten Bundesinnenminister Rudolf Seiters und Hans-Ludwig Zachert, der Chef des Bundeskriminalamtes, zurück. Generalbundesanwalt Alexander von Stahl wurde entlassen, BKA-Vizechef Gerhard Köhler versetzt.

Hans Leyendecker hatte die Geschichte nicht frei erfunden, wie Bundeskanzler Helmut Kohl später in seinen Memoiren behauptete. Er hatte nur der Aussage eines Polizeibeamten zu große Bedeutung beigemessen, wie er selbst später einräumte. Der *Spiegel*-Titel über Bad Kleinen, so sagte er, sei sein »schwerster Fehler« gewesen. Und: »Dafür hätte ich eigentlich auch entlassen werden müssen.«

Ida Mauss, die Ehefrau und Assistentin des Undercover-Großagenten Werner Mauss und Mutter von drei Kindern, hat aus eigener Erfahrung eine andere Sicht der Dinge. Sie hat nach langer Haft in einem kolumbianischen Gefängnis Leyendecker der »Pressekriminalität« bezichtigt.

Hans Leyendecker und zwei Kollegen hatten Agent Mauss im November 1995 auf eine Reise nach Kolumbien begleitet, um über die Befreiung italienischer Geiseln aus Guerilla-Haft zu berichten. Vor Reiseantritt war zwischen Mauss und dem *Spiegel* vereinbart worden, die deutsche Beteiligung an der Geiselbefreiung geheimzuhalten. Bilder und Filmaufnahmen von dem Ehepaar sollten nicht gezeigt werden.

Der *Spiegel* hielt sich auch an den Vertrag. Zunächst. Nachdem das Agentenduo jedoch ein Jahr später in der kolumbianischen Stadt Medellín verhaftet worden war, berichtete er mit vielen Details über den konspirativen Dschungeltrip von Leyendecker und dessen Kollegen Georg Mascolo und Jens Glüsing.

Fotos und Filme, die Werner und Ida Mauss bei der herzlichen Begrüßung von Guerilleros zeigten, wurden von der Staatsanwaltschaft in Medellín erfreut aufgenommen – und als Beweis ihrer Kumpanei mit der Guerilla bewertet. Plötzlich drohten dem deutschen Ehepaar sechzig Jahre Haft.

Ida Mauss beschimpfte Leyendecker, er habe sie und ihren Mann Werner für eine »Handvoll Dollar« verkauft. Über die *Spiegel*-Veröffentlichung habe er dem Gericht in Medellín Material geliefert, das dann gegen sie und ihren Mann verwendet worden sei. Wörtlich schrieb sie an ihren »lieben Hans«: »Du hast das Geschäft Deines Lebens gewittert und den Film aus dem Guerillacamp weltweit verkauft und so zusammengeschnitten, dass wir dem Zuschauer als Hauptdarsteller kriminalisierend präsentiert wurden.«

Man kann den Zorn einer Mutter verstehen, die davon überzeugt war, sie sei lange Zeit von ihren Kindern getrennt gewesen, weil Medien sie in die Pfanne gehauen hätten. Es muss erlaubt sein, zu fragen, ob die Story das Unheil wert war, das ihr unweigerlich folgte. Und ob die verhängnisvollen Bilder auch gedruckt worden wären, wenn die Leidtragenden nicht Ida und Werner Mauss gewesen wären, sondern normale deutsche Bürger.

Werner Mauss war eine Art Unperson der Zeitgeschichte. Er hatte in zwielichtigen Affären mitgemischt, und er hatte meist eine schlechte Presse. Das Mitleid mit einem solchen Frontengänger war begrenzt.

Ida und Werner Mauss hatten Glück. Sie konnten beweisen, dass sie nicht mit Guerilleros kollaboriert hatten. Am 20. Mai 1998 wurden sie vom Tribunal von Antioquia von der Anklage der Beihilfe zum Terrorismus freigesprochen. In seiner Urteilsbegründung wies das Gericht darauf hin, dass die Irreführung der Behörden auf die Intrige einer Gruppe von Menschen zurückgehe, »die ihre ureigensten und dem Frieden fern stehenden Interessen verteidigten«. Gemeint war eine Londoner Sicherheitsagentur, die mit Mauss wohl noch eine Rechnung offen hatte.

Nach der Freilassung des Ehepaars Mauss gelangten Abzüge eines Fotos an den Bundesnachrichtendienst und an *Focus*, das Hans Leyendecker mit einer Kalaschnikow im Kreis von fröhlichen Terroristen zeigte. Auch Stefan Aust bekam einen Abzug. Absender unbekannt. Sicher war nur, dass Werner Mauss das Foto geschossen hatte.

Als Journalist kann man sich natürlich nicht immer die Zeitgenossen aussuchen, mit denen man zusammen auf ein Foto gerät. Ich habe auch ein paar Bilder, auf denen ich Seite an Seite mit Revolvermännern zu sehen bin. Das interessanteste zeigt mich an einem schweren Maschinengewehr im Kreis von Totmachern in der Wüste bei Las Vegas. Es war erschlichen, denn die Killer, mit denen ich um die Wette schoss, wussten nicht, dass ich Journalist war und kein ehemaliger Fremdenlegionär auf Jobsuche, wie ich ihnen vorgelogen hatte.

Ida Mauss hat immerhin die Genugtuung, dass sie wesentlich an dem Zerwürfnis zwischen Stefan Aust und Hans Leyendecker mitgewirkt hat, das schließlich mit dessen Abgang zur *Süddeutschen Zeitung* endete. Auf ihren anklagenden Brief antwortete Hans Leyendecker, es sei nicht seine Entscheidung gewesen, die Mauss Fotos zu veröffentlichen.

In deutschen Zeitungsredaktionen ist eine Mehrheit damit beschäftigt, das zu kommentieren, was eine kleine Minderheit recherchiert hat. In Amerika ist es andersrum. Deshalb haben es gute Rechercheure in Deutschland auch leicht, sich zu profilieren.

Hans Leyendecker ist so erfolgreich, weil er zielstrebig und pedantisch recherchiert. Er nennt sich selbst einen »Leitz-Ordner-Journalisten«. Er sagt, eigentlich arbeite er gar nicht investigativ. Er sichte, sortiere und analysiere nur das Material, das andere zusammengetragen hätten. Die Konkurrenz könnte das auch. Nur, sie tut es so selten.

Das Geheimnis der Meldemappe im Kohlenkeller

Eine verstümmelte, nackte Leiche im Wald von Starnberg in Bayern, die Brust von Messerstichen perforiert, der Bauch tief aufgeschlitzt, die Gedärme mit Erde und Gras vermatscht. Der Kadaver war noch so frisch, dass er dampfte, als Spaziergänger ihn fanden. Daneben lagen die Tatwaffen: zwei Scheren, ein Skalpell, ein großes Brotmesser.

Es war der Einstieg in meine Jagd nach dem verschollenen Bernsteinzimmer, dem schönen Phantom aus St. Petersburg, das seit Jahrzehnten durch die Träume von Forschern, Abenteurern und Hobby-Archäologen klabauterte.

Das Bernsteinzimmer wurde Ende der neunziger Jahre von Kunsthistorikern auf hundert Millionen, später auch auf 200 Millionen Mark taxiert. In Wahrheit ist sein Wert nicht quantifizierbar. Klar, es ist ein Objekt, für das man schon mal ein paar tausend Baggerstunden investieren könnte. Doch der Gegenwert wäre – wie hoch er auch sein mag – gegebenenfalls kaum zu liquidieren. In dem Moment, in dem es auftauchen würde, wäre es auch schon beschlagnahmt. Als Eigentum der Russischen Republik oder als Faustpfand der Regierung in Berlin für deutsch-russische Beutekunstverhandlungen. Es gibt nicht mal einen Rechtsanspruch auf Finderlohn. Und deswegen ist es unwirtschaftlich, das Bernsteinzimmer zu suchen.

Die Suche nach dem Bernsteinzimmer war in meinen drei Jahrzehnten beim *Spiegel* mein schwierigster Job. Ich habe es zwar nicht gefunden, aber die Geschichte, wie ich es nicht fand, war spannend und hoch instruktiv. Normalerweise werden Artikel, die kein schlüssiges Recherchenresultat vermitteln, beim *Spiegel* nicht gedruckt. Aber es gibt Ausnahmen, nämlich die Geschichten, bei denen die Recherche interessanter ist als das Thema.

Die Gilde der Bernsteinzimmerdetektive ist eine kauzige Gemeinschaft. Die Schatzsuche hat die meisten von ihnen aus dem seelischen und zuweilen auch aus dem geistigen Lot gebracht. Nachdem die Serie über das Bernsteinzimmer im *Spiegel* gelaufen war, wurde ich mit Informationsofferten überschüttet. Einer verlangte fünf Millionen Mark ohne Quittung, davon die Hälfte Vorkasse. Ein Rentner aus dem Sauerland wollte ein Business-Ticket nach Buenos Aires. Da kannte er einen emeritierten Nazi, der ihm angeblich sagen konnte, wo man suchen musste.

Je tiefer ich mich in der Suche verstrickte, umso heftiger wurde ich vom Schatzsucherfieber gepackt. Es kam vor, dass ich nachts um drei aufstand, Aktenpakete auf den Tisch packte, im Internet wühlte, Notizen machte und um fünf ermattet ins Bett sank. Mein Chefredakteur Stefan Aust war dieser Manie auch erlegen. Er war ein hingebungsvoller Schatzsucher. Alle aufgeweckten kleinen Jungs träumen davon, einen Schatz zu finden. Bei einigen dauert der Traum, bis sie sechzig sind.

Das Bernsteinzimmer ist das Produkt zweier Kulturen und einer der großen Mythen der abendländischen Geschichte. König Friedrich I. von Preußen hatte es Anfang des 18. Jahrhunderts von dänischen und Danziger Kunsthandwerkern schnitzen und in seinem Schloss in Berlin einbauen lassen. Im Jahr 1716 verschenkte es König Friedrich Wilhelm I. an Zar Peter den Großen von Russland, um dessen Gunst für den Krieg gegen die Schweden zu gewinnen.

Die Erben von Zar Peter ließen das Bernsteinzimmer aufs doppelte Format vergrößern und im Katharinenpalais in Zarskoje Zelo bei St. Petersburg einbauen. Es war eine niederschmetternde Pracht: ein zehn mal zehn Meter großes Zimmer, sechs Meter hoch, davon 4,75 Meter mit prächtigem, goldschimmerndem Bernstein getäfelt.

Nachdem die Großdeutsche Wehrmacht Zarskoje Zelo erobert hatte, wurde das Bernsteinzimmer aus dem Katharinenpalais ausgebaut, nach Ostpreußen gebracht und dort im Königsberger Schloss eingebaut. Kunstraub nannten es die Russen, Heimholung die Deutschen.

Das Bernsteinzimmer war zuletzt im Juni 1944 in Königsberg, dem heutigen Kaliningrad, gesehen worden. Der ostpreußische Gauleiter Erich Koch hatte die 197 Paneele und 150 Figuren nach einem Feuer im Schloss abbauen und in Kisten packen lassen. Dafür gab es Augenzeugen. Die Zeugen, die danach kamen, hatten immer nur die Kisten, aber nie den Inhalt gesehen.

Welche Spur sollte ich als erste aufnehmen? Wo war der rote Faden? Wurde das Bernsteinzimmer kurz vor Kriegsende in einer unterirdischen Fabrik in Thüringen versteckt? Oder in einem alten Silberbergwerk im Erzgebirge? Oder in irgendwelchen ostpreußischen Kasematten? War es mit einem Flüchtlingsschiff in der Ostsee untergegangen? Oder hatte es ein russischer Kunstfreund mitgehen lassen? Oder ein Ami-General? Hat der deutsche Hochadel es verschwinden lassen? Ist es nicht doch im August 1944 im Bombenhagel der Royal Air Force verbrannt? Oder beim Sturmangriff der Roten Armee im März 1945?

Das aus dem Bernsteinzimmer herausgebrochene Mosaik »Geruchsinn und Tastsinn«, ein 55 mal 70 Zentimeter großes Tableau aus Marmor und Onyx, war schon im Mai 1997 in der Kanzlei eines Notars beschlagnahmt und später den russischen Eigentümern zurückgegeben worden. Im Frühjahr 1997 war der Notar dabei erwischt worden, wie er es unter der Hand hatte verkaufen wollen.

Den Tipp hatte der *Spiegel* aus dem Stasi-Milieu erhalten. Für meine Spurensuche war das Mosaik freilich belanglos – weil es verschwunden war, lange bevor das Bernsteinzimmer selbst verschwand.

Ich hatte in dem Hängeschrank in meinem Büro drei dicke Aktenordner, die prall gefüllt waren mit Bernsteinzimmer-Spuren. Irgendwelche Leute kannten andere Leute, die gesehen hatten, wie bei Kriegsende etwas verbuddelt worden war. Nur, die Nazi-Administration hatte fast alle ihre Preziosen und den größten Teil ihrer Akten eingegraben. Die Amerikaner zählten später 1800 Lagerstätten – Schlösser, Minen, Höhlen, Bunker –, in denen Geld, Kunst, Wertgegenstände und Dokumente versteckt waren. Die meisten sind bis heute unberührt.

Zwei Drittel der Spuren waren erkennbar Hirngespinste. Doch das dritte Drittel musste man ernst nehmen. Wiederum die Hälfte davon war hochinteressant. Das war ungefähr ein Dutzend Spuren.

Ich nahm mir zunächst den Fall von Obstbauer Georg Wilhelm Stein aus Stelle bei Hamburg vor, dessen verstümmelte, nackte Leiche am 20. August 1987 in einem Wald bei Starnberg gefunden worden war. Es hieß, Stein sei ein Mann gewesen, der zu viel wusste. War er deshalb umgebracht worden?

Stein hatte nach Schätzen gesucht, die die Kunstkommissare der Nazis während des Krieges in der besetzten Sowjetunion zusammengestohlen hatten. Und zwar mit durchaus achtbarem Erfolg. 1970 hatte er im Ikonenmuseum von Recklinghausen den Schatz des Klosters Petschor aufgestöbert: kistenweise alte Ikonen, goldene Kruzifixe und Bischofskronen, alle dick mit Juwelen besetzt, außerdem goldene und silberne Becher, schwere Sakralgewänder und Reliquien.

Danach machte sich Stein auf die Suche nach dem Bernsteinzimmer. Mit welchem Erfolg, das ist noch heute umstritten. Sieben Wochen vor seinem Tod und einen Tag bevor er auf einer Pressekonferenz eine »heiße Spur« vorstellen wollte, war er schwer verwundet in seinem Haus in Stelle gefunden worden. Er lag am Boden seines Arbeitszimmers und presste ein Kissen auf eine klaffende Bauchwunde. In einer geöffneten Schublade seines Schreibtisches lag ein Din-A4-Blatt mit einem lateinischen Spruch. Er lautete in der deutschen Übersetzung: »Der Schandfleck jenes deiner Diener, sei er weiß, dann soll Christus sein Blut verspritzen. Oder sei er rot, dann soll Christus ihn auslöschen. Oder sei er schwarz, dann soll Christus ihn sterben lassen.«

War Stein verrückt? Waren die Killer, die ihn beseitigen wollten, verrückt? Welcher Mörder, der bei Verstand ist, zieht ohne Not die Aufmerksamkeit der Öffentlichkeit auf sich, indem er seinem Opfer den Bauch aufschlitzt und einen Knoten in die Gedärme macht?

Stein hatte einen hochkarätigen Freundeskreis davon überzeugt, dass er dem Jahrhundertkunstwerk dicht auf der Spur sei, als er im Wald bei Starnberg verblutete. Dazu gehörten der britische Journalist Sefton Delmer und *Zeit*-Herausgeberin Marion Gräfin Dönhoff, die in Ostpreußen geboren war. Die Gräfin hat Stein jahrelang großzügig unterstützt. »Stein wird es finden«, sagte sie. Aber er hat es nicht gefunden.

Die Staatsanwaltschaft Starnberg kam nach kurzen Ermittlungen zu dem Schluss, dass sich Stein selbst entleibt habe, und zwar nach einem schamanischen Ritus, den er in sowjetischer Kriegsgefangenschaft in Zentralasien kennengelernt habe. Ich wusste, dass es nicht so war, denn ich hatte erfahren, dass Stein seine persönlichen Papiere frisiert hatte, dass er nie mit Sowjets in Berührung gekommen, dass er vielmehr von den Briten als Kriegsgefangener in der Nähe von Hannover interniert gewesen und nach ein paar Monaten entlassen worden war.

Ich lud Steins Sohn Robert, der in Hamburg-Harburg wohnte, zu mir nach Hause ein. Wir saßen stundenlang zusammen bei Kaffee und O-Saft und versuchten, die Vita seines Vaters zu rekonstruieren. Georg Wilhelm Stein wollte die Kisten mit dem Schatz in Ostpreußen gesehen haben, als sie vor den heranrückenden Sowjets in Sicherheit gebracht worden waren. Doch ich glaube, dass Stein das Bernsteinzimmer als seine ganz persönliche Brücke zur großen Welt entdeckt hatte. Immerhin war er auch einer von drei Dutzend Menschen, die nach dem Bernsteinzimmer gesucht hatten und unter ungeklärten Umständen umgekommen waren.

Ich hatte hinter meinem Schreibtisch in der Redaktion eine große Karte des Deutschen Reiches aufgehängt und darauf die Stellen mit farbigen Aufklebern markiert, die in meinem Spurenkatalog vorkamen. Es waren über fünfzig.

Beim Spurensuchen habe ich die Erfahrung gemacht, die auch alten Kriminalkommissaren vertraut ist: Eine Spur, in die man sich verliebt hat, wird immer plausibler. Je tiefer ich mich in eine Theorie verrannte, desto plastischer wurden ihre Konturen. Einfach weil ich unbewusst alles vernachlässigte, was nicht zu meinem Vorurteil passte, und alles favorisierte, was es unterstützte. Ein guter Rechercheur zeichnet sich durch die Befähigung aus, seine eigenen Thesen kaputtzurecherchieren. Im Bereich der Kapitaldelikte sind die meisten Fehlurteile, die von deutschen Gerichten gefällt werden, auf die Vorurteile der Fahnder zurückzuführen.

Meine bunten Sticker klebten auf zwei große Flächen besonders dicht beieinander: in Ostpreußen und im Dreieck Weimar – Coburg – Dresden. Ich arbeitete ungefähr ein Viertel der Spuren ab, dann stieß ich auf Deutschneudorf im Erzgebirge. Deutschneudorf war zwei Wochen lang meine große Hoffnung. Bis ich entdeckte, dass ich gegenüber einem cleveren Lokalpolitiker zu gutgläubig gewesen war, der die Bernsteinzimmerlegende für die Wirtschaftsförderung nutzte.

Deutschneudorf, ein Kuhdorf jwd, unmittelbar an der tschechoslowakischen Grenze, 1200 Einwohner, ein FDP-Bürgermeister, der gleichzeitig der größte Arbeitgeber am Ort war. Auf den letzten zehn Kilometern dorthin begegnete mir kein Auto mehr. Die Sachsen nennen diese Gegend »Deutsch-Sibirien«. Wenn im Frühjahr in Dresden schon die Osterglocken blühen, sind die Seen hier oben noch vereist.

Kurz vor dem Ortseingang ein Hinweisschild: »Bernsteinzimmer 150 Meter«. Obwohl es bitterkalt war, sah Bürgermeister Heinz-Peter Haustein aus dem geöffneten Fenster seines Zimmers im Rathaus. Als ich aus dem Wagen stieg, rief er mir zu: »Herzlich willkommen, hier sind Sie richtig!«

War ich hier richtig? Nach zwei Stunden gab ich mir selbst die Antwort. Ja, jetzt war ich auch davon überzeugt, dass Deutschneudorf mein Troja war. Alles, was Haustein erzählte, ließ keinen anderen Schluss zu: Dies war der Ort, an dem das Bernsteinzimmer versteckt sein musste.

Alle sächsischen und thüringischen Spuren fußten auf der Annahme, dass das Bernsteinzimmer von Weimar aus in sein endgültiges Versteck gebracht worden war. Stasi-Oberst Paul Enke, Chef der »Sondereinheit Puschkin«, hatte im Auftrag des Ministeriums für Staatssicherheit (MfS) fast anderthalb Jahrzehnte lang die DDR nach dem Bernsteinzimmer abgesucht. Er hatte bewiesen, dass die private Kunstsammlung des ostpreußischen Gauleiters Erich Koch am 9. Februar 1945 auf Lastwagen im Weimarer Landesmuseum eingetroffen war. Und nach Lage der Dinge durfte man annehmen, dass Koch den Befehl gegeben hatte, das Bernsteinzimmer zusammen mit seinen privaten Kunstschätzen von Königsberg auf die Reise zu schicken.

Ich wollte die Weimarer Spur rekonstruieren. Weil Enke nicht mehr lebte, besuchte ich seinen Nachfolger, Ex-Stasi-Oberst Hans Seuffert, der in einem schäbigen Plattenbau in Ostberlin wohnte.

Ja, sagte er, es seien Fehler gemacht worden, schwere Fehler. Das lag aber nicht an dem Kompetenzdefizit der Fahnder, sondern am System.

Schatzsucher müssen gegen alle Striche denken und sich streiten dürfen. Doch das war in der schlecht gelüfteten DDR nicht erwünscht. Paul Enke war ein gewissenhafter Rechercheur, aber er recherchierte mit eisernen Scheuklappen auf ein virtuelles Ziel zu und selektierte alles weg, was nicht in sein Schema passte. Er und seine Leute hatten den gleichen Horizont wie die Stasi-Lodenmänner, die Dissidentenunterhosen in Einmachgläsern bunkerten, um den Sozialismus zu verteidigen. Deshalb suchten sie im Nirwana. Und deshalb beschränkten sie ihre Suche auch streng auf den Radius, den sie sich selbst gesteckt hatten.

Auf der Achse Eisenach – Erfurt – Weimar war der Verkehr zur fraglichen Zeit durch Flüchtlingstrecks, Wehrmachts- und SS-Einheiten stark behindert gewesen. Das hieß, Durchschnittstempo maximal 30. Weil Autos nur nachts sicher vor Jagdbombern waren, konnte das Versteck höchstens 150 Kilometer von Weimar entfernt sein. Doch nach Deutschneudorf waren es 200 Kilometer. Aber Haustein hatte natürlich Recht: Überall war Chaos gewesen. Und Chaos heißt nicht nur, dass alles schiefgeht, sondern auch, dass Dinge funktionieren, die normalerweise schiefgehen.

Dies sei die Geschichte, die alte Leute im Dorf ihm erzählt hätten, sagte der Bürgermeister: Am 9. April 1945 war ein Militärkonvoi, bestehend aus mehreren Lastwagen und geländegängigen Personenautos, in Deutschneudorf eingetroffen. Die Offiziere trugen schwarze Uniformen, die Mannschaften afrikafarbene Monturen. Die fremden Soldaten sperrten das Gelände ab und luden vor dem Eingang zum Nikolai-Stollen große Kisten ab. Sie brauchten danach zwei Tage, um die Kisten in den Stollen zu bringen. In den entscheidenden Tagen hatten sich auch einige hochkarätige Nazi-Bonzen in

Deutschneudorf aufgehalten. Die wären nicht da gewesen, wenn hier nicht eine ganz besondere Nummer gespielt worden wäre.

Der Nikolai-Stollen führte unter der deutsch-tschechischen Grenze hindurch ins tschechische Nachbardorf Hora Svarte Kateriny (Katharinaberg). Er traf sich irgendwo da unten mit dem Fortuna-Stollen, dessen Ausgang auf der tschechischen Seite lag.

Haustein sagte, er sei überzeugt, dass die Soldaten ein abgefeimtes Verwirrspiel inszeniert hätten. Sie hätten den Eindruck erwecken wollen, sie arbeiteten im Nikolai-Stollen, tatsächlich hätten sie aber nebenan im Fortuna-Stollen gebuddelt.

Und die Beweise? Haustein griff in seine Schreibtischschublade und knallte ein leicht vergilbtes großes Schwarz-Weiß-Foto auf den Tisch. Das Bild, das so aussah, als sei es heimlich aufgenommen worden, zeigte eine Gruppe von Militärautos mit Soldaten dazwischen. Es war unmittelbar neben dem Zechengebäude am Ortsausgang aufgenommen worden. Ich fand auch die Stelle, von der das Bild geschossen worden war. Es war ein kleines Fenster im Dachgeschoss eines Mehrfamilienhauses. Mit einer Digitalkamera machte ich Fotos von der Stelle, wo die Militärlaster gestanden hatten. Die Landschaftskonturen waren total identisch. Nur die Bäume auf dem Schwarz-Weiß-Bild waren natürlich viel kleiner.

Haustein und ich fuhren hinüber zum Bergwerk, weil ich mich unter Tage umsehen wollte. Der Abstieg in die Schachtanlage führte durch eine ergraute ehemalige Lampenfabrik, die auch auf dem historischen Foto zu erkennen war. Von dort konnte man auf Leitern zu dem Stollen hinabklettern, der sich bis tief in den Berg hinein verästelte. Von den Wänden sickerte eiskaltes Wasser, unter den Füßen schmatzte Schlamm.

Vorne war die Höhle noch geräumig. Weiter hinten konnte man sich nur noch kriechend vorwärtsbewegen. Ich hatte Mühe, meine angeborene Klaustrophobie unter Kontrolle zu halten. Als ich den

Kopf nicht mehr heben konnte, hatte ich genug. Es war ein guter Instinkt. Vier Wochen später stürzte an der letzten Abzweigung hinten im Schacht, durch die wir hindurchgekrochen waren, die Decke ein.

Das Foto, das mir Bürgermeister Haustein mitgegeben hatte, ließ ich von einem Militärhistoriker untersuchen. Er rief gleich am nächsten Tag an. Wie ein erwachsener Mann wie ich auf so einen Flop hereinfallen könne?

»Flop?«, fragte ich. »Wieso Flop?«

»Ja, haben Sie denn nicht gesehen, dass die Laster auf den Fotos Weißwandreifen haben? Keine der kriegführenden Parteien des Zweiten Weltkrieges hat im Feld Automobile mit Weißwandreifen eingesetzt.« Nein, das war mir nicht aufgefallen. Und die Uniformen gab es natürlich auch nicht. Das Bild war offenbar ein Standfoto, das für einen Spielfilm aufgenommen worden war.

Später hat Haustein dann den Nicolai-Stollen zu einem »Erlebnisbergwerk« mit Cafeteria ausbauen lassen. In den meisten Reiseführern figuriert Deutschneudorf heute als »Bernsteinzimmerdorf«.

Anfang März 2008 schlug Klaus-Peter Haustein erneut Alarm. Nun stehe die Findung des Bernsteinzimmers kurz bevor. Drei Tage später großer Presseauftrieb. Dutzende von Reportern umlagerten das Rathaus von Deutschneudorf. Ein TV-Team aus Peking war auch dabei. Der Nazi-Schatz sei fast gefunden, meldete das staatliche chinesische Fernsehen anderntags. Es werde geprüft, ob auch die Gebeine von Adolf Hitler in dem Stollen versteckt seien.

In all den Jahren hatte Haustein nichts von Belang gefunden. Ein paar Knöpfe, ein Stück Zündschnur, eine SS-Maschinenpistole, Typ Schmeisser 28/2. Er sagte, er nehme jedoch immer noch an, dass das Bernsteinzimmer da unten versteckt sei. Für diese Annahme gab es keinerlei Anhaltspunkte. Doch Deutschneudorf konnte mit

Hilfe der schönen Mär immerhin seine Arbeitslosigkeit und sein Haushaltsdefizit reduzieren.

Nach dem Fiasko von Deutschneudorf fiel die Klappe. Die Thüringer Spur war für mich tot. Stattdessen setzte ich Ostpreußen auf die Agenda. Anlass war die alte lederne Meldetasche mit Papieren von Georg Wyst. Sie hatte jahrelang in einem Keller in Elsterberg im Vogtland unter einem Berg nasser Braunkohle gelegen. Als Georg Wysts Sohn Rudi sie über zehn Jahre später fand, war der Inhalt fast verrottet. Aber die meisten Papiere waren noch lesbar.

Eines der Schreiben war an Obersturmbannführer Wyst gerichtet. Das Reichssicherheitshauptamt teilte darin mit, dass er vierzig Kisten, darunter die mit dem Bernsteinzimmer, auszulagern habe, wenn der »Fall Grün« eintrete, also die Eroberung Ostpreußens durch die Rote Armee.

In der Tasche fand sich auch der Zettel mit dem Funkspruch, den Wyst ans Reichssicherheitshauptamt abgesetzt hatte: »Aktion Bernsteinzimmer beendet. Einlagerung in B Sch Eingänge befehlsgemäß getarnt. Sprengung erfolgt. Opfer durch Feindeinwirkung. Wyst.«

Dummerweise hatte Rudi Wyst die Meldetasche seines Vaters verbrannt, weil er Komplikationen fürchtete. In den fünfziger Jahren war es in der DDR gefährlich, ein Geheimnis zu kennen, das auch der sowjetische Geheimdienst KGB gern gekannt hätte.

Erst 1959 machte Rudi Wyst eine Aussage bei einer KGB-Dienststelle. Sie wurde später an Stasi-Spürhund Paul Enke weitergereicht.

Was hieß »B Sch«?

Bad Schlema, hatte Paul Enke kombiniert. Bad Schlema ist ein Ort im Sächsischen, und zwar genau in der Gegend, die für Enke immer das Zielgebiet Nummer eins gewesen war. Es liegt ganz dicht bei Crimmitschau, dem damaligen Wohnort der Familie Wyst.

Aber Enke hatte das Gebiet gründlich durchkämmt und nichts gefunden. Nein, für mich war Bad Schlema keine Spur. Konnte nicht Wysts Kürzel etwas ganz anderes bedeuten?

Ich sprach nur ein paar Brocken Russisch, aber ich konnte gedrucktes Kyrillisch lesen. Und ich wusste, dass die Buchstabenkombination »Sch« fast genauso geschrieben wurde wie eine römische Drei. Rudi Wysts Aussage war auf einer russischen Schreibmaschine getippt worden. Wenn Wyst aber »III« und nicht »Sch« gemeint und die Stenotypistin korrekt ein großes B (was im Deutschen wie W gesprochen wird) und drei große Is in die Maschine geschrieben und der Dolmetscher irrtümlich etwas rückübersetzt hatte, was gar nicht übersetzungsbedürftig war, dann hieß es nicht »B Sch«, sondern »B III«.

Das machte nun wiederum Sinn. Enorm viel Sinn. Dann konnte nämlich der »Bunker III« am Steindamm in Königsberg gemeint sein, der früher mehrfach als Versteck im Gespräch gewesen war. Darauf hätten auch die Operateure der »Operation Puschkin« kommen müssen.

Exfahnder Günter Wermusch, der mehrere Jahre bei der »Operation Puschkin« mit dabei war, sagte mir beim Interview in seinem Stralsunder Hochhaus-Apartment, Paul Enke habe die Theorie ungeprüft verworfen. Mit einer sehr plausiblen Begründung: Er durfte den Schatz nur in der DDR finden. Wenn er beantragt hätte, die Operation auf sowjetisches Herrschaftsgebiet auszuweiten, wäre sein Mandat schlagartig erloschen. Auch weil es bedeutet hätte, dass er sich klüger vorkam als die Historiker aus der brüderlichen Sowjetunion. Und das durfte nicht sein. So war der sowjethörige deutsche Miefbürgerstaat veranlagt.

Ich fand den Gedanken, dass ich ein Vierteljahr in der falschen Gegend gesucht hatte, deprimierend und elektrisierend zugleich. Plötzlich war ich ganz sicher, dass die ostpreußische Fährte die richtige war. Ich dachte in diesem Moment nicht daran, dass ich diese Sicherheit nicht zum ersten Mal verspürte. Jagdfieber macht vergesslich.

Königsberg war Ende des Krieges mit Kunstschätzen überhäuft gewesen. Zum Kunsterbe seiner 700-jährigen Geschichte als kultureller Mittelpunkt Ostpreußens kamen die Schätze hinzu, die der »Einsatzstab Reichsleiter Rosenberg« (ERR) in den besetzten Gebieten geraubt und hier deponiert hatte. Gauleiter Erich Koch, in Personalunion ostpreußischer Gauleiter und Reichskommissar für die Ukraine, hatte zusätzlich aus Kiew ganze Güterzüge mit Kunstgütern nach Königsberg bringen lassen.

Dass Koch schon im Frühsommer 1944 vorsorglich das Bernsteinzimmer hatte einpacken lassen, erwies sich als weise. In der Nacht vom 26. auf den 27. August brach vollkommen unerwartet ein britisches Stahl- und Phosphorgewitter über Königsberg herein. Luftmarschall Sir Arthur Harris ließ das Stadtgebiet zwischen Cranzer Allee und Herzog-Albrecht-Allee von 200 Bombenflugzeugen in Schutt und Asche legen. Anschließend wartete er drei Tage, bis die Königsberger aus dem Wochenende am Haff zurück waren, dann schlug er noch mal zu. In der Nacht zum 30. August griff er mit 189 fliegenden Festungen die Innenstadt um das Schloss und die Universität an.

Vom Schloss blieb nur eine rauchende Ruine. Eine Zeugin sagte, sie habe gesehen, dass das Bernsteinzimmer verbrannt sei. Sie habe am Morgen nach der Bombennacht »eine honigähnliche Masse (gesehen), die von verkohlten Holzstücken durchsetzt war«. Nein, das konnte nicht sein. Bernstein ist gehärtetes Harz und leichter entflammbar als fast alle Holzarten. Wenn Holz verkohlt, ist Bernstein schon verbrannt. Und zwar so gut wie rückstandslos.

Tatsächlich waren die unversehrten Paneele Anfang September 1944 in den Keller des Nordflügels neben der Gaststätte Blutgericht gebracht worden, einer Schankstube aus dem Mittelalter, in der früher die Ordensritter ihre Dissidenten gefoltert hatten. Der Nordflügel lag zwar nicht so tief wie der Südflügel, aber er war trotzdem sicherer, weil er die dickeren Decken hatte.

Der Schlosskeller war für das Bernsteinzimmer nur ein Zwischenlager. Im Spätsommer 1944 wurde es auf Kochs Befehl zu der alten Ordensburg Lochstädt an der Samländer Bernsteinküste gebracht. Es gab nur zwei Möglichkeiten: Entweder war es dort geblieben, oder es wurde später wieder nach Königsberg zurücktransportiert. Aber wohin? In den Hochbunker III?

Ich erlebte eine böse Enttäuschung. Den Bunker gab es nicht mehr. Wo er gestanden hatte, war ein gepflasterter Parkplatz. Ich beschloss deshalb, erst die anderen Königsberger Spuren abzuarbeiten.

Der *Spiegel* hatte schon 1989 in der Ruine von Burg Lochstädt gesucht. Marinepioniere aus Pillau waren mit schweren Bergepanzern angerückt, um erst mal vierzig Jahre alten Baumbestand, dann einen Meter Humus und schließlich eine Menge Mauerwerk zu beseitigen. Tatsächlich wurde auch ein Bernsteinzimmer gefunden. Aber nicht das gesuchte, sondern der Raum, in dem die Burgherren seinerzeit ihr Bernstein aufbewahrt hatten. Der Raum war leer.

Rudolf Augstein hatte eine Menge Geld aus seinem Privatvermögen in das Projekt gesteckt. Nach dem Fiasko in Lochstädt ließ sein Interesse fühlbar nach.

In einem Altersheim in Murnau in Bayern trieb ich den Mann auf, der das Bernsteinzimmer vermutlich als Letzter gesehen hat: den ehemaligen Rundfunk-Kriegsberichterstatter Hanns Joachim Paris. Am 5. April 1945, so erzählte er mir, habe er gesehen, wie zwei Arbeiter aus dem Untergeschoss des Königsberger Schlosses große Kisten nach draußen brachten. Die Kisten hätten – laut Auskunft der Arbeiter – das Bernsteinzimmer enthalten. Sie sollten am 6. April abtransportiert werden. Wohin, das sagten sie nicht.

Am nächsten Morgen gegen sieben Uhr traten die Sowjets zum Sturm auf die Festung Königsberg an. Es war das Ende aller Hoffnungen. Drei Tage darauf musste Königsberg kapitulieren. Paris gelang es, durch die Kanalisation aus dem Inferno zu flüchten.

Wenn die Arbeiter den Reporter nicht belogen hatten, dann war das Bernsteinzimmer oder zumindest ein Teil davon tatsächlich nicht mehr aus der Stadt herausgekommen. Zum Schluss kamen außer dem Keller unter dem Parkplatz, wo früher der Hochbunker gestanden hatte, nur noch zwei Verstecke in Frage: an erster Stelle das Schloss und dann die stillgelegte Schönbusch-Brauerei im Stadtteil Ponarth westlich der Bahnlinie Königsberg – Berlin, wo jede Menge Kunstbeute aus Osteuropa gelagert gewesen war.

Nach Ponarth führte noch eine weitere Spur. Exgauleiter Erich Koch, der in Polen zunächst zum Tode und dann zu lebenslanger Haft verurteilt worden war, hat viel später erzählt, die Kisten seien in den Gewölben unter der Ruine der katholischen Kirche von Ponarth versteckt worden. Um die Spuren zu verwischen, hätten sie in der Kirche mehrere Bomben gezündet. Aber die Kirche in Ponarth gehörte nicht der katholischen, sondern der evangelischen Kirchengemeinde.

Eher hätte es die katholische Kirche am Steindamm sein können, nicht weit von der Stelle, wo früher der Bunker III gestanden hatte. Sie wurde in den ersten Apriltagen 1945 zerstört. Aber nicht durch Bomben oder Granaten, sondern durch eine Sprengladung.

Erich Koch hat außerdem ausgesagt, das Bernsteinzimmer könne auch auf den Flüchtlingsdampfer *Wilhelm Gustloff* verladen worden und mit ihm untergegangen sein. Es war wirklich eine fulminante Idee von Koch, zwei so hochkarätige historische Mythen zu einer Story zusammenzukoppeln. Bernsteinzimmer war spannend, *Wilhelm Gustloff* war spannend. Wie spannend musste erst das Bernsteinzimmer auf der *Wilhelm Gustloff* sein?

Koch wollte Zeit gewinnen und den Vollzug des Todesurteils unterlaufen. Deshalb hat er die Polen und Sowjets über 25 Jahre lang mit immer neuen Geschichten über das Bernsteinzimmer gefoppt. Einmal wurde er sogar zu einer Ortsbesichtigung nach Kaliningrad geflogen. Er starb 1986, im Alter von neunzig Jahren, friedlich auf seiner Pritsche.

Das Lazarettschiff *Wilhelm Gustloff* war am 30. Januar 1945 um 21.16 Uhr vor der pommerschen Küste von drei sowjetischen Torpedos getroffen worden. Sie riss 9000 Menschen mit sich in die Tiefe, sechsmal so viele wie die *Titanic*. Es war die größte Schiffskatastrophe der Menschheitsgeschichte. Alexander Marinesco, der Kommandant des U-Bootes S 13, das die tödliche Salve abgefeuert hatte, wurde dafür am 8. Mai 1990 postum zum »Helden der Sowjetunion« ernannt. In Kaliningrad, dem ehemaligen Königsberg, erinnern noch heute Denkmäler an die »beispiellose Heldentat« (so Flottenadmiral Sergei Georgijewitsch Gorschkow, der damalige Oberkommandierende der sowjetischen Seestreitkräfte). Die Kaliningrad Air hat sogar ein Passagierflugzeug auf Marinescos Namen getauft. Es landet gelegentlich auch in Hamburg, Berlin oder Hannover.

Wenn die Kisten wirklich aus Königsberg kamen, warum sollten sie dann in Gotenhafen, 160 Kilometer weiter westlich, auf die *Wilhelm Gustloff* verladen worden sein? Die Häfen Königsberg und Pillau lagen doch viel näher. Den langen, gefährlichen Weg über die umkämpfte Frische Nehrung hätte man sich sparen können.

Nein, die *Wilhelm Gustloff* war von vornherein eine tote Spur. Die polnischen Froschmänner, die 1963 im Auftrag der Seebehörde Gdingen zu dem fünfzig Meter tief gelegenen Wrack auf 55 Grad, 7,5 Minuten Nord und 17 Grad, 42 Minuten Ost hinabtauchten, berichteten, es sei mit Sicherheit nichts dran an der Theorie.

Ich war geneigt, die Spur abzuhaken. Aber Oberst Awenir Owsjanow, der Gebietsbeauftragte für die Suche nach kulturellen Gütern, lieferte mir eine interessante Ersatzspur. Was die Forschung bis dahin nicht gewusst hatte: Am 30. Januar 1945 war noch ein zweiter Dampfer namens *Gustloff* von Ostpreußen aus unterwegs nach Westen. Er kam direkt aus Königsberg und hatte eine größere Menge von nicht identifizierten Kisten an Bord.

Das Schiff war in keinem deutschen Hafen angekommen. Es kann sein, dass es torpediert wurde und absoff. Es kann aber auch sein, dass es mit seiner Fracht einen schwedischen Hafen anlief und dort umgetauft wurde, damit niemand seine Spur verfolgen konnte. Was war dran an dem Gerücht, Hitler habe das Bernsteinzimmer retten wollen, um es als Verhandlungsmasse in einen Waffenstillstandsdeal mit den Westalliierten einzubringen? Ich habe drei Tage lang in Schweden herumtelefoniert, aber niemanden gefunden, der etwas wusste.

Fantasien, Vermutungen, Spekulationen, aber nirgendwo ein roter Faden. Nach einem halben Jahr hatte ich alle Spuren totrecherchiert. Trotzdem war die *Spiegel*-Serie über die Jagd nach dem Bernsteinzimmer eine gute Story.

Russische Archäologen haben hinterher, finanziell unterstützt vom *Spiegel*, noch jahrelang im Boden unter dem Vorplatz des Königsberger Schlosses nach dem Bernsteinzimmer gegraben. Sie buddelten Tausende von Fundstücken aus, darunter Kunst aus dem 14. und 15. Jahrhundert, Bronzetafeln und Schwerter der Ordensritter, wertvolle Armbänder und Ordensketten – nur das Bernsteinzimmer nicht.

Und wenn die enigmatische Geschichte niemals endet, wenn das Bernsteinzimmer nicht gefunden wird, dann ist es auch nicht schlimm. Ein Schatz, der so viele schöne Träume und Aufregungen an sich bindet, ist doch auch schon eine ganze Menge. Selbst wenn es ihn nur noch in der Fantasie seiner Verehrer gibt.

Was der Menschheit mit dem Bernsteinzimmer abhandengekommen ist, kann man im Sommerpalast von Zarskoje Selo besichtigen. Ein Team von Restaurateuren hat dort auf Kosten der Essener Ruhrgas AG in 25-jähriger Kleinarbeit eine Replika hergestellt, fast hundert Quadratmeter Wandverkleidung aus einer halben Million Bernsteinplättchen, Mosaiken und Kristallspiegeln.

Das neue Bernsteinzimmer wurde der russischen Öffentlichkeit am 31. Mai 2003 von Staatspräsident Wladimir Putin und dem deutschen Bundeskanzler Gerhard Schröder anlässlich des 300. Stadtjubiläums von St. Petersburg feierlich übergeben. Als ich den Bernsteinzimmernachbau im Jahr 2000 besichtigt hatte, war er erst halb fertig gewesen. Es dauerte so lange, weil große Mengen des überwiegend an der ostpreußischen Ostseeküste gewonnenen Bernsteins geklaut und verschoben worden waren.

Der Anblick des unfertigen Torsos war betäubend. Die Wintersonne fiel schräg durch die Fenster und verwandelte die Paneele in ein Meer von tosenden Pastellfarben. Wenn das Original ein Weltwunder gewesen war, wie seine Liebhaber behaupteten, dann war dies hier der Beweis für die These, dass sich Wunder wiederholen lassen. Schöner kann das Original nicht gewesen sein.

Was die Frage aufwirft, warum so viele Menschen so lange und so verbissen danach gesucht haben.

Die Antwort ist ganz einfach: Der Weg ist das Ziel. Die Hoffnung auf Erfolg kann glücklicher machen als der Erfolg selbst.

Einen Hauch von diesem Glück habe ich auch auf der Suche nach Kunstwerken erfahren, die nach dem Zweiten Weltkrieg von den Alliierten aus Deutschland verschleppt worden waren und nun über ganz Europa verstreut sind. Es war viel Nebelstocherei dabei. Und es war ein grandioses Gefühl, als ich beim Stochern zum ersten Mal auf Grund stieß.

Das war im Frühjahr 2007, als ich in Paris den *Araber, ein Pferd beschlagend* von Eugène Delacroix (Registriernummer MNR 138) entdeckte. Er hing im Louvre im »Departement des Peintures«, auf der dritten Etage, erster Saal rechts, erster Saal links. Daneben klebte ein Schildchen, auf dem der Künstler, der Name des Werkes und seine Herkunft vermerkt waren: »Schenkung des Amtes für Privates Gut und Interesse«.

Es war für mich ein kurzes, aber heftiges Glück. Der Delacroix war ein starkes Indiz für meine These, dass nicht nur die Nazis im Zweiten Weltkrieg überall im besetzten Europa Kunst und Antiquitäten gestohlen, sondern dass auch die siegreichen Alliierten nach dem Krieg massenhaft Kunst aus Deutschland hatten mitgehen lassen.

Den Tipp hatte ich von Sabine Fehlemann, der früheren Direktorin des Wuppertaler Von der Heydt-Museums. Sie hatte mir berichtet, dass sie einen Teil der Bilder, die kurz nach dem Krieg aus einem Depot ihres Museums verschwunden waren, im Louvre geortet habe. Es waren keine Jahrhundertwerke, aber doch respektable Kabinettstücke von bekannten alten Meistern, darunter Ingres, Rousseau, Renoir und eben auch Delacroix. Wert: so um die fünf Millionen Euro.

Sabine Fehlemann forderte die Bilder zurück. Doch sie stieß bei Françoise Cachin, der Direktorin der Pariser Museen, auf taube Ohren. Die Beschlagnahmung der Bilder sei rechtmäßig gewesen. Kein weiterer Kommentar.

Die damalige Bonner Regierung empfahl »den kleinen Dienstweg«. Die deutsche Botschaft in Paris fragte zwar mehrfach beim französischen Kulturministerium an, wie man dort zum Fall Fehlemann stehe, erhielt aber keine Antwort. Das Thema war damit für die Diplomatie erledigt. Immerhin ließ die Louvre-Verwaltung die umstrittenen Kunstwerke abhängen und in den Keller bringen. Nur der Delacroix blieb aus unerfindlichen Gründen an seinem Platz.

Im Louvre und anderen französischen Museen hängen noch

Tausende Bilder aus deutschen Sammlungen. Viele sind identifiziert. Doch für die deutschen Museumsdirektoren ist das Thema tabu. Keiner traut sich, Sabine Fehlemann an die Seite zu treten.

Clemens Toussaint, ein deutscher Kunstfahnder aus Nizza, der mit der Jagd auf verschollene Kunst reich geworden ist (Jaguar-Cabriolet, Penthouse in Monte Carlo), half mir, weitere Bilder aufzuspüren. In Holland, in Ungarn und in Polen.

Die Ortung verlief nicht ohne Komplikationen. In Danzig geriet ich mit Museumswächtern aneinander, als ich zwei gestohlene alte Meister aus den Niederlanden fotografierte. »Total verboten, total geheim«, rief einer. Dabei hatte ich zwölf Zloty extra für eine Fotografiererlaubnis bezahlt.

Auch die Polen lassen über Restitution nicht mit sich reden. Sie haben bislang keines der vielen Kunstwerke herausgegeben, die während des Krieges nach Schlesien und Pommern ausgelagert worden waren. Allein die Stadt Görlitz büßte rund 10 000 Kunstgegenstände ein, darunter 200 wertvolle Gemälde.

Restitutionsbegehren sind ebenfalls an anderen osteuropäischen Museen und Regierungen abgeblitzt. Die Ungarn fühlen sich bei dem Thema auch deshalb nicht wohl, weil es sie daran erinnert, dass ihr Land als Verbündeter am Raubzug Hitlers gegen die Sowjetunion und am Vernichtungsfeldzug gegen die Juden teilgenommen hat.

Die Budapester Regierung weist unter Missachtung aller einschlägigen Rechtsprinzipien die Forderungen nach Herausgabe von gestohlenem Kunstgut kategorisch zurück. Die mindestens 1500 Kunstwerke umfassende Sammlung Lipot Herzog – darunter Bilder von Lucas Cranach, El Greco und Gustave Courbet – war gegen Ende des Krieges von Endlöser Adolf Eichmann persönlich in einem Kellerversteck beschlagnahmt und nach Berlin geschickt worden. 1945 wurde ein Teil davon von den Sowjets aufgespürt und nach

Budapest zurückgeschickt. Die Bilder wurden zum Staatsbesitz erklärt und kamen ins Museum der schönen Künste. Da sind sie noch heute.

Auch große Partien der von den Nationalsozialisten eingezogenen »entarteten Kunst« vagabundieren noch immer durch europäische Museen. Die 16 500 Expressionisten und Impressionisten, die aus über hundert deutschen Museen entfernt worden waren, sollten ursprünglich vernichtet werden. Doch weil die Nazis zwar Kunst-, aber keine Geldverächter waren, landeten die Gemälde in Galerien überall in Europa und den Vereinigten Staaten.

Wie die 600 Bilder von Picasso, Klee, Miró, Max Ernst und anderen Avantgardisten, die die Rosenberg-Behörde am 27. Mai 1943 auf der Terrasse der Pariser Tuilerien zur Verbrennung hatte aufschichten lassen. Nachdem die Presse und die Vertreter der Pariser Stadtverwaltung den Scheiterhaufen hatten besichtigen dürfen, wurden die Tore geschlossen. Von draußen war nur noch der Qualm zu sehen. Doch er stammte nicht von brennender Kunst, sondern von brennenden Lumpen, wie Kunstbeauftragter Gerhard Utikal später vor Gericht aussagte. In Zürich waren im Juni 1939 rund 10 000 »Entartete« versteigert worden. Zum Teil für ganz kleines Geld.

Amerikanische Museumsdirektoren räumen ein, dass die Herkunft von vielen ihrer Spitzenexponate, die während der braunen Diktatur Deutschland verließen, ungeklärt ist. Im New Yorker Metropolitan Museum zum Beispiel hingen 393 davon, im Chicagoer Art Institute 548, im Cleveland Museum of Art 370, in der National Gallery of Arts in Washington 350 und im Boston Museum of Fine Arts gut 200. Viele Museen in den Vereinigten Staaten, sagt auch Kunstfahnder Clemens Toussaint, seien voll von Kunst, die deutschen und jüdischen Sammlern gehöre.

Der 1990 verstorbene Kunstraubexperte Professor Sol Chaneles von der State University of New Jersey hat nach Durchsicht von Akten in den Archiven des State Department und des Geheimdienstes CIA erklärt, der Kunstraub der Amerikaner in Deutschland sei die »massivste Plünderei und Gegenplünderei in der Geschichte der Zivilisation« gewesen.

Ich habe im *Spiegel* mehrfach über den großen Kunstraub geschrieben. Die Recherche und das Feedback waren nicht erfreulich. Niemand wollte sich zur Frage der gestohlenen deutschen Kunst äußern. Alle hatten Angst, in Revisionismusverdacht zu geraten. Die Nazis hatten Europa besetzt und den besetzten Völkern ihre Kunst gestohlen. Und nun sollte man darüber lamentieren, dass die besiegten Aggressoren nach dem Krieg von den Siegern bestohlen worden waren?

Rainer Budde, Chef des Wallraf-Richartz-Museums, in dem die französischen Besatzer über zwei Dutzend namhafte Bilder (Delacroix, Ingres, Manet, Degas, Cézanne) beschlagnahmt hatten, fand, der Verlust gehöre zur »Wiedergutmachung der Kriegsentfacher und -verlierer«. Von den anderen Kunsthändlern und Museumsherren, die ich um Auskunft und Stellungnahme bat, war keiner zum Interview bereit.

Mit Puschkin, Gurken und Wodka nach St. Petersburg

Mein dunkelblaues Juchtenlederfotoalbum, in dem ein Großteil der Erinnerungen aus meiner Laufbahn dokumentiert sind, ist voll von optischen Pointen: Wiedemann auf einem Elefanten, Wiedemann mit einem Schimpansen auf dem Arm im Albert-Schweitzer-Hospital in Lambarene, Wiedemann mit einem Känguru in Sydney, Wiedemann in Rio, in Timbuktu, in Las Vegas, in Indien, in der Arktis, in der Antarktis, im Atom-U-Boot-Hafen von Murmansk, auf einem Giftschiff vor Genua, in der Notaufnahme eines Hospitals in Johannesburg.

Promifotos kleben nur wenige in dem Album. Eines davon zeigt Boris Jelzin, wie er 1991 in revolutionärer Pose, obschon ein wenig betrunken, am Tag der Besetzung des Moskauer KPdSU-Hauptquartiers am Dserschinski-Platz eine Rede hält. Hinter Jelzin: ich. Viele Jahre später hatte ein *Spiegel*-Bildredakteur das Foto beim Ausmisten alter Hängeordner gefunden und es mir per Hauspost zugestellt. Auf dem Bild klebte ein gelber Zettel: »Wer ist denn der sympathische Suffkopp vor Herrn Wiedemann?«

August 1991. Es waren aufregende Tage. Ein Notstandskomitee hatte Reformpräsident Michail Gorbatschow unter Hausarrest gestellt. Premier Boris Jelzin stellte sich ihnen in den Weg. Überall protestierendes Volk auf den Straßen. Bürgerkrieg lag in der Luft.

Jelzin eilte von Event zu Event. Vormittags hatte er mit einem Megafon in der Faust vor dem »Weißen Haus«, dem Sitz der russischen Duma, zu Parlamentariern geredet. Dann begrüßte er per Handschlag die Wachen vor dem Troitzkaja-Turm am Kreml, mittags erklomm er den Sockel des Dserschinski-Denkmals vor der Lubjanka, dem alten Hauptquartier der Geheimdienste NKWD, GPU und KGB, um das Volk zum »Durchhalten gegen die reaktionären Kräfte« aufzurufen.

Ich stand hinter Jelzin und schoss mit meiner Leica Bilder von Demonstranten. Weil auf dem Sockel wenig Platz war, mussten wir uns gegenseitig stützen, um nicht runterzufallen. Nach einer Viertelstunde holte mich ein Polizist runter und gab mir zu verstehen, dass ich mehr Distanz zum Premierminister halten solle.

Dann schrie einer: »Zum ZK!« Ein paar weitere stimmten in das Geschrei ein. Zum Schluss schrie die Menge im Chor: »Auf zum ZK, holt die Bonzen raus!«

Bis zum Zentralkomitee waren es nur ein paar hundert Meter. Als Jelzin mit der Faust gegen das Hauptportal schlug, wurde sofort geöffnet. Er ging allein hinein. Nach einer Viertelstunde erschien er an einem Fenster im zweiten Stock und schrie irgendwas Revolutionäres, was ich nicht verstand. Einer rief mir auf Englisch zu: »Das ZK gibt auf, wir haben gewonnen.«

Ganz Russland hatte gewonnen. Der Zug aufs ZK-Gebäude war der Anfang vom Ende des Putsches gegen die neue Demokratie in Russland. Weil die Streitkräfte sich den Demonstranten anschlossen, brach der Putsch zusammen. Und ich konnte sagen: Ich bin dabei gewesen. Zwei, drei Monate später löste sich eine Republik nach der anderen aus dem sowjetischen Staatsverband. Ende 1991 löste sich die Sowjetunion auf.

Russland war nach Afrika meine zweite große Liebe. Sie war reich an Geheimnissen wie die erste. Ich habe dieses große, rätselhafte Land nie begriffen. Jedes Mal, wenn ich in Russland landete, kam es mir vor, als käme ich in einer anderen Welt an. Wie in Afrika.

Ich glaube, die Russen sind den Deutschen nicht unähnlich. Sie waren wie die Vandalen über Nachbarn hergefallen und hatten sich gleich anschließend zweifelhaften Potentaten vor die Füße geworfen. Sie waren grausam, tapfer, sentimental und manchmal alles zusammen. Juden haben mir erzählt, dass sie am 20. April, dem Geburtstag Adolf Hitlers, in Moskau nicht auf die Straße gingen, weil sie Angst vor rassistisch motivierten Rempeleien hätten.

Der Dichterfürst Maxim Gorki hat ein vernichtendes Urteil über die russische Seele gefällt: »Wir Russen sind unserem Wesen nach Anarchisten, wir sind eine grausame Bestie, und in unseren Adern fließt noch immer das verbrecherische, böse Sklavenblut – das giftige Erbe der Tataren und der Leibeigenschaft.«

Von diesem Urteil nahm sich Gorki selbst nicht aus. Für ihn waren die Russen »das sündigste Volk der Erde, unempfindlich für Gut und Böse, vom Schnaps betrunken, vom Zynismus der Macht entstellt, scheußlich grausam und zugleich unbegreiflich gutmütig«.

So stand es auch sinngemäß in Feldpostbriefen deutscher Landser. Und so hat es auch Hans Graf von Lehndorff empfunden, der seine Eindrücke von den Bestialitäten und Sentimentalitäten der Russen beim sowjetischen Einmarsch nach Königsberg in seinem *Ostpreußischen Tagebuch* aufgeschrieben hat.

Anfang der neunziger Jahre habe ich mit großer Sympathie miterlebt, wie das russische Volk seine Ketten abwarf. Fassungslos musste ich später zusehen, wie es sich selbst neue Ketten anlegte. Die Befreiung Russlands war fundamentaler als das Ende der faschistischen Zwangsherrschaft in Deutschland.

Die Mordmaschine war das einzige wirklich gut funktionierende egalitäre Element im Sowjetstaat. Das Ideal der sozialen Gerechtigkeit, die den revolutionären Elan der Bolschewisten befeuert hatte, war eine Utopie geblieben. Aber vor den Gulag-Kapos, Schnellgerichten und Erschießungskommandos waren dreißig Jahre lang fast alle gleich. Erst waren die Kulaken dran, dann die Priester, dann die Offiziere, dann die KP-Kader.

Es ist ein altes Vorurteil, dass die Russen 1917 von der Partei versklavt und dem Kollektivismus unterworfen worden seien. In Wahrheit waren ihr Leben und ihr Wesen seit Jahrhunderten kollektivistisch geprägt gewesen. Auch die Gesellschaft im Zarenreich war individualfeindlich. Lenin, Stalin und Konsorten haben diesen Wesenszug für ihre Zwecke aktiviert und verstärkt.

Mit dem Ende des Kommunismus hörten die Russen auch nicht auf, kollektiv und obrigkeitshörig zu empfinden. Gorbatschows ruhmloses Ende und Putins Aufstieg beweisen nachhaltig, dass westliche Werte wie Freiheit und Demokratie in Russland wenig Humus vorfinden. Viele Russen haben Angst vor der Freiheit. Auch noch heute, fast zwanzig Jahre nach dem Ende der kommunistischen Diktatur.

Ein Bewusstsein für die neuen Freiheiten habe ich in einem Biotop geortet, in dem ich es nicht vermutet hätte: in der Redaktion der *Prawda* in der Prawda-Straße in Moskau. Ein Dreivierteljahrhundert hatten *Prawda*-Redakteure den Terror und den Dilettantismus der Kommunistischen Partei blindgläubig verteidigt. Nun herrsche hier ein neuer Geist, behauptete Vizechefredakteur Wladimir Gubarew.

Das *Prawda*-Haus war in jenen Wendetagen kein Hort von Frohsinn. Ein grauer, zehnstöckiger Block, in dem es nach feuchter Tapete und Kohl roch, lange Flure mit gemächlich fürbass schlurfenden alten Männern, unten am Portal ein mürrischer Polizist in ungebügelten Filzklamotten, der hier noch immer Wache schob, weil seine Dienststelle offenbar noch nicht mitgekriegt hatte, dass die *Prawda* nicht mehr zu den besonders schützenswerten Objekten zählte.

Die neue Ära wurde als unabänderlich empfunden. Was man

nicht ändern kann, lässt sich leichter ertragen. Aber in den Büros war eine Stimmung wie in einem Haus, in dem jemand im Sterben liegt.

Mein Dolmetscher Igor Lanin und ich hatten die Ehre, an einer Redaktionskonferenz teilnehmen zu dürfen. Es war ein fulminantes Erlebnis für einen freiheitlich und demokratisch geprägten Zeitungsmacher.

Wir hatten einen freundlichen Dialog. Zum Schluss legte ich ein Faksimile-Flugblatt auf den Konferenztisch. Ich hatte es von einem jungen Mann bekommen, der draußen vor dem Haupteingang gegen die *Prawda* demonstrierte. Darauf standen Überschriften aus der *Prawda*-Ausgabe vom 12. Juni 1937, dem Tag, nachdem Sowjetmarschall Michail Tuchatschewski und seine Genossen zum Tode verurteilt worden waren.

Die Schlagzeile Seite 1 lautete: »Für Spionage und Hochverrat: Exekution«; Seite 2: »Spione, verachtenswerte Diener des Faschismus, erschießt sie!«; Seite 3: »Verräter am Vaterland werden vom Erdboden getilgt«; Seite 4: »Zerquetscht die Reptilien!«; Seite 5: »Verdammt sei der schmutzige faschistische Dreck«; Seite 6: »Den Hunden ein hündischer Tod«. »Ja, ja«, knurrte Vizechefredakteur Gubarew, »das waren andere Zeiten.«

Andere Zeiten? Im Hinausgehen zischte uns einer der Redakteure zu: »Es ist noch immer so wie früher. Wenn einer die Chefs kritisiert, wird die Debatte abgebrochen. Stalinisten …« Das war nicht so böse gemeint, wie es für westliche Ohren klang. Dem Vorwurf des Stalinismus musste sich gegebenenfalls auch die Genossin Kantinenfrau stellen, wenn zu wenig Wurst in der Kohlsuppe war. Nur dass die Schuldigen, anders als früher, nicht mehr wie Reptilien zerquetscht oder nach Workuta geschickt wurden.

Ich habe auch politisch bewusste Russen erlebt, die sich hingebungsvoll zu ihrer Verantwortung gegenüber der neuen Demokratie bekannten und das in handfester Form zum Ausdruck brachten. Der eindrucksvollste Demokrat war für mich mein Dolmetscher Igor Lanin, der mich oft begleitete. Igor war davon überzeugt, dass Antikommunismus zur psychologischen Grundausstattung eines guten Demokraten gehörte, und er versäumte keine Gelegenheit, das die Kommunisten fühlen zu lassen.

Wie im Sommer 1996 bei einer Demonstration der Kommunistischen Partei auf dem Moskauer Manege-Platz. Ich sah, wie sich Igors Fäuste in den Hosentaschen ballten, und spürte, wie ihm offensichtlich die Galle ins Hirn stieg. Er war 1,90 Meter groß und 200 Pfund schwer. Plötzlich stürmte er auf zwei schmächtige, junge Burschen los, die linke Parolen schrien und dazu rote Fahnen schwenkten, packte sie an den Armen und zischelte ihnen etwas ins Ohr. Man konnte an den erschrockenen Gesichtern sehen, dass es nichts Gutes war. Die zwei Jungs wichen zurück und liefen davon.

Igor drehte sich um und kam zu mir zurück. Ich stellte ihn freundschaftlich zur Rede: »Du warst frech zu ihnen. Was hast du gesagt?«

»Ich war nicht frech. Ich habe ihnen nur gesagt: Ihr habt dieses Land so viele Jahre beschmutzt und gequält. Begreift endlich, dass eure Zeit vorbei ist. Wenn ihr hier nicht ganz schnell verschwindet, dann hau ich euch die Mäuler nach hinten.«

Igor hatte Deutsch an der Akademie der Streitkräfte gelernt. Er war ein hochgebildeter Mann, der viel mehr Kafka, Goethe und Hölderlin gelesen hatte als ich. Aber im Umgang mit Kommunisten hielt er es mit Theodor Storm: »Blüte edelsten Gemütes ist die Rücksicht. Doch beizeiten sind erfrischend wie Gewitter gold'ne Rücksichtslosigkeiten.« Ich habe das gut verstanden.

Igor sprach Russisch in einem angenehmen, melodiösen Tonfall, der die Gutturale glättete und seine Sätze poetisch auflud. Ich hätte selbst gern Russisch gelernt. Mehrere Anläufe habe ich auch unternommen. Aber es blieb immer rudimentäres Flickwerk. Ebenso wie mein Holländisch und mein Kisuaheli.

Weil ich kyrillische Druckschrift lesen konnte, war ich immerhin in der Lage, Straßenschilder und Speisekarten zu dechiffrieren. Das ist in einer Anarchokapitale wie Moskau ein enormer Vorteil.

Zum ersten Mal war ich im Dezember 1988 in der Sowjetunion gewesen. Ein schweres Erdbeben hatte Armenien erschüttert. 25 000 Tote, die großen Städte in Trümmern, der ganze armenische Norden war verwüstet. Wir waren mit einer Chartermaschine des Deutschen Roten Kreuzes in Eriwan gelandet. Mit an Bord ein Team von deutschen Ärzten, darunter Heidi Schüller, Oberärztin der Kölner Uni-Klinik, die als Olympionikin 1972 in München den olympischen Eid gesprochen hatte.

Wir wurden im Hotel Armenia untergebracht, dem ersten Haus am Platze. Das Hotel war nur spärlich beleuchtet, weil Glühbirnen knapp waren. Immerhin, es war der erste Abend der Woche ohne Stromausfall. Der Rezeptionist sagte, geheizt würde erst ab zehn Grad unter null. Weil wir nur acht Grad minus hatten, war die Heizung abgestellt. Wir froren, obwohl wir in vollen Klamotten im Schlafsack schliefen, den wir in zwei Wolldecken eingewickelt hatten.

Ich teilte mir ein Zimmer mit Rainer März, einem Kameramann von *Spiegel* TV. Auf dem Rollfeld parkten Dutzende von Flugzeugen, die Hilfslieferungen angelandet hatten. Wir hatten keine Mühe gehabt, eingelassen zu werden. Aber die Stadt war voll Militär. Bewaffnete Posten und Panzer an allen Kreuzungen. Der Geheimdienst KGB hatte aus Moskau Verstärkung geschickt.

Mit meiner Leica und meinem Notizblock fiel ich in dem allgemeinen Kuddelmuddel nicht weiter auf. Rainer März mit seiner großkalibrigen Sony-Kamera musste sich vorsichtiger bewegen. Man hatte uns gewarnt, dass unautorisiertes Filmen eine Anklage wegen Spionage nach sich ziehen könne.

Am zweiten Tag nach unserer Ankunft in Eriwan wurden wir von Mönchen in ein Kloster etwa fünfzig Kilometer vor der Stadt eingeladen. Sie wollten uns zeigen, was sie für die Überlebenden der Erdbebenkatastrophe taten, sagten sie. In Wirklichkeit, so hatte uns unser Taxifahrer erzählt, sei das Kloster ein Widerstandsnest. Ich riet Rainer März, seine Kamera aus Sicherheitsgründen im Hotel zu lassen und stattdessen eine kleine Handycam mitzunehmen, weil die nicht so auffallen würde.

Das war verkehrt. Die Mönche sprachen ganz offen über ihre konspirativen Absichten. Man konnte die vorrevolutionäre Situation fast mit Händen greifen. Freies Armenien, Russen raus. Notfalls mit Gewalt. Sie hatten gar keine Angst. Zum Schluss sangen sie Lieder gegen den sowjetischen Imperialismus. Sie hörten auch nicht auf zu singen, als eine Militärstreife hereinschaute, um nach dem Rechten zu sehen. Ich begriff, dass wir hier Zeugen eines Zeitenwandels waren. Zwei, drei Jahre vorher wäre die ganze Klosterbesatzung nach Sibirien deportiert worden. Ja, das hier war Perestroika in Reinkultur.

Nur Rainer März war verdrossen. Denn ich hatte mit meiner übertriebenen Vorsicht seine Professionalität amputiert. Niemand hätte ihn daran gehindert, hier mit seiner Profikamera zu filmen. Stattdessen musste er die ganze Zeit mit dem spillerigen kleinen Kurbelkasten drehen. Allerdings, der Film, den er mit der Handycam für *Spiegel* TV drehte, war sehr professionell. Ich glaube, dass niemand geahnt hat, wie er zustande gekommen war.

Danach war ich alle zwei, drei Monate in Russland, meist in Moskau und St. Petersburg, außerdem in Jekaterinburg, Nowgorod, Murmansk, Archangelsk, im Kaukasus und an der Wolga. Russland, das waren nicht nur Wodka, Birkenwälder und Menschen, die sich unterwerfen. Es war Wendezeit in Russland. Überall verschmolzen die alten Strukturen mit den neuen. Ich habe das alles mit heißen Ohren und offenen Augen wahrgenommen. Man brauchte nicht die Sensationen zu suchen. Sie spielten sich ab, wohin man sah.

Mein schönstes Erlebnis war die Nachtfahrt mit dem Grand Express von Moskau nach St. Petersburg. Andrzej Batrak, der Generalsekretär der Moskauer *Spiegel*-Redaktion, hatte mir erzählt, was man brauchte, um sie zu genießen: ein großes Glas Gurken, eine Flasche Wodka und einen Band Puschkin-Novellen. Dabei kann man sein Seelchen fliegen lassen, wie die Russen es nennen. Man fuhr abends um acht vom Leningrader Bahnhof in Moskau ab. Zum Frühstück lief der Zug dann am Moskauer Bahnhof in St. Petersburg ein.

Wodka, Gurken, Puschkins *Sargtischler* und das Schienengeratter ergänzten sich zu einem sinnlichen Hochgenuss. Man darf aber keinen Wodka auf Kartoffelbasis nehmen, weil er unbekömmliche Fuselöle enthält. Nur dann ist es ein Genuss ohne Reue. Die guten russischen Wodkas werden aus Roggen gebrannt. Sie sind so rein, dass sie keinen Kater verursachen. Trotzdem nimmt man sich für den Tag danach besser nichts vorn, weil sie phlegmatisch machen.

Bei der Durchfahrt durch Twer (früher Kalinin) betrat ein rotgesichtiger Schaffner in einer Uniform mit goldenen Knöpfen das Abteil: Er bat um die Fahrkarte und wollte, als er den englischen Titel des Romans auf meinem Schoß identifizierte, mit mir eine Debatte über die Leichtigkeit von Puschkins Schreibe anfangen. Aber er konnte nicht genug Englisch und ich nicht genug Russisch. Deshalb griff er nach meiner Wodkaflasche, drehte sie in den Händen und sagte: »Ein gutes Wässerchen.« Er folgte aber nicht meiner Aufforderung, etwas davon zu verkosten.

Der Mann war ein Bildungsbürger vom alten Schlage. Zu Sowjetzeiten waren die Russen literaturbesessen gewesen. In der Moskauer Metro hatte man selbstverständlich immer einen Klassiker im Kleinformat in der Tasche. Von dieser Gewohnheit hatten die Perestroika und die Boulevardzeitungen, die ihr folgten, nicht viel übrig gelassen. Heute liest man in der Bahn Comics und Tabloids.

Zwischen den zwei Metropolen verkehrt seit ein paar Jahren ein Schnellzug namens Aurora. Er ist viel schneller als der Grand Express, aber nicht so romantisch. Ab 2009 werden die Züge zwischen Moskau und St. Petersburg mit Tempo 250 fahren. Dann ist vermutlich der letzte Rest Romantik hin.

In St. Petersburg stieg ich im Grand Hotel Europeisky in einer Nebenstraße des Newski Prospekts ab. Es war ein wunderbares Hotel, teuer, aber von nostalgischem Charme und sensibel restauriertem Luxus. Es gehörte zu den wenigen Hotels, in denen man nicht fürchten musste, nachts von Nuttengekreisch geweckt zu werden. Es hatte auch den Vorteil, dass die Tschaika gleich um die Ecke lag, eine deutsche Kneipe, in der man herrliche Bratwürste, Holsten-Bier und Haidmärker Korn bekommen konnte.

In einer sozial dermaßen heruntergewirtschafteten Stadt wie St. Petersburg im Luxushotel zu wohnen kann Schuldgefühle erzeugen. Der Kontrast war erdrückend. Draußen lagen besoffene oder vollgekiffte Straßenkinder auf dem Trottoir, und drinnen speiste man Bœuf Stroganoff von Tellern mit Goldrand, die Portion zum Preis eines halben russischen Monatseinkommens.

Den Zivilisationsbruch empfand ich am stärksten beim Besuch jugendlicher Strafgefangener im Kresty-Gefängnis. Ich habe nie wieder so viele kaputte Gemüter auf so engem Raum erlebt. Sie kamen gerade aus der »Frischluftzelle«, einem fünfzig Quadratmeter großen Karree, das mit einem Gitter abgedeckt war und mich an einen Raubtierkäfig erinnerte.

Der Hofgang dauerte gewöhnlich eine Viertelstunde. Mehr als 23 Stunden am Tag mussten die Häftlinge sich in ihren Zellen aufhalten. 23 Stunden ohne Abwechslung in Dreck, Gestank und Isolation. Nichts zu lesen, keine Arbeit. Hier wurden Menschen mental auf den Status von Tieren reduziert.

Die Gefangenen waren überwiegend junge Leute zwischen sechzehn und zwanzig, die mit Prügel und Karzer seelisch zerstört worden waren. Sie hockten zu acht mit kahlgeschorenen Schädeln auf einer Pritsche und blickten uns furchtsam an. Eine Szene wie aus Gorkis *Nachtasyl.*

Auf dem Flur vor der Zelle stand eine Tischtennisplatte. Dies sei ein fortschrittliches Gefängnis, erklärte mir der Direktor. Die jungen Gefangenen würden mit Sport und sinnvoller Arbeit wieder an ein bürgerliches Leben herangeführt.

Nicht nur mit Sport und Arbeit. Einer der Häftlinge, mit denen mein Dolmetscher und ich fünf Minuten lang unbeaufsichtigt reden konnten, erzählte uns, dass er gerade drei Tage bei eisiger Kälte im Karzer gesessen hatte. Der »Strafnoi Isolator« war ein unbeheiztes Behältnis aus Zinkblech, etwa so groß wie ein großer Besenschrank. Er diente zur Disziplinierung von Schwererziehbaren, wie sie genannt wurden. Für sie gab es jeden Tag zweimal Dresche, einmal frühmorgens und einmal vor dem Einschlafen. Schwer erziehbar war man schon, wenn man beim Essenfassen den Löffel fallengelassen oder wenn man einem Wärter eine unvorschriftsmäßige Frage gestellt hatte.

Die normalen Zellen waren alle zu hundert Prozent überbelegt. Es stank nach Urin, Essen und Desinfektionsmitteln. Die Jungen sahen krank aus. Einer hatte eine dicke Backe. Er habe Zahnschmerzen, sagte er. »Habt ihr hier keinen Zahnarzt?«, fragte ich. »Doch«, sagte er, »aber der zieht nur Zähne. Das ist hier die einzige Behandlungsmethode, weil es keine Medikamente gibt.« Deshalb gingen sie nur zum Zahnarzt, wenn die Schmerzen unerträglich wurden.

Der Junge erzählte, er sei von der Straße weggefangen worden.

Auf der Wache hätte ihm ein Polizist ein Päckchen Haschisch in die Tasche gesteckt. Dann fuhren sie ihn im »schwarzen Raben«, wie die Lastwagen mit den winzigen vergitterten Fensterchen heißen, ins Untersuchungsgefängnis. Vier Wochen später sei er wegen Drogenhandels zu fünf Jahren Haft verurteilt worden.

Die Geschichte erschien glaubwürdig. Es war bekannt, dass die St. Petersburger Polizei Mindestquoten von Verhaftungen erfüllen musste, weil sonst ihr Budget gekürzt wurde. Es war nicht anders als zu Sowjetzeiten. Nur dass das Unrecht neuerdings strafrechtlich bemäntelt wurde.

Der Junge sagte, die meisten seiner Freunde seien im Knast, und zwar aus dem gleichen Grund. Im Kresty-Gefängnis gab es Häftlinge, die erst zehn Jahre alt waren. Sie saßen hier meist wegen Diebstahls. Vier Jahre für ein paar geklaute Zigaretten, das war normal. Einer hatte drei Jahre kassiert, weil er ohne Eintrittskarte im Kino erwischt worden war. Die Justiz gehe viel milder mit minderjährigen Straftätern um als früher, sagte der Direktor. Zur Stalinzeit sei die Todesstrafe schon auf Zwölfjährige angewendet worden. Aber nun müsse Schluss sein mit der Fragerei, die jungen Menschen seien sensibel und den Umgang mit Fremden nicht gewöhnt.

Abends fuhr ich, wieder im Grand Express, zurück nach Moskau. Ich wohnte im Hotel Metropol neben dem Bolschoi-Theater. Es war das komfortabelste, aber nicht das teuerste Moskauer Hotel. Das Baltschug Kempinski, damals unter deutschem Management, war auch nicht schlecht. Es lag aber zwei Kilometer vom nächsten Kiosk entfernt, an dem man Dosenbier für einen Dollar kaufen konnte. In der Baltschug-Minibar kostete eine Dose Bier acht Dollar.

Das Metropol hatte einen weiteren wichtigen Vorteil: Gegenüber, im Eingang zur Metrostation Ochotny Ryad, traf sich einen über den anderen Tag abends der Club Gluchoi, die Kongregation der Tauben und Stummen. Ich saß abends im Sommer, wenn ich in Moskau war, gern unter ihnen und sah zu, wie sie sich was erzählten.

Es war ein gespenstisches, aber auch heiteres Schauspiel. Fünfzig, manchmal hundert Männer und Frauen, die hier stumm gestikulierend ihre Seele zu Markte trugen. Ich habe dabei gelernt, dass die Pantomime ausdrucksstärker ist als das klassische Sprechtheater. Menschen, die sich nicht phonetisch artikulieren können, sind meist gute Mimen.

Die Gluchoi hatten sich schon in den sechziger Jahren, als die Sowjetunion noch ein monströses Schweigelager war, hier versammeln können, ohne den KGB fürchten zu müssen. Sprach- und Gehörlosigkeit waren in den Zeiten der roten Diktatur die beste Qualifikation, die man sich für einen loyalen Staatsbürger denken konnte.

Weil Mitleid und Mitgefühl seltene Ressourcen in der Sowjetunion waren, hatte das alte Regime die Krüppel und Behinderten wie Aussätzige behandelt. Viele Invaliden aus dem Großen Vaterländischen Krieg waren in den fünfziger Jahren von Moskau nach Mittelasien ausgesiedelt worden, damit sie das Moskauer Stadtbild nicht verschandelten. Nur die Taubstummen durften bleiben.

Unten vor dem ehemaligen Lenin-Museum, in dem später eine Handelsgesellschaft untergebracht war, flanierten Gelegenheitsanschafferinnen. Ein Betrunkener sang ein deftiges Liebeslied. Ich ließ es mir von meinem Dolmetscher übersetzen: »Bei dir lagen dicke Würste auf dem Tisch, sie waren so dick wie die Lügen, die du mir erzählt hast. Ich habe dir nicht geglaubt, aber ich habe dich geliebt.« Die letzte Sentenz wiederholte er dreimal. »Habe dich geliebt, habe dich geliebt, habe dich geliebt …« Nach dem letzten Refrain erstarb das Lied in theatralischem Gewimmer. Russische Seele.

Meine russische Welt spannte sich von Fedorowka bis Jekaterinburg. Fedorowka war eine der 250 000 kleinsten, Jekaterinburg im Ural eine der größten Kommunen in Russland.

Fedorowka liegt abseits der Straße von Moskau nach Elektrogorsk: knapp 500 Einwohner, fünf, sechs Dutzend krummbucklige Häuser, ein Brunnen, ein Löschteich, kein Postamt, kein Laden, keine feste Straße. Der nächste Arzt wohnte zehn Kilometer von Fedorowka entfernt, der Polizist war vor zwei Jahren das letzte Mal hier gewesen.

Über die Hälfte der russischen Bevölkerung lebt in solchen Dörfern. Wahrscheinlich ist Fedorowka seit Anfang der neunziger Jahre, als ich da war, noch kleiner geworden. Es hatte damals wieder so wenige Einwohner wie 1929 nach den Kulakenprogromen.

Anfang der neunziger Jahre war Fedorowka ein sterbendes Dorf. Die Einheimischen nannten es ein Wartedorf. Man wartete hier auf den nächsten Arbeitstag, auf die Chance, hier wegzuziehen, auf den Tod.

Auch Jekaterina Iwanowa wartete auf den Tod. Sie war früher Milchverkäuferin gewesen. Nun war sie mit 85 Jahren die älteste Bürgerin von Fedorowka. Seit ihrer Pensionierung, 25 Jahre zuvor, hatte sie das Dorf nur einmal verlassen. Sie lebte zusammen mit einer struppigen grauen Katze in einer rissigen Ruine, durch die der Wind pfiff und in der es nach Urin und Kohl roch. Hin und wieder kam eine Bekannte zum Saubermachen, aber sie kam wohl sehr selten.

Das Haus bestand nur aus zwei Zimmern. In beiden Zimmern hingen Drähte mit einer Lampenfassung von der Decke. Aber Licht war immer nur in einem Raum an, weil Jekaterina nur eine Glühbirne besaß. Im Wohnzimmer standen ein Tisch und ein Stuhl, im Schlafzimmer ein Bett und ein Nachttopf.

Früher hatte Jekaterina mit Putzen und Schwarzbrennen etwas Geld zusätzlich verdient. Aber dazu war sie nun körperlich nicht mehr in der Lage. Die Rente reichte gerade zum Überleben. Das Haus und die Heizung waren umsonst. Zu essen gab es nur Kohl und Kartoffeln, ein- oder zweimal im Monat auch eingelegte Pilze, die sie im Herbst im Wald vor dem Dorf gesammelt hatte. Fleisch hatte Jekaterina schon seit Jahren nicht mehr im Topf gehabt.

Manchmal kam die kleine Enkeltochter Snjegurotschka, zu Deutsch »Schneeflöckchen«, zu Besuch. Snjegurotschka war Jekaterinas Sonnenschein. Sie hätte der Kleinen gern mal ein Geschenk gemacht, eine Puppe vielleicht oder eine Tafel Schokolade. Aber das überstieg ihre Möglichkeiten. Wenn der Winter lang sei, so erzählte sie, könne es zum Ende hin etwas knapp werden. Aber die Nachbarn halfen dann mit Brot aus. Sie hatten immer zwei Schränke voll Brotvorräte. Man kann getrocknetes Brot monatelang aufheben, ohne dass es schimmelt.

Jekaterina trug einen vergilbten Mullverband um den Kopf. Ihre kraftvolle Stimme passte nicht recht zu ihrem abgewirtschafteten Körper. Nein, sie sei nicht enttäuscht, sie habe immer alles gehabt, was sie zum Leben brauchte. Jetzt bete sie aber, dass die kalte Jahreszeit schnell zu Ende gehe.

Die schlimmste Bedrohung für Sowjetbürger war der nächste Tag. Nach einer Umfrage des zentralen Meinungsforschungsinstituts hatten Anfang der neunziger Jahre nur anderthalb Prozent der Bevölkerung keine Angst vor der nächsten Zukunft. Jekaterina Iwanowa gehörte zu den seelisch Bessergestellten. Die Partei habe immer dafür gesorgt, dass sie etwas zu essen habe. Sie würde sie auch künftig nicht im Stich lassen. Jekaterina wusste nicht, dass die Partei ein halbes Jahr zuvor abgedankt hatte.

Ich hatte viel Elend gesehen und meine Befähigung, mich darüber hinwegzusetzen, für Professionalität gehalten. Man konnte diesen Beruf nicht ausüben, wenn einen ständig das Mitleid niederdrückte.

Es gab aber Momente, da war die Professionalität dem Mitgefühl nicht gewachsen. Als Jekaterina Iwanowa uns zum Abschied die Hand reichte und sich dafür entschuldigte, dass sie uns keine Tasse Kaffee angeboten hatte, habe ich unprofessionell reagiert. Ich habe geheult. Lautlos und ohne Tränen. Bei vielen verzweifelten Menschen habe ich mich gut beherrschen können. Ausgerechnet bei Jekaterina Iwanowa, die genug zu essen hatte und seelisch offenbar im Lot war, habe ich geheult.

Bei den alten Soldaten, die auf der Leninallee in Jekaterinburg in ordenbepflasterten Uniformen um milde Gaben bettelten, hatte ich mein Mitleid besser unter Kontrolle. Das hatte mit meiner Vorstellung zu tun, dass sie vielleicht zu den Truppen gehört hatten, die 1945 mordend und vergewaltigend in Ostpreußen eingefallen waren und den halben europäischen Kontinent für ein halbes Jahrhundert besetzt hatten. Im Laden meiner Mutter arbeitete in den fünfziger Jahren eine Verkäuferin, die den Sturm der Sowjets auf Königsberg und die Wochen danach miterlebt hatte. Die Schrecken, von denen sie erzählte, habe ich nie vergessen.

Jekaterinburg war ein paar Monate zuvor für Ausländer noch eine verbotene Stadt gewesen. Russen mussten einen Besuch wochenlang vorher beantragen. Alles war geheim. Swerdlowsk, wie die Stadt vorher geheißen hatte, war das Herz der sowjetischen Rüstungsindustrie gewesen. Hier bauten Heere von Arbeitern und Gulag-Sklaven die Panzer, die Hitlers Armeen aus dem Land jagten.

Die gnadenlose Industrialisierung hatte aus der Anderthalb-Millionen-Stadt Swerdlowsk ein Notstandsgebiet gemacht. Der Boden war fast überall mehrere Meter tief verseucht. Aus der Wasserleitung im Hotel floss isabellfarbenes, nach Ammoniak riechendes Wasser. In der Luft hingen giftige, gelbgraue Schwaden, die aus den Hochöfen von Uralmasch kamen, dem größten Industriekombinat der Sowjetunion.

Ich war nach Jekaterinburg gekommen, um Bosse und Funktionäre zu Boris Jelzin zu befragen, der hier Gebietsparteichef der KP gewesen war. Wer Jelzin erlebt hatte, wie er bei der Parade auf dem Roten Platz im Suff beinahe von der Tribüne gefallen wäre, musste erstaunt sein über die hohe Meinung, die man hier von ihm hatte.

Alle waren sich einig: Boris kann es packen. Er sei der einzige Politiker, der die Energie habe, Russland vor dem Absturz zu retten, sagte mir Gregori Kaboa, der fünf Jahre mit Jelzin zusammengearbeitet hatte. »Der Mann hat einen eisernen Willen und eine grenzenlose Schaffenskraft.«

Uralmasch befand sich im Zustand der Auflösung. Die Hochöfen brannten zwar noch, aber die Hälfte der 50 000 Mitarbeiter sollte entlassen werden. Die Arbeiterin Olga Djermakowa stand kurz vor der Pensionierung. Sie schleppte in der Gießerei acht Stunden lang Mörtel und Ziegelsteine. Damit verdiente sie 7090 Rubel im Monat. Das war nach damaligem Wechselkurs eine enorme Summe. Als Rentnerin würde sie von einem Viertel des Gehalts leben müssen. Hatte sie Angst davor?

»Aber nein«, rief Olga. »Wenn ich nicht mehr arbeite, werde ich feiern, denn dann geht das Leben erst richtig los.« Als ob sich die Staatskasse, die die Renten finanzierte, von der zusammenbrechenden Wirtschaft abkoppeln könnte. Olga riss sich die Atemschutzmaske vom Gesicht und begann, von einem Fuß auf den anderen zu hüpfen. Und dann sang sie das Lied von Kalinka, was auf Deutsch »Schneeball« heißt: »Kalinka, kalinka, kalinka, moja.« Drei-, vier-, fünf-, zehnmal. Und ihre Kollegen legten ihre Schüppen, Hämmer und Schweißgeräte zur Seite und klatschten mit. Eine Szene wie aus einem Musical. Ich habe auch mitgeklatscht, obwohl ich den Text nicht kannte.

In diesem Moment war ich fest davon überzeugt, dass Russland noch lange nicht verloren war. Das Gefühl hielt aber nur so lange vor, bis ich auf dem Heimweg mit dem Taxi liegenblieb, weil es sich in einem Schlagloch die Vorderachse gebrochen hatte. Der Taxifahrer stieg aus, um den Wagenheber aus dem Kofferraum zu holen. Aber er war so besoffen, dass er lang hinschlug.

Am Tag darauf wollten meine Dolmetscherin und ich von Jekaterinburg aus nach Tscheljabinsk fahren, einer Industriemetropole, die etwa 200 Kilometer weiter südlich liegt. Aber der Autovermieter riet uns ab. Das Wetter sei »strahlungsfreundlich«. An solchen Tagen sei es besser, die Landstraße nach Tscheljabinsk zu meiden.

1957 war in Tscheljabinsk ein Atommülllager explodiert. Es war die größte Atomkatastrophe der Geschichte. Sie hatte schlimmere Folgen als die Kernschmelze von Tschernobyl. Mehrere tausend Quadratkilometer der umliegenden Taiga wurden dabei mit hochgiftigem Strontium 90 verseucht.

Ich habe nur einen einzigen Ort in Russland kennengelernt, der es an Trostlosigkeit mit Jekaterinburg aufnehmen konnte: Murmansk, die graue Stadt an der Barentssee, dem ehemaligen Heimathafen der sowjetischen Nordflotte. Die Streitkräfte hatten hier vierzig Jahre lang riesige Mengen von Nuklearmüll aufgehäuft. Es war die bei weitem größte Atommüllkippe der Erde.

Früher war Murmansk auch eine verbotene Stadt gewesen. Jetzt war die Anreise ganz einfach. Ich kaufte mir in Moskau ein Aeroflot-Ticket und flog hin. Allerdings, die wenigen Fremden in der Stadt wurden ständig beobachtet. Wenn auch nicht besonders sorgfältig, wie ich feststellen konnte. Ich hatte keine Mühe, mit einem Mietwagen den ganzen Fjord rauf- und runterzufahren und die atomaren Schrottpötte aus relativ kurzer Distanz zu besichtigen. Glasnost total. Ich konnte sogar Bilder machen.

Den Atomeisbrechern der halbstaatlichen Murmansk Shipping Agency kam ich bis zum Anfassen nahe. Vier russische Bullen, jeder mit 75 000 PS im Bauch, der Stolz von Murmansk. Auf der ganzen Welt gab es nichts Vergleichbares. Die Bullen waren schon über dreißig Jahre alt, allerdings noch ganz rüstig. Nur ihre Reaktoren waren ausgelutscht bis zur Erschöpfung. Sie hatten die erlaubte Betriebsdauer um das Zwei- bis Dreifache überschritten.

Alles halb so schlimm, meinte Atomminister Wadim Bitkow. Das bisschen atomaren Schweinkram könne die Barentssee ganz gut verkraften, das sei »keine Gefahr für die Menschheit«. Schon weil die Strömung den Dreck ja nach Norden treibe, in Richtung Nordpol, wo er niemandem schaden könne, außer vielleicht ein paar Eisbären und Schneehasen, ha, ha, ha.

Auch ohne die atomare Gefahr wäre Murmansk ein Ort von lähmender Tristesse gewesen. Es war eine schmutzige, kalte, feindselige Agglomeration aus Stahlschrottbergen, sklerotischen Fabriken und sechs- bis achtstöckigen Plattenbauten in Sowjetgrau, die sich um einen dreißig Kilometer langen malerischen Fjord scharten.

Die eiskalte Nässe hatte sich bis tief in die Hausmauern gefressen. Die durchgerosteten T-Träger und Moniereisen hatten quadratische Raster in die Wände gezeichnet. Im Winter, wenn die Sonne nicht mehr über den Horizont kam, sanken die Temperaturen bis auf 45 Grad minus. Die Murmansker lebten dann 20 bis 22 Stunden am Tag im Dunkeln.

In bolschewistischer Zeit hatten die freiwilligen Brigadisten pro Jahr Murmansk ein Bonusjahr für die Rente gutgeschrieben bekommen. Die meisten waren aber nicht freiwillig gekommen. Der Kriegshafen, die Industrieanlagen und die Eisenbahn nach Leningrad wurden von Zwangsarbeitern und von 30 000 deutschen Kriegsgefangenen gebaut. Ein Drittel von ihnen starb an Hunger oder Krankheiten. Ihre Leichen wurden größtenteils in den Hohlräumen unter den Bahnschienen begraben.

Einen Tag nach meiner Ankunft in Murmansk bekam ich einen

Termin bei Andrej Solotkow, dem örtlichen Vertreter der Umweltschutzorganisation Bellona, der 25 Jahre lang als Strahlenschutzexperte auf den reaktorgetriebenen Eisbrechern *Lenin* und *Arktika* gefahren war. Er hatte miterlebt, wie in der Karasee und in der Barentssee zwischen Nowaja Semlja und der Kola-Halbinsel Behälter mit hochradioaktivem Material und sogar ganze Reaktorblöcke einfach ins Meer gekippt wurden. Bei jeder Verklappungsfahrt seien mehrere tausend Tonnen verseuchtes Material über Bord gegangen. »Es war ein Verbrechen«, sagte Solotkow. »Aber man konnte nichts machen, wer aufmuckte, war reif für Sibirien.«

Rings um Murmansk und auf der Flottenbasis Sewerodwinsk bei Archangelsk dümpelten fast 150 Atom-U-Boote der ersten (November-, Echo-, Hotel-Klasse) und der zweiten Generation (Victor-, Charlie-, Yankee-, Delta-Klasse) im Wasser. Die meisten konnten nicht mehr auslaufen, weil sie nicht mehr betriebssicher waren. Nur die Abschusseinrichtungen waren fast alle noch intakt.

Jedes U-Boot hatte zwei Reaktoren, und jeder Reaktor war mit 248 bis 252 Kernbrennstäben gefüllt. Knapp die Hälfte der bis zu 170 Meter langen rostigen Schiffsleiber waren schon viele Jahre zuvor aus dem Verkehr gezogen worden. Sie lagen wie rostige Walfische im Kola-Fjord, um irgendwann mal entkernt zu werden.

Im Umkreis von fünfzig Kilometern um die sklerotische Stadt am Polarkreis lagerten Ende der neunziger Jahre mehr giftige und strahlende Nuklearabfälle als in allen Zwischen- und Endlagerstätten der westlichen Welt zusammen. Die meisten hochradioaktiven Kernbrennstäbe waren in Containern an der Andrejewa-Bucht, fünfzig Kilometer von der norwegischen Grenze, verstaut. Der Rest rottete auf drei Frachtern vor sich hin, die als provisorische Zwischenlager dienten.

Das größte der drei Schiffe, die siebzig Jahre alte *Lepse*, enthielt große Mengen von Uran 235, Plutonium 259 und spaltbaren Nebenprodukten. Um mehr hineinzukriegen, hatten die Lagerarbeiter Brennstäbe mit Vorschlaghämmern in die Hohlräume getrieben. Damit die *Lepse* nicht absoff, wurde ständig Druckluft in den Laderaum gepumpt. Nicht wenige Brennstäbe waren dermaßen vergammelt, dass man sie gar nicht mehr transportieren konnte.

Die Gammastrahlung rings um den Liegeplatz lag um das Hundertfache über dem Normalpegel. Und vom Stadtzentrum bis hierher waren es nur vier Kilometer. Trotzdem stand die elektrische Anzeigentafel im Stadtzentrum, die angeblich die jeweils aktuelle Strahlenbelastung vermeldete, immer auf null.

Ein Wunder, dass nie etwas Schlimmes passiert ist. Oder fast nichts. 1998 hatte sich einmal ein »Entflammungsvorkommnis« ereignet, wie es auf Amtsrussisch hieß. In demselben Jahr war es auf einem Akula-Jagd-U-Boot zu einem psychischen Störfall mit neun Toten gekommen. Ein junger Matrose schoss acht Kameraden mit einer MP nieder und drohte dann, das Boot in die Luft zu sprengen, bevor er im Kugelhagel einer Speznaz-Einheit starb.

Ich war fast atemlos vor Staunen über das Ausmaß der stummen Schrecknisse von Murmansk. In meiner Reportage habe ich geschrieben: »Murmansk ist die gefährlichste Stadt der Welt.« So lapidar. Und die *Spiegel*-Dokumentation, die sonst jede Übertreibung pedantisch eliminierte, hat den Satz nicht beanstandet.

Als ich Anfang 2006 wieder in Murmansk war, wohnten dort 50 000 Menschen weniger. Die Atomeisbrecher lagen noch immer an derselben Stelle. Ich war diesmal in Begleitung von Ingenieuren der Energiewerke Nord in Lubmin bei Greifswald. Sie bauten an der Saida-Bucht nördlich von Murmansk ein Zwischenlager für schwach radioaktive Reaktorbehälter.

Eigentlich war es nur eine monströse Betonplatte – ein Meter dick, 200 Meter lang, 200 Meter breit. Sie sollte die aus den U-Booten herausgeschweißten, 2000 Tonnen schweren Mittelsegmente siebzig bis achtzig Jahre lang tragen, bis deren Strahlung so weit abgeklungen war, dass man sie gefahrlos zerlegen konnte. Das alles war nicht billig. Die deutsche Bundesregierung hat sich den großen Deckel 150 Millionen Euro kosten lassen.

Seit meinem ersten Besuch hatte sich nicht viel in Murmansk verändert. Nur dass die Strahlenuhr im Stadtzentrum repariert worden war. Sie zeigte jetzt ständig wechselnde Werte, die allerdings alle weit unter der kritischen Grenze lagen.

Gleich am zweiten Tag durfte ich gemeinsam mit den deutschen Abwrackern auf die Nerpa-Werft, wo im Winter 2000 auch das abgesoffene und später gehobene Atom-U-Boot *Kursk* verschrottet worden war. Der Empfang war herzlich und deftig. Erst mal wurde tüchtig gefrühstückt. Speck, fette Wurst, schwarzes Brot, dazu gab es Wodka und viel Baltik-Bier – morgens um halb neun.

Die Glasnost-Atmosphäre hatte gelitten. Während der Visite hatte ich ständig zwei Aufpasser neben mir. Mehrere Bilder musste ich aus meiner Digitalkamera löschen, weil sie angeblich geheime Anlagen zeigten. Darunter war auch ein Kiosk, an dem Arbeiter Bier und Zeitungen kaufen konnten.

Die inquisitorischen Marotten täuschten einen Sicherheitsstandard vor, den es tatsächlich nicht gab. 2005 war der Vizechef einer Reparaturwerft bei dem Versuch erwischt worden, ein Kilo waffenfähiges Uran 235 nach draußen zu schmuggeln. Was tatsächlich an spaltbarem Material jedes Jahr gestohlen wurde, war nicht abzuschätzen.

In Murmansk war auch sogenanntes frisches Plutonium verfügbar, das noch nicht aufgearbeitet worden war. Es hat den Vorteil, dass es nicht strahlt. Die acht Kilo, die man für die Produktion einer Nagasaki-Bombe braucht, kann man gegebenenfalls in einer Aktentasche wegtragen, ohne Schaden zu nehmen.

In der Bar des Hotels Polyarnye Zori im Stadtzentrum von Murmansk habe ich gleich am zweiten Abend einen Herrn in grauem Flanell getroffen, der mir schwor, er könne Uran 235 beschaffen, wenn ich es wünschte. Es würde auch keiner merken. Ich wünschte es aber nicht.

Ich habe Drogengeschichten rund um den Globus recherchiert. Die bizarrste auf der Achse Curaçao – Amsterdam. Die Kokain-Kulis von den Niederländischen Antillen schleppten jedes Jahr mindestens 20 000 Kilogramm Kokain nach Holland ein. Daran hat sich bis heute nichts geändert.

Die Regierung in Den Haag hatte zwar mehrfach das »Prinzip null Toleranz« ausgerufen. Doch das stählerne Credo hatte einen pflaumigen Kern. Die Drogenbekämpfung am Amsterdamer Flughafen Schiphol sei wie »de badkamer dweilen met de kraan open«, hämte die Opposition. Zu Deutsch: »das überschwemmte Bad bei aufgedrehtem Wasserhahn wischen«.

In der Praxis lag die Toleranzgrenze bei drei Kilo harten Drogen. Wer unter der kritischen Marge blieb, wurde in die Heimat zurückgeschickt, aber sonst nicht weiter behelligt. Er bekam auch eine ordentliche Quittung, damit er seinem Lieferanten nachweisen konnte, dass er den Stoff nicht auf eigene Rechnung verscherbelt hatte. Drei Kilo sind das Hundertfache der Menge, für die man in Singapur an den Galgen kommt.

Der Koks reist zwischen Curaçao und Amsterdam hauptsächlich in den Eingeweiden der »Bolletjesslikkers« (Kügelchenschlucker). Bolletjes bestehen aus zwei übereinandergezogenen, abgeschnittenen Fingern von Gummihandschuhen, die fest verknotet, dann mit Zahnseide zugebunden, mit Isolierband versiegelt und schließlich in flüssiges Wachs getaucht werden. Sie enthalten pro Stück acht bis zehn Gramm Kokain.

Ich bin im Sommer 2006 auf einem »Kokain-Vlucht« von Curaçao nach Amsterdam mitgeflogen. Abflug: Samstag 17.40 Uhr,

Antillenzeit, Ankunft Schiphol: Sonntag, 9.05 Uhr. Im Aussteigschnorchel vor Flugsteig E 24 wurden die Reisenden von vier Zollbeamten und einem fetten Schäferhund empfangen. Der Hund pickte sich zwei junge Männer raus, die ihm suspekt vorkamen. Sie mussten zum Bodycheck in ein Bretterkabäuschen. Zwanzig Schritte weiter wurde das Handgepäck untersucht.

Alle Reisenden wurden durchgecheckt. Ich wartete am Gepäckband, bis der letzte Passagier durch den Zoll war. Acht Verhaftungen, wenn ich richtig gezählt habe, das war unter Durchschnitt. Ich glaube, ich hätte die meisten von ihnen auch identifizieren können. »Bolletjesslikkers« sind leicht zu erkennen: am starken Schweißtrieb, am stinkenden Atem, an der gelb belegten Zunge.

Schiphol war und ist nicht eben für seine wachsamen Zollbeamten bekannt. Aber die Drogenrazzien sind immer noch so scharf wie Stubenappelle in preußischen Grenadierkasernen. Nur dass sie für die Ertappten im Allgemeinen folgenlos bleiben. Deshalb haben sie auch kaum eine abschreckende Wirkung.

Im August 2002, als der niederländische Kronprinz Willem-Alexander und seine Ehefrau Máxima nach einer Antillen-Rundreise heimwärts starteten, waren 99 Schmuggler aufgeflogen. Sie waren davon ausgegangen, dass sie nicht überprüft würden, wenn Mitglieder der königlichen Familie an Bord sind. Die Polizei war aber pfiffig. Sie ging davon aus, dass die Schmuggler davon ausgehen würden.

Wer mit Bolletjes im Bauch erwischt wird, muss zur Darmentleerung in die »Poepkliniek« nach Bloemendaal, nördlich von Haarlem. Da bleibt er dann so lange, bis er seine Kokain-Würstchen auf natürlichem Weg wieder ausgeschieden hat. Anschließend wird er abgeschoben. Ich wollte mit einem der Ertappten ein Gespräch anfangen. Aber er zischte mich an: »Laat me met rust. Lass mich zufrieden.« Als ich aus der Transithalle kam, sprach mich ein Marokkaner an: »Willst du Koks kaufen?« Ich sagte: »Nein, danke, ich hab schon.« Ich erkannte ihn wieder. Er war mit im Flugzeug gewesen. Ich weiß nicht, wie er durch den Zoll gekommen war.

Ich kenne nur eine Stelle, an der öffentlich so entspannt mit Drogen gehandelt wurde wie im Amsterdamer Flughafen: vor der Zentralen Wertpapierbörse in der Kitai-Stadt in Moskau. In Russland stehen hohe Strafen auf Drogenhandel. Aber in der neuen russischen Gesellschaft sind Schnee und Koks ebenso weit verbreitet wie im Westen. Nur dass die Polizei Anfang der neunziger Jahre selten eingriff, weil sie bestochen worden war.

Der Kapitalismus war damals noch ein Wickelkind. In Moskau gab es noch keine Dollar-Milliardäre. Die Trader und Broker an der Zentralen Wertpapierbörse machten 2000 bis 3000 Dollar im Monat. Das war für russische Verhältnisse unverschämt viel Geld.

Hier wurden hauptsächlich Öl-, Gas-, Elektrizitäts- und Telekom-Werte gehandelt. Sie hießen »akzija kapuschti i kartoschki«, Kohl- und Kartoffelaktien. Früher war das Wort »Profit« eine Totschlagvokabel aus dem Glossar des Klassenfeindes gewesen, mit dem man jede Initiative abwürgen konnte. Nun war Profit der wichtigste Eckpfeiler der neuen Ordnung.

Ob sie kein schlechtes Gewissen hätten gegenüber den verelendeten russischen Massen, fragte ich Jelena Siniza und Jurij Lebedjenko, die zwei Optionshändler, die mich mitgenommen hatten. Sie waren doch immerhin im Sozialismus groß geworden. Jelena war früher Ärztin gewesen. Und selbstverständlich auch Kommunistin.

Nein, sagte Jelena, sie sehe in ihrer Arbeit keinen Widerspruch zu ihrer beruflichen Vergangenheit. Karl Marx sei bekanntlich auch Börsenzocker gewesen. Und vielleicht, so sagte sie, wäre es mit dem Marxismus nicht zum Äußersten gekommen, wenn er dabei erfolgreicher gewesen wäre und sich nicht ständig verspekuliert hätte.

Die Moskauer Wertpapierbörse hatte, jedenfalls in der ersten

Phase nach dem Ende des Sowjetsystems, nichts von dem brüllerhaften Ambiente westlicher Börsen. Das alte Postgebäude war gründlich renoviert, aber nicht wesentlich verändert worden. Über dem Haupteingang stand noch immer in goldenen kyrillischen Lettern »Potschtamt«, und zwischen den Leuchtbändern, auf denen die Kurse der Standardwerte angezeigt wurden, lehnte noch der große Gips-Lenin.

Damals wurde an den amtlichen Börsen weniger als ein Zehntel des umlaufenden Aktienkapitals gehandelt. Doch der Aufschwung Ost war abzusehen. Der Index der *Moscow Times*, der fünfzig Blue Chips bewertete, war in fünfzehn Monaten um animalische 500 Prozent nach oben getobt. Und ein Ende war nicht abzusehen.

Die Prognose ist normalerweise nicht des Chronisten Geschäft. Trotzdem wagte ich damals eine euphorische Vorhersage. Ich schrieb, dass Russland einem raketenhaften Aufschwung entgegensähe. »Bleiben Sie auf dem Teppich«, knurrte der Kollege Wirtschaftsredakteur, der den Artikel zu redigieren hatte, und strich den Satz wieder raus.

Tatsächlich lag das Wachstum in den folgenden zehn Jahren zwischen fünf und sieben Prozent. Das Bruttosozialprodukt hat sich zwischen 1998 und 2008 ungefähr vervierfacht. Russland ist heute eine Wirtschaftssupermacht. Und der Boom ist noch nicht zu Ende.

Die Visite in der Moskauer Börse war für mich ein Kontrastprogramm. Ich hatte ein Jahr zuvor in New York das absolute Topbiotop der Geldverdiener kennengelernt. Wer die New York Stock Exchange nicht erlebt hat, kennt nicht die elektrisierende Erotik des Mammons.

Wall Street und ich, für mich war das ein tremolierendes Allzeithoch. Ich wollte Ende der neunziger Jahre eine Geschichte über das pralle, fette Leben der Trader und Broker schreiben. Angelika Wrubel aus dem New Yorker *Spiegel*-Büro, die charmanteste und perfekteste Sekretärin aller Zeiten, hatte mir die nötigen Kontakte verschafft.

Journalisten haben selten Gelegenheit, dem Kapitalismus so hautnah auf die Pelle zu rücken, wie mir das gelang. Fast eine Stunde lang durfte ich mich am Gängelband von Chris Taccetta übers Parkett bewegen. Chris war Broker.

Normalerweise dürfen sich Fremde nur auf der Terrasse hoch über der Broker-Arena aufhalten. Mich ließen sie in den Käfig. Unter der Bedingung, dass ich die ganze Zeit in Tuchfühlung zu meinem Scout blieb. Die Börsenleitung wolle nicht, dass »dämliche ausländische Arschlöcher« selbstständig auf dem Parkett herumstolperten, sagte Chris. Wörtlich: »stupid alien assholes«.

Es war ein Tanz mit dem Wolf. Er wurde begleitet von Gebrüll und Telefongeschrill. Der Boden in der Arena war mit einem Gemenge aus zerknülltem Papier, Cola-Pappbechern und Junkfood-Kartons bedeckt. Chris Taccetta wirbelte über das Parkett wie ein Derwisch in Nadelstreifen. Und ich immer hinterher.

Chris trug eine Art Stresemann, allerdings in hellblau, dazu eine dünne, rote Leinenjacke, die hinten einen breiten, verstärkten Gürtel hatte. Am Revers befand sich ein Plastikbutton mit der Seriennummer 512. Damit ich ihn nicht verlor, hatte ich mich fest an den Gürtel gekrallt. Ich kam mir ungefähr so vor wie beim Tandem-Fallschirmspringen, nur dass dabei die Bewegungen weniger hektisch waren und wir uns horizontal statt vertikal bewegten. Dabei war es ein ruhiger Tag. Die Kurse der Standardwerte schwappten nur promilleweise um die Marge, die sie morgens beim Börsenstart gehabt hatten.

Chris hatte kleine grüne Notizzettel mit Tesafilm auf sein großes Mobiltelefon geklebt. Er eierte unter Händlerkojen und grünschimmernden Monitoren hindurch, telefonierte, schrie auf, schrieb sich etwas auf und stopfte die beschriebenen Zettel in die Tasche. Nach einer halben Stunde hatte er Kaufaufträge für dreißig Millionen Dollar in seinem Jöppchen.

Die »masters oft the universe«, wie sie in Tom Wolfes Branchenroman *Fegefeuer der Eitelkeiten* heißen, leben gut. Wall Street ist eine von Geschrei und Neurosen aufgeladene Goldgrube. Die Trader notierten damals mit 200 000 Dollar per annum und darüber. Die Big Shots fingen bei einer Million Dollar Jahresgehalt erst an. Dazu kamen in guten Jahren siebenstellige Provisionen.

Die Big Shots sind die Cadillac fahrenden, 3000-Dollar-Anzüge tragenden, smarten Zyniker, die von den oberen Etagen aus die Drähte ziehen. Ich fuhr rauf und fragte nach Andrew Fisher, den mir ein Kollege empfohlen hatte. »He has retired«, erfuhr ich. Pensioniert mit 39. In Wall Street ist man mit 39 Jahren ein Oldie. Die erfolgreichen Trader sind zwischen 25 und 35 Jahre alt.

In Amerika käme niemand auf den Gedanken, Höchstgehälter oder Höchsttantiemen für Manager zu fordern. Auch kleine Leute sind davon überzeugt, dass sie sich selbst ihre Chancen verbauen würden, wenn Managerbezüge gedeckelt würden. Weil sie alle daran glauben, dass sie es selbst auch schaffen können. Deshalb hat auch der Sozialismus in den Vereinigten Staaten nie eine Chance gehabt. Amerikaner empfinden nicht Gleichheit als gerecht, sondern Chancengleichheit. Das ist der American dream.

Ich konnte immerhin mit Andrew Fisher telefonieren. »Wozu soll ich noch arbeiten?«, sagte er. »Es reicht.« Er sprach ganz freimütig darüber, dass er im Jahr vor seiner Pensionierung dreißig Millionen gemacht hatte.

Die Hektik in Wall Street törnte an. Doch die megalomane Gier nach Zaster konnte auch abstoßend sein. Ein französischer Kollege, der seit über zehn Jahren für eine große Pariser Zeitung von Wall Street berichtete, sagte mir: »Ich bin aus der 68er-Bewegung ausgestiegen, weil ich die heuchlerische Faktenverachtung der Linken nicht mehr ertrug. Aber hier wäre ich beinahe wieder zum Marxisten geworden.«

Wall Street war ein brausiges Kontrastprogramm zu den Biotopen, in denen ich mich gewöhnlich bewegte. Ich hatte viele Tage meines Berufslebens unter Hungernden und Hungerleidern zugebracht. Diese krawalligen Initiationsrituale der von Geldgier narkotisierten Money Monkeys fand ich abstoßend, aber auch faszinierend. Der Wirtschaftsressortleiter, der den Artikel drucken sollte, sagte: »Eine interessante Geschichte.« Mehr nicht. Das hieß: befriedigend bis ausreichend. Zu viel Psychologie, zu wenig Wirtschaft.

Zum Schluss meine schönste Geschichte. Sie spielt im Herbst 1989 in Prag. Die DDR lag im Delirium. Ende September hatten sich Tausende von Ostdeutschen zur Flucht in die Tschechoslowakei formiert. Die goldene Stadt war geflutet von Trabis und Wartburgs. 4000 Flüchtlinge kampierten im Gebäude und auf dem Gelände der bundesdeutschen Botschaft, des Palais Lobkowicz, auf der Kleinseite.

Das Botschaftspersonal war dem Massenansturm nicht gewachsen. Es fehlte an Lebensmitteln, vor den Toiletten standen ständig Dutzende von Menschen an. Das Chaos und die Erschöpfung waren total.

Prag ist eine Stadt voll triefender Mystik und schwerer Romantik. Vor dem Hintergrund der bröckelnden k.u.k.-Kulisse wirkten die pröttelnden Zweitakter so deplatziert wie Clochards auf dem Opernball.

Das DDR-Regime ließ über die Ausreise der Flüchtlinge nicht mit sich reden. Es bestand auf einer geordneten Rückführung. Die tschechoslowakische Regierung weigerte sich, die Ostdeutschen nach Westdeutschland ausreisen zu lassen.

Am 30. September traf Außenminister Hans-Dietrich Genscher in Prag ein. Abends um Viertel vor sieben erschien er auf dem

Balkon der deutschen Botschaft. Er hob die Arme und zeigte die Handflächen, um zu signalisieren, dass er etwas mitzuteilen habe. Es knackte im Megafon. Dann sagte er: »Liebe Landsleute, wir sind zu Ihnen gekommen, um Ihnen mitzuteilen, dass heute Ihre Ausreise …« Weiter kam er nicht. Ein tausendfacher Aufschrei der Erleichterung, dann Sprechchöre: »Freiheit, Freiheit!« und »Deutschland, Deutschland!« Man konnte das tosende Glück bis zur Karlsbrücke hören.

Weil ich an der Grenze zwei Stunden verhört worden war, kam ich erst gegen halb zehn Uhr abends in Prag an. Die Polizei hatte das Gebiet um die Botschaft weiträumig gesperrt. Deshalb ließ ich den Mietwagen am Wenzelsplatz stehen und ging die letzten drei Kilometer bis zum Palais Lobkowicz zu Fuß.

Es war ein ergreifendes Bild: Am Fuß der kopfsteingepflasterten Straße parkten zwanzig Autobusse. Bis fünfzig Meter hinter der Botschaft wartende Menschen in Sechserreihen. Sie hatten nur wenig Gepäck. Einige weinten stumm vor Freude, weil die Freiheit so nahe war. Andere weinten vor Angst, weil die DDR darauf bestanden hatte, dass die Züge, die die Flüchtlinge in die Freiheit bringen sollten, durch die DDR fuhren.

Die Spannung war kaum auszuhalten. Tausende von Menschen, und keiner sagte ein Wort. Ein Junge und ein Mädchen, beide mit Babys auf dem Arm, nahmen stumm Abschied von den Eltern, die in die DDR zurückkehren wollten. Die alte Mutter umarmte den Sohn. Im gelben Licht der Straßenlaterne sah ich ihren verzweifelten Blick. Würden sie sich jemals wiedersehen? Ich drehte mich zur Wand um, weil ich feuchte Augen hatte.

Die Busse fuhren zum Vorstadtbahnhof Liben. Gegen ein Uhr nachts setzte sich der erste Zug im gespenstischen Licht der Bogenlampen in Bewegung. Keiner sprach ein Wort. Ich hatte mitfahren wollen, war aber von einem Botschaftsbeamten zurückgewiesen worden. »Gefährden Sie nicht die Freiheit dieser Menschen«, bellte er mich an. Ich protestierte und ermahnte ihn, die Pressefreiheit zu beachten. »Ich setze hiermit die Pressefreiheit außer Kraft«, schrie er. Ich nickte verständnisvoll.

Im Morgengrauen erreichte der erste Zug bei Schönau die Grenze. Ich habe es mir hinterher von einem, der mitgefahren war, erzählen lassen. In Reichenbach kamen hundert Stasi-Beamte in den Zug. Sie nahmen den Flüchtlingen die Ausweise ab, hielten aber niemanden auf. Als sie den Zug verlassen hatten, lehnte sich ein junger Mann aus dem Abteilfenster und warf seinen Ausweis und eine Handvoll DDR-Geld hinaus. »Weg mit dem Dreck«, rief er. Die anderen folgten seinem Beispiel. Als der Zug wieder anfuhr, war der Bahnsteig bedeckt mit Ausweisen, Münzen und Geldscheinen.

Hans-Dietrich Genscher sagte später, dass ihn sein Besuch in Prag am 30. September überwältigt habe. Und: »Es waren meine bewegendsten Stunden.«

Meine auch.

Ein Abgrund von Dilettantismus

Monatelang Hauen und Stechen im elften Stock des *Spiegel*-Hochhauses an der Brandstwiete. Dann war die Machtfrage entschieden. Bei dem Galadiner im Borchardt an der Französischen Straße in Berlin, mit dem sich sein scheidender Büroleiter Gabor Steingart aus der deutschen Hauptstadt nach Washington verabschiedete, gab Chefredakteur Stefan Aust Entwarnung: Die Schlacht sei entschieden. Er werde sein Chefbüro nun nicht mehr verlassen – »jedenfalls nicht lebend«. Nach den Stürmen, die er abgewettert hatte, konnte nichts mehr passieren, da war er sicher.

Und dann passierte es doch. Am 15. November 2007 erklärte die Mitarbeiter-KG, dass sie den Vertrag von Chefredakteur Stefan Aust über den Dezember 2008 hinaus nicht verlängern werde. Es war keine Sternstunde der betrieblichen Mitbestimmung in Deutschland.

Never change a winning team. Das hatte die KG vergessen. Aust war der erfolgreichste Chefredakteur, den der *Spiegel* je hatte. Verlagsgründer Rudolf Augstein hätte den für die Kündigung Verantworlichen wohl zugerufen, was ihm bisweilen im Dialog mit renitenten oder inkompetenten Vasallen entfahren war: »Zurück ins Protoplasma!«

Wenn man einen guten Blattmacher aus dem Verkehr zieht, muss man einen besseren präsentieren. Die KG hatte nicht nur keinen besseren, sie hatte gar keinen Nachfolger für Aust.

Am Montag, dem 4. Febuar 2008, war *Spiegel*-Tag in Saal 114 des Hamburger Arbeitsgerichts. Doch der Gütetermin war schon nach dreizehn Minuten beendet. Der Verlag wies die Millionenforderung von Aust-Anwalt Matthias Prinz zurück. Tags drauf wurde Aust vom Dienst suspendiert.

Stefan Aust verließ sein Büro, ohne seinen Schreibtisch zu räumen. Er glitt im Edelstahlaufzug in die Tiefgarage, setzte sich in sein dunkelblaues Porsche-Cabriolet und fuhr davon. Ende einer Ära.

Austs Kündigung war nicht allein das Werk einer »Meute von 800 Leuten«, wie *Focus*-Chef Helmut Markwort am Tag danach in zorniger Solidarität bemerkte. Das Votum wurde von den anderen Gesellschaftern des *Spiegel*-Verlages mitgetragen. Auch vom Großverlag Gruner + Jahr, dem 25,5 Prozent gehören. Von Verlagsleiter Mario Frank, der hoffnungslos mit Aust verkracht war, selbstverständlich auch.

Die KG ist ein mächtiges Organ. Viele Jahre lang hatte sie eine Mauerblümchenexistenz geführt. 2006 erregte sie erstmals Aufmerksamkeit und Ärgernis, als sie den hochverdienten Geschäftsführer Karl Dietrich Seikel handstreichartig in den Ruhestand schickte – in einem Geschäftsjahr mit zweistelliger Umsatzrendite.

Als Nachfolger wurde Mario Frank verpflichtet, der Verlagsleiter der *Sächsischen Zeitung*. Frank hatte in Dresden ordentlich gewirtschaftet, verstolperte sich aber im Minenfeld an der Brandstwiete. So scheiterte er mit dem Versuch, die KG zum Kauf von fünfzig Prozent der *Financial Times Deutschland* von dem britischen Medienkonzern Pearson zu veranlassen, ein Blatt, das hohen journalistischen, aber nicht kaufmännischen Ansprüchen genügte.

Die KG war zum Schluss nicht mehr einmütig davon überzeugt, dass es richtig gewesen war, Miraculix Frank ein Vordenkerprivileg einzuräumen. Warum hatte sie sich dann dazu überreden lassen, Stefan Austs Vertrag nicht zu verlängern?

Das Fünfer-Gremium, das die Geschäfte der KG führte, war noch nie ein Konsortium von Jakobinern gewesen. Am allerwenigsten war es das in der Zusammensetzung, die sich aus der Wahl im Juli 2007 ergeben hatte. Ein Diplomkaufmann, eine Kulturredakteurin, ein Controller, ein Marketing-Mann und eine schöne Dokumentaristin – lauter redliche Charaktere. Man hätte sie sich auch als Mitglieder im Aufsichtsrat des städtischen Wasserwerks vorstellen können.

Kommanditisten misst man nicht an Wesen und Charakter, sondern an ihren Taten. Exchefredakteur Werner Funk, der selbst einst von Augstein in rüder Manier gefeuert worden war, zeigte sich »entsetzt über die Art und Weise, wie eine der erfolgreichsten Führungsmannschaften des deutschen Pressewesens in kurzer Zeit ohne jeden erkennbaren Grund geopfert wurde«.

Ja schon, es war das gute Recht der KG, sich nach dreizehn Jahren Aust mal nach einem anderen umzusehen. Doch bevor man den einen schasste, hätte man einen neuen fest an der Leine haben müssen. Die Kür der Nachfolgekandidaten war eine unwürdige Show, die der Reputation des größten und besten deutschen Printmediums geschadet hat.

Unter den Nennungen, die aus der Redaktion nach außen drangen, waren Fernsehleute mit wenig oder fast gar keiner Print-Erfahrung, der Pressechef einer Elektrizitätsgesellschaft und ein Journalist in Amerika, der – was offenbar keiner gewusst hatte – gar nicht mehr journalistisch tätig war. Heribert Prantl, der linke Rechtsgelehrte von der *Süddeutschen Zeitung* und »sehr gute Freund« *(Focus)* von Augstein-Tochter Franziska, war auch darunter. Sehr zur Erheiterung der Redaktion spielte sich auch Auslandschef Gerhard Spörl als Teil der Führungsreserve an die Rampe. Die ganze Sache hätte eine fabelhafte *Spiegel*-Story abgegeben. Doch leider spielte sie im eigenen Haus.

Austs Entlassung war auch deshalb überraschend gekommen,

weil sich die lädierte Gremienkultur bei der KG durch die Abwahl ihres Sprechers Thomas Darnstädt im Sommer stabilisiert hatte. Autor Darnstädt hatte sich verschiedentlich mit Wadenbeißereien zu profilieren versucht und auch eine öffentliche Diskussion über die Blattqualität losgetreten, die allgemein als illoyal empfunden wurde.

Normalerweise werden Chefs ausgewechselt, wenn sie gescheitert sind. Aber Stefan Austs kaufmännische Bilanz konnte sich sehen lassen. Konkurrent *Focus* hatte dem Platzhirsch eine Menge Anzeigen weggebaggert, aber der *Spiegel* hatte immer noch 400 000 Exemplare Auflagenvorsprung. Wie im *Focus*-Gründungsjahr 1994. Der Erfolg war in erster Linie das Verdienst von Aust.

Focus ist gut und professionell gemacht, keine Frage. Aber er war von Anfang an kein Nachrichtenmagazin wie der *Spiegel*. Die Machart kommt dem nahe, was die *Spiegel*-Leute von Stefan Aust befürchtet hatten: gedrucktes Fernsehen. *Focus* ist interessant und schön bunt. Aber den Geschichten gebricht es an der Tiefe, die den *Spiegel* zur Nummer eins gemacht hat.

Immerhin, wir hatten alle unterschätzt, was da auf uns zukam, als am 18. Januar 1993 in der Montagskonferenz die erste Ausgabe von *Focus* herumgereicht wurde. Die meisten schlugen sie nicht mal auf. Chefredakteur Markwort? Herrje, das war doch der Dicke mit den Locken von *die aktuelle* und *Ein Herz für Tiere*. Wer sollte den denn ernst nehmen?

Der Hochmut dauerte nur ein paar Wochen, dann wich er lähmendem Entsetzen. Die *Spiegel*-Auflage begann zu taumeln. Sie rutschte immer wieder unter die magische Millionengrenze. Das Anzeigengeschäft brach ein. Bei Lufthansa verlangten die Business-Fluggäste öfter *Focus* als den *Spiegel*.

Helmut Markwort hat erzählt, wie er zusammen mit seinem Verleger Hubert Burda den Patriarchen von der Brandstwiete im

Mühlenkamper Fährhaus in Hamburg zum Dinner getroffen hatte. Es war vier Monate bevor sie mit *Focus* rauskommen wollten. Augstein hatte versucht, sie von ihrem Plan abzubringen: »Lassen Sie den Unsinn, Sie bringen sich nur um Ihr Geld.«

Nachdem Augstein Hubert Burda die Schrecken der drohenden Pleite ausgemalt hatte, ihn aber nicht überzeugen konnte, sagte er gernerös, er, Augstein, werde immer einen Teller warme Suppe für ihn haben. Burda wollte hundert Millionen Mark in das Projekt stecken. Augstein hielt das für aberwitzig. Er konnte sich einfach nicht vorstellen, dass andere eine Chance gegen ihn hatten. Er war doch der Größte. Und dann kam es anders.

Im ersten Jahr nach dem Erscheinen von *Focus* ging der *Spiegel*-Umsatz um sechzig Millionen, im zweiten Jahr um neunzig Millionen Mark zurück. Das schmerzte auch die Mitarbeiter im Portemonnaie. Von der jährlichen Beteiligung, die in guten Jahren für Längerdienende 60 000 Mark betragen hatte, blieb nur noch ein symbolischer Rest. Andere Unternehmen haben auch schon mal schlechte Jahre. Aber für den *Spiegel* war jedes schlechte Jahr existenzbedrohend, einfach weil er keine Rücklagen hatte.

Und was taten die Durchblicker und Bescheidwisser am Dovenfleet, um den gefährlichsten Angriff auf ihr Monopol zu kontern, den der *Spiegel* je erlebt hatte?

Das deutsche Nachrichtenmagazin machte den neuen Konkurrenten – anders als die zwei, drei Dutzend vorausgegangenen *Spiegel*-Imitate – nicht gleich platt, sondern übte sich erst mal im Ignorieren.

Der *Spiegel* »sitzt auf Trümmern und greint«, hämte die *Bild*-Zeitung. Er sei »satt, faul, arrogant«. Die *Süddeutsche Zeitung* ortete gar einen »Käfig von Feiglingen« an der Brandstwiete.

Die Lage und die Stimmung beim *Spiegel* waren so schlecht, dass die Geschichte des deutschen Nachrichtenmagazins leicht ein frühes Ende hätte nehmen können. Die Mannschaft gelähmt und ideenlos, der Herausgeber machte den Eindruck, als habe er eh keine Lust mehr.

Einer der wichtigsten Gründe für die Baisse: Der Vorsprung des *Spiegel* an Man- und Brainpower wurde nicht mehr sinnvoll genutzt. Rudolf Augstein hatte im Zorn gelegentlich damit gedroht, dass er die halbe Crew rausschmeißen werde, weil die andere Hälfte vollkommen ausreiche, um den *Spiegel* zu machen. Es war dem Selbstbewusstsein jedes Einzelnen überlassen, zu bestimmen, ob er im Gesamtklassement zu der verwendbaren oder zu der entbehrlichen Hälfte gehörte. Dass der *Spiegel* mehr journalistisches Personal besaß, als er brauchte, sah man an den großen Bergen von Stehsatzgeschichten, die irgendwann ins Textarchiv wanderten und nie gedruckt wurden.

Wie hatte dereinst Karl Kraus, der alte Spötter, in seiner satirischen Antwort auf Werfels *Spiegelmensch* so trefflich gealbert? »Spiegelmensch, ich kenne dich. Aber ich will nächstens unter euch treten und fürchterlich Musterung halten.« Beim *Spiegel* ist es aber nie so weit gekommen.

Dann kam mit viel Gebraus der Wirbelwind Stefan Aust. Er hatte gezeigt, dass er nicht nur ein guter Journalist, sondern auch ein guter Kaufmann war. Er hatte *Spiegel* TV gegründet und mit Fleiß, Grips und Sparsamkeit zu achtbarer Form hochgewirtschaftet. Sein Pragmatismus war häufig nicht nachzuvollziehen. Bei seinen alten Weggefährten stand er in dem Ruf, aus falschen Überlegungen die richtigen Schlüsse zu ziehen. Doch die Kollegen vermochten in Aust trotz seines Erfolges nicht den Hoffnungsträger zu erkennen, den der *Spiegel* zum Überleben brauchte. Einen Kampfzwerg und Quotenjäger, der offenbar wenig Respekt vor den hohen Werten des *Spiegel*-Teams hatte, den wollten sie nicht.

Das Selbstverständnis eines Teiles der *Spiegel*-Redaktion grenzte ans Eschatologische. Man genoss die Macht des erlauchten Kollektivs und fand sich unvergleichlich. Irgendjemand sagte in einer Montagskonferenz, auf der die Frage nach der Neubesetzung des Chefredakteursamtes erörtert wurde: »Wir sind hier doch ein Orden, und wenn wir einen neuen Prior haben sollen, dann muss er zu uns passen.«

Das *Spiegel*-Haus als geschlossene Moralanstalt. Das ging über die berufsspezifische Selbstüberschätzung hinaus, die bei Journalisten weit verbreitet ist. Wobei wie stets die kleinsten Geister auf den höchsten Rössern saßen.

Die Redaktion war fast komplett gegen die Berufung von Aust. In vorderster Front Stellvertreter Joachim Preuß, Altreporter Jochen Noack, Auslandschef Dieter Wild und dessen Nachfolger Olaf Ihlau.

Es gab nur wenige versprengte Pragmatiker, die Austs Berufung mit verhaltenem Beifall begleiteten. Ich zählte mich dazu, einfach weil ich glaubte, dass er dem Zeitgeist und der Leistungsbereitschaft im Hause guttun würde. Ich hatte zwei-, dreimal bei *Spiegel* TV kleine Filmchen gemacht und Aust schätzen gelernt. Dieser schnoddrige, kleine Terrier war für mich so eine Art Antikörper gegen den Hochmut und die dogmatische Besserwisserei der Kritiker-GmbH im Haus. Ich ging davon aus, dass Aust die Arroganz von Teilen des *Spiegel*-Kollektivs vermutlich mit Arroganz bekämpfen würde. Was dann ja auch geschah.

Augstein selbst hatte eine gehörige Portion Pragmatismus aufbringen müssen, um Aust zu seinem Wunschkandidaten zu nominieren. Der junge Aust hatte den *Spiegel*-Patriarchen einst in einem vernichtenden *Panorama*-Beitrag über dessen missglückte FDP-Kandidatur im Kreis Paderborn bös in die Pfanne gehauen. Daraufhin hatte sich Augstein geschworen, er werde nie wieder ein Wort mit diesem rotzigen Ehrabschneider reden. Den Schwur hatte er auch lange gehalten.

Nachdem Augstein seine Wahl getroffen hatte, warf er allerdings auch seine ganze Autorität in die Waagschale, um seinen Kandidaten durchzusetzen. Wenn die KG ihm die Zustimmung verweigerte, so drohte er, »dann hau ich im Sack«.

Die KG gehorchte. Sie gab ihr Okay und trat dann geschlossen zurück. Und das war das Beste, was sie tun konnte.

Das Gleiche hätte die KG von anno 2007 auch tun sollen, nachdem sie Stefan Aust auf dem Höhepunkt seines Schaffens aus dem Sessel geschossen hatte. Stattdessen daddelte sie sophistisch herum, um die offensichtliche Fehlentscheidung zu verschleiern.

Armin Mahler, der KG-Sprecher, sagte, zur Motivation befragt, während der Hamburger Chaostage, das Blatt brauche frische Ideen. Es sei Zeit für einen Generationenwechsel.

Nun litt der *Spiegel* gewiss nicht an Sprachverfettung oder geistiger Sklerose. Im Gegenteil, er triefte so sehr vor Frische, dass Altredakteure und Stammleser Mühe hatten, sich in ihm wiederzufinden. Dementsprechend war auch das Durchschnittsalter der Leserschaft deutlich gesunken.

Die schlimmsten Befürchtungen, die seine Gegner bei Austs Einstieg kolportiert hatten, waren nicht wahr geworden. Er machte keinen Häppchenjournalismus wie *Focus*. Er machte ein spritziges Blatt, das sich freilich von seinen Ursprüngen ein Stück weit entfernt hatte.

Die Branche schien Armin Mahlers Bewertung der Arbeit von Stefan Aust auch nicht zu teilen. Im Januar 2008, also zwei Monate nach seinem Sturz, wählte eine zehnköpfige Jury aus Medienmachern Aust demonstrativ zu Deutschlands bestem Chefredakteur. Mit großem Abstand zum Erstplatzierten folgten mit gleicher Punktzahl auf Platz zwei Hans Werner Kilz *(Süddeutsche Zeitung)*, Kai Diekmann *(Bild)* und Giovanni di Lorenzo *(Zeit)*.

Doch das Leistungsprinzip hatte offensichtlich wenig Einfluss auf die KG-Entscheidung gehabt, den Captain auszutauschen. Die Geschäfte gingen gut. Nur, die Stimmung war schlecht. Und das war ebenfalls das Verdienst von Stefan Aust.

Mit seiner Cäsarenattitüde und seinem Omnipotenzgehabe hatte sich der kleine Pontifex keine Freunde gemacht. Ökoredakteur Harald Schumann reichte sogar die Kündigung ein, weil Aust seine Geschichte über die Segnungen der Windkraft aus dem Blatt geworfen hatte. Schumann wollte nicht akzeptieren, dass Chefredakteure eine Richtlinienkompetenz haben.

Harald Schumann hat nach seiner Kündigung der *taz* ein Interview zum Stand seiner Gefühlslage gegeben. Er ist einer von denen, die das Systemverändern nicht lassen können, ohne die Folgen zu bedenken. Er beklagte vor allem, dass ihm das *Spiegel*-System nicht erlaubt habe, »fundamentale Kritik an dem vertretenen Eigentumsbegriff« ins Blatt zu bringen. »Obwohl das eigentlich anliegt.«

Ob das anlag, war natürlich eine Frage des politischen Standortes. Es wäre Harald Schumann nicht verwehrt gewesen, auf ein Poster zu schreiben: »Enteignet die Kapitalisten« und sich damit vor den Hamburger Überseeclub zu stellen. Aber mit welchem Recht beanspruchte er für die Verbreitung seiner radikalen Privatansichten Platz in einer großen Zeitschrift, in der eine Anzeigenseite so viel kostet wie ein E-Klasse-Mercedes? Wer Pressefreiheit als hermeneutisches Deutungsprivileg von wenigen empfindet, der versteht sie falsch. Den gültigen Eigentumsbegriff verändern, das hieße nicht weniger, als das gültige System zu stürzen.

Sicher, dass Stefan Aust die Windkraft nicht mochte, hatte auch private Gründe. Er war gegen die Verspargelung der Landschaft an der Unterelbe, weil er dort sein Gestüt hatte.

Zeitungsmachern ist es natürlich nicht verboten, private Erfahrungen in ihr berufliches Wirken einzubringen. Ich habe ein paar

Geschichten über Euthanasie geschrieben, die ich meinem privaten Engagement gegen den Sterbehilfetourismus verdankte. Nur ist dabei zu berücksichtigen, dass Leidenschaft im Journalismus eine Fehlerquelle erster Ordnung ist und dass deshalb die mit Engagement geschriebenen Geschichten besonders sorgfältig redigiert werden müssen.

In meiner Zeit als stellvertretender Auslandsressortleiter hat Aust mich einmal vor versammelter Truppe zusammengefaltet, weil mir von einem Buch, das er empfohlen hatte, nicht einmal der Titel bekannt war. »Ja, Herr Kollege«, hämte hinterher Vizechefredakteur Martin Doerry, »die paar Bücher, die der Chefredakteur gelesen hat, die müssen Sie schon kennen, wenn Sie hier was werden wollen.«

Was Aust nicht daran hinderte, loyal zu sein, wenn Loyalität benötigt wurde. Kurz nach meinem Avancement zum »Halbleiter« (Redaktionsjargon) hatte ich nichtsahnend eine getürkte Geschichte ins Blatt gehoben. Sie stammte aus *Time*, der ehrwürdigen Mutter der Nachrichtenmagazine. *Time* hatte berichtet, die US Air Force hätte während des Vietnam-Krieges gegen amerikanische Fahnenflüchtige in Laos das Nervengas Sarin eingesetzt. Der Nachrichtensender CNN hatte die Story bestätigt. Sarin war das Teufelszeug, mit dem die Aun-Sekte 1995 ein Massaker in der U-Bahn von Tokio angerichtet hatte.

Es war eine ziemlich hektische Operation. Unsere Korrespondenten in den USA rotierten, um die Story hartzumachen. Aber es war Freitag, und spätabends waren noch immer nicht alle Zweifel an der Echtheit beseitigt. Den Ausschlag, die Geschichte trotzdem zu veröffentlichen, gab schließlich das Vertrauen in die Reputation der guten alten Tante *Time*. Und das war in diesem Fall nicht gerechtfertigt. Schon am Montag stand fest: Die Story war ein Fake.

Time und CNN entschuldigten sich sofort. CNN erklärte auch, dass Peter Arnett, der Chefreporter des Satans, wegen seiner großen Verdienste seinen Job behalten werde, obwohl er wesentlich an der Falschmeldung mitgewirkt hatte. Auch mein Job stand zur Disposition. Ich musste zum Rapport. Aust fiel aber nicht über mich her, sondern sagte: »Wenn Sie wieder mal eine heiße Geschichte haben, sagen Sie mir vorher Bescheid, dann stecke ich den Kopf mit in die Schlinge.« In diesem Augenblick fand ich ihn nett.

Aust war sonst fast nie nett. Ich hatte in meiner ganzen Laufbahn aber auch keinen einzigen wirklich netten Chef. Es reichte mir, wenn ein Chef kompetent und nicht nachtragend war.

Was die *Spiegel*-Redaktion gern vergaß: Ihr hochverehrter Übervater Rudolf Augstein war auch nicht nett gewesen. Exchefredakteur Hans Werner Kilz schrieb 2002 in seinem Nachruf auf Augstein: »Er machte es auch jenen, die ihm nahestanden, ziemlich schwer, ihn zu lieben.« Und das war noch zurückhaltend ausgedrückt.

Aust musste sich freilich den Vorwurf gefallen lassen, dass er nichts gegen die Cowboy-Allüren einiger seiner Sous-Chefs unternommen hatte sowie gegen den Verfall des Hofzeremoniells und der feinen hanseatischen Art, die früher die Umgangsformen im Hause geprägt hatten. Kulturchef Matthias Matussek, genannt der »Hosenträgerjournalist«, hatte fast das ganze Ressort gegen sich aufgebracht, weil er Redakteure auf dem Flur zusammenbrüllte.

Matussek lebte seine Machtneurosen am Schreibtisch laut aus. Er ist ein exzellenter Schreiber und ein harter Knochen. In seiner Zeit als Amerika-Korrespondent holte er sein Kind, das seine Mutter nach Berlin mitgenommen hatte, in einer Nacht-und-Nebel-Aktion zurück nach New York. Verwegen und grenzwertig, aber legal. Jetzt lebt er mit Frau und Kind seit etlichen Jahren wieder glücklich zusammen.

Ich fand die rüpelhafte Vitalität, mit der Matussek im Fernsehen Talkrunden aufmischte, nicht unsympathisch. Aber die meisten Kollegen sahen seine Auftritte als Verstöße gegen den ungeschriebenen Verhaltenskodex, der den Stil öffentlicher Auftritte von *Spiegel*-Redakteuren regelt. Dabei verhielt er sich so, wie er schrieb, nämlich herablassend und aggressiv.

Auch Vizechefredakteur Martin Doerry neigte zu verbalen Ausfällen – allerdings auf hohem intellektuellem Niveau. Dass freilich »die Aura der Macht mit Angst bezahlt« worden wäre, wie die *Zeit* beobachtet hatte, das ist mir nicht aufgefallen. Die *Spiegel*-Redaktion hatte keine Angst vor Stefan Aust. Sie fand ihn bloß manchmal zum Kotzen.

Aber bitte schön, wo gehobelt wird, da müssen Späne fliegen dürfen. Kreative Dialoge unter Zeitungsmachern sind selten von der filigranen Art. Auslandschef Olaf Ihlau und ich haben uns, als ich sein Stellvertreter war, zwei-, dreimal angeschrien, dass die Scheiben wackelten. Zum Beispiel an dem Tag, als die *Bild*-Zeitung mich in einem Jubelbericht über unsere Balkan-Korrespondentin Renate Flottau (»die mutigste Reporterin Deutschlands«) als »*Spiegel*-Auslandschef« tituliert hatte. Weil ich in dieser Woche die Geschäfte des Auslandsressorts führte, war die Bezeichnung durchaus korrekt. Aber Ihlau sah dadurch seinen Alleinvertretungsanspruch gefährdet. Wie der Heldentenor, der darauf Wert legt, dass er nach der Vorstellung einen Vorhang mehr kriegt als der Buffo.

Doch, doch, wir hatten auch Spaß zusammen. Unvergesslich der gemeinsame Flug im Learjet von Kaliningrad nach Hamburg, als Ihlau und ich auf dem genoppten Gummifußboden hockten und jauchzend die Minibar plünderten, während Chefredakteur Stefan Aust mit seinem Team von *Spiegel* TV Karten spielte.

Ihlau war ein Kraftmeier. Wo er war, da steppte der Bär. Wie am Rosenmontag in der Hamburger Gastwirtschaft Ständige Vertretung, als wir zwei rheinischen Irredentisten im Trunk auf den Tisch sprangen und uns im Säbeltanz versuchten, während die Redaktionshanseaten verständnislos ihre Pappnasen ins Kölschglas tunkten. Am nächsten Morgen hatten wir dann wieder Zoff.

Stefan Aust griff nie ausgleichend oder disziplinierend in die Händel seiner Mitarbeiter ein, weil er immer etwas Wichtigeres zu tun hatte: Bücher und Filmdrehbücher schreiben, Interviews für die *FAZ* machen, *Spiegel* TV moderieren, Firmen gründen, das Bernsteinzimmer suchen, in entlegenen Weltgegenden, die er kennenzulernen wünschte, belanglose *Spiegel*-Gespräche führen.

Es gab öfter auch Anlass, Stefan Austs Beziehungen zu den Bossen zu missbilligen. Zum Schluss war er einer von den Kapitalertragshexern, vor denen er als Fernsehjournalist gewarnt hatte.

Im Nebenberuf züchtete Stefan Aust edle Pferde. Ebenfalls sehr erfolgreich. Kurz vor seinem Vertragsdebakel hatte er auf einer Auktion in Verden an der Aller eine Fuchsstute für 400 000 Euro nach Idaho verkauft.

Ich war mal zusammen mit Aust in Ostpreußen, um den Stand der archäologischen Grabungen in Kaliningrad zu besichtigen und dem Gouverneur ein wenig um den Bart zu gehen und ihn für unser Bernsteinzimmer-Pojekt einzunehmen. Die Archäologie haben wir im Eildurchgang abgefertigt, ebenso den Königsberger Dom und die Visite beim Gouverneur. Dann fuhren wir in Richtung Gumbinnen im östlichen Ostpreußen, wo Aust sich Gestüte ansehen wollte. Ich habe ihn nie aufgeräumter und gefühlsseliger erlebt. So liebevoll, wie er mit den Pferden umging, so hätte man ihn gern gelegentlich auch in der Redaktion gehabt.

Vor allem in einem Gestüt in der Nähe von Trakehnen. Eignerin war Jelena Baturina, die Ehefrau des Moskauer Bürgermeisters Juri Michailowitsch Luschkow und einzige Dollarmilliardärin Russlands. Der Komfort übertraf bei weitem den der meisten Moskauer

Wohnungen. Jedes Pferd hatte eine holzgetäfelte Box und seine eigene Dusche. Für die Verpflegung sorgte eine Küche, die größer und besser ausgestattet war als die des Hotels Baltika in Kaliningrad.

Aust war hin- und hergerissen. So gut hatten es seine Pferde im Alten Land nicht. Er führte emsige Verhandlungen mit dem Verwalter. Er war begeistert von dem Preis-Leistungs-Verhältnis, ließ sich aber später nicht darüber aus, ob er Pferde gekauft hatte. Austs hippophile Umtriebe waren im Haus nicht populär. Die Redaktion mochte keine Gestütsbesitzer und Herrenreiter. Rudolf Augstein hatte Aust empfohlen, sich niemals auf einem Pferd fotografieren zu lassen, weil so ein Foto gegen ihn verwendet werden könne. Aust hat es versprochen, aber er hat sich nicht immer daran gehalten.

Seit Aust den Takt und den Kammerton vorgab, hielt der *Spiegel* mehr Abstand zum linken Ufer. Das war es auch, was den Kritikern an ihm nicht gefiel. Franziska Augstein hat behauptet, Aust habe mit seiner Masche dem Blatt geschadet. Der *Spiegel*, so sagte sie im Winter 2005 auf einem Zeitungskongress, sei »kein Leitmedium mehr, sondern ein geschwätziges Blatt unter vielen«. Und der Fisch stinke vom Kopfe her.

Aus ihrem Umfeld weiß man, daß Frau Franziska den *Spiegel* längst nicht so schlecht fand, wie es in ihrer Rede geklungen hatte. Ich glaube, er war ihr bloß nicht links genug. Sie hat aber auch nie etwas unternommen, um das von ihr beklagte Niveau anzuheben. Gar keine Frage, dass ihr der *Spiegel* offengestanden hätte, wenn sie den Wunsch gehabt hätte, einen Beitrag für ihn zu schreiben. Aber sie schrieb lieber für die *FAZ* oder die *Süddeutsche Zeitung*.

Wie sich mit einigen Jahren Verspätung zeigte, hatte Rudolf Augstein gute Gründe gehabt, Jakob und Franziska, seinen Kindern aus der Ehe mit Maria Carlsson, nicht den Einstieg in den Journalistenberuf zu empfehlen. In einem Brief an Reinhard Mohn, den Vorsitzenden des Präsidiums der Bertelsmann-Stiftung, die auch Gewalt hat über den *Spiegel*-Anteilseigner Gruner + Jahr, hatte er noch geschrieben: »Alle Mitarbeiter des *Spiegel* und der übrigen *Spiegel*-Unternehmen wollen, dass der Name Augstein auch über meinen Tod hinaus den *Spiegel* prägt.« Dafür stünden seine zwei Kinder bereit.

Für den Fall, dass Gruner + Jahr versuchen sollte, den *Spiegel* zu schlucken, hatte Augstein damals Partisanenkämpfe an allen Fronten angekündigt. Alle wichtigen Zeitungen in Deutschland, so Augstein an Mohn, stünden hinter seine Forderung. Und: »Es sitzen nämlich im *Spiegel* Leute, die auch über meinen Tod hinaus verhindern werden, dass der Gigant Bertelsmann den *Spiegel* unter seine Kontrolle bringt.«

In der Sache war die Sorge nicht unbegründet. Trotzdem weiß man nicht, ob Augstein das alles tatsächlich so gemeint hat und ob ihn nicht eher taktische Erwägungen zu dem Brief an Reinhard Mohn bewogen hatten. In Wirklichkeit war er nicht davon überzeugt, dass eines seiner beiden Kinder den Herausgeberjob wollte oder ihm gewachsen war.

Die Spekulation, eines von Augsteins Kindern könnte in die Rolle des Vaters hineinwachsen, war verwegen. Alle vier Wochen eine Zeitgeistbetrachtung für die *FAZ* oder die *Süddeutsche* schreiben ist ein ganz anderes Gewerbe als jede Woche neu die Weichen für Deutschlands Periodikum Nummer eins zu stellen. Er könne sich Franziska und Jakob Augstein gut als Herausgeber vorstellen, sagte KG-Vorsitzender Thomas Darnstädt nach Augsteins Tod. Wahr ist: Augstein selbst hatte sich das zum Schluss wohl nicht mehr vorstellen können.

Die Mehrheit der Redaktion hatte sich der von Stefan Aust verordneten geistig-moralischen Metamorphose unterworfen, aber sie hatte sie nicht nachvollzogen. Sie missbilligte auch die bizarre Interessengemeinschaft zwischen dem *Spiegel* und der »Mischpoke von *FAZ* und Springer« (so Auslandschef Olaf Ihlau). Springers *Bild* war für viele *Spiegel*-Leute der alten Schule immer noch des Teufels Journal. Und hatte Aust das überhaupt nötig, sich mit der Paparazzi-Presse einzulassen? Ein Mann, den der NDR als »einen der größten Norddeutschen aller Zeiten« auf eine Stufe mit Thomas Mann und Otto von Bismarck stellte.

So viel ist unbestritten: Die Springer-Blätter führten polemische Kampagnen gegen die 68er-Bewegung und vor allem gegen deren gewalttätige Ableger. Axel Springers Methoden waren, anders als seine Flanellanzüge, nicht von der feinen englischen Art. Man dürfe die Drecksarbeit auch nicht allein der Polizei überlassen, hieß es in Springers *Bild*, nachdem ein Rentner Rudi Dutschke mit einem Krückstock angegriffen hatte.

Doch die Gegenseite war auch nicht vorbildlich beim Maßhalten mit Begriffen. Der 68er-Hofdichter Heinrich Böll sprach im Zusammenhang mit dem deutschen Rechtsstaat von einem »Misthaufen«, und er sähe nur »Reste verfaulender Macht, die mit rattenhafter Wut verteidigt« würden.

Stefan Aust hat alte Animositäten abgebaut und neue Brücken geschlagen.Vor allem zur *FAZ* und zum Springer-Lager. Gegen maßvolle Interessenbündelung war ja auch nichts einzuwenden. Nur die offensichtlichen Rücksichten, die bei den Springer-Blättern gegenüber dem *Spiegel* und die beim *Spiegel* gegenüber den Springer-Blättern, vor allem gegenüber *Bild*, geübt wurden, stießen sauer auf.

Der Hamburgisch-Frankfurter Dreibund stand nicht durchweg unter einem guten Stern. Der gemeinsame Kampf gegen die Rechtschreibreform etwa endete, so ehrbar und berechtigt sein Motiv war, mit einer Niederlage.

Aust scheute keine Mesalliancen, zum Beispiel auch im Kampf

gegen das sogenannte Caroline-Urteil. Prinzessin Caroline von Monaco hatte im Juni 2004 vor dem Europäischen Gerichtshof für Menschenrechte ein Verbot durchgesetzt, Fotos von ihr zu veröffentlichen, die heimlich aufgenommen worden waren. Daraufhin richteten vierzig deutsche Chefredakteure, darunter die der Boulevardpostillen *Das Neue Blatt*, *Neue Woche* und *Neue Post*, gemeinsam mit Stefan Aust einen flammenden Appell an den Kanzler Gerhard Schröder: »Herr Bundeskanzler, stoppen Sie diese Zensur.« Zu den Unterzeichnern des Appells gehörten auch Journalisten von der Kategorie, die Karl Kraus »Tintenstrolche« genannt hatte.

»Eine verlogene Debatte«, schimpfte aus gutem Grund der Essener Rechtsanwalt Stephan Holthoff-Pförtner. Hier würden die Rechte der Kloakenpresse beschnitten, nicht die der investigativen Presse.

Hans Leyendecker von der *Süddeutschen Zeitung* warf einen Blick zurück auf die *Spiegel*-Affäre: Damals hätten die Massen auf der Straße skandiert: »*Spiegel* tot, die Freiheit tot.« Leyendecker: »Sollen die Massen heute demonstrieren: *Neue Revue* tot, die Freiheit tot?« Man musste das ja mal fragen dürfen.

Die Gerichte ließen sich von der Kampagne nicht beeindrucken und ignorierten den Appell. Was man aber auch mal fragen muss: Orientiert sich die Medienrechtsprechung nicht zunehmend an dem Generalverdacht, Pressefreiheit sei in Deutschland ein notwendiges Übel und werde als Freibrief zu zügelloser Geldverdienerei missbraucht? Den Gegenbeweis müssen die Medien im Einzelnen antreten. Verwunderlich, dass Journalisten- und Verlegerverbände nicht vernehmbarer daran Anstoß nehmen, dass hier ein Grundrecht ausgehöhlt und die Beweispflicht praktisch umgekehrt wird.

Wie Aust vom Linken zum Pragmatiker wurde? »Wenn sich die Dinge geändert haben«, sagte er, »bin ich jederzeit bereit, meine

Position zu revidieren.« Zum Schluss stufte er sich selbst als »anarcholiberal« ein.

Wie weit er sich von seinen Wurzeln entfernt hatte, zeigte Aust im Bundestagswahlkampf 2005, als er sein Blatt gegen seine Duzkumpel Gerhard Schröder und Joschka Fischer wendete und Angela Merkel unterstützte. Das war aber kein Zeitenbruch. Es zeigte nur, dass er nicht von der Solidarität mit alten Seilschaften, sondern von politischer und wirtschaftlicher Vernunft gesteuert wurde. Und ein Votum für die Vertragsverlängerung von Fischer und Schröder wäre 2005 nun mal nicht vernünftig gewesen. Das sah der *Spiegel* so, und das sah, wie sich zeigte, die Mehrheit der Wähler so.

Dabei ist der *Spiegel* unpolitischer geworden. Deshalb ist er für viele auch nicht mehr das oberste Inquisitionsorgan der vierten Gewalt, sondern nur noch ein Magazin aus Hamburg. Aust sagte, sein Konzept sei »Back to the roots«. Und: »Wir sind heute viel authentischer, nutzen viel mehr Originalquellen, gehen sehr viel mehr an Originalschauplätze.«

Andere sehen es anders. Der als erfrischend rücksichtslos beleumundete SPD-Bundesfinanzminister Peer Steinbrück, der am 31. Oktober 2007 als Heftkritiker zur Montagskonferenz geladen war, hat es Aust noch mal deutlich gesagt, wo er die Defizite des *Spiegel* sieht. Der Titel über die 68er (»Es war nicht alles schlecht«), so Steinbrück, sei trivial. So was brauche er nicht zu lesen. Und auch sonst … Aust hat natürlich widersprochen. Aber von den Rängen kassierte Steinbrück Zuspruch.

Die Kritiker vergessen freilich den Erfolgsdruck, der den *Spiegel* stets vom *Neuen Deutschland* und von *Christ und Welt* unterschied. Der *Spiegel* druckt die Geschichten, die der Leser ihm abkauft. Der Vorwurf, dass er zu seicht geworden sei, trifft ihn weniger als seine Leser. Sie fahren nämlich ab auf das Infotainment, das sie angeblich verabscheuen. Und eine gewisse Entpolitisierung entspricht im Übrigen auch der mentalen Entwicklung der Gesellschaft. Aust hat die Widersprüche in der Seele des Lesers erkannt und daraus die kaufmännisch richtigen Schlüsse gezogen. Enthüllungen, wenn der Leser Enthüllungen, und Neandertalertitel, wenn er Historisches wollte.

Der *Spiegel* hat vorgemacht, wie man enthüllt, was nur begrenzt enthüllungsbedürftig ist. Mitte der siebziger Jahre entfachte er eine monströse Kampagne gegen die Urheber des staatlichen Lauschangriffs auf den linken Atomforscher Klaus Traube. Die Konspiration der Dienste gegen Traube war natürlich ein skandalöser Regelbruch. Aber der permanente Schlagzeilenalarm, den sie generierte, war übertrieben. Dass der Lauschangriff die freiheitliche Grundordnung gefährdete, wie man sinngemäß im *Spiegel* lesen konnte, das war nicht nachzuvollziehen.

Heute ist das Gegenteil nicht nachzuvollziehen. Den Beschluss der großen Koalition, einen Lauschangriff auf breiter Front gegen die gesamte Nation anzuordnen, kam einem Quantensprung in Richtung Überwachungsstaat gleich. Vom *Spiegel* wurde er nur mit routiniertem, aber leidenschaftslosem Geknötter quittiert. Er nimmt missbilligend zur Kenntnis, dass Polizei und Behörden radikal, präventiv und arbeitsteilig in alle Lebensbereiche eingreifen, sieht aber wenig Grund, sich zu echauffieren.

Auch dieser Vorwurf trifft nicht nur den *Spiegel*, sondern auch seine Leser. Demonstrationen gegen die Notstandsgesetze, die ja weit hinter dem zurückblieben, was uns der Staat heutzutage zumutet, brachten Zehntausende auf die Beine. Ich habe 1968 zusammen mit 60 000 anderen im Bonner Hofgarten gegen die Notstandsgesetze demonstriert. Heute kommen zu wichtigeren demokratischen Anlässen nur noch ein paar hundert Teilnehmer.

Dass im *Spiegel* weniger über politische Skandale berichtet wird als früher, liegt nicht daran, dass Deutschland und die Welt weniger skandalös sind, sondern daran, dass weniger Skandale ausgegraben werden. Die *Spiegel*-Redaktion hat sich daran gewöhnt, vieles für akzeptabel zu halten, was sie früher bekämpfte.

Dass der *Spiegel* sein Enthüllungsmonopol abgeben musste, hat auch mit der Verkümmerung der News-Diggerei und dem Verlust seiner besten investigativen Journalisten zu tun. Sie wanderten ab, auch weil sie die Arroganz, mit der Stefan Aust seine Richtlinienkompetenz ausübte, nicht ertragen wollten. Danach musste sich der *Spiegel* sein Kerngeschäft, die heißen News, mit anderen teilen. Nicht, weil er schlechter geworden war, sondern weil andere besser geworden waren.

Wenn Journalisten nicht besser sind als andere, müssen sie schneller sein, wenn sie nicht schneller sind, müssen sie besser sein. Früher war der *Spiegel* ständig besser und schneller. In den letzten Jahren war er meist nur noch besser als andere.

Sicher, der *Spiegel* ist immer noch Meinungsführer – da, wo er eine Meinung zu einer Sache hat. Rudolf Augstein hatte die Redaktion ermahnt: »Schreibt doch, was ist.« Das tut sie auch. Sie schreibt aber nicht immer, was es bedeutet.

Dabei ist es nicht so schwer, sich in der öden Medienlandschaft zu profilieren. Die Siegelbewahrer der Pressefreiheit schlagen Alarm, wenn die Meinungsvielfalt bedroht ist. Nur, wie vielfältig ist sie denn, die deutsche Meinungsszene? Wenn man das Abgeschriebene und das Öffentlichkeitsarbeitsgeplapper abzieht, dann bleibt nicht viel Originäres. Die Journaille freut sich, wenn Günther Wallraff einem repressiven Brötchenbäcker die Maske vom Gesicht reißt. Aber warum macht die Presse das denn nicht selbst? Die Skandale liegen auf der Straße. Aber die Zeitungen greifen sie nicht auf.

Wo keine Vielfalt stattfindet, kann man auch keine gefährden. Viele Redaktionen sind Klischeemanufakturen, die genormte Ware umschlagen. Bei der Darstellung von Fakten braucht man keine

Vielfalt. Der Ball ist rund, da gibt es nichts zu deuteln. Aber bei der Bewertung von Fakten sind journalistische Deutungstalente gefragt. Doch damit ist es schlecht bestellt.

Wer Deutungsspielräume konsequent nutzt, muss mit Problemen rechnen. Dagobert Lindlau, der frühere ARD-Chefreporter, hat mir erzählt, wie er 1990 in Verdacht geraten war, mit Rumäniens Exdiktator Nicolae Ceauşescu zu sympathisieren. Dabei hatte er nicht mal gedeutet, sondern nur referiert, was er recherchiert hatte. Anlässlich der Revolution im Dezember 1989 hatte er nicht die Horror- und Jubelberichte der Kollegen abgeschrieben, sondern selbst beobachtet. Er war zu dem Schluss gekommen, dass in der westrumänischen Metropole Timişoara zu Weihnachten und an den Tagen danach nicht 4500 Menschen von dem Geheimdienst Securitate umgebracht worden waren, wie die Medien berichteten, sondern einige hundert. Hinterher stellte sich heraus, dass es 130 Tote waren.

Lindlau hatte auch aufgedeckt, dass das berühmte Foto einer Frauenleiche mit einem toten Baby auf dem Bauch getürkt war. Die Frau war nicht von der Securitate umgebracht worden, sondern an Alkoholmissbrauch gestorben. Der tote Säugling war auch nicht ihr Kind. Der Fotograf hatte es irgendwo besorgt und der Frau auf den Bauch gelegt.

Das Foto der Leiche mit den drahtumwickelten Beinen war ebenfalls nicht echt. Es handelte sich nicht um ein Opfer der Ceauşescu-Schergen, sondern um einen Obdachlosen, der in einem Fernwärmeschacht erstickt war und den die Feuerwehr mit Draht aus dem Schacht gezogen hatte. Weil er das so wahrheitsgemäß berichtete, musste sich Lindlau eine Woche später in einer Talk-Sendung in Radio Bremen dem Vorwurf stellen, er habe durch seine relativierende Berichterstattung ein diktatorisches Regime gestützt.

Was Lindlau erzählte, war für mich fast eine späte Genugtuung.

Ich war Weihnachten 1989 auch in Timişoara gewesen, um über die Revolution zu berichten. »Müde Geschichte«, sagte der Kollege, der sie redigieren sollte. Anderswo hatte alles viel spannender gestanden. Die Auslandsressortleitung widerstand der Versuchung, meine Story mit erfundenen Elementen aufzumotzen. Sie schmiss sie einfach weg.

In einer Redaktion müsse Diktatur herrschen, hat Karl Marx gesagt. Daran glaubte auch Rudolf Augstein. Wahr ist: Dem *Spiegel* ging es redaktionell und wirtschaftlich immer am besten, wenn er mit fester Hand geführt wurde.

Jakob Augstein, der Sohn des toten *Spiegel*-Patriarchen, hatte davor gewarnt, einen Kreuzfahrtdampferkapitän auf der Kommandobrücke des Schlachtschiffes zu installieren. »Das Blatt braucht keinen Moderator, sondern einen Chef.« Er fürchtete wohl auch, dass die Kritiker Recht behalten könnten, die davor warnten, das Sturmgeschütz der Demokratie, wie sein Vater es genannt hatte, zur Gulaschkanone verkommen zu lassen.

Spiegel-Leser, die sich über die personelle Entwicklung im elften Stock des Hauses Brandstwiete 19 auf dem Laufenden halten wollten, mussten in den entscheidenden Wochen *Bild*, *Focus* oder die *Süddeutsche Zeitung* lesen – weil Austs Entlassung vom *Spiegel* totgeschwiegen wurde. Zwei Monate lang kein Wort, nicht mal eine Anspielung.

Nur wer sich ändert, bleibt sich treu. Der *Spiegel* im Herbst 2007 war ein anderes Blatt als das, bei dem ich 1974 angefangen hatte. War er noch das Blatt, von dem der große Chronist Walter Kempowski gesagt hatte, er finde es schwerer, vier Wochen darauf zu verzichten, als sich das Rauchen abzugewöhnen?

Eine gewisse Kontinuität war stets durch die zwei Stellvertreter garantiert gewesen, die alternierend das Blattmachen besorgten. Joachim Preuß, Spross aus gutem Hause, ausgeglichen, hochprofessionell, immer zu sarkastischen Sprüchen aufgelegt. Und Martin Doerry, Germanist und Historiker aus gutbürgerlicher Familie, Vater Bundesrichter, Mutter höhere Tochter aus liberaljüdischem Milieu.

Mit Joachim (Jockel) Preuß hatte ich viele Humpen im Schiffertreff genommen. Wir waren beide – zusammen mit vier weiteren *Spiegel*-Redakteuren – Anteilseigner im Schiffertreff. Um die schöne alte Kneipe vor der Liquidation zu retten, hatten wir gemeinsam gezeichnet. Daraus ergab sich ein begrenzt kumpelhaftes Verhältnis. Was aber nicht hieß, dass Jockel nicht verdammt unkumpelig und zynisch werden konnte, wenn er Anlass dazu verspürte. Einmal krakelte er mir an den Rand einer Geschichte, auf die ich besonders stolz war: »Das hast Du ordentlich aufgeschrieben.«

Hinter dem Lob steckte ein vernichtender Tadel. Preuß wollte sagen: Das liest sich wie eingeschlafene Füße, so, als wenn es der Oberbuchhalter Sauerbier geschrieben hätte.

Und Aust, wie sollte es weitergehen mit Stefan Aust?

Man weiß es nicht. Jedoch, dreizehn Jahre *Spiegel*-Chefredakteur waren für einen abgebrochenen Soziologiestudenten und ehemaligen Redakteur der *St. Pauli Nachrichten* kein schlechtes Zwischenergebnis. Er hatte alles, was den Erfolgsmenschen ausmacht: zwei Porsche, eine Stadtvilla im Blankeneser Treppenviertel, ein Gestüt mit dreißig Pferden an der Unterelbe.

Aber Unzufriedenheit ist die Mutter des irdischen Erfolgs. Und Aust war nie ein zufriedener Mensch. Wendelin Wiedeking verdiente tausendmal so viel wie ein Porsche-Lackierer und Stefan Aust nur zwanzigmal so viel wie eine *Spiegel*-Kaffeefrau. Können solche Schräglagen denn gerecht sein?

Am 1. April 2008 meldete der Internet-Mediendienst *turi2*, Stefan Aust solle in der künftigen Hamburger schwarz-grünen Regierung Senator für die Gleichstellung der Frau und die Förderung des

Pferdesports werden. Alle haben gelacht. Es war natürlich ein Aprilscherz. Stefan Aust würde gewiss keinen Job annehmen, der nach dem Bundesangestellentarif bezahlt wird. Das war ja klar. Doch die Falschmeldung gewann ein wenig an Glaubwürdigkeit durch den Zusatz, dass der Senatorenposten von VW-Aufsichtsratschef Ferdinand Piëch gefördert werde.

Dass nach beinahe einem Vierteljahr endlich die neue *Spiegel*-Chefredaktion gefunden war, meldete dann der *Spiegel* so ziemlich als Letzter. And the winners were: Georg Mascolo und Mathias Müller von Blumencron.

Es war eine gute Wahl. In seiner Zeit als *Spiegel*-Ressortleiter hatte Georg Mascolo in der Zehn-Uhr-Konferenz meist stehend hinter der Sessellehne des Chefredakteurs gelehnt, obwohl er natürlich ebenso wie die anderen Führungskräfte das Recht auf einen Sitzplatz hatte. Er stand aber nicht da, um Stefan Aust in seine intimen Papiere blicken zu können, wie Kollegen argwöhnten. Den Chefredakteur brauchte er nicht auszuspionieren, weil der sowieso keine Geheimnisse vor ihm hatte.

Wenn Stefan Aust und nicht die Mitarbeiter-KG des *Spiegel*-Verlages seinen Nachfolger hätte aussuchen dürfen, dann hätte er sich wohl auch für Georg Mascolo entschieden. Mascolo war schon Austs rechte Hand gewesen, als sie noch beide bei *Spiegel* TV nach Quoten jagten. Auch der zweite Mann im neuen Tandem an der Brandstwiete war ein Aust-Prätorianer: Mathias Müller von Blumencron, Chef von *Spiegel online*. Er hätte es 2007 nicht zum »Medienmann des Jahres« gebracht, wenn Stefan Aust ihn nicht so massiv gefördert hätte.

Alle waren froh, dass es endlich vorbei war. Mit der Investitur von Mascolo und Müller von Blumencron hatte die KG einen Teil des Schadens, den sie mit Austs Entlassung angerichtet hatte, wieder gutgemacht. Die neuen Chefredakteure, so schwärmte KG-

Sprecher Armin Mahler, stünden für die besten *Spiegel*-Tugenden. Sie seien wirklich die ideale Besetzung.

Ja, warum hatte denn die KG das Traum-Duo nicht gleich nominiert, statt den *Spiegel*-Mythos, der schließlich eine wichtige Geschäftsgrundlage ist, mit seiner pausbäckigen Kopfjagd zu beschädigen? Die Kandidaten standen doch von Anfang an zur Verfügung.

Und warum brauchte man überhaupt zwei Chefredakteure für einen Job, den vorher nur einer gemacht hatte?

Weil einer allein ein Kraftwerk wie Stefan Aust nicht ersetzen konnte. Die zwei Nachrücker waren sich klar darüber, dass sie ihre ganze Schaffenskraft zusammenbinden mussten, wenn sie das legendäre Leistungsvolumen ihres Vorgängers erreichen wollten. Das System hatte sich ja auch bewährt. Bevor Aust antrat, hatte der *Spiegel* nacheinander sechs Doppelspitzen gehabt.

Müller von Blumencron hatte die Sympathie der KG und der Mitarbeiter wohl nicht in erster Linie, weil er kompetent, sondern weil er ein netter Kerl ist. Die Belegschaft wollte nicht wieder einen erfolgreichen Kotzbrocken wie Stefan Aust. Die Kompetenz des Kandidaten wurde billigend in Kauf genommen.

Müller von Blumencron wäre alleiniger Chefredakteur geworden, wenn ihm nicht kurz vor dem Finish ein schwerer Lapsus passiert wäre. Er ließ durchblicken, dass er den neoliberalen Exchefdenker Gabor Steingart als Stellvertreter ins Boot holen werde, der in Washington auf eine Chance zum Rückstart in den Hamburger Orbit warte. Steingart galt als Kreatur von Stefan Aust und war deshalb unvermittelbar. Kompromissweise wurde entschieden, Georg Mascolo mit Müller von Blumencron zusammenzuspannen.

Georg Mascolo hatte sich einen Namen als Chefspürhund und dynamische Frohnatur gemacht. Seine Ernennung zum Leiter der Berliner Hauptstadtredaktion im Sommer zuvor war Balsam für die geschundenen Seelen der Redakteure gewesen. Unter seinen zwei Vorgängern, dem neoliberalen Workaholic Steingart und dem linken Egomanen Jürgen Leinemann war die Stimmung über die Jahre gegen null gerutscht. Mascolo ließ frische Winde wehen, lud zu einer Klausurtagung mit Fußball und guten Gesprächen und machte in erstaunlich kurzer Zeit aus einer Stressgemeinschaft ein brauchbares Team.

Die Lockerungsübungen hatten die Leistungsfähigkeit der *Spiegel*-Redaktion am Pariser Platz enorm beflügelt. Sie hatte in den ersten sechs Monaten der Ära Mascolo im Bereich der harten News tüchtig an Schlagzahl zugelegt.

Auch Müller von Blumencron, gelernter Jurist und Absolvent der Henry-Nannen-Schule, galt als unprätentiöser Powerbolzen. Mit seiner gut hundertköpfigen Mannschaft hatte er *Spiegel online* zum Leitmedium im deutschsprachigen Internet gemacht. 78 Millionen Besuche, 415 Millionen Seitenaufrufe im Monat (Stand: November 2007), das war deutscher Rekord. Auch wenn man die Synergievorteile ausklammerte, die ihm aus der Zusammenarbeit mit dem großen *Spiegel* erwuchsen, machte *Spiegel online* noch Gewinn.

Spiegel online, so lobte Jörg Sadrozinski, Leiter von *Tagesschau.de*, sei fürs Internet-Publikum »das Maß aller Dinge«. Müller von Blumencrons Wechsel von der Chefredaktion des bedeutendsten Internet-Portals in die des bedeutendsten deutschen Nachrichtenmagazins sei ein Signal für den Übergang vom klassischen zum elektronisch gestützten Journalismus. So sahen es die meisten Branchenkenner.

Die herkömmlichen Zeitungen könnten viel von Online lernen, sagte Müller von Blumencron: Sie sollten sich aber »durch mehr inhaltliche Tiefe, optische Ruhe und Opulenz von der eher hektischen Online-Welt unterscheiden«. Weil Müller von Blumencron bis zum Hals in den schnellen neuen Medien steckte, musste er sich selbst vorsichtig auf Printtempo ausbremsen.

Die Hektik, die Müller von Blumencron meinte, bezeichnet nicht nur die kurzen Intervalle, in denen er seine Infotainment-Spots über die Screens jagte, sondern auch das Panoptikum von aufgekratzten Flapsigkeiten, mit denen *Spiegel online* ein Gutteil seiner Clicks erwirtschaftet.

Mascolo und Müller von Blumencron traten mit leichtem ideologischem Gepäck an. Politisch ließen sie keine Präferenzen erkennen. Sie sind Macher, keine Deuter und Grübler. Sie wollen nicht die Welt verändern. Höchstens den *Spiegel* – wo er es nötig hat. Und zwar da, wo er zur Spielwiese von Beliebigkeiten zu werden droht. Aber ganz vorsichtig, so dass es dem Leser nicht auffällt. Dickschiffe vertragen keine rabiaten Kursänderungen, weil sie sonst leicht aus dem Ruder laufen.

Unter dem Einfluss einer Flut von neuen Blättern, die alle denkbaren Partikularinteressen bedienen, hat sich der Printmarkt fundamental verändert. Die alte Zielgruppenlehre stimmt nicht mehr. Der *Spiegel* muss ganz behutsam in den neuen Wind gedreht werden. Auch durch die Reaktivierung der guten alten *Spiegel*-Masche. Weniger Schönschreibe, mehr investigative News.

Die große Krise kommt erst noch – nicht nur für den *Spiegel*, sondern für alle Printmedien. Das Internet hat die strukturelle Entkopplung von Journalismus und Werbung eingeleitet. Journalismus ist unter dem Druck der mächtigen Plattformen immer mehr zu einem Werbeträger unter vielen geworden. Der Zeitpunkt ist nah, an dem der Trend beherrschend wird. Der *Spiegel* hat – bis auf Weiteres – als eines von wenigen Blättern die Chance, sich langfristig am Markt zu halten, weil er eine gute Mischung von News und Intelligenz anbietet.

Keiner kennt die genau richtige Melange für den Erfolg. Doch die zwei Neuen haben in den Monaten nach ihrer Investitur gezeigt, dass sie ihr auf der Spur sind.

Auch der rheumatisch gewordene investigative Journalismus kommt wieder zu Kräften. Die Titelgeschichten über den Sumpfplaneten Siemens und über den Telekom-Abhörskandal waren einsame Klasse. In ihnen habe ich den alten *Spiegel* wiedererkannt, der mich vor langer Zeit veranlasst hatte, auf ein neues Fahrrad zu verzichten, um mir ein *Spiegel*-Abonnement leisten zu können. Endlich bessere Zeiten für den *Spiegel*?

Ein Vierteljahr nach seinem Sturz hatte ich ein langes Gespräch mit Stefan Aust auf der Terrasse seines schönen alten Hauses am Elbhang in Blankenese. Ich fragte Aust: »Wie fanden Sie den *Spiegel* diese Woche?« Aust blickte suchend in den aluminiumgrauen Himmel über Hamburg und sagte: »Ach, lassen wir das.« Nachtreten sei nicht seine Art. Ja, natürlich habe er selbst auch flaue Schaffensphasen gehabt. Aber von den anderen sei gar nichts gekommen. Mit dem *Spiegel* sei er total fertig, sagte Stefan Aust.

Stefan Aust, der ewige Sieger, in der Opferrolle. Man ist geneigt, das für eine Fehlbesetzung zu halten. Schon der Habitus passte nicht dazu: Jeans, Polohemd und schwarze Baseball-Kappe. Die Beine hatte er salopp um die Sessellehne geknotet. Jedoch, wenn er die Sonnenbrille abnahm, konnte man sehen, dass er um die Augen herum faltig geworden war. Manchmal huschte ein Schatten von Melancholie über sein Gesicht, wie man sie bei Leuten findet, die vom Leben nur noch Banalitäten zu erwarten haben.

Immerhin war dem gefeuerten Pontifex der unschöne Abgang mit über vier Millionen Euro vergütet worden. Er muss nicht darben. Auch sein Gestüt wirft Gewinn ab. Er ist außerdem immer noch gut im Filmgeschäft vertreten. Im Herbst 2008 soll Bernd Eichingers Verfilmung von Austs Megaseller *Der Baader Meinhof Komplex* in die Kinos kommen.

Verlagsleiter Mario Frank war noch autoritärer als Aust, aber weit weniger erfolgreich. Das Talent, das er in Dresden beim Sanieren von Lokalzeitungen gezeigt hatte, kam in Hamburg nicht zum Tragen. Die Sonntagsauslieferung in einigen Großstädten hatte man wieder einstellen müssen, weil sie zu teuer war. Seinen Beschluss, die Kellnerinnen abzuschaffen, die den Redakteuren den Kaffee aufs Zimmer bringen, konnte er nicht durchsetzen.

Anfang April 2008 entzog die Mitarbeiter-KG Verlagschef Frank formell das Vertrauen. Vielleicht wäre dem Unternehmen der Störfall Frank erspart geblieben, wenn die KG rechtzeitig in ihrer Dokumentation die Akte Frank gezogen hätte. Darin stand nämlich, dass ihm die Deutsche Journalistenunion 2001 in Dresden den »Goldenen Maulkorb« verliehen hatte. Und zwar »wegen Einschränkung der redaktionellen Unabhängigkeit und journalistischen Qualität«.